申长雨 主编

(第3辑)

迈向知识产权强国之路

——知识产权强国建设战略问题研究

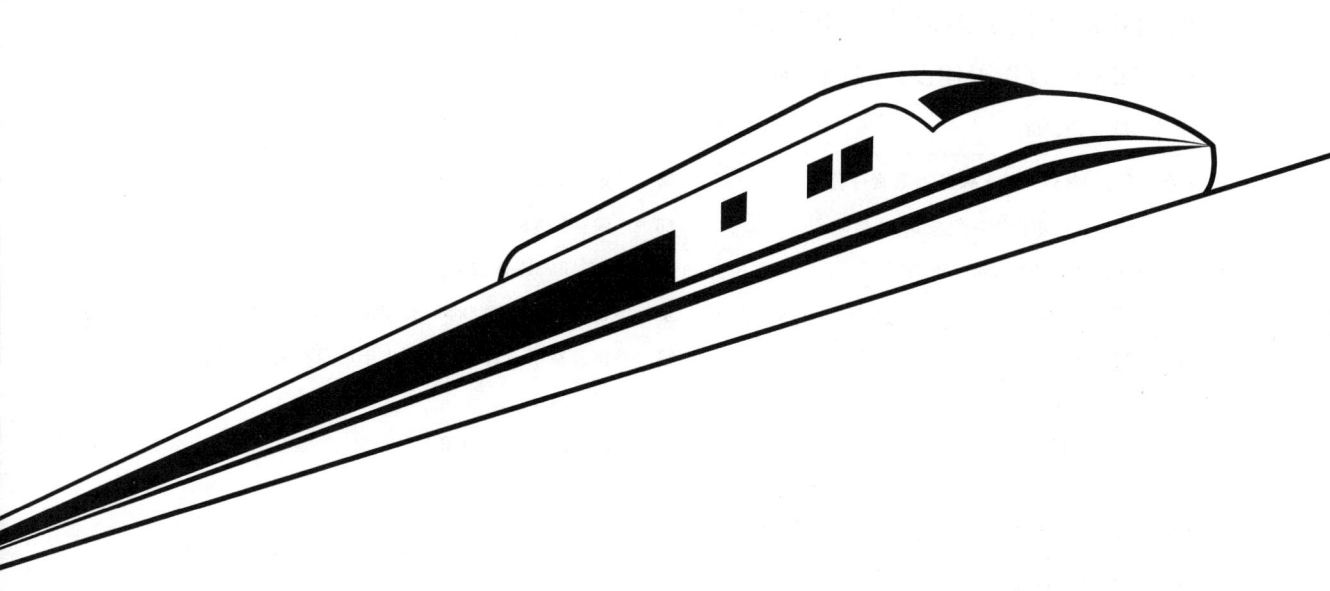

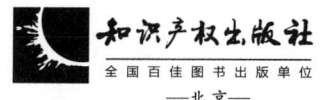

知识产权出版社

全国百佳图书出版单位

—北京—

图书在版编目（CIP）数据

迈向知识产权强国之路. 第3辑，知识产权强国建设战略问题研究/申长雨主编. —北京：知识产权出版社，2022.9

ISBN 978-7-5130-8351-5

Ⅰ.①迈… Ⅱ.①申… Ⅲ.①知识产权—研究—中国 Ⅳ.①D923.404

中国版本图书馆CIP数据核字（2022）第166127号

内容提要

本书汇集了《知识产权强国建设纲要（2021—2035年）》制定过程中的部分专题研究成果，涉及知识产权强国建设的形势任务、知识产权制度建设、知识产权保护、知识产权市场运行、知识产权服务、知识产权人文社会环境和知识产权国际合作等多个方面，便于社会各界更好地学习理解新时代知识产权强国建设的目标、思路和任务举措，进而凝聚起建设知识产权强国的广泛共识，形成建设知识产权强国的合力。

责任编辑：卢海鹰　王祝兰　　　　　　责任校对：潘凤越

执行编辑：周　也　　　　　　　　　　责任印制：刘译文

迈向知识产权强国之路（第3辑）
——知识产权强国建设战略问题研究

申长雨　主编

出版发行：知识产权出版社有限责任公司	网　　址：http://www.ipph.cn
社　　址：北京市海淀区气象路50号院	邮　　编：100081
责编电话：010-82000860转8122	责编邮箱：lueagle@126.com
发行电话：010-82000860转8101/8102	发行传真：010-82000893/82005070/82000270
印　　刷：三河市国英印务有限公司	经　　销：新华书店、各大网上书店及相关专业书店
开　　本：787mm×1092mm　1/16	印　　张：27.5
版　　次：2022年9月第1版	印　　次：2022年9月第1次印刷
字　　数：506千字	定　　价：158.00元

ISBN 978-7-5130-8351-5

出版权专有　侵权必究

如有印装质量问题，本社负责调换。

编 委 会

主　　任　申长雨

副 主 任　胡文辉

编　　委　（按姓氏笔画排序）

　　　　　　丁　堃　方　新　朱雪忠

　　　　　　吴汉东　谷满仓　张　维

　　　　　　林秀芹　易继明　韩秀成

编辑部

主　　　编　申长雨

副　主　编　胡文辉

编辑部主任　龚亚麟

编辑部副主任　梁心新

编辑部成员　谢准　刘斌　魏然　李聪
　　　　　　夏淑萍　宋英翠　曹梦露　杨朝敏
　　　　　　卢海鹰　王祝兰

序　言

党的十八大以来，以习近平同志为核心的党中央把知识产权工作摆在更加突出的位置。习近平总书记作出一系列重要指示，特别是在主持十九届中央政治局第二十五次集体学习时发表重要讲话，深刻阐明了知识产权领域一系列重大理论和实践问题，具有重大政治意义、时代意义、理论意义、战略意义和实践指导意义。习近平总书记关于知识产权工作的重要指示论述，是习近平新时代中国特色社会主义思想的有机组成部分，是知识产权发展一般规律与我国实践探索的理论升华，为做好新时代知识产权工作提供了根本遵循和行动指南。

新时代十年来，在以习近平同志为核心的党中央坚强领导下，我国知识产权事业实现大发展、大跨越、大提升，推进一系列变革性实践，实现一系列突破性进展，形成一系列标志性成果，取得举世瞩目的历史性成就，成为党和国家新时代十年伟大变革的有机组成部分。知识产权保护社会满意度由2012年的63.69分提升至80.61分，整体步入良好阶段，有力营造了良好营商环境和创新环境。专利密集型产业增加值达到14.3万亿元，占GDP比重达到12.4%。知识产权使用费进出口总额累计超过2万亿元，年均增长13%以上。知识产权质押融资十年增长超10倍，迈上4000亿元台阶。《专利合作条约》（PCT）国际专利申请量连续三年位居世界首位。全球最具价值品牌500强中，中国占84个，十年增长52个，总价值达1.6万亿美元。地理标志专用标志使用市场主体超2.3万家，地理标志产品年直接产值超7000亿元。我国在世界知识产权组织发布的《全球创新指数报告》中的排名，由2013年的第35位提升至2022年的第11位，连续十年稳步提升，位居中高收入经济体之首，是世界上进步最快的国家之一。我国已经牢固确立知识产权大国地位，奠定了向知识产权强国迈进的坚实基础。

去年，党中央、国务院印发《知识产权强国建设纲要（2021—2035年）》（以下简称《纲要》），对未来知识产权事业发展作出重大顶层设计，绘就了新时代建设知识产权强国的宏伟蓝图，在我国知识产权事业发展史上具有重大里程碑意义。

在《纲要》制定过程中，国家知识产权局认真学习贯彻习近平总书记重要指示精神和党中央、国务院决策部署，组织相关研究机构和专家学者聚焦新时代知识产权强国建设，从形势任务、制度建设、保护运用服务、人文社会环境和国际合作等方面开展了深入研究。此次出版的《迈向知识产权强国之路（第3辑）——知识产权强国建设战略问题研究》，集结了《纲要》制定过程中的部分专题研究成果，内容十分丰富，对社会各界更好地理解新时代知识产权强国建设的目标、思路和任务举措具有较高参考价值，有助于进一步凝聚加快推进知识产权强国建设的广泛共识。

当前，世界百年未有之大变局加速演变，新一轮科技革命和产业变革迅猛发展，国内外发展环境复杂严峻，知识产权作为国家发展战略性资源和国际竞争力核心要素的作用更加凸显。如何加快建设制度完善、保护严格、运行高效、服务便捷、文化自觉、开放共赢的知识产权强国，为建设创新型国家和社会主义现代化国家提供坚实支撑，是摆在我们面前的时代课题。国家知识产权局将会同有关部门继续深入开展知识产权强国建设的理论研究和实践探索，积极破解知识产权事业改革发展中的各种难题。也希望社会各界能够一如既往地关心、支持和参与知识产权强国建设，为早日建成中国特色、世界水平的知识产权强国贡献智慧和力量。

申长雨

2022年9月

目　录

第一篇　形势任务篇

国家知识产权战略面临的新形势及相关建议 …………………………………… 3
知识产权制度发展经验和国际趋势研究 ………………………………………… 20
知识产权强国目标与发展阶段研究 ……………………………………………… 40
知识产权强国建设的形势和任务研究 …………………………………………… 56

第二篇　制度建设篇

建设面向社会主义现代化的知识产权法律体系 ………………………………… 83
知识产权治理结构与治理能力现代化研究 …………………………………… 101
新技术、新领域、新业态中的知识产权问题研究 …………………………… 125
新技术革命背景下数据对知识产权制度的挑战与应对 ……………………… 138

第三篇　保护篇

中国特色知识产权保护体系研究 ……………………………………………… 157
知识产权司法保护研究 ………………………………………………………… 174
论我国知识产权行政保护模式之变革 ………………………………………… 191
知识产权替代性纠纷解决机制研究 …………………………………………… 211
知识产权鉴定制度构建与管理规范研究 ……………………………………… 229

第四篇 市场运行篇

知识产权创造运用机制研究 ……………………………………………… 243
专利密集型产业培育研究 …………………………………………………… 257
高校专利技术转移风险研究 ………………………………………………… 275
标准中的知识产权问题与对策研究：世界标准组织政策变化与启示 …… 290
知识产权证券化运行的实践观察、问题反思与前景展望 ………………… 310

第五篇 服务篇

提升知识产权公共服务水平研究 …………………………………………… 333
提升知识产权市场化服务水平研究 ………………………………………… 349

第六篇 人文社会环境篇

知识产权强国战略人才保障体系研究 ……………………………………… 367
面向强国建设的我国知识产权文化治理研究 ……………………………… 387

第七篇 国际合作篇

后疫情时代全球知识产权治理体系博弈与中国的战略选择 ……………… 405
国际贸易纠纷中的知识产权问题 …………………………………………… 416

第一篇　形势任务篇

国家知识产权战略面临的新形势及相关建议[*]

新时代对国家知识产权战略提出新的挑战和要求。站在新的历史时点，中国的经济实力、创新能力显著增强，社会发展的主要矛盾发生变化，知识产权工作和保护水平达到新的高度。同时世界也在发生深刻变革，科技发展日新月异，新技术、新业态不断涌现，全球政治经济格局不断演进。

2008年，国务院印发《国家知识产权战略纲要》，我国开始实施国家知识产权战略。十余年来，我国知识产权战略实施成效显著，知识产权数量快速增长，知识产权创造成为经济社会发展的重要推动力，但是也存在区域知识产权发展不平衡、知识产权质量不高、知识产权转化实施水平较低等问题。

本文探讨新时代国家知识产权战略面临的新挑战与新问题，并针对我国知识产权事业的发展提出相应的思考与建议。

一、新技术发展应用给知识产权战略带来挑战

（一）科技革命对知识产权战略提出新需求

新一轮科技革命在全球范围内孕育兴起，不断催生出新产品、新模式和新业态，对各国知识产权战略都提出了新的要求。

1. 专利权保护客体不断拓展

拓展专利权保护客体成为世界趋势。与制度的完善相比，技术进步总是走在前面。由于发明专利的审查周期通常耗时较长，而技术的生命周期日益变短，创新的频率日益加快，这种内在的矛盾导致当前乃至今后的一定时段内许多专利尚未获权

---

[*] 本文系中国科学院大学课题组基于研究报告"国家知识产权战略面临的新形势研究"形成。课题负责人：方新、闫文军；课题组成员和执笔人：罗先觉、温珂、唐素琴、李玲娟、尹锋林、刘朝、刘影、刘洋、谢准、韦稼霖。

就已经丧失了市场价值。

人工智能的广泛应用带来了新的专利保护问题。在我国，人工智能专利的申请往往在单元技术层面，例如语音识别、文字识别、图像识别、人脸识别等。人工智能算法的可专利性也是专利保护的讨论焦点。在信息技术等产业，最具创新性的部分往往是算法，硬件只是载体。但单纯的算法在我国被认为属于智力活动范畴，不能受专利法保护。

生物技术领域，特别是人类胚胎干细胞技术的可专利性问题，近年来备受关注。我国投入巨额资金和资源开展人类胚胎干细胞技术的研发，但人类胚胎干细胞技术的保护现状却不容乐观。由于受伦理约束、相关法律规定不明确等原因，我国人类胚胎干细胞知识产权保护面临诸多困难和挑战，很多技术不能得到知识产权保护，迫切需要引起关注。

2. 著作权保护客体快速扩展

人工智能创作物对著作权保护提出了挑战。人工智能技术的发展使人类可以通过控制机器人进行绘画、写作和谱曲，其创作的"作品"甚至已经达到与人类直接创作的作品难分伯仲的境地。但是，对于人工智能创作物是否能被认定为法律意义上的作品，以及相关权利应如何保护，各国尚没有统一的观点和实践。在著作权法上有规定的主要为英美法系国家。大陆法系国家中，除日本在其《知识财产推进计划2016》中提及要给予具有一定市场价值的人工智能创作物以知识产权保护以外，几乎没有国家在制度上回应人工智能创作物的问题。从国际组织来看，联合国教育、科学及文化组织和世界知识产权组织（World Intellectual Property Organization，WIPO）倾向将该问题交由各国国内立法自行处理，并没有统一规定。现阶段，我国的人工智能相关技术已经走在世界前列，在国外立法和国际公约都缺乏成熟的立法可供借鉴的情况下，亟待根据自身情况深入探索，在国家立法和政策层面对人工智能创作物的著作权问题作出回应。

网络游戏节目、电视综艺节目、体育赛事节目的著作权引发关注。随着网络信息技术的快速发展，各类网络直播或转播活动已经成为相关利益主体争夺的一个焦点。由于网络直播或转播行为并不能为《中华人民共和国著作权法》（以下简称《著作权法》）中的邻接权所覆盖，由此产生网络游戏节目、电视综艺节目、体育赛事节目本身是否属于著作权保护客体的问题，即这些节目是否构成作品。当前，司法裁判对此问题有着不同的观点和意见；学者对于应该给予上述节目何种程度的保护亦存在分歧。为了促进网络游戏、电视综艺、体育赛事等文娱活动的健康有序发展，亟须从理论上对上述问题进行深入研究，并从法律层面对上述问题加以统筹考虑和解决。

3. 商标权保护客体需进一步扩展

商标权保护客体向声音商标和气味商标扩展。为顺应商标注册的国际发展趋势和企业自主创新发展需求，2013年我国修正《中华人民共和国商标法》（以下简称《商标法》）时将声音商标纳入保护范围。由于声音商标开放注册时间尚较短，目前声音商标审查、评审、侵权判断标准在我国尚不清晰。2006年，WIPO在新加坡主持外交会议缔结的《商标法新加坡条约》亦将其适用范围扩展至嗅觉商标和动作商标、位置商标等。但我国目前尚不接受嗅觉商标、动作商标、位置商标的注册申请。为了适应市场的需要，有必要加强相关研究，并在条件成熟时扩大商标权保护范围。

商标权的保护客体还面临重叠保护的问题，即三维标志商标、外观设计、立体作品均有可能指向同一客体，但能否统一实行知识产权重叠保护，我国尚没有明确规定，在司法实践中也出现了对类似案例判决不统一的状况。为了统一适用法律，切实保护权利人和社会公众的合理预期，我国亟须对此问题进行深入研究，并作出适合我国国情的立法选择。

4. 新商业模式的知识产权保护需求

伴随着互联网的普及与发展，消费者的需求不断变化，传统的商业模式不断被新的互联网商业模式所挑战。互联网在生产生活中的广泛运用，催生了网络购物、网络支付平台、共享单车等多种类型的商业模式，但商业模式侵权现象也频繁发生。商业模式侵权行为会严重破坏社会主义市场经济的正常秩序，当前商业模式能否作为一种智力成果受到保护是社会各界关注的焦点。

商业模式侵权主要分为内部侵权和外部侵权。内部侵权主要指企业的员工、股东等违反了企业内部规章制度，将从企业获得的商业模式信息或资源传播到企业的外部，在离职或退出后直接或间接与原企业竞争。外部侵权主要指相同经营领域或即将进入该领域的竞争对手，模仿、复制、抄袭其他企业现有的商业模式，以达到快速进入该领域的目的。目前我国尚未明确规定商业模式属于知识产权的保护对象，这主要是由于商业活动的模式无法通过有形形式予以复制并为大众所认知，无法构成法律意义上的"抄袭"。企业只能通过著作权、商标权、专利权、商业秘密、反不正当竞争等对其商业模式进行零散的保护。

5. 大数据的知识产权保护迫在眉睫

在海量数据存在的今天，大数据将是下一个社会发展阶段的金矿。可以通过著作权对"数据存储和管理""处理和分析的数据形成成果之后进行数据的应用"进行保护，还可以通过专利申请、商标注册等知识产权手段对大数据的其他环节进行保护。但是，仍有大量数据不在知识产权保护范围内，由于其不属于知识产权制度所保护的传统类别，很多情况下只能通过商业秘密对其进行保护。围绕大数据的所有权也涌现出很多问题，包括数据隐私和安全问题、数据权属问题等。解决能否将具有知识产权特征的数据纳入知识产权保护体系，以及能否加强对大数据的隐私安全保护的问题变得迫在眉睫。

6. 会聚技术发展推动知识产权竞争方式变革

新一轮全球创新变革背后的技术驱动以物理类、数字类和生物类技术为主，并呈现融合发展之势，催生了会聚技术的发展。会聚技术促使科学研究和知识生产模式出现新的变化：科学研究不再是由某一学科、某一领域中的某一团队独立完成的，而是不同领域、不同学科的研究人员共同创造，即融通创新。会聚技术和融通创新在推动和促进科学技术进步的同时，也带来了新的挑战和问题，触及知识产权、伦理、隐私、安全（如生物安全）等多个维度，但是目前我国的知识产权战略只聚焦于专利权、著作权、商标权等知识产权问题。

企业间的竞争变为阵营式竞争，如何对各个阵营进行制衡以防止市场垄断是知识产权保护制度面临的重要问题。新技术的融合和会聚技术的发展，促进了合作创新和协同创新的增加。知识产权竞争方式由寡头式竞争逐渐转变为联盟式竞争，更多成为联盟之间和阵营之间的竞争。在新技术领域，大量专利被不同专利人交叉持有，将逐渐形成"专利丛林"。如果联盟内部将专利纳入标准，就可以借助推广标准获得更高的经济效益，从而利用标准对某些先进技术知识产权实行垄断。这种垄断不仅会扰乱市场的竞争秩序，阻碍产业的发展，还会延缓整个行业技术创新的速度。如何通过知识产权保护对各个阵营进行制衡，提升阵营本身的优势和生态，将成为重要的问题。

（二）现有知识产权战略滞后于知识产权竞争变革

面对知识产权竞争环境发生的复杂多样的变化，我国当前的知识产权战略与管理制度在若干方面呈现出滞后性。

1. 知识产权保护不能对新内容作出快速反应

知识产权战略不能对新技术保护作出全面说明。例如，人工智能领域知识产权在应该保护什么、怎么保护以及保护的市场范围等方面仍然欠缺相应的知识产权战略，3D 打印技术方面的知识产权法律保护也出现真空地带。按照《中华人民共和国专利法》（以下简称《专利法》）规定，任何人在未经许可的情况下不得为生产经营目的实施他人专利。普通消费者可以使用 3D 打印机打印专利产品，生产成本被极大降低，出于非生产经营目的实施专利的行为将可能增多，从而可能会大大减少市场对专利产品的需求。在这种情况下，坚持以"生产经营目的"来判断专利侵权是否仍然合理，值得研究。3D 打印是否等同于《著作权法》中的"复制"需要进一步的论证。在著作权领域中，3D 打印主要涉及"产品的外观与结构"，但《著作权法》对"产品外观与结构"的保护并不充分。只有少数具有美术价值的"产品外观与结构"可以作为美术作品获得保护，而大多数普通的"产品外观与结构"很难获得《著作权法》的保护。因此，关于 3D 打印技术的知识产权保护面临诸多问题等待明确说明。

科技快速发展与专利申请延期公开之间的矛盾进一步突出，知识产权保护跟不上技术更新的速度。现有的专利审查公开的周期太长，越来越不利于对知识成果的及时保护，不利于专利成果的快速转化。专利制度根本的设计目的在于以公开换保护，避免重复研发，促进社会科技整体进步。当代技术发展迭代进步如此之快，专利审查实践中经常出现相同发明主题申请仅差几天的情况。发明专利申请满 18 个月公开，已经难以避免重复研发，不利于科技发展进步。同时，由于目前绝大多数专利申请已经实现了电子申请，有必要对发明专利申请延期 18 个月公开制度进行彻底改造，对发明专利申请实行即时公开制度，即只要申请人提出了专利申请并且没有明确声明反对，在进行保密审查之后，应立即予以公开。对实用新型专利申请、外观设计专利申请亦应实行即时公开制度。

科技迭代加速发展与发明专利授权周期漫长之间亦存在矛盾。一些技术创新市场周期较短，通常只有几年甚至几个月的时间，而传统的发明专利审查授权周期相对较长，大约需要两三年的时间。如果这些技术需要寻求发明专利保护，那么在很多情况下，技术被授予专利权之时，也是该技术的市场价值结束之时。

2. 缺少针对重要领域的知识产权战略布局

长期以来，我国过度分散的知识产权管理体制造成了国内几乎没有针对重要领域的系统性的知识产权战略。2018 年，国务院机构改革后，原国家知识产权局的职责、原国家工商行政管理总局的商标管理职责和原国家质量监督检验检疫总局的原产地地理标志管理职责被整合至重新组建的国家知识产权局，并由国家市场监督管理总局管理。政府关于专利和商标等工业产权的管理职能已经进一步合一，简化了工业产权审查与产业、技术、贸易管理职能结合的难度，方便了知识产权管理。但是，知识产权管理体制中的"分散管理"情况仍然存在，有必要进一步强化国家层面的知识产权协调机制，加强针对重要领域的系统的知识产权保护。

面对新技术形势下多维度的知识产权问题，需要针对特定领域制定系统性保护战略。以人工智能和生命科学两个科技迅速发展的领域为例，由于其涉及多个方面，对我国的知识产权战略和保护体系提出较大挑战。我国的知识产权管理机构不应再仅仅局限于聚焦专利权、著作权、商标权等具体的管理事务，而应站在更高的角度，协同联合各管理机构与社会各界人士，共同谋划和制定针对特定领域的知识产权战略。

3. 管理制度与知识产权变革之间矛盾凸显

数量庞大且快速增长的专利申请、商标申请与有限的审查资源之间的矛盾凸显。近年来我国科技成果数量呈现出井喷式的增长，专利申请数量和商标申请数量极为庞大，均位于世界首位。虽然我国负责专利审查、商标审查等工作的人员的数量已经远远高于美、欧、日、韩等国家或地区知识产权管理机关的工作人员的规模，但有限的审查资源与快速增长且数量庞大的知识产权申请数量之间的矛盾日益突出，有可能成为制约我国知识产权战略目标实现的主要瓶颈之一。

分布式知识产权保护与创新产品市场应用之间的矛盾凸显。创新个体的科技进步呈现分布式特点，一个具有市场价值的产品或服务通常需要用到多个创新主体的科技成果，而这些科技成果的知识产权则由该多个创新主体拥有。任何一个市场主体要将一项新产品或新服务推向市场，就可能需要分别获得多个知识产权权利人的许可，大大增加了交易成本，也会迟滞每项分布式技术的市场应用。要破解这一难题，需要国家从多个方面考虑解决之策。

（三）建立适应新技术革命的知识产权战略治理体系

随着新技术革命的快速推进，在知识产权保护内容和保护制度方面均需要强化围绕相关领域的系统性知识产权战略的制定。现行的知识产权基本制度体系难以适应新技术、新业态发展的新需求。科技进步已经从电气时代发展到信息网络与人工智能时代，在电气时代形成并适用于电气时代的知识产权制度显然需要变革，国家知识产权治理体系也需要变革，加快相关领域知识产权战略的设计，逐步增强对新业态、新领域创新成果的保护。

1. 强化针对新技术领域的知识产权战略设计

制定互联网领域知识产权战略。强化对移动互联网、云计算、物联网、大数据、高性能计算、移动智能终端等领域的知识产权保护力度。强化在线监测，严厉打击网络侵权假冒行为。确立互联网、大数据领域关于个人信息数据采集规范的说明，在保护隐私的前提下，推动新技术的应用。

制定人工智能领域知识产权战略。强化对人工智能的专利保护，增加对人工智能核心算法的保护，探索人工智能创作物保护方式。制定合理的大数据采集、使用规范，禁止对用户数据信息溯源、随意买卖。探索人工智能涉及的多维度伦理、社会、经济问题，提前布局预警措施。

制定生命健康领域知识产权战略。将生命健康领域广泛研究的干细胞、遗传基因等重要技术纳入知识产权战略并作重点说明。重新修订或完善知识产权保护法中关于这些新技术的规定有所缺失或不明确的部分。借鉴发达国家的有益做法和经验，对伦理限制进行探索，进一步加大知识产权保护力度。

改进新技术领域的实用新型专利制度。为了实现社会利益与发明人利益的平衡，对于迭代快、市场周期短的技术，实行"快授权（注册）、短保护"政策，例如可对实用新型专利制度进行改造，将其变为"小发明"制度。考虑将实用新型专利保护客体扩展至既包括固定形状的产品发明，也包括无固定形状的产品发明和方法发明。可以借鉴澳大利亚的"革新专利"制度，即将实用新型保护客体的范围扩大至革新性设备、物质、工艺、方法和基于计算机的发明等，并给予这些专利快速审查，从而保护市场周期短的技术革新。

2. 加强知识产权治理的协同机制设计

强化管理部门与行业协会或领头企业的沟通，可采取组织会议、实地调研、安排专门联络人员联系等方式增加双方沟通的机会，及时跟踪了解新事物，掌握行业发展动态与技术前沿，共同商讨应对新问题的管理与保护机制。

在政策制定过程中，知识产权管理部门可以组织来自企业、科研院所和高校的专家围绕新技术领域成立知识产权战略咨询组，充分讨论创新不确定条件下的知识产权战略制定。

在政策落实时，将企业、高校、科研院所、服务机构等各利益相关方纳入政策制定的框架中，以创新发展为目标，平衡各方的利益诉求。

3. 进一步深化知识产权行政管理改革

加强管理机构的信息化建设，提高知识产权审查速度。充分运用互联网、云计算、大数据等新一代互联网技术，缩短知识产权审查周期，提高审查质量。

强化严格的知识产权保护制度，加大侵权行为惩治力度。对知识产权侵权法定赔偿不设上限，针对情节严重的恶意侵权行为实施高额惩罚性赔偿，让侵权者付出代价。

完善职务发明制度，改革知识产权的利益分配关系。探索完善创新成果收益分配制度，提高骨干团队、创新发明人收益比重，充分提高高校、科研院所人员对创新成果进行转化的积极性。

加强行政执法机关与公安机关、检察机关的工作联系，建立知识产权快速维权机制。积极推进知识产权民事、刑事、行政案件统一集中审理的审判机制，实现对知识产权的全方位便捷保护。

4. 不断提升完善知识产权服务体系

建立适应新技术革命的知识产权战略体系，强化知识产权治理的服务体系建设。强化行业协会在知识产权联合创造、协同运用、合力保护、共同管理等方面的作用。

重点引导高校和科研院所强化技术转移服务机构建设，提升知识产权服务水平。充分发挥政府在平台构建、资金支持、人力资源、政策引导方面的作用，支持高校和科研院所建立集科研成果的价值评估、商业推广、市场应用和法律服务为一体的大学知识产权转移转化中心，去行政化而采取商业运营模式，实现知识产权研发、交流与转化应用机制的良性循环。

面向行业协会、高校和科研机构深入开展专利协同运用试点，建立订单式发明、投放式创新的专利协同运用机制。培育建设一批产业特色鲜明、优势突出、具有国际影响力的专业化知识产权运营机构。

二、建立与国家发展阶段相适应的知识产权战略

（一）根据经济社会发展调整知识产权战略的经验

在经济、社会和科技发展的不同阶段，知识产权战略的内容、重点及相应政策都需要适时调整。

1. 知识产权战略动态调整的历史特征

世界创新强国的知识产权战略都根据发展阶段调整，与技术发展水平、经济发展水平和人力资源发展水平密切相关。从维护本国的经济利益、企业利益出发，在从模仿、追赶到创新的过程中，知识产权制度越来越严格，保护力度逐步加大；而当处于技术领先状态时，又要防止过度的知识产权保护妨碍创新，适当调整政策方向，从强保护改变为平衡保护。

政府主导在知识产权战略中起重要作用。各国政府根据本国科技进步和经济发展状况以及企业的发展需要制定和调整本国的知识产权战略，在实施国家知识产权战略时不断建构保护本国利益的法律基础，长期积累运用知识产权取得战略优势的经验和能力。各国政府在知识产权战略制定与实施、知识产权立法、调整知识产权权益关系、积极促进专利成果转化，以及通过一些特别条款和国际公约保护本国海外知识产权等方面，都发挥主导作用。

在知识产权战略制定和实施中，政府和产业界密切合作。由于知识产权本质是私权，知识产权保护直接涉及企业利益，一些国家的企业组成各种产业知识产权联盟，积极参与知识产权立法和执法活动，并与立法及行政机关建立了相当密切的关系。政府在立法、司法、行政活动中都为企业和产业知识产权组织的参与提供了重要的程序保障和充分的表达机会，成为企业利益的忠实代言人和平衡协调者。

2. 当前各国知识产权战略调整的焦点

知识产权制度迅速回应新技术问题。美国通过知识产权制度构建新技术保护框架，旨在抢占未来制高点；日本构建应对第四次工业革命的知识产权体系；韩国修改版权法、专利法范围以应对人工智能创作物、基因编辑等新事物，等等。

知识产权战略聚焦于未来发展重点领域和特色领域。美、日、韩三国在对本国发展状况及未来发展重点进行全面诊断的基础上，将知识产权战略聚焦于未来重点领域和特色领域。《美国国家创新战略（2015）》将对新技术和新产业的支持力度提高到前所未有的水平。日本着眼于构建应对物联网等技术发展的新一代知识产权体系并推进标准化战略，还通过发展内容产业将文化软实力与制造能力相结合。韩国着眼内容产业，构建创新生态环境，推动标准化战略。

重视知识产权制度的人才基础。美国通过改善科学、技术、工程和数学（Science，Technology，Engineering，and Math，STEM）教育满足未来人才需求。日本着重培育实现"社会5.0"所必需的基础技术相关的跨领域科技人才，振兴数理科学、计算科学、数据科学等基础性学科，将英语全面推广适用到知识产权创造、管理等领域。韩国强调扩大知识产权人群，加强英语运用，此外，实施工作签证等政策吸引全球高端人才。

谋求知识产权全球话语权。美国谋求在全球知识产权政策和知识产权意识、推动知识产权保护和执法的国际条约和国际政策方面，承担领导和教育职责。日本以知识产权为抓手争取世界领导权，积极通过主导国际协定构建国际知识产权系统。韩国积极参与全球知识产权事务，提升知识产权亲和度。

（二）产业发展对知识产权战略提出新需求

我国经济和社会快速发展，随着企业竞争力的大幅提升，以及创新能力从跟跑、并跑到某些领域的领跑，我国企业逐步成为发达国家大企业和跨国公司的主要竞争对手，面临着更加复杂多变的知识产权竞争环境，呼唤适时调整国家知识产权战略。

1. 企业竞争力和创新能力不断增强

企业是科技创新主体，也是知识产权价值实现的主要参与者。企业不仅是知识产权创造的主体，也是知识产权的主要管理者和维护者。知识产权的运用和实施依赖企业完成。某种意义上说，企业是国家知识产权战略发挥作用的主战场，企业的需求是国家知识产权战略关注的核心内容，国家知识产权战略的实效主要表现为企业的核心竞争力的增强。

我国企业总量快速增长，企业经营实力和竞争力进一步增强，企业创新能力稳步增长，创新优势逐步由规模向质量转变。企业创新投入呈现资本深化特征，创新经费呈现直线增长之势，而创新人力增长相对平缓。企业在创新产出方面已经颇具规模，并且知识产权质量也表现出提升趋势——发明专利占比呈逐年上升趋势。企业创新对经济社会发展的促进作用明显，全社会劳动生产率和综合能耗产出率呈不断增长之势。

企业国际化步伐明显加快，知识产权国际竞争力增加。近年来，中国企业在产业和技术上升级换代的需求日益强烈，在市场开拓上日益国际化，加之中国政府的大力支持和鼓励，中国企业海外投资无论是绝对数额还是相对比重，一直呈持续增长的态势。相较于过去国有企业作为"走出去"的主力军的情形，近年的数据显示民营企业已经在中国海外投资中占有支配地位。企业的国际竞争力也显著增强，其PCT专利申请量快速增长，其国外专利申请增幅显著。企业在权利保护上也由过去的回避忍让转变为主动起诉、积极维权。越来越多的企业开始在海外进行专利布局。

2. 我国企业知识产权的未来发展趋势

知识产权将成为企业发展战略的重要内容。随着我国进一步强化市场机制的基础作用，以及企业实力的增强和国际化程度的提升，创新驱动发展将成为企业的内在需求，创造价值将成为企业自主研发或是购买专利等知识产权的目的，这势必会提升知识产权质量，加大转化实施的力度。知识产权成为不同类型、不同行业的企业的有力竞争武器。企业将不断加大研究开发投入，成为我国研究开发投入和技术创新的主体。知识产权的创造、运用、保护和管理将成为企业创新发展以及产品更新换代、增加产值的重要组成部分。

企业间知识产权竞争激烈，知识产权纠纷加剧。我国已经成为全球知识产权纠纷最多的国家之一。随着新技术领域的专利数量不断增加，技术密集产业内的知识产权竞争还将进一步加剧，中小企业将面临更加激烈的技术竞争和更大的知识产权风险。多数中小企业没有足够的能力在研发中自己制定知识产权战略。具有竞争力的中小企业存在技术泄露现象，大公司对中小企业创意及技术的抄袭、剽窃成为一个重要问题。

企业"走出去"面临复杂的知识产权风险。近些年来我国外向型企业的知识产权意识明显提升，涌现出一批娴熟使用知识产权规则的企业，在海外知识产权布局和知识产权运用方面取得了一些成果，但很多问题仍然存在。企业缺少知识产权布局，产品无法体现高附加值，应对与标准相关的知识产权方面的问题的意识、能力和手段都还比较弱。企业对风险重视程度不够，缺少风险防控长效机制，或未能提前对风险进行评估，或抱着侥幸心理未对风险提前准备好应对方案，未能做到"有备而出"。

（三）我国知识产权战略应当适时调整

我国经济发展、创新能力、知识产权事业发展和企业发展都上了一个新的台阶，进入一个新的阶段，这对国家知识产权战略提出了新要求。

1. 动态调整知识产权战略重点

知识产权创造要逐步从量的扩张向质的提升转变。在我国知识产权总量由小到大的阶段，采取相应政策激励知识产权创造、促进数量增长是必要的，但当我国的知识产权水平进入到由大到强的阶段，相应的政策激励更应该侧重于质的提升，这已经成为国家富强、企业发展和建设知识产权强国的内在需要。

知识产权保护既要加强力度，又要注意平衡，防止保护过度和滥用知识产权形成对创新的阻碍。在保障企业权益的同时，要警惕知识产权人滥用权利和形成垄断，以达到整体社会利益的平衡。在激烈的国际竞争中，知识产权国际保护的水平过高不仅可能阻碍创新，而且还会严重损害发展中国家的发展权。

知识产权战略的着眼点是知识产权创造、运用、管理的主体。知识产权的创造、运用与管理关键在人，要着眼于调动知识产权主体特别是人的创造性和积极性，把外在的政策激励逐步转化为内在的动力，把国家战略细化为知识产权主体自身发展的战略。

2. 明晰政府行为和市场行为

国家知识产权战略实施并取得成效的根基在于知识产权创造、运用主体对知识产权战略的落实，在于发挥政府主导作用，明确和细化政府行为和市场机制的边界，在于调动各方面的积极性和创造性。

要充分发挥企业主体地位。政府对企业知识产权管理的介入程度及介入方式需要适当。政府的主要职责是不断完善制度建设，推动企业的知识产权创造、管理和运用，并对其合法收益予以恰当保护。要通过合理使用、强制许可以及推广实施乃至鼓励共享公开等措施要求企业履行其在知识产权运用中的职责，划定公共利益和企业利益的边界。

鼓励地方政府因地制宜制定实施知识产权战略。我国各地区经济发展、创新能力和知识产权工作水平高度不平衡，应在全国知识产权战略的统一指导下，鼓励地方结合当地发展实际情况，制定实施符合区域发展要求的区域知识产权战略。

3. 完善企业竞争的知识产权环境

完善标准必要专利制度。围绕标准必要专利的纠纷愈演愈烈，需引入标准必要专利裁定制度，制定权利人和被许可人利益相平衡的国际通用标准，利用专利管理机关的技术知识和判定制度对标准必要性进行判定，谋求专利许可谈判的顺利进行和纠纷的快速解决。

延长不丧失新颖性的宽限期。把不丧失新颖性的宽限期由6个月延长至1年，并给予不熟悉知识产权制度的个人发明家、中小企业及大学研究人员适当帮助。在实用新型和外观设计领域也应借鉴国外经验，将不丧失新颖性的宽限期由6个月延长至1年。

加强对中小企业的知识产权支持。扩大对中小企业知识产权的研发支持，加强对中小企业的知识产权管理支持，加强对中小企业的创意和技术保护。

建立具有全球竞争力的知识产权支持体系，支持企业制定进入全球市场的知识产权战略，保障我国企业在国外的知识产权合法权益。

三、全球知识产权治理面临的新形势、新挑战

世界经济格局和全球治理体系深刻变革，中国作为新兴发展中国家的代表，面对环境形势的变化和挑战，应该在变革中谋求主动出击，不断扩大在知识产权规则制定中的话语权，提升在全球知识产权治理体系中的地位和作用，为创新发展释放科技动能提供战略支撑。

（一）新时期知识产权全球治理新趋势

1. 知识产权国际组织发挥重要作用

知识产权国际组织在知识产权管理与变革中承担重要职能，发挥重要作用。世界贸易组织（World Trade Organization，WTO）和 WIPO 作为知识产权管理的两大主要国际组织，继续维护《与贸易有关的知识产权协定》（Agreement on Trade-Related Aspects of Intellectual Property Rights，TRIPS）和其他多边国际条约两大知识产权制度体系。WIPO 与 WTO 各司其职，WIPO 关注知识产权保护、条约管理与发展问题，WTO 更关注知识产权规则的执行、实施与争端解决。两者成为知识产权领域一些国际规则的制定者、引导者和执行者。

国际组织通过规则制定与制度安排，获得凌驾于国家主体之上的知识产权管辖能力与管辖范围。比如，TRIPS 签订后，WTO 介入国际知识产权规则制定，通过将知识产权纳入贸易自由化体系，获得对贸易成员的约束力，强化知识产权协议执行力。

新兴专业国际组织越来越多地深度介入相关知识产权标准和规则的制定。比如，世界卫生组织、国际标准化组织、世界海关组织、国际刑警组织、绿色和平组织、联合国粮食及农业组织等开始关注所辖领域的知识产权问题。

2. 知识产权全球治理规则加快调整

知识产权全球规则和格局发生深刻变化。发达国家仍然是推动国际知识产权规则变革的主导者，但发展中国家，尤其是大型的新兴经济体在国际知识产权规则制定中扮演着越来越重要的角色。《生物多样性公约》与《保护和促进文化表现形式多样性公约》的缔结被认为是发展中国家参与国际知识产权保护标准制定的大事。

2013年，WIPO通过了《关于为盲人、视力障碍者或其他印刷品阅读障碍者获得已出版作品提供便利的马拉喀什条约》，首次秉承公共利益原则，将著作权立法与收益人的利益保护相联结，形成对多边谈判进一步提高知识产权保护国际标准的设想的深度反思。

知识产权成为实施贸易保护的工具。以中国为代表的新兴市场国家兴起，在国际贸易、环境、可持续发展与知识产权规则制定中的话语权获得提升。发达国家开始掀起贸易保护主义浪潮，频繁动用知识产权大棒进行打击，其突出表现就是"337条款"功能的复苏和扩张，以及频繁发动展会知识产权纠纷以打击新兴国家开拓海外市场的努力。

全球知识产权保护标准逐步提升。TRIPS规定了全球知识产权保护的最低标准。美国、欧盟通过与发展中国家签订自由贸易协议（Free Trade Agreement，FTA）、双边投资协议（Bilateral Investment Treaty，BIT）等，要求发展中国家执行超出TRIPS标准的条款。2008年，美、日、欧等知识产权强国与地区启动《反假冒贸易协定》（Anti-Counterfeiting Trade Agreement，ACTA）谈判，旨在提高知识产权执法标准，打击全球假冒和盗版活动。2016年，美、日等12个国家在奥克兰正式签署《跨太平洋伙伴关系协定》（Trans-Pacific Partnership Agreement，TPP）。虽然之后美国退出TPP，但是从TRIPS到ACTA，再从ACTA到TPP，可以看出更高标准的知识产权保护正在知识产权强国的主导下逐渐嵌入全新的知识产权国际规则中。

知识产权保护规则呈现范围扩大、保护期限延长的趋势。软件、遗传基因、商业方法等先后被纳入发达国家的知识产权保护范围。实验数据、网络域名、作品形象、数据库、汇编作品、卫星广播、网络传输、技术措施等纷纷对知识产权保护提出需求。将民间文艺、传统知识、遗传资源等纳入知识产权保护的客体范围内的国际规则都在酝酿当中。与此同时，知识产权的保护期限在不断延长。以专利为例，英国1623年的《垄断法案》授予发明人14年以内的保护期。此后，各国制定的专利法对专利的保护期限各不相同，有的国家规定为12年，有的国家规定为15年，有的国家规定为17年，有的国家规定为20年。TRIPS要求各国发明专利的保护期限不得短于自申请日起的20年。另外，很多国家还规定了专利权期限补偿的规定，特别是针对药品专利，使专利的保护期限实际延长。

3. 知识产权全球治理措施务实发展

知识产权治理更加注重执法。美国近年来不断强化知识产权行政执法体系。

2008年，美国颁布《优化知识产权资源和组织法案》，设立知识产权执法代表来协调知识产权执法。2010年，美国发布《美国知识产权执法2010联合战略计划》。欧盟、日本与韩国等均加大了知识产权执法力度。国际刑警组织、世界海关组织等国际组织也纷纷强化知识产权执法的内容。ACTA、TPP包含了不少超强的知识产权保护条款。

专利审查一体化进程加快。全球主要的知识产权审查机构在审查业务方面进行深度合作，在业务规则、审查标准、检索工具等方面趋同化。随着美国对其专利法进行修改，全球知识产权一体化进程出现加速迹象。2007年始，美国、日本、欧洲、韩国以及中国的专利审查机构开展审查业务合作，合作的一个重要内容是构建"专利审查高速路"（Patent Prosecution Highway，PPH），使一国申请人能在另一国更快地获得专利。

（二）我国知识产权面临的全球治理挑战

1. 全球知识产权规则博弈处于劣势

我国参与国际知识产权规则制定和其他知识产权全球事务处于被动局面。西方国家仍然是国际知识产权规则变革的主导者，在知识产权领域掌握着明显优势和垄断地位，在处理对外知识产权事务时，将知识产权外交与政治、经济外交相结合，采取经济利益交换和政治施压等方式，推动国际知识产权规则朝着有利于本国的方向发展，执行有利于它们的技术标准，阻挠先进技术的扩散，并且对高新科技产品采取高昂的定格。我国作为新兴经济体，虽然国际地位和影响力不断提升，但是制定国际知识产权规则的话语权相对较低，总体上处于被动防守地位，对多边、区域等范围的国际知识产权规则制定的参与度总体不高，在知识产权国际事务中往往处于边缘地带。

2. 知识产权服务资源缺乏统筹协调

我国知识产权管理涉及多个部门，导致在知识产权涉外管理和国际事务方面往往缺少有效的协调，造成横向协作成本提升，影响知识产权服务效率。我国知识产权服务资源处于相对割裂的状态，知识产权管理具有涉及面极广、扩散性极强的特点，各部门之间缺乏信息共享和协调的"部门行政"状态不能很好地适应知识产权管理和现实发展的需要，使得整个知识产权管理体制难以协调运转；没有发挥政府、企业和社会组织各个主体的作用以培育知识产权服务组织和业态，推动知识产权全球治理体系和服务网络建设。

3. 知识产权全球服务能力仍需改善

我国知识产权全球治理体系正处于逐步发展的过程中，在知识产权全球治理体系建设方面缺少主动出击意识，缺乏统一的相关组织机构、信息平台、服务平台、驻外机构、储备人才等方面服务配套措施的跟进，迫切需要提升知识产权全球服务意识，营造良好的服务环境，提升知识产权服务能力。

（三）提升我国知识产权全球治理能力的建议

1. 积极参与全球知识产权治理规则制定

加强知识产权外交统筹协调，提升知识产权国际合作效果。关注西方知识产权制度创新发展和演变细节。充分发挥各级政府、企业、社会组织的作用。加强全球审查合作，为提升专利质量，加强主要国家间的知识产权审查业务合作（如 PPH）。

提升国际事务参与度。政府积极组织各方面力量参与全球知识产权事务，吸引国际组织在中国设立办事处，向国际组织派遣人员，积极参与全球重大事务处理，参与国际知识产权规则的调整，积极应对全球知识产权前沿问题。比如，通过财政支持、人员派驻、建立特别工作组等方式，参与 WIPO 的日常运作，尤其是制订 WIPO 的重大事项议事日程。适时修正和完善知识产权相关法律，为国家知识产权战略的推进提供长效机制。

充分利用现有国际规则，比如各类贸易协定中的相关规则、WTO 争端解决机制等。积极参与国际知识产权争端案件的解决，在解决争端的过程中阐明中国的主张，对相关规则作出符合普惠包容理念、符合大多数国家利益的解释。

充分发挥立法与执法机构的作用，加强知识产权保护风险预警机制。推动企业在人才引进、国际参展、产品和技术进出口、企业并购等活动中开展知识产权风险评估，提高企业应对知识产权纠纷的能力。加强对知识产权案件的跟踪研究，及时发布风险提示。

2. 提升知识产权对创新发展的支撑作用

支持国内新兴产业发展，促进知识产权对外投资。推动重点产业的海内外知识产权布局，使新兴产业各环节与知识产权结合，鼓励企业将专利转化为国际标准。实施知识产权促进贸易结构优化工程，鼓励自主知识产权产品出口，完善知识产权贸易统计体系，研究制定《知识产权商品和服务出口指导目录》，将专利代理、知识产权法律服务等纳入其中，帮助企业从事高附加值贸易活动。

健全企业海外知识产权维权援助体系。加强知识产权海外维权信息平台建设，完善海外知识产权信息服务平台，发布相关国家和地区知识产权制度环境等信息，发布海外知识产权服务机构和专家名录及案例数据库。建立海外展会知识产权快速维权长效机制，组建海外展会知识产权快速维权中心，建立海外展会知识产权快速维权与常规知识产权维权援助联动的工作机制。鼓励社会资本设立中国企业海外知识产权维权援助服务基金。制定实施应对海外产业重大知识产权纠纷的政策。继续开展外向型企业海外知识产权保护以及纠纷应对实务培训。

以专业化海外常驻机构和人才队伍积极支持创新企业"走出去"。会同所在国使馆与企业行业行会，探索建立知识产权调查专员或服务工作站机制，提供企业当地知识产权维权援助和诉讼应对服务，保护和拓展中国在海外的知识产权利益。指导和帮助企业有目的、有计划、有针对性地在相关投资和贸易国进行知识产权布局，为海外市场拓展提供知识产权储备和保障。

建立全球大数据共享平台。尽快开展国际知识产权信息库建设工程。通过发布相关国家的知识产权法律、制度、知识产权布局、程序规则等情况，为企业海外知识产权布局、诉讼提供便利渠道，支持企业和其他市场主体参与国际知识产权事务。

3. 抓住机遇扩大对外开放与合作共赢

借助"一带一路"背景和影响力，巩固发展知识产权双边、多边合作关系，加强与"一带一路"沿线国家、金砖国家的知识产权交流合作。积极推进"一带一路"知识产权审查员合作与培育。投入专项资金，通过项目合作、派遣专家、组织培训等形式，帮助"一带一路"沿线相对落后的国家和地区建立和完善知识产权制度，建立检索系统等基础设施并给予技术支援，帮助培训相关知识产权审查人员。推动"一带一路"知识产权公共信息服务体系建设，发布企业知识产权海外维权指引，加强"一带一路"知识产权业务平台建设，建立"一带一路"涉外企业公共服务扶持网络。

4. 发挥非政府组织的作用

随着全球化进程的加快，越来越多的智库、行业协会等非政府组织通过举办研讨会、以观察员身份列席国际会议或谈判等方式，发挥着政府难以起到的作用，影响国际关系进程。我国应重视非政府组织在国际知识产权治理结构中的作用，制订工作计划、设置专项基金，支持构建新型国家智库、企业联盟、行业协会等各类型非政府组织平台，推进"中国议题"和"中国方案"，对国际知识产权格局产生积极的影响力。

知识产权制度发展经验和国际趋势研究[*]

一、知识产权制度发展国际经验

（一）美国知识产权制度发展

早期，在科技和文化创新能力低于欧洲发达国家时，美国采取了明显的本国保护主义。19世纪末到20世纪初，大公司成为推动美国经济发展的主要动力，其专利法也随之作出了调整，"亲专利"原则在专利领域被大规模应用。然而过度强调对专利的保护和"亲专利"原则的盛行，使得大企业通过对核心技术的专利垄断形成对市场的垄断，对正常的市场自由竞争环境造成了严重的破坏。随后美国执政党运用财政和金融手段，直接对经济进行干预，并对企业经济活动采取严格管制，同时实施知识产权"弱保护"政策。这也导致通货膨胀激增，最终阻碍生产发展，使得经济停滞不前。

进入20世纪80年代，美国各界认识到，美国在经济竞争中最大的资源和优势在于科技和人才，知识产权成为美国经济发展的最主要推动力。美国决定在世界范围内加强知识产权保护尤其是专利保护，使得美国的先进技术转化为现实的生产力和竞争优势。进入90年代，加强对本国的经济利益，特别是本国跨国公司经济利益的保护，成为美国知识产权制度的重要目标。克林顿总统时期，美国知识产权战略体现在相关立法、知识产权利益关系的调整、对外贸易政策中。进入21世纪，美国"强保护"的知识产权政策引发了一系列问题，例如垃圾专利、专利丛林、专利流氓等，妨碍了美国创新和市场竞争秩序，也使得政策制定者重新审视知识产权

---

[*] 本文系知识产权强国建设纲要制定研究报告"知识产权制度发展经验和国际趋势研究"的节选。课题负责人：朱雪忠、漆苏；课题组成员：杨静、姜南、杨鸿、谢焱、徐明、孙益武等；执笔人：漆苏、朱雪忠。

政策体系。对内，奥巴马政府倡导专利改革。2013年3月16日，《美国发明法案》正式生效，这是50多年来最大的专利制度改革，主要内容涉及确立"发明人先申请制"、设立"授权后重审"及"双方重审"程序、实行绝对新颖性、赋予美国专利商标局更大的财政自主权等，体现了提高授权效率、提高授权标准和提高纠纷解决效率的理念。2015年6月，美国参议院司法委员会投票通过了旨在遏制专利投机公司的《保护美国人才和企业家法案》；对外，奥巴马政府致力于构建以《跨太平洋伙伴关系协定》（TPP）为代表的多边贸易机制。特朗普政府则十分强调知识产权保护：对内，完善国内知识产权制度和加强国内知识产权保护；对外，强调必须保障美国创新者在国外市场安全使用其知识产权的权利，其他国家和企业不得从盗取美国知识产权的过程中获益。为了实施美国知识产权保护战略，美国知识产权执法协调机构成立了白宫知识产权战略小组，定期召集国家经济委员会、国家安全委员会、科学技术办公室、联邦贸易代表办公室以及其他相关的白宫办公室、部门和机构，讨论知识产权问题，确定行动方案并向总统建议如何继续维护好美国在全球的创新领导者地位，防止外国的技术窃取和知识产权盗窃行为。

整体而言，美国根据其国家利益和企业发展需要，对内，不断对知识产权法律进行修订和完善，并制定一系列的知识产权公共政策；对外，随着美国科技竞争实力取得全球霸主地位，美国政府往往进攻性地参与和推动知识产权国际规则的制定和调整，在双边交往中还不断强制推行和兜售美国的"知识产权价值观"，推动建立有利于美国的知识产权国际规则体系，帮助美国始终处于世界的领先地位。

（二）日本知识产权制度发展

"二战"后，日本经济先后经历了"贸易立国—技术立国—知识产权立国"的战略阶段。与此同时，日本知识产权经济调节的实践，经历了"引进技术—消化吸收—技术创新"的发展道路。在经济发展初期，日本采用的是"吸收性技术革新"，对知识产权采取弱保护。20世纪70年代，日本成功由技术模仿、改进向创新发展，具备了自主科技创新的基础和实力，日本知识产权制度开始转向重视知识产权规则。此后，日本知识产权制度逐步完善。20世纪80年代后，日本经济陷入持续低迷。为了保持技术优势和产业竞争力，日本提出将知识产权战略作为国家的发展手段和目标，进而着手构筑国家知识产权战略体系。2002年3月，日本国会批准了《日本知识产权基本法》，成立了政府直接领导的知识产权战略本部。2002年7月，日本正式颁布《日本知识产权战略大纲》，确立"知识产权立国"方略。

日本知识产权战略确立四大支柱：创造、保护、应用和人才培养，并采取系列措施落实该战略。一是围绕知识产权立国构建相配套的政策和措施。2015年4月1日，日本开始实施新《日本商标法》，2015年7月，日本国会通过了《日本专利法》《反不正当竞争法》等的修正案，目的在于进一步提高知识产权的保护力度，并着重防止日本技术的非法外流。二是加强组织保证。建立附属于日本首相官邸的决策机构——日本知识产权战略本部，其人员构成不仅包括日本的首相、内阁官房长官、经济产业大臣、文部科学大臣等政府部门要员，同时还涵盖了知名的学者、画家、律师、企业领导者和相关业界的代表等，这便于日本政府及时、客观地了解和掌握国内各界对知识产权问题的真实想法和对政府政策的真实期待。三是制定知识产权战略计划，加强对知识产权管理的宏观指导。日本每年定期发布"日本知识产权推进计划"报告，阐述其在知识产权问题上的立场与观点，并使之能更好地得到理解和推广。2013年6月，日本知识产权战略本部在总结战略实施经验的基础上，根据国内外经济形势的新变化，特别是针对新兴经济体的兴起与数字信息全球化市场的快速发展，推出《知识产权政策愿景》，提出"内容产业立国"的新目标。作为日本知识产权战略的总体安排，该愿景指明此后10年日本的知识产权战略及相关具体政策的发展方向，主要包括：为强化产业竞争力构建全球知识产权体系、加强支援中小科技型企业的知识产权管理、调整知识产权制度以应对数字网络化时代的挑战、增强以内容产业为主的软实力。

（三）德国知识产权制度发展

德国知识产权制度强调为企业的知识产权工作提供强有力的支撑。德国拥有完善的知识产权法律体系，包括其专利法、外观设计法、实用新型专利法、商标法和著作权法等。德国十分注重根据本国的经济社会发展需求和企业特点制定和调整相关法律。例如，德国专利法规定发明专利实质审查的提出期限为7年，由于该期限长于《欧洲专利公约》的规定，因而有利于德国企业根据申请专利的产业化进程和前景，确定最佳的专利申请和市场保护策略。鉴于德国制药工业世界一流，其选择实施了对药品专利，最长可延展5年的专利保护期限。此外，德国还有效解决了雇员与企业之间在发明权归属方面的纠纷。德国雇员发明法规定："当企业雇员做出发明创造后（无论职务发明还是非职务发明），有向雇主申报的义务，雇主可以对职务发明提出无限制的权利主张或者有限制的权利主张。在雇主主张关于该发明创造的权利时，需要给予雇员合理的报酬，报酬计算方法由德国劳动部制定了详尽的指导规则。雇主有在德国为发明申请保护的义务。"上述规定使得雇主要认真考虑该职务发明创造是否具有较好的应用前景，有利于促进职务发明人与雇主双方积极行使权利，调和双方的利益，形成雇主与职务发明人的互动，加快了社会的技术进步。此外，德国先后制定了工商企业研究开发人员增长促进计划、企业技术创新风险分担计划、中小企业研究合作促进计划等，为自主创新营造了良好的制度环境。

德国的知识产权司法制度努力谋求对企业知识产权保护的最大化、高效化和便利化，主要表现在专利无效诉讼和专利侵权诉讼由不同的法院分别审理。其中，专利无效诉讼由专门设在慕尼黑的联邦专利法院审理，而专利侵权诉讼由 12 个州法院负责审理；当被告向联邦专利法院提起专利无效诉讼后，州法院的专利侵权诉讼并不由此中止，无效申请不能作为侵权案件被告的抗辩理由；专利侵权诉讼与侵权赔偿诉讼分开，各州法院对专利侵权进行判决后，如果构成侵权，则具体赔偿数额由原被告双方协商解决，协商不成的，当事人应就侵权赔偿数额另案起诉。2020 年 3 月，德国司法和消费者保护部发布了《简化和现代化专利法第二部法律讨论草案》，其中规定了递交书面材料的时限，以便更好地同步民事法院的侵权诉讼与联邦专利法院的无效程序。这些德国专利诉讼的特点提高了审判的效率，使得专利诉讼耗费时间短，费用相对低廉，为企业维护专利权、及时有效制止侵权行为提供了重要的司法保障。

（四）韩国知识产权制度发展

韩国经济和科技发展起步较晚，1961 年在"构筑技术发展基础"的国家技术政策引导下，韩国才开始知识产权制度建设，并逐步建立了由专利法、商标法、著作权法、反不正当竞争和商业秘密保护法、半导体集成电路布局设计法、农产品质量控制法、不公平贸易调查法、海关法等组成的较为全面的知识产权法律体系。20 世纪 80 年代，韩国经济发展由过去的政府主导向企业主导转型，促进本国高新技术产业发展和提高本国企业竞争力成为韩国知识产权政策的重点。韩国一方面修改本国知识产权法律与国际接轨，另一方面出台一系列政策鼓励大集团向发达国家直接投资以快速获取先进技术，通过收购研发型小企业或与跨国公司建立联盟获取新技术。2004 年，韩国知识产权局颁布了《知识产权管理的愿景与目标》。该文件明确提出，要通过强化知识产权的创造、保护和使用，提高产业附加值，将韩国建设成为 21 世纪的知识产权强国。2009 年韩国政府出台了《韩国知识产权强国实现战略》，提出三大战略目标，即改善技术贸易收支、扩大著作权产业规模和提升知识产权国际主导力,以及11项战略举措、推动韩国由制造业大国向知识产权强国发展。2011年4月29日,韩国国会全体会议通过《韩国知识产权基本法》。该法包括七个方面的内容,提出重点从知识产权创造、运用和保护三个方面建设知识产权强国。该法规定了成立国家知识产权委员会、制定国家知识产权基本计划等推进知识产权强国建议的工作,成为韩国国家知识产权战略的支柱。

韩国文化产业近年来发展迅速,这也与韩国政府在知识产权方面的努力密不可分。早在1998年,韩国就确立了"文化立国"的国家战略,确定将低消耗、无污染、立足于创新创意的文化产业作为21世纪韩国国家经济发展的重点产业加以扶持,并启动政策、法规、组织和资金等多方面的支持。韩国政府于2008年将防止非法复制及著作权保护作为保护的核心,并建立了著作权特别司法制度;2009年则提出建立绿色著作权生态圈战略,并修改了其著作权法,在保持著作权保护政策一贯性的同时,加强了对非法复制和上传者的制约;2011年两次修改了其著作权法,将著作权的保护期由作者有生之年加死后50年延长到作者有生之年加死后70年。通过历次修订著作权法,韩国政府构建了具有国际水准的著作权保护体系,有力支撑文化创意产业发展。

(五)主要国家知识产权制度发展经验

1. 将知识产权制度作为国家经济社会发展的重要支撑

纵观知识产权强国发展历史,无论是科技领先型的美国、技术赶超型的日本,还是引进创新型的韩国、新加坡,都将知识产权作为本国经济发展战略的重要政策支撑。各国通过知识产权制度的有效运作,推进经济、科技、文化的快速发展。在全球化加快的今天,知识产权更是成为世界各国实现经济稳定发展、保持全球领先地位的关键动力。各国纷纷出台知识产权战略,其目的无一不是通过知识产权制度来提升知识创新能力,形成核心竞争力,实现社会经济跨越式发展。例如美国正建立以创新经济为主导的新兴经济形态,创新和知识产权已经成为美国经济增长新源泉;日本确立了"知识产权立国"发展战略;韩国提出由制造业大国向知识产权强国发展。知识产权制度不仅仅是保护创新者利益的制度安排,还正日益成为国家发展的战略性资源和国际竞争力的核心要素,在推动经济发展和社会进步中的政策支撑作用日益凸显。

2. 知识产权制度上升到战略层面

主要知识产权强国都制定出台了政府主导的知识产权战略,形成规划统一的知识产权行政管理系统，明确各部门的职能；同时协调知识产权部门同其他各部门之间的关系，建立完善的制约监督机制，形成政策合力。例如日本为了保证《日本知识产权战略大纲》的实施，成立了高规格的知识产权战略本部。在韩国，韩国知识产权局负责其专利法、实用新型法、外观设计法、商标法、反不正当竞争和商业秘密保护法、半导体集成电路布图设计法等法律的实施工作，此外还负责知识产权行政执法、发明促进工作和专利技术产业化工作。为了解决知识产权管理中多部门交叉管理引发的行政效率下降，管理缺位、越位、错位情况，韩国政府积极推进《韩国知识产权基本法》制定工作，通过该法将知识产权主体的责、权、利规范清楚，同时该法还规定成立直属总统或总理的国家最高层次知识产权管理机构——知识产权委员会，提高知识产权的行政管理层级，增强国家知识产权政策的权威性和执行力。

3. 知识产权制度服务于本国产业、经济利益

知识产权制度是国家主动干预知识产权事务"看得见的手"。知识产权强国在政治体制、经济发展水平、法律传统、文化品质等方面各有不同，知识产权制度的制定和实施也体现出不同特色。但是，上述国家的知识产权制度在实际执行过程中体现出十分明显的实用主义倾向。知识产权制度是国家围绕经济社会发展形势以及需要解决的问题、国际竞争的需要等，基于现实国情和未来发展的一种综合考量。它不仅仅是一项制度安排，更是一个具有明确功利目的的社会政策工具。知识产权制度的合理性不是通过公平、效率维度来评判，而是采用"成本—收益"方法来测定。以美国为例，虽然在1790年美国就颁布了专利法和著作权法，但考虑到美国技术、文化、教育落后于欧洲国家的现实，美国著作权法奉行的是低水平保护，对外国作品更是长期不予保护。伴随美国文化产业迅速发展及其在经济中的作用日益凸显，美国加大了著作权保护力度，其著作权法历经多次修订，著作权按保护范围从"印刷版权"扩展到"电子版权"再到"网络版权"。在加入国际条约方面，当经济社会技术发展水平不如欧洲时，美国便游离在国际主流著作权制度之外，一直到1988年才参加了高水平的《保护文学和艺术作品伯尔尼公约》。这也反映出美国知识产权制度始终服务于本国利益。日本也存在同样情况。20世纪70年代，日本处于在欧美技术基础上进行改良的技术模仿时期，此阶段其专利保护的重点是实用新型。20世纪80年代末期，伴随技术实力不断发展，日本企业不断加强科研和技术创新，拥有了自己的新技术，专利保护重点从实用新型向技术发明转变。近年来，发达国家关注知识产权保护，通过一系列的制度安排，维护其自身利益。一方

面，发达国家把知识产权保护当成"矛"，使其拥有知识产权的大企业在进入中国市场后能够获得最大利益；另一方面，也把知识产权当成"盾"，对中国企业进入国外市场设置重重壁垒。此外，发达国家为了进一步推动知识产权保护水平的提高，开始通过区域贸易和双边贸易谈判寻求世界贸易组织（WTO）之外的知识产权惠益。

4. 注重知识产权国际战略

知识产权强国的国内知识产权环境普遍较为良好，公众知识产权意识较高，因此，其国家知识产权战略更注重国际层面，为国内市场主体的运营营造良好的知识产权环境。例如，美国就将知识产权问题上升到了国际贸易的基本面。20世纪90年代中期以前，美国主要是凭借其国内的《美国1988年综合贸易与竞争法》中的"特别301条款"和《美国1930年关税法》的"337条款"，把给予贸易对手的最惠国待遇与要求对方保护美国的知识产权直接挂钩，对所有不保护、不完全保护、不充分保护知识产权的国家进行经济威胁和贸易制裁。美国充分利用WTO规则及其国际强制力，将高水平的知识产权国际保护与享有无差别的最惠国待遇紧密联系起来，并积极主导和推动《与贸易有关的知识产权协定》（TRIPS）的签订，构筑美国式的知识产权国际保护。知识产权保护不再是一国内部的法律义务，而是与国际经济、科技、文化交流紧密地联系在一起，从而成为国际贸易体制的基本规则。近年来，国际知识产权制度呈现出越来越明显的国家政策利益取向，逐渐形成了两种对立的价值观：一是欧美等发达国家推动的以本国利益最大化为标准的知识产权制度一体化；二是发展中国家日益重视本国知识产权利益的保护，积极参与并倡导新的知识产权保护机制的建立。

二、知识产权制度发展国际趋势

（一）立法主体：主体多样化、力量对比发生变化

知识产权保护问题从世界知识产权组织（WIPO）单一体制转移到WIPO与WTO并存后，国际知识产权保护形成了"两法同施，两制并存"的新格局。WIPO和WTO掌握着大部分国际知识产权标准。伴随着知识产权涉及的范围日益广泛，包括人权、健康、生物多样性、食品与农业、信息和通信、环境保护等，越来越多的联合国相关机构在WIPO、WTO体制之外开展国际知识产权造法活动。虽然联合

国这些相关机构制定的知识产权规范多为不具有法律约束力的"软法"规范,但从长远来看,的确可以成为推动 WIPO、WTO 知识产权改革的动力。❶ 除了联合国机构的介入外,另一个显著的变化就是民间力量的积极参与。早在 20 世纪 90 年代,民间力量便开始觉醒,积极行动,抵制知识产权制度扩张带来的负面影响。2000 年,抗艾滋病活动家和人道主义组织成功参与了南非的"获得药品运动",导致《TRIPS 与公共健康多哈宣言》的诞生。

此外,谈判各方力量对比也发生了变化。在以 TRIPS 为代表的一系列知识产权国际谈判中,美国、欧盟等发达国家和地区凭借其强大的经济实力,具有主导谈判的能力。凭借其强大的谈判能力,发达国家可以提出符合自身利益需要的建议和议案,并战略性地利用一致同意原则阻止发展中国家提出反映其利益关切的建议和议案;大部分发展中国家除了被动接受发达国家提出的建议和方案外,别无选择。

近年来,国际经济格局有了一定的变化。原来主要是发达国家主导世界经济发展,而近年来新兴经济体迅速崛起,发展中国家在全球经济中地位愈加重要。伴随着新兴经济体的发展,它们不希望加入一个在制度制定方面缺乏话语权的体系。它们希望能够更多参与国际制度的构建,发出自己的声音,在国际制度中体现自己的利益和意志,制定反映本国经济社会发展水平、维护本国利益的条款。

(二)立法方式:由多边转向区域,由旧式协定转向区域贸易协定

"体制转换"(regime shifting)是一种国际造法策略,最早由美国学者劳伦斯·R. 赫尔夫(Laurence R. Helfer)提出,它是指"通过将条约谈判、立法提案或标准设定等活动从一个国际体制转移到另一个国际体制而改变原来状况的尝试"。❷ 就知识产权领域而言,体制转换的最近一次成功实践,是发达国家主导的《关税及贸易总协定》(GATT)乌拉圭回合关于知识产权问题的谈判。发达国家在于 WIPO 体制内推行高标准知识产权保护政策不见成效的情况下,便竭力将知识产权保护议题纳入 GATT(WTO)的谈判范围,最后通过 TRIPS 在一定程度上成功地实现了国际知识产权保护体制从 WIPO 向 WTO 的转移。

伴随国际知识产权体系日趋复杂、相关的国际平台增多,各国即使是一些实力

---

❶ 古祖雪. 从体制转换到体制协调:TRIPS 的矫正之路:以发展中国家的视角[J]. 法学家,2012(1):145-156.

❷ HELFER L R. Regime shifting: the TRIPS agreement and new dynamics of international intellectual property lawmaking [J]. Yale Journal of International Law, 2004, 29 (1): 1-83.

较弱国家，也有机会进行谈判场所转移。平台的多样化一方面允许一些实力较弱的国家更好地保护其利益，发展其相关的政治和外交网络，订立新的反体制制度（counter-regime norms），进而更好地平衡国际知识产权体系；另一方面，大量谈判场所出现也有利于发达国家通过增加政治谈判和协调方面的投入使自身始终处于领先地位。

作为WTO多哈回合谈判的一部分，修改TRIPS的相关谈判至今没有实质进展，且前景渺茫。同时，WIPO协调的在新领域达成多边知识产权条约的谈判也无实质进展。在此背景下，自由贸易协定（free trade agreement，FTA）中的知识产权立法正持续快速地发展。上述趋势的动因与FTA立法方式本身的特点密切相关。FTA是两个或两个以上的国家和地区为实现相互之间的贸易自由化所进行的地区性贸易安排，是小范围的制度安排。而这种特点恰恰满足了发达国家在多哈僵局中的利益需求。FTA的立法方式意味着以双边或少数国家的诸边关系为基础，相对于多边立法更容易达成利益的一致，谈判难度大幅降低而谈判效率大幅增加。

（三）立法标准：由统一向零散的不平衡发展

与FTA区域化的立法方式密切相关，国际知识产权立法的另一大新趋势在于立法标准的差异化——原有的国际知识产权标准的统一度正逐渐降低。以往，WIPO管理的各多边条约在知识产权的各主要领域建立了较为普遍的基本标准，TRIPS更是达成了更全面、更有力的知识产权保护国际标准，并将其适用范围进一步普及化。而随着国际贸易的区域化及其带来的知识产权立法的区域化，以FTA为载体，出现了越来越多范围不同、标准各异的知识产权制度，而每套制度仅在特定区域范围内生效与运行。

具体而言，当前贸易区域化进程中产生的FTA大都包含知识产权制度，但依协定参与主体的不同，可分为不同的类型，并对应不同的立法标准。第一类是发达国家间的FTA，其中的知识产权规则通常涵盖范围最广，且保护标准最高，不仅高于TRIPS，而且高于其他多数FTA。第二类是发达国家与发展中国家间的FTA，其中最具代表的就是美式FTA，其中的知识产权规则的范围与保护强度通常比美国与其他发达国家间的FTA稍弱，在内容上则各有侧重，因其各自涉及的相关利益方面存在较大差异。第三类是发展中国家间的FTA。此类FTA对知识产权问题的关注远不及发达国家间的FTA或发达国家与发展中国家间的美式FTA，但其中有些也包含知识产权规则，主要是原则性的或机构合作方面的条款，但个别也会包括一些涉及知识产权的实体义务。

不同 FTA 中的知识产权立法标准差异很大，这大大改变了原本 WTO 成员方共同遵守 TRIPS 确立的一套统一标准的状况。一个个区域制度彼此间独立，在知识产权领域形成保护程度各不相同的多套区域法律制度。这一趋势使国际知识产权立法从统一走向零散，带来更多不确定性，使得原本由多边机制主导的知识产权国际协调机制失去了权威性，国际知识产权立法发展路径也变得很不平衡。

（四）立法内容："超 TRIPS"规则迅速扩张

考察相关区域贸易协定中的知识产权制度，可发现其中很多规则具有一个共同特点，即包含很多超过 TRIPS 标准的义务，这通常被称为"超 TRIPS"（TRIPS - plus）❶ 规则。这种规则主要包括几种情形。第一，针对 TRIPS 未涉及的问题作出规定。很多 FTA 会规定缔约国有义务加入 TRIPS 中未涉及的特定国际条约或承担其中的主要义务。例如，多数美式 FTA 都要求加入一系列条约，包括《国际植物新品种保护公约》《世界知识产权组织版权条约》《世界知识产权组织表演与录音制品条约》《专利合作条约》《商标法条约》等。此外，多数 FTA 还对 TRIPS 未涉及的版权技术保护措施、权利管理措施有所规定。第二，针对 TRIPS 已有规定的问题，设定高于 TRIPS 的义务。例如，据 TRIPS，一般作品的保护期限的底线是作者有生之年加 50 年，而很多 FTA 规定了更长的保护期底线。例如，多数美式 FTA，以及欧盟—韩国 FTA、澳大利亚—新加坡 FTA 都规定，一般作品的保护期限不低于作者有生之年加 70 年。在药品专利方面，美国与其他发达国家的 FTA 中的多数以及欧盟—韩国 FTA 都规定，应将对此类产品的安全性等方面进行的投放市场审查所消耗的时间额外补偿给专利权人，并在其专利保护期基础上相应延长其保护时间。此外，多数美式 FTA 还规定当专利审查发生不合理拖延时，应相应延长专利保护期。这些规则都在 TRIPS 规定的 20 年保护期基础上延长了保护时间。第三，取消TRIPS 允许选择的灵活性条款。例如根据 TRIPS 第 27 条第 3 款，WTO 成员可将以下发明排除在专利保护之外：微生物以外的动植物，以及非生物和微生物方法以外的生产动植物的生物方法。而美国与发达国家的 FTA 则大都要求成员仅能对两种情形排除专利保护：一是保护公共秩序的需要，二是疾病的诊疗方法。这就排除了 TRIPS 在是否保护生物专利问题上留给成员的立法选择权。再如减少专利强制许可

---

❶ 指在 TRIPS 以外附加的义务，现专门形容其他协定中的超过 TRIPS 保护标准的义务。

的适用情形。TRIPS 第 31 条对颁发强制许可应遵循的程序条件进行了规定，但并未具体规定哪些情形下才可颁布强制许可。而多数美式 FTA 则明确规定，只有在对限制竞争行为进行救济、公共目的非商业使用或国家紧急情况的情形下才可颁布强制许可。这就取消了 TRIPS 在这方面留下的自由选择余地。

（五）新技术对知识产权制度构成的挑战

知识产权制度是近代商品经济和科学技术发展的产物，也是私法领域财产非物质化革命的结果。从知识产权制度的变革历史可以看出，每一次的技术变革都会伴随知识产权制度的变革，而每一次技术革命所推动的知识产权制度变革又为下一次的技术革命所需的知识和经济资源的累积提供了制度上的保障。概言之，知识产权制度不断发展和完善是科学技术发展的内在要求，是对近代技术革命所提出的制度需求的一种社会回应。

第四次工业革命，即以智能化为核心，以人工智能、物联网等技术为代表的新工业革命。世界经济论坛创始人兼执行主席克劳斯·施瓦布在其著作《第四次工业革命》中，把无人交通工具（自动驾驶汽车和无人机）、3D 打印、高级机器人、新材料、物联网与基因工程列为核心推动技术。鉴于相关技术变革具有革命性、颠覆性，传统的知识产权制度也面临着前所未有的挑战，例如大数据的知识产权保护，人工智能创造物能否受著作权保护，生物技术领域特别是人类胚胎干细胞技术的可专利性问题，网络平台支付、共享经济等新一代商业模式的知识产权保护等。除了推动知识产权保护客体范围不断扩大，新技术的不断涌现也引发了对于知识产权基本制度的变革需求，如知识产权保护无法对科技创新的新内容作出快速反应，保护滞后性导致保护与创新的矛盾日益激烈；数量庞大且快速增长的专利申请、商标申请与有限的专利审查资源、商标审查资源之间的矛盾；"分段式"技术知识产权保护与创新产品市场应用之间的矛盾；科技迭代加速发展与发明专利授权周期漫长之间的矛盾；科技快速发展与发明专利申请 18 个月延期公开之间的矛盾等。上述问题必然会对未来知识产权国际制度的形成、完善提出新的要求，也会引发发达国家和发展中国家在知识产权保护问题方面新的矛盾。

三、影响中国知识产权国际化发展的因素分析

站在新的历史起点，完成从知识产权大国向知识产权强国的转变，需要从自身

发展需要出发，增强对知识产权国际规则的引导，推进知识产权全球治理中的中国话语建构。当前在相关制度理念输出、知识产权国际规则的引导上，我们还处于"有心无力"阶段，主要存在以下制约因素。

（一）知识产权基础理论研究不足

知识产权强国建设的历史性任务对知识产权研究提出了新的理论需求和问题导向，需要在深刻理解知识产权制度对技术后发国家复杂影响的基础上，支撑知识产权强国战略的顶层设计，指导新时期中国创新事业实践；还要应对国际压力、发出中国声音，争取知识产权国际规则制定的主动权和话语权。然而，长期以来，国内知识产权理论的发展在很大程度上源自于对西方知识产权理论成果和研究方法的吸收和借鉴，虽然取得了长足的进步，但仍然缺乏深厚的理论积淀，对创新型国家建设中的知识产权战略的相关悖论问题没有形成统一的认识和明确的解答；在供应理论养分、回应社会需求、支持对策研究、解决中国问题等方面存在不足。基础理论研究不足，难以支撑有力量的知识产权话语的建构。

（二）西方知识产权话语主导地位

近代资产阶级启蒙思想和社会科学理论，为西方国家向全球输出知识产权保护的话语、理念和制度提供了理论依据；先进的技术成果与科技成就，增强了发达国家知识产权话语的说服力，支撑了西方知识产权话语的优势地位。在以TRIPS为核心的当代知识产权国际保护秩序下，美国等西方国家拥有话语主导地位，按照自己的利益和标准，利用话语权优势制定知识产权国际保护标准和规则，定义、评判、裁决国际知识产权事务和热点事件，安排重大场合的议题和程序，以此来维系、加固自身的优势地位和主动权。近年来，包括中国在内的新兴国家的崛起改变了国际经济格局，但西方国家在知识产权领域的话语主导地位并没有被弱化，西强东弱的话语权格局还将在一段时间内持续。

（三）中国知识产权软硬实力有待加强

国家综合软硬实力是一国话语"有人听"和"让人听"的决定性因素。硬实力决定着话语的强制力量，也就是影响力——说话"让人听"和"必须听"。软实力则决定了话语的道义力量，也就是说服力——说话"有人听"和"愿意听"。

在知识产权硬实力方面，发明专利申请与授权量、知识产权龙头企业全球竞争力等数据表明,中国知识产权硬实力近年来有显著的提升;但知识产权进出口贸易额与知识产权密集型产业的相关数据也表明,中国知识产权硬实力在某些关键指标方面还较为羸弱,知识产权事业的发展还不能适应当前经济社会发展的内在需求,有很大的提升空间。在知识产权软实力方面,中国已经加入了多个知识产权国际公约,在WIPO发展议程,国际专利制度协调,遗传资源、传统知识和民间文艺与知识产权保护,以及TRIPS理事会有关遗传资源保护、公共健康等重大议题的讨论中发挥着越来越重要的作用。中国国家知识产权局是中美欧日韩五局合作中唯一一个发展中国家的知识产权机构。但与此同时,中国知识产权保护仍然面临严峻的外部攻讦、质疑和负面评价,知识产权文化意识薄弱的现状没有得到根本改变,在知识产权国际规则的议程设置、舆论主导、理念贡献、动员与联盟等方面还有很大的提升空间,在新一轮知识产权国际规则的制定中存在被边缘化的危险。

(四)知识产权舆情处理能力和对外宣传能力欠缺

在经济全球化与贸易保护主义抬头共存的当下,知识产权制度愈发成为贸易战产生的直接动因,也成为国际对华舆论的焦点。有对中国知识产权发展的客观评价、充分肯定,但也存在一些误导、虚假报道。例如欧美主流智库在关注"中国新时代"的研究成果中,表现出敌对负面情绪。例如中国知识产权强国战略,中国提出自主创新、构建人类命运共同体的外交使命,中国表达的将成为世界强国和大国的自信等,这些各领域的实际举措和相关表述在欧美看来都是中国意图在世界范围内与美国争夺"领袖""霸主"等地位。此外,近年来国际媒体对于中国专利制度改革与相关专利政策、产业政策的报道猜测成分过多,反映出来政策信息不全面,政策走向、执行力度对市场主体而言尚存在许多不确定性。这些不确定性一定程度上制约了外资企业的在华投资以及中介机构的专利交易积极性,也会增加市场对于中国专利价值的评估难度。现阶段,我国缺乏对于相关舆情的跟踪、对于社会反应的监控、对于影响力的判断。很多时候,由于没有在第一时间介入,实现信息透明化,部分不实舆论在国际社会发酵,对我国创新、知识产权建设造成负面影响,我国也无法最大限度地赢得国际社会理解,因而丧失主动权。

目前,我国知识产权对外宣传也存在较多弊端。长期以来,我国知识产权对外宣传都是单向进行信息传递,相关报道信息中充斥着观点口号,缺乏对受众的清晰理解,忽视双方的双向互动。对外宣传中多选取美好的宏大叙事,这种宣传方式降低了中国故事在国际社会中的可信度。

四、中国知识产权国际化战略构想

中国知识产权国际化战略,既要与国家整体战略紧密结合,同时也要尊重我国知识产权事业的发展规律。知识产权国际化发展要更好地服务于国内科技创新和经济发展大局、更好地服务于国家整体外交战略和构建新型国际关系。

作为一部跨越15年的国家战略,中国知识产权国际化战略的功能定位应体现三性:引领性、宣示性、指导性。要坚持我国负责任发展中大国的定位,在此基础上,谋划未来15年我国知识产权国际化发展的整体布局。具体的战略部署、战略举措上,既要与国家整体经济发展战略紧密结合,同时也要尊重我国知识产权事业的发展规律。知识产权国际化发展要更好地服务于国内科技创新和经济发展大局,更好地服务于国家整体外交。

(一)战略目标

1. 短期目标

到2025年,我国参与知识产权国际规则的建设能力显著提升,能够提出符合知识产权国际规则发展方向和我国利益的知识产权议案并引领谈判过程;多边、周边、小多边、双边"四边联动"知识产权合作格局初步形成,建立"一带一路"沿线国家知识产权制度协调机制和主要合作平台,积极向周边国家和地区提供知识产权援助,制作和不断完善可向外提供的知识产权工具包和系统;知识产权规则与国际贸易规则接轨,知识产权国际保护合作加强,企业海外获权维权更加便利,进一步形成尊重知识、尊重创造的良好营商环境;国际化人才规模进一步扩大,初步形成一支高端国际化人才队伍;建立知识产权国际舆情监测、应对机制,知识产权对外宣传和公共外交更加有力。

2. 长期目标

到2035年,全面形成与我国经济社会发展和国际地位相适应的知识产权国际影响力和引导力,实现中国智慧启示全世界、中国方案推动全世界,促进知识产权的全球治理新理念与制度改革;建成覆盖面广泛、关系牢固的知识产权国际合作网络,引领多边、周边、小多边、双边"四边联动"知识产权合作格局,建立多元化的知识产权对外援助机制,形成可复制、可推广的中国知识产权解决方案并在国际社会推广;建立知识产权国际执法协作机制,建成我国企业海外知识产权维权体系，企业在国际贸易纠纷中的知识产权维权能力和应对能力全面提升，企业参与全球价值链分工的核心竞争力和知识产权能力显著提高；知识产权国际化人才队伍充实，高端人才数量大幅度提升，为国际组织输送更多知识产权人才，初步形成一支驻外知识产权工作队伍；知识产权对外宣传和公共外交的引导力、影响力、公信力显著增强，中国知识产权强国形象赢得国内外认同。

（二）战略部署

知识产权国际战略框架、内容的选取与设定，贯穿以下思想：

（1）新愿景：深入贯彻习近平新时代中国特色社会主义思想和党的十九大精神，全方位遵循习近平总书记提出的开放、包容、普惠、平衡、共赢的国际合作理念，推动构建人类命运共同体。

（2）新坐标：要充分立足当前国际形势、国际关系的根本性、全局性变化，明确当前中国和中国知识产权在全球的地位；更要预判未来15年，中国建成知识产权强国后，当时的国际形势、中国在知识产权方面的诉求，以及中国知识产权在世界舞台上应当发挥的作用和未来将要扮演的角色。

（3）新思维：一是国际意识，立足中国在国际社会负责任的发展中大国的形象和地位，相关的表达、具体的措辞与用语既要符合国际外交系统，也要避免明显的扩张性、侵略性用语，例如"引领""话语权"等；二是服务意识，坚持服务于中国特色大国外交、服务创新型国家建设和知识产权强国建设。

（4）新航向：在具体战略、举措的取舍上，立足新坐标、新思维，提出创新性、前瞻性新举措，指导未来发展。

战略部署具体从以下五个层面展开，整体呈现由内到外、由易到难、由实到虚的逻辑顺序。在做好内事、练好内功、强化自身实力基础上（战略部署一、二），实现知识产权国际影响力提升，进而谋划在知识产权国际合作中的主动作为（战略部署三），形成与我国知识产权强国地位相适应的知识产权国际影响力和引导力（战略部署四、五），使得知识产权国际体系能更好地支撑中国未来发展。

战略部署一：深化知识产权领域对外开放

加强知识产权政策与国际贸易政策衔接，提升中国知识产权制度国际化水平。完善涉外技术交易、人才引进相关知识产权制度，提高创新领域国际融合度和透明度。加大知识产权市场开放力度，探索建立知识产权行业外资准入负面清单制度，降低境外人员在中国境内从事知识产权行业工作的门槛。消除在"优先审查""费用减缓"等方面的"玻璃门",为推动建设开放型世界经济、进一步扩大开放提供更加有力的支撑。建立多元化的知识产权纠纷解决机制,简化知识产权纠纷解决制度,使中国成为更多当事人解决国际知识产权纠纷的首选之地。加强对知识产权制度国际舆情的跟踪与研判,提升知识产权对外宣传水平,在国际舆论场有效地传递"中国声音",向世界讲好新时代中国故事。

战略部署二:构建知识产权国际合作新格局

坚定不移地维护知识产权多边秩序,支持WIPO、WTO等多边平台。积极构建多边、周边、小多边、双边"四边联动,协调推进"的知识产权国际合作新格局。利用"一带一路"国际合作高峰论坛、亚太经济合作组织、中非合作论坛、上海合作组织、亚欧会议、金砖国家合作机制、中欧创新合作对话等机制,探索建立基于"人类命运共同体"倡议、符合全球伙伴关系理念的知识产权合作平台。推动知识产权国际合作朝着更加开放、包容、普惠、平衡、共赢的方向发展。

战略部署三:提升中国知识产权国际贡献度

推动"一带一路"知识产权高水平合作,打造系列知识产权务实合作项目库,形成可复制、可推广的中国知识产权解决方案。建立多元化的知识产权对外援助机制,积极响应WIPO发展议程倡议,加强对发展中国家的技术援助和能力建设支持,完善对不发达国家的知识产权援助。鼓励向不发达、友好或有特殊需求的国家和地区免费或优惠许可中国知识产权。主动向国际组织和相关国家、地区提供中国特色数据库资源。

战略部署四:致力知识产权全球治理环境优化

推动全球知识产权审查智能化、业务规则和审查标准一体化,分享中国实践经验,贡献中国智慧。推进国际知识产权信息标准化,推动知识产权信息传播共享。深入国际知识产权执法合作,探索知识产权海关执法的深度合作机制,推动知识产权刑事执法合作。优化全球知识产权保护环境,使得世界人民都能分享创新发展红利。

战略部署五:推动完善知识产权国际规则体系

大力弘扬"开放、包容、普惠、平衡、共赢"的知识产权国际合作理念,推动知识产权国际规则向"尊重、交融、平衡、普惠、有效"转变。面向新一轮科技革命和产业革命,提出新业态、新技术知识产权问题的中国解决方案,推动知识产权国际规则的调整和完善,实现中国智慧启示全世界、中国方案推动全世界。深化南南合作,推动遗传资源、传统知识和民间文学艺术保护,仿制药强制许可等代表发展中国家利益的议题进入区域制度框架，并最终达成国际协定，推动知识产权国际规则普惠化发展。

（三）中国知识产权国际战略具体举措

1. 深化知识产权领域对外开放

围绕《中华人民共和国对外贸易法》第二十九条至第三十一条内容，尽快出台相关实施细则，明确裁决主体、调查审理程序、救济措施等，提高相关法律规定的实操性，切实维护各类市场主体的知识产权利益。

全面实施准入前国民待遇和知识产权行业准入负面清单管理制度。

完善技术进出口制度和管理体系，深入推动中国（上海）国际技术进出口交易会的发展，加强与相关国家的技术贸易合作。

推进内资、外资企业"同保护"，消除在"优先审查""费用减缓"等方面的"玻璃门"。

建立多元化的知识产权纠纷解决机制。在我国商事调解专门法律法规制定时，基于知识产权纠纷调解的特点出台相关条款；推动设立国际知识产权仲裁中心，推动调解和仲裁途径成为知识产权争议解决的重要机制。

引进海外高端知识产权人才到国内交流、工作，提高外籍人员在我国专利审查业务运营和管理工作中的参与度，在国家知识产权专家咨询委员会中增列外籍专家顾问。支持我国知识产权人才到国外学习深造和在国际组织任职，建立驻外知识产权专员体系，加强国内外人才交流互动。

实现知识产权国际舆论分析和跟踪研究的系统化、制度化，及时展开国际舆论话语逻辑及诉求分析，系统研究对应的反制措施以及政策工具的储备。针对日渐频繁的知识产权制度及政策议题，建立一支具有国际视野、熟悉国情、积极建言献策的专业智库团队，以提供更加全面的分析与舆论引导。

启动知识产权"中国声音"工程，通过制作知识产权宣传片、推出具有中国特色的不同艺术形式的宣传作品，以及知识产权文化对外交流与合作等形式，在国际舆论场上有效地传递"中国声音"。在中国故事选取上，不应都是美好的宏大叙事，还要有更多、更丰富的相互支撑、相互补充的微观叙事。此外，鉴于不同国家之间存在很大的差异，要根据不同国家的不同情况来设计传播的具体内容和具体言说。

2. 推进知识产权执法国际合作

积极参与 WIPO、WTO 等多边平台知识产权事务，推动以对话协商解决知识产权领域热点问题,发出中国声音,提出中国方案。推动 WIPO、WTO 相关改革进程,引导更多成员深入讨论,在广泛协商基础上最终达成一致,并监督规则内容的彻底实施。

推进与美国、欧盟、日本、韩国等发达国家和地区的知识产权协调和合作,特别是在"气候变化中的知识产权问题""环境保护中的知识产权问题"等议题上加强与发达国家的交流合作,努力寻找和扩大双方的利益交汇点。

深化周边、小多边合作。大力推动亚太自由贸易区(FTAAP)的发展,引领相关知识产权谈判和制度的订立;推动中美欧日韩知识产权五局、外观设计五局、商标五局合作,不断推进各业务领域务实合作;加强在金砖国家知识产权合作机制中的核心作用,深入实施务实合作项目;寻求中国与东盟等的一系列小多边合作,探索在上海合作组织框架下加强与中亚、南亚国家的知识产权交流与合作,深化在非洲的知识产权合作布局,继续夯实和提升对拉美、中东欧的知识产权合作等。

利用"一带一路"国际合作高峰论坛、亚太经济合作组织、中非合作论坛、上海合作组织、亚欧会议、金砖国家合作机制、中欧创新合作对话等机制,探索建立基于"人类命运共同体"倡议、符合全球伙伴关系理念的知识产权合作平台(跨境知识产权服务中心或泛亚知识产权局)。

3. 提升中国知识产权国际贡献度

推动"一带一路"知识产权高水平合作。本着"共商、共建、共享"原则,深度挖掘沿线国家利益交汇点,在此基础上构建"一带一路"知识产权国际合作协调机制,充分发挥"一带一路"高级别会议作用,使其成为"一带一路"沿线国家沟通信息、增强互信友谊的平台。会议在北京常设一个秘书处,负责处理日常事务;开展"一带一路"知识产权执法交流合作,建立"一带一路"知识产权争议仲裁机构;设立"一带一路"知识产权合作中心,形成知识产权务实合作项目库,吸引更多国家参与项目实施,为知识产权全球合作发展提供新的路径;高度关注"一带一路"沿线新兴经济体与发展中国家的知识产权发展诉求,实施"一带一路"知识产权援助计划。建立跨境知识产权审查服务中心或是推动更多的"一带一路"沿线国家认可中国专利审查结果或登记生效,使得中国授权专利在更多的"一带一路"沿线国家获得自动承认和保护。帮助"一带一路"沿线国家培养知识产权专业人才,15 年内为"一带一路"沿线国家培养 1500 名高水平知识产权人才。通过在华系统的知识产权相关培训,帮助相关人员更好地了解和认识中国知识产权政策目标、原则与行为方式,使其对知识产权相关理念、倡议形成与中国自己较为一致的理解。同时，也为"一带一路"沿线国家知识产权制度的建立与完善奠定人才基础，造福沿线国家和人民。形成可复制、可推广的中国知识产权解决方案。

通过高层互访、高层次研讨班、外派讲师、远程教育、短期实地培训和学位教育等多种形式，提升中国实践的感召力，引导发展中国家积极向中国靠拢，在知识产权制度和知识产权战略制定中更多采用中国方案。

发挥中国专利审查方面优势，通过共享我国专利审查、授权结果，代为专利审查和检索等形式，帮助相关国家提高审查效率，提升中国审查理念和审查标准的国际认可度。鼓励并支持发展中国家改善知识产权机构基础设施，支持各国开展知识产权注册或审批能力建设方面的合作与经验交流。

完善对不发达国家的知识产权援助。设立面向不发达国家的知识产权援助基金，主要用于帮助不发达国家建立和完善知识产权制度，培养知识产权专业人才。

鼓励向不发达、友好或有特殊需求的国家和地区免费或优惠许可中国知识产权。

主动向国际组织和相关国家、地区提供中国特色数据库资源（例如中草药数据库等）。鼓励向广大发展中国家、不发达国家提供中国知识产权数据资源。

4. 致力于知识产权全球治理环境优化

有效利用第四次工业革命的各种技术成果，推动知识产权审查的智能化，提升审查效率和质量，进而形成可推广的经验。提升专利审查高速路（PPH）网络、《专利合作条约》、商标国际注册马德里体系、工业品外观设计国际注册体系利用效能，提高海外获权便利性。推进知识产权审查业务方面的国际协调与合作，探讨知识产权审查在业务规则、审查标准、检索工具等方面的趋同化和一致化及其具体实施路径。运用"一带一路"平台，探索建立跨境知识产权审查服务中心或是推动更多的"一带一路"沿线国家认可中国专利审查结果和登记生效，积累中国经验，为未来国际知识产权审查实体一体化分享中国实践经验，贡献中国智慧。

推进国际知识产权信息标准化，制定相关标准体系和实施细则，提出中国方案。

在区域或多边层面建立海关跨境"监管互认、执法互助、信息互换"的"三互"合作机制。探索境外海关委托协助执法或基于合作机制启动执法，探索知识产权执法的检查认定、处罚结果互认、证据交换、海关专项特殊执法程序、海关规则程序一体化等深度合作制度；推动知识产权刑事执法合作，探索建立执法部门双边对话机制，以及跨境部门执法合作、培训和联合行动合作等常态化、有效化的机制。

支持中国国际贸易促进委员会等组织，定期发布知识产权国际环境报告。建立系列可靠、可比较、可测量的指标，对世界各国知识产权环境进行评价，为各国建立有利于创新的知识产权保护环境提供清晰客观的写照和指引。

5. 推动完善知识产权国际规则体系

通过在国际社会分享中国知识产权制度建设、实施经验，广泛传递"知识产权制度不仅是竞争的工具，更是国际技术合作的桥梁、文化交流的语言，是创新更多惠及各国人民的制度保障"。推动"开放、包容、普惠、平衡、共赢"合作理念写入 WIPO 等相关国际组织的决议，使其成为广泛的国际共识，得到国际社会的普遍认同。

针对互联网、人工智能、5G 通信、基因测序、高铁、导航等中国居于全球领先地位的技术，加强对相关技术知识产权领域问题的研究，及时出台知识产权保护体系建设方案。积极与国际社会分享中国在互联网、人工智能、数字化等新兴技术领域知识产权保护方面丰富的实践。运用 WIPO 等平台，召开中国主导的相关技术领域知识产权保护研讨会，提出中国知识产权保护方案，取得国际社会共识，进而推动其他国家对相关技术的知识产权保护和国际规则的制定。

选择国际合作需求迫切、与中国实力能力和现实需求相匹配的领域等为重点，推进全球知识产权治理体系的改革完善。开展遗传资源、传统知识和民间文学艺术的专门保护立法，为其进入国际谈判平台提供制度基础与示范性样本。推动遗传资源、传统知识和民间文学艺术保护，仿制药强制许可等代表发展中国家利益的议题进入区域制度框架，并最终达成国际协定。

在避免与多边体制冲突的前提下，进一步推进区域贸易、投资协定对达成相关知识产权议题目标的作用。基于相关利益的考量，形成知识产权多边谈判与区域谈判中各自的示范文本，积极推动其标准被纳入相关谈判并最终形成生效制度。

知识产权强国目标与发展阶段研究*

一、知识产权强国建设的背景与形势

党的十八大以来，国内外形势发生了一系列深刻变化，知识产权工作发生新变化、面临新要求。明确知识产权强国建设的目标和发展阶段，必须厘清知识产权强国建设的国内国际创新环境、国际分工格局与知识产权工作的形势变化。党的十八大提出实施创新驱动发展战略，强调科技创新是提高社会生产力和综合国力的战略支撑，必须摆在国家发展全局的核心位置。在创新驱动发展战略下，我国科技发展正在进入由量的增长向质的提升的跃升期，科研体系日益完备，人才队伍不断壮大，自主创新能力快速提升。但是，我国许多产业仍处于全球价值链的中低端，创新能力仍需进一步培育和优化。同时，国际产业分工格局正在重塑，新一轮科技革命和产业变革与我国加快转变经济发展方式形成历史性交汇，我国在新一轮发展中面临巨大挑战。历史的经验一再表明，科技革命对世界经济和社会的发展影响巨大。国际形势的风云突变，更是深刻揭示了知识产权制度与科技革命的发生发展息息相关。世界科技强国的发展史也表明，知识产权制度的建立和变革对科技革命的发生、发展发挥了重要作用，建设知识产权强国是建设世界科技强国的必由之路。

二、知识产权强国建设纲要与国家重大发展战略的协同

党的十八大以来，习近平总书记就知识产权工作作出了一系列重要论述，进一步明确了知识产权的功能定位，赋予了知识产权新的时代内涵，丰富了中国特色知

---

* 本文基于"知识产权强国目标与发展阶段专题研究"形成。课题负责人：韩秀成；课题组成员：曾燕妮、王淇、武伟、陈泽欣、黎金、王浚丞、宁峻涛、张呈玥、宋炎炎；执笔人：王淇、陈泽欣、叶选挺、张呈玥。

识产权理论，是习近平新时代中国特色社会主义思想在知识产权领域的具体要求，也是知识产权发展一般规律与我国实践探索结合的科学概括，更是我们做好新时代知识产权工作的根本遵循和行动指南。

通过对国家重大发展战略的总结，我们发现，知识产权工作已经渗入到国家重大发展规划、重大工程以及重大项目的方方面面，迫切需要发挥知识产权的创新激励机制，依法保护创新者的合法权益，激发人们的创新热情；发挥产权安排机制，赋予创新成果财产权，明确创新主体对创新成果拥有合法的支配权和使用权以及通过成果转移转化获得收益的权利；发挥有效的市场机制，使知识产权在市场环境下顺利转移转化，产生效益，推动发展，实现创新投入与创新回报的良性循环，解决科技成果转化为现实生产力的"最后一公里"问题。具体表现为以下几个方面。

将实现知识产权严格保护作为重中之重。关于进一步强化知识产权保护，几乎所有的战略规划中都有提到并且将知识产权保护摆在重要位置，称其是产出创新成果、营造良好营商环境的根本保障。一是要加强整体设计。尽快制定出台知识产权保护体系建设方案，进一步完善集严保护、大保护、快保护、同保护于一体的知识产权保护工作格局。二是要推动完善相关法律法规。积极配合全国人大做好专利法的修改工作，建立侵权惩罚性赔偿制度，大幅提高侵权违法成本。三是要加大行政执法力度。特别是要按照机构改革后的职能要求，认真履行部门职责，快速研究制定商标权、专利权确权和侵权判断标准，指导推动执法工作高效开展，更好地维护权利人的合法权益。

着力实现知识产权运用综合效益。知识产权是创新成果向现实生产力转化、产生效益的桥梁。要在各战略规划提出的工作要求的基础上，着力做好以下几个方面的工作。一是继续扎实做好专利工作，培育壮大专利密集型产业，如新一代移动通信、智能制造、生物医药、节能环保等，助推创新型经济发展。二是扎实做好商标工作，深入实施商标品牌战略，引导企业更加注重品牌培育，加快由中国产品向中国品牌转变，助推品牌经济发展。三是扎实做好原产地地理标志工作。我们国家幅员辽阔、资源丰富、文化多样，地理标志产品非常丰富，相关产值已经超过了1万亿元，成为不少地方发展特色经济、实施精准脱贫的途径之一。要启动实施地理标志运用促进工程，助推区域特色经济发展。四是扎实做好知识产权国际合作，促进中外企业开展正常技术交流和贸易往来，助推开放型经济发展。

强调提升知识产权治理能力与服务水平。着力提高知识产权审查质量和效率。一是在人才队伍建设上，继续加强审查员队伍建设，科学合理地增加审查力量，提高审查能力和水平。二是在技术能力提升上，提高审查工作的信息化水平，加快建设职能审查系统，借助信息技术提质增效。三是在管理职能优化上，优化审查业务管理流程，创新审查工作机制模式，实现短周期、精细化管理等。四是在政策制定转变上，继续引导高质量申请，实现提质稳量。

强调知识产权与创新环境和营商环境的关联。2015年以后，知识产权相关服务属性开始凸显，从管理链条中抽离出的知识产权公共服务部分和创造、运用能力中剥离出的知识产权市场服务部分共同构成了知识产权服务链条。2016年至今，伴随着《国家创新驱动发展战略纲要》的颁布，知识产权与创新环境的关系重新被定义，知识产权保护成为优化创新环境的重要内容，知识产权保护和运用被着重强调。伴随着我国经济发展进入速度变化、结构优化、动力转换的新常态，知识产权作为科技成果向现实生产力转化的重要桥梁和纽带，激励创新的基本保障作用更加突出。2017年至今，改善营商环境成为党中央、国务院持续聚焦的热点话题，知识产权成为评估评价营商环境的重要内容。

为适应这些新变化，知识产权工作也应在具体链条方面采取相应措施予以进一步强化。

一是在知识产权创造方面。要贯彻落实党中央关于稳中求进和高质量发展的要求，坚持质量第一、效益优先，努力培育更多高价值核心专利、精品版权、知名品牌，努力实现知识产权创造由多向优、由大到强转变。特别是要鼓励和支持研发掌握更多拥有自主知识产权的核心技术，牢牢掌握发展的主动权；要培育更多中国品牌，打造更多的版权精品，满足人民日益增长的美好生活需要，推动中国产品向中国品牌转变，大力推进文化强国建设。

二是在知识产权保护方面。要坚持全面从严，统筹推进知识产权"严保护、大保护、快保护、同保护"各项工作，深化知识产权基本法律制度研究和新业态、新领域知识产权保护制度研究，健全知识产权保护体系。特别是要通过提高立法标准和执法水平，加大知识产权侵权违法行为惩治力度，从根本上解决知识产权维权过程中存在的举证难、周期长、成本高、赔偿低等问题，努力实现知识产权保护从不断加强到全面从严转变，营造稳定公平透明、可预期的营商环境。

三是在知识产权运用方面。要坚持服务实体经济，继续完善知识产权权益分配机制，加快知识产权运营平台体系建设，多渠道盘活用好知识产权资源，大力发展知识产权密集型产业，深入开展知识产权扶贫开发工作，从根本上破除制约知识产权运用效益实现的体制机制障碍，努力实现知识产权运用从单一效益向综合效益转变，充分发挥知识产权效益，支撑经济发展打造竞争新优势。

四是在知识产权管理方面。要认真贯彻中央关于深化党和国家机构改革的决策部署，完善知识产权管理体制机制，努力实现从多头分散向更高效能转变，加快实现知识产权治理体系和治理能力现代化，切实打通知识产权创造、运用、保护、管理、服务全链条，充分发挥各类知识产权的组合效益，推动我国产业向全球价值链中高端跃升，加快经济提质增效升级。要着力提高企业、高校、科研院所知识产权管理能力，实现知识产权规范管理、有效保护和高效利用，促进以知识产权为纽带的产学研协调联动。

五是在知识产权国际合作方面。要继续推进知识产权高层外交，扎实推进"一带一路"沿线国家和地区知识产权合作，积极参与世界知识产权组织框架下的多边、双边事务，构建多边、周边、小多边、双边"四边联动、协调推进"的知识产权国际合作新格局，努力实现知识产权国际合作从积极参与向主动作为转变，推动知识产权国际规则朝着开放包容、平衡有效的方向发展，提升我国在知识产权国际事务中的话语权、影响力和应对各种纠纷的能力，在依法保护外资企业合法知识产权的同时，也让中国的知识产权在国外得到有效保护，更好地支撑扩大开放。

六是在知识产权事业发展基础方面。要聚焦人才、文化、智库和服务业等基础领域，加大知识产权高层次人才培养力度，夯实知识产权强国建设的人才基础。大力倡导以知识产权为重要内容的创新文化，继续推进知识产权宣传普及和文化建设，加强知识产权外宣工作，主动面向全世界，讲好中国知识产权故事，传递中国知识产权好声音，进一步树立依法严格保护知识产权的负责任大国良好国际形象。要积极推进知识产权国家智库建设，加强重大、宏观问题研究，跟踪国际前沿，推进理论创新。要大力发展知识产权服务业，努力建设一批具有国际水平的知识产权服务机构，打造一批知识产权公共服务平台，更好地支撑创新创业。

三、知识产权强国实力评价指标体系构建

要提出知识产权强国建设纲要目标，必须建立明确的评价指标体系。本研究从创造、运用、保护、管理、服务等知识产权工作全链条环节出发，全面梳理可用于表征知识产权强国能力的数据指标和评价指数，并筛选提取具有代表性的指标，构建完善能够客观反映特定国家知识产权能力水平的知识产权强国能力测算指标体系。经过全面梳理国内外各相关指标体系，并梳理总结已有的国家级中长期战略规

划中提出的具体指标设置情况，尝试回答了知识产权强国建设纲要要不要设置具体指标、设置多少指标的问题。最后，结合形势分析和战略协同，提出指标体系设计的具体工作思路和指标体系。

（一）现有中长期规划中的数量指标设置情况

在构建知识产权强国建设指标体系的基础上，本研究对我国已发布的17份中长期战略纲要进行了检索与梳理，以进行对比分析。其中包括《全国土地利用总体规划纲要（2006—2020年）》（11个指标）、《国家粮食安全中长期规划纲要（2008—2020年）》（16个指标）、《国家中长期教育改革和发展规划纲要（2010—2020年）》（20个指标）、《"健康中国2030"规划纲要》（13个指标）、《全国国土规划纲要（2016—2030年）》（11个指标）和《中国制造2025》。相关文件设置指标包括预期性指标和约束性指标。

所谓预期性指标，就是国家期望的发展目标，主要依靠市场主体的自主行为来实现。政府的主要职责是通过适时调整宏观调控方向和力度，综合运用财政、产业、投资等政策，创造一个好的宏观环境、制度环境和市场环境，使市场配置资源的基础性作用能够发挥得更好。所谓约束性指标体现政府职责，带有政府向人民承诺的性质。研究发现，相关中长期发展战略规划中设置的数量指标基本在15个左右，按照约束性指标和预期性指标的指标类型划分，预期性指标占相对多数。

（二）现有评价指标梳理

在知识产权强国特征描述指标体系中，具体选取指标的范围主要从知识产权强国的表征出发，在实力、国际影响力与国际地位等内涵以及能力、绩效、环境等外延上，尽可能全面地系统筛选指标，同时根据指标体系的简洁性原则控制指标的数量。

国家知识产权局印发的《推动知识产权高质量发展年度工作指引（2019）》中要求明确推动知识产权高质量发展的指标体系，形成推动知识产权高质量发展的核心指标。按照质量第一、效益优先的要求，以"少而精"为原则，同时在中国经济由高速增长阶段转向高质量发展阶段的大背景下，我国努力推动改善优化营商环境，促进我国经济高质量可持续健康发展，为优化我国营商环境体系作出理论上、政策上、实践上的贡献，形成由创新环境、营商环境和高质量发展三个层面组成的知识产权核心指标。

一是"创新环境"指标的选取。从"创新环境"出发,指标可以参考各国(也可以包括各省、各市、各县、各经济区域)的知识产权规模、绩效与环境,也可以包括产业的知识产权规模与绩效,尤其是知识产权密集型产业的实力,还可以包括知识产权从业人员、与知识产权产业相关的人员对于知识产权的创新贡献与市场环境,充分体现世界水平。有关"创新环境"指标的选取,我们可以参考欧盟创新指数指标体系和国家创新指数指标体系,从中选取适合知识产权强国评价指标体系的指标,包括发明专利申请量、每万人发明专利拥有量、《专利合作条约》(PCT)申请量、三方专利(在美国专利商标局、日本特许厅、欧洲专利局都具有同族专利的专利族)拥有量、专利集中度、外观设计申请量等。

二是"营商环境"指标的选取。从"营商环境"出发,中国已建立了包括商标法、专利法、著作权法、反不正当竞争法等在内,门类较为齐全、符合国际通行规则的知识产权法律制度体系,加入了几乎所有主要的知识产权国际公约。中国加强知识产权保护、营造国际一流营商环境,充分展示了中国依法严厉打击侵犯知识产权行为的决心和信心,必将为国内企业和外资企业提供更加公平、正义的营商环境。有关"营商环境"上指标的选取,我们可以主要参考商标注册量、知识产权政策影响度、知识产权转让费收入、商业环境等指标。

三是"高质量发展"指标的选取。从"高质量发展"出发,我们可以选择与知识产权有关的经济、科技、贸易、外交、文化等国际竞争力、硬实力、软实力与科技创新等方面的指标,准确把握知识产权高质量发展的内涵,坚持与知识产权强国建设纲要相衔接,加强上下联动和业务融合,明确推动知识产权高质量发展的整体思路、实施路径和工作机制,设置可量化、可考核的目标任务,系统构建推动知识产权高质量发展的指标体系、政策体系、统计体系和考核体系。有关"高质量发展"指标的选取,可选取高质量发明专利授权量、每万名科研人员的科技论文数、知识产权密集型产业增加值占国内生产总值(GDP)比重等指标。

(三)指标体系设计的工作思路和基本原则

1. 工作思路

知识产权强国战略的终极目标,是发展出一系列能够改善创新环境、营商环境,促进高质量发展的成熟的指导思想和方法论。因此,指标体系设计应当强调创新环境、营商环境与高质量发展。

新时期，创新已经成为发展的第一动力。良好的创新环境，更有利于创新过程实现，更有利于创新成果产出，更有利于创新效率提高。创新过程通常伴随着新技术出现，也意味着资源的重新组合，都会创造出新的经济增长点。良好的营商环境有利于新企业的诞生，有利于创新成果更快更好地产业化，也有利于建立生产企业与消费者之间的顺畅的互动机制，有利于创新基础上的再创新。以往依靠人力、资源的粗放式发展难以为继，新时期明确了发展经济的着力点是"实体经济"，把"提高供给体系质量"作为主攻方向，必须坚持"质量第一、效益优先"两大原则，推动经济发展的三大变革，即"质量变革、效率变革、动力变革"，努力实现"更高质量、更有效率、更加公平、更可持续"的发展目标。

政府、企业、高校与科研机构在创新过程中扮演着不同的角色。首先，政府、高校与科研机构为整个创新过程提供了最基础的养料。企业仍然是创新的核心，但是创新的效率直接依赖于政府、高校与科研机构的支持。这是因为，创新最初大多来源于高校与科研机构的研发工作，而这些工作的推进又得益于政府的财政支持。[1] 高校与科研机构承担了基础性的科技研发职能，带来了知识更新与扩张。这些为经济繁荣创造了新的可能性。高校与科研机构为政府和企业培养科技人才，也为自身培养下一代的科技工作者。政府制定创新政策、设定知识产权系统的参数。政府部门选择不同的创新模式以及技术获取方式进行公共产品技术创新，包括政府委托公共科研机构技术研发、选择公共科研机构与企业进行合作研发、选择企业进行自主研发从而提升整个社会福利水平。此外，政府也会利用税收等收入支持高校和科研机构，或者向企业提供研发资助。企业利用科技知识，借助知识产权政策和研发政策，不断投入研发经费，开发新产品，根据市场需求调整升级产品。创新催生出更多的市场机会，企业家们开设新公司，进一步提供未来的发展基础。

事实上，以上主体的行为也存在交叉地带。譬如，近一段时期，大学与科研机构有时也会开发出商业化前景良好的产品，[2]企业也会开发出某些基础研究成果。政府在改善创新环境与营商环境上有其内生的动力，包括创新成果产业化带来的就业机会、产生利润、税收贡献等。政府也有动力进一步提升高校与科研机构的教育与培训质量，确保未来科技研发等方面的人力资源储备。

---

[1] GREENHALGH C, ROGERS M. Innovation, intellectual property, and economic growth [M]. Princeton: Princeton University Press, 2010.
[2] 贝尔曼. 创办市场型大学：学术研究如何成为经济引擎 [M]. 温建平, 译. 上海：上海科学技术出版社, 2016.

创新环境、营商环境、高质量发展的核心在于创新的引擎平稳运行。知识产权的作用在于将创新成果权利化，并在交易、流通中提高经济增长。同时，由此产生的利益流通过技术流反向流回到创新端。当然，这需要满足以下的条件：一是创新环境持续改善，如此创新成果才会不断涌现；二是营商环境不断优化，如此才会有大批创新创业企业诞生，用市场规律将创新成果不断产业化，促进技术创新和组织创新的流动；三是高质量发展得益于以上链条的畅通，创新成果产业化将带来巨大的社会福利，政府从中获得税收、企业从中赚取利润、高校与科研机构从中获得创新灵感，进一步促进各方加大对创新的投入，形成新的利益闭环。

2. 基本原则

为更好地从改善创新环境、优化营商环境、推动高质量发展等方面衡量知识产权强国建设情况，指标设计应遵循科学性、系统性、操作性和实用性的原则。

指标发挥导向作用必须坚持科学性。科学性至少体现在以下四个方面：一是要与党中央、国务院大政方针保持一致；二是要符合知识产权工作实际；三是要满足社会福利和公众利益有关诉求；四是要尊重科学发展规律，科学设定发展目标。具体而言，参考战略指标体系演变的内容，找准政策依据，强国战略指标体系设计需要抓住当前与未来发展重点，比如创新环境、营商环境、高质量发展这类主题，具体底层指标要有明确参考出处，比如知识产权密集型产业占GDP比重来自《"十三五"国家知识产权保护和运用规划》。

指标导向协调一致必须坚持系统性。知识产权强国战略指标体系将在未来一段时期发挥知识产权事业发展指挥棒的作用。因此，需要具备一定的系统性，要经过论证的顶层设计，避免碎片化和随意化。例如，《国家知识产权战略纲要》曾提出的"激励创造、有效运用、依法保护、科学管理"的方针，就具备很好的系统性，将知识产权工作链条用这十六个字串了起来，各项工作也围绕展开，体现出了顶层设计的重要性。另外，系统性要注重以往强国建设、战略规划制定工作的结合，吸收以往构架指标体系的经验，建立比较系统完备的指标集合，有效避免碎片化和随意化。

指标落地实施必须坚持操作性。构建知识产权强国战略指标体系的目的是更好推进强国战略的实施。明确强国战略指标体系的操作性，具体需要较为广泛地引入涉及强国战略实施的相关部门，尽可能大范围地达成共识，就指标体系的内在逻辑、具体指标、评价方法等深入讨论，建立顺畅的工作协调机制，设立咨询专家组，加强组织与管理。可以参考借鉴科学技术部国家创新调查有关做法，形成类似

《国家创新调查制度实施办法》的制度文件，开展类似强国战略统计调查、强国战略能力监测、强国战略能力评价等工作，整合并定期发布有关成果。此外，还需要考虑指标体系监测、评估、评价的操作性，数据尽量来自公开统计年报年鉴以及相关部门的行政记录。

指标导向的推广应用必须坚持实用性。实用性至少要体现在几个方面：一是便于有关部门使用，开展对企业、研究机构、高等学校的统计调查；二是便于相关机构开展围绕国家、区域等强国建设情况的跟踪监测；三是便于相关机构开展对国家、区域、企业、研究机构、高等学校等的强国建设能力进行综合分析、比较与判断；四是便于有关部门使用，将强国战略指标体系或其中指标纳入到各类规划中，在尽可能多的场景下使用该体系或其中指标，更好达成共识。

（四）指标体系的构建

按照工作思路，项目组从创新环境、营商环境、高质量发展三个维度，对现有知识产权相关评价指标加以梳理，并借鉴国家中长期规划指标设置情况，提出了构建知识产权强国建设纲要的战略目标指标体系与评价指标体系。

1. 知识产权强国建设纲要战略目标指标体系

顾名思义，知识产权强国建设纲要的战略目标指标体系，是为知识产权强国建设纲要主要目标部分设置指导性和预期性的指标提供具体支撑的指标体系，指标选择重点为适合列入战略文本，从政策制定层面方便国内执行政策的具体部门衡量确定其工作开展的实际情况，更为注重国内层面的可分解、可评价。

按照知识产权如何改善创新环境、如何优化营商环境、如何促进经济高质量发展三个维度，研究提出了包含21个具体指标的战略目标指标体系（见表1）。

表1 知识产权强国建设纲要战略目标指标体系

一级指标	二级指标	序号	三级指标
改善创新环境	高质量知识产权创造	1	重点领域（重点产业）发明专利授权量（件）
		2	四方专利申请量（件）
		3	马德里商标国际注册申请量（件）
		4	被提起无效宣告申请的专利比例（%）
		5	涉及诉讼的专利比例（%）

续表

一级指标	二级指标	序号	三级指标
改善创新环境	活跃知识产权运用	6	知识产权使用费占服务进出口总额的比重（%）
		7	知识产权实施（使用）许可合同备案数（件）
		8	知识产权转让数量（件）
		9	知识产权质押融资金额（亿元）
	优质知识产权服务	10	知识产权公共信息服务经费投入（亿元）
		11	知识产权市场服务规模（亿元）
优化营商环境	加强知识产权保护	12	知识产权侵权违法案件数量与主要知识产权授权量之比（%）
		13	法院新收知识产权案件数量与主要知识产权授权量之比（%）
	知识产权审查质量与效率	14	专利审查平均周期（天）
		15	商标审查平均周期（天）
	知识产权案件审判标准与效率	16	知识产权案件平均审理周期（天）
		17	知识产权案件平均赔偿额（万元）
促进经济高质量发展	知识产权产品核算	18	知识产权产品增加值占GDP的比重（%）
		19	地理标志产品产值（亿元）
	知识产权与产业发展	20	知识产权（专利）密集型产业增加值占GDP的比重（%）
		21	核心版权产业增加值占GDP的比重（%）

一是改善创新环境。鼓励重点领域、重点产业的知识产权创造，培育高价值专利，促进国内、国际知识产权转移交易，完善创新收益闭环，提供优质知识产权公共服务与市场服务。主要分为高质量知识产权创造、活跃知识产权运用、优质知识产权服务等3个方面，共设置了11个具体指标。

（1）高质量知识产权创造

① 重点领域（重点产业）发明专利授权量（件）

② 四方专利申请量❶（件）

③ 马德里商标国际注册申请量（件）

④ 被提起无效宣告申请的专利比例（%）

---

❶ 美国专利商标局、日本特许厅、欧洲专利局、韩国知识产权局受理来自中国的发明专利申请量。

⑤ 涉及诉讼的专利比例（%）

（2）活跃知识产权运用

① 知识产权使用费占服务进出口总额的比重（%）

② 知识产权实施（使用）许可合同备案数（件）

③ 知识产权转让数量（件）

④ 知识产权质押融资金额（亿元）

（3）优质知识产权服务

① 知识产权公共信息服务经费投入（亿元）

② 知识产权市场服务规模（亿元）

二是优化营商环境。重点考虑了加强知识产权保护、知识产权审查质量与效率、知识产权案件审判标准与效率等3个方面，共设置了6个具体指标。

（1）加强知识产权保护

① 知识产权侵权违法案件数量与主要知识产权授权量之比（%）

② 法院新收知识产权案件数量与主要知识产权授权量之比（%）

（2）知识产权审查质量与效率

① 专利审查平均周期（天）

② 商标审查平均周期（天）

（3）知识产权案件审判标准与效率

① 知识产权侵权案件平均审理周期（天）

② 知识产权侵权案件平均赔偿额（万元）

三是促进经济高质量发展。开展知识产权产品核算，加强知识产权与产业发展的联系，逐步提高知识产权对产业发展的贡献程度。从知识产权产品核算、知识产权与产业发展两个维度，设置了4项具体指标。

（1）知识产权产品核算

① 知识产权产品增加值占GDP的比重（%）

② 地理标志产品产值（亿元）

（2）知识产权与产业发展

① 知识产权（专利）密集型产业增加值占GDP的比重（%）

② 核心版权产业增加值占GDP的比重（%）

2. 知识产权强国建设纲要评价指标体系

知识产权强国是一个具有国际比较意义的相对概念，需要进行国际可比的衡量。除应建立一套对内可控、可细化分解的政策目标体系外,也需要同时建立一套国际可比、有第三方国际机构客观评价、政策敏感度相对较小的实施情况评价指标体系,为内部确定我国发展情况使用。

2014 年国家知识产权局知识产权发展研究中心研究提出了知识产权强国基本特征与实现路径评价指标体系,该指标体系已经在年度《中国知识产权发展状况评价报告》国际比较部分进行了多年的评价与应用,为构建这样一个细化聚焦的评价指标体系提供了良好的数据基础和指标备选方案(见表2)。

表 2　知识产权强国基本特征与实现路径评价指标体系

一级指标	二级指标	序号	三级指标
知识产权能力	创造	1	发明专利申请量
		2	每万人发明专利拥有量
		3	PCT 申请量
		4	三方专利总量占世界比重
		5	每万名研究人员的科技论文数
		6	学术部门百万研发经费的科学论文引证数
	管理	7	单位审查员审查效率
		8	专利规费吸引度
	保护	9	知识产权保护力度
		10	专利发明授权量
	运用	11	知识产权许可出口收入占服务贸易出口比重
		12	知识产权许可贸易差额
		13	版权密集型产品贸易差额
		14	企业与大学研究与发展协作程度
知识产权绩效	创新贡献度	15	知识密集型产业增加值占 GDP 比重
		16	有效发明专利数量
		17	每亿美元经济产出发明专利申请量
		18	每万名研究人员发明专利授权量
		19	每万名研发人员 PCT 国际申请量
	国际影响力	20	知识产权许可费收入占全球比重
		21	PCT 申请进入国家阶段量占世界比重
		22	PCT 申请量 500 强申请人占比
		23	最佳全球品牌 100 强企业占比
		24	版权密集型产品出口占全球比重

续表

一级指标	二级指标	序号	三级指标
知识产权环境	制度环境	25	立法透明度
		26	执法有效性
		27	反垄断政策效果
	市场环境	28	商业环境
		29	信息化发展水平
		30	研究与发展经费投入强度
		31	研发人力投入强度
	文化环境	32	研究与培训专业服务状况
		33	每百万人发明专利申请量

根据知识产权强国基本特征与实现路径评价指标体系测算结果，根据目前获取到的2017年以及最新指标数据，在排除绝对数量指标后，我们从中筛选出9个三级指标作为新的二级指标，这些指标均可来源于国际组织或第三方机构，评价数据可获得，数据情况也相对客观。通过按照新的指标维度重新划分，形成了目前的知识产权强国建设纲要实施评价指标体系（见表3）。

表3 知识产权强国建设纲要实施评价指标体系

序号	一级指标	二级指标
1	推动高质量发展	三方专利总量占世界比重
2		知识密集型产业增加值占GDP比重
3		最佳全球品牌100强企业占比
4	促进创新环境	每万名研发人员PCT国际申请量
5		每万名研究人员发明专利授权量
6		PCT申请进入国家阶段量占世界比重
7	促进营商环境	知识产权保护力度
8		知识产权许可费收入占全球比重
9		商业环境

四、知识产权强国建设的阶段划分

基于指标体系测算与国际比较的结合，知识产权强国建设的阶段划分与主要目标设计要求统筹考量国家重大战略的执行实施要求。按照分阶段、分步骤推进的原则，通过定性定量相结合的方式，合理提出到 2035 年的知识产权强国建设总体目标与愿景。美、日、欧等主要国家和地区知识产权发展的经验和路径，对科学划分知识产权强国建设阶段具有借鉴意义，但我国知识产权强国建设更需要从创造、运用、保护、管理、服务等知识产权工作全链条环节对研究提出不同阶段需达成的主要状态给予定性描述，并从知识产权强国能力指标体系中遴选若干具有代表性的指标，通过科学测算，研究提出阶段性定量建设目标。

党的十九大报告、《国家创新驱动发展战略纲要》、《中国制造2025》均提出了阶段性发展目标。按照党的十九大报告建成富强、民主、文明、和谐、美丽的社会主义现代化强国"两步走"的定位，2035 年即是进军第二个百年奋斗目标第一阶段的节点。到那时，我国经济实力、科技实力将大幅跃升，跻身创新型国家前列；人民平等参与、平等发展权利得到充分保障，法治国家、法治政府、法治社会基本建成，各方面制度更加完善，国家治理体系和治理能力现代化基本实现；社会文明程度达到新的高度，国家文化软实力显著增强，中华文化影响更加广泛深入；人民生活更为宽裕，中等收入群体比例明显提高，城乡区域发展差距和居民生活水平差距显著缩小，基本公共服务均等化基本实现，全体人民共同富裕迈出坚实步伐；现代社会治理格局基本形成，社会充满活力又和谐有序；生态环境根本好转，美丽中国目标基本实现。

《国家创新驱动发展战略纲要》提出了"两步走"的建设路径，分为到 2020 年和 2030 年两个阶段。此外，伴随着《国家创新驱动发展战略纲要》的颁布，知识产权与创新环境的关系重新被定义，知识产权保护成为优化创新环境的重要内容。知识产权相关战略指标体系开始着重强调知识产权保护和运用。这是因为，"十三五"时期是我国由知识产权大国向知识产权强国迈进的战略机遇期，保护和运用已经成为知识产权事业发展的制约因素。伴随着我国经济发展进入速度变化、结构优化、动力转换的新常态，知识产权作为科技成果向现实生产力转化的重要桥梁和纽带，激励创新的基本保障作用更加突出。

《中国制造2025》也提出了"两步走"分三阶段实现制造强国的战略目标。第一步，力争用十年时间，迈入制造强国行列。到 2020 年，基本实现工业化，制造业大国地位进一步巩固，制造业信息化水平大幅提升。掌握一批重点领域关键核心技术，优势领域竞争力进一步增强，产品质量有较大提高。制造业数字化、网络化、智能化取得明显进展。重点行业单位工业增加值能耗、物耗及污染物排放明显下降。到 2025 年，制造业整体素质大幅提升，创新能力显著增强，全员劳动生产率明显提高，两化（工业化和信息化）融合迈上新台阶。重点行业单位工业增加值能耗、物耗及污染物排放达到世界先进水平。形成一批具有较强国际竞争力的跨国公司和产业集群，在全球产业分工和价值链中的地位明显提升。第二步，到 2035 年，我国制造业整体达到世界制造强国阵营中等水平。创新能力大幅提升，重点领域发展取得重大突破，整体竞争力明显增强，优势行业形成全球创新引领能力，全面实现工业化。

我们可以初步判断：

一是产业的创新发展需要知识产权的有力支撑。2025 年制造业整体素质大幅提升，创新能力显著增强，全员劳动生产率明显提高相关目标的实现，离不开知识产权能力的进一步提升与巩固。同时，形成一批具有较强国际竞争力的跨国公司和产业集群，在全球产业分工和价值链中的地位明显提升，也离不开企业运用知识产权制度能力和企业知识产权国际竞争力的巩固与提升。因此，至 2025 年，知识产权强国建设需继续经历一个能力巩固与提升的中间阶段。

二是创新发展是知识产权事业发展的基础。只有创新能力提升至一定程度，知识产权制度和能力的发展才有深厚的根基与基础。长期以来，我国知识产权创造质量和效益不高，正是为我国自主创新能力水平所限，因此知识产权强国建设阶段应当与创新型国家建设的步伐保持相对一致或适当延后。因此，在 2030 年迈入创新型国家前列的前提下，到 2030 年，我国已具备成为知识产权强国的创新能力基础。

三是以最终目标为结论反推。到 2035 年，我国已基本实现社会主义现代化，制造业整体达到世界制造强国阵营中等水平，知识产权强国必须实现对社会主义现代化和制造强国战略目标的强有力支撑，因此，2035 年，我国应跻身世界知识产权强国前列。

按照以上结论推论，我国面向 2035 年的知识产权强国建设目标应为：到 2035 年进入知识产权强国前列。为了实现这一目标，提出知识产权强国建设的阶段目标分两步走的建议：

第一步，巩固提升阶段（2020~2025 年）。到 2025 年，知识产权法治环境更加完善，知识产权法律法规和政策体系进一步健全，知识产权重要领域和关键环节改革取得决定性成果。知识产权授权确权和执法保护体系进一步完善，权界清晰、分工合理、责权一致，运转高效、法治保障的知识产权的体制机制运行顺畅，初步实现知识产权治理体系和治理能力现代化，知识产权大国地位进一步巩固，知识产权创造、运用、保护、管理、服务能力显著增强，为知识产权强国建设奠定基础。

第二步，基本建成阶段（2025~2035年）。第二步分为两个环节。第一环节，到2030年，知识产权拥有量进一步提高，核心专利、知名品牌、精品版权、优良植物新品种等优质知识产权资源大幅增加。市场主体运用知识产权参与市场竞争的水平明显提升，形成一批具有国际影响力的知识产权强企。严格保护知识产权的能力显著提高，知识产权侵权行为得到有效遏制。知识产权服务业规模迅速壮大，有效满足社会的多元化需求。知识产权国际合作水平全面提升，国际影响力进一步扩大，迈入知识产权强国行列。第二环节，到2035年，跻身世界知识产权强国前列，全面建成能力强、绩效高、环境优的现代化知识产权体系，形成良好的知识产权法治环境、市场环境和文化环境，知识产权综合实力跃居世界前列，知识产权国际影响力和话语权明显增强，知识产权制度对科技创新、产业发展、对外贸易和文化繁荣的支撑作用充分显现，为实现中华民族伟大复兴提供不竭动力和强有力支撑。

知识产权强国建设的形势和任务研究[*]

数据和案例是科学决策的重要依据。在合理方法指导下的数据搜集、整理和展示，可以在一定程度上为发现问题、寻找问题解决方案提供指引。本项研究就是要通过数据分析，展示知识产权强国建设纲要制定过程中的国际经济格局、国内发展环境的演变以及知识产权各项工作的进展、现状，为研判知识产权事业发展的历史方位、战略方针以及当前形势下的重点任务提供实证参考。本文是上述研究成果的精选，并在原有框架结构和论证逻辑的基础上，对有关数据和案例进行了更新，以增加本报告的时效性。

一、百年未有之大变局下我国知识产权工作新的历史方位

"百年未有之大变局"是我国当前所处历史阶段的最重要的特征之一。进入21世纪以来，一大批新兴市场国家和发展中国家快速发展，世界多极化加速发展，国际格局日趋均衡，国际潮流大势发生不可逆转的变化。与此同时，新科技革命加速孕育重大突破，新技术、新业态层出不穷，深刻地改变着人们的生产与生活。知识产权制度是产业分工中经济利益分配的重要依据、产业创新的基本保障和国际通行的市场规则。国际经济格局的加速演变和新科技革命的孕育待发，必然对我国知识产权领域中的国家治理提出新的更高要求。

（一）国际经济格局加速演变

近十年来，国际经济格局中最为明显的变化就是新兴经济体的加速崛起。如图1所示，2020年发达经济体基于购买力平价（PPP）的国内生产总值（GDP）由

---

[*] 本文基于知识产权强国建设纲要制定研究项目"知识产权强国战略纲要制定工作数据收集及处理"形成。课题组负责人：韩秀成；课题组成员：邓仪友、滕泽楠、刘谦、雷怡、杨轩；执笔人：滕泽楠、邓仪友。

2008 年的 41.019 万亿美元增加至 56.122 万亿美元，新兴市场和发展中经济体基于 PPP 的 GDP 总量由 2008 年的 43.249 万亿美元提高至 76.365 万亿美元。其中，新兴和发展中的亚洲经济体基于 PPP 的 GDP 则由 2008 年的 19.075 万亿美元提升至 2020 年的 42.460 万亿美元。如图 2 所示，从 2008 年至 2019 年，新兴市场和发展中经济体实际 GDP 的增长速度比世界平均增速要高 1~2 个百分点，比发达经济体要高 3~4 个百分点，另外新兴和发展中的亚洲经济体实际 GDP 的平均增速比发达经济体高出 5~6 个百分点。在面临新型冠状病毒肺炎疫情等新情况的影响时，新兴市场和发展中经济体实际 GDP 受到的影响较发达经济体更小。整体来看，新兴经济体的崛起趋势十分明显。

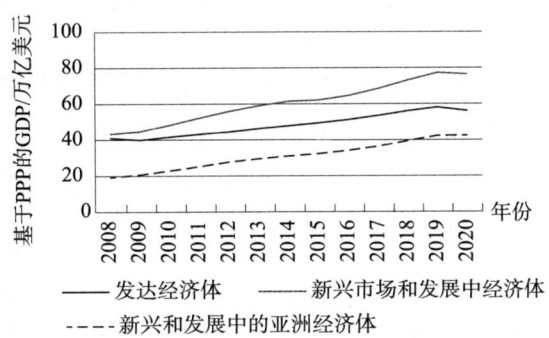

图 1　发达经济体、新兴市场和发展中经济体、新兴和发展中的亚洲经济体基于 PPP 的 GDP 变化❶

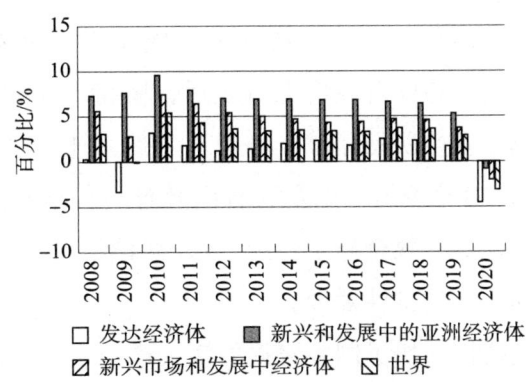

图 2　发达经济体、新兴市场和发展中经济体、新兴和发展中的亚洲经济体实际 GDP 百分比变化❷

在新兴经济体中，中国的经济增长态势尤为显著。自 2010 年我国 GDP 超过日本

---

❶❷　数据源自国际货币基金组织网站，最后登录时间 2021 年 5 月 17 日，数据已在当日更新。

之后，在世界经济总体低迷的情况下，持续保持较高的增长速度。2020年我国经济总量全球占比超过17%，稳居世界第二大经济体。2020年，中国率先控制新型冠状病毒肺炎疫情，率先实现经济增长由负转正，❶成为唯一保持正增长的世界主要经济体。中国与美国经济总量进一步接近，并与排名其后的各国日益拉开差距（见图3）。

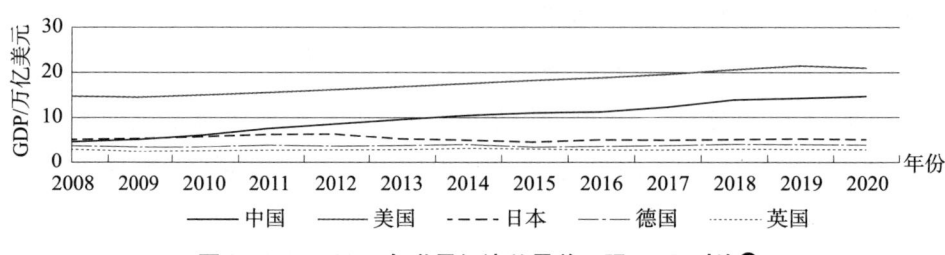

图3　2008~2020年世界经济总量前五强GDP对比❷

经济活动是全球治理的基础，世界经济格局多年渐变必然对国际秩序产生影响，对国际治理活动提出新的需求。2009年9月，全球19个主要经济体和欧盟领导人在美国匹兹堡宣布，"二十国集团"（G20）代替"八国集团"（G8）成为国际经济合作与协调的首要全球性论坛。全球治理体系由"七国集团"（G7，"富国俱乐部"）主导转换为发达经济体与新兴经济体共同协商应对全球问题的机制，结束了几个发达国家决定全球事务的历史。但是旧体系的建立者必然要对新秩序的生成进行抵抗，以维护自身在世界体系中的利益分配特权。这种抵抗，主要表现在以美国为首的发达国家越来越多采用政治手段来解决双边和多边经贸问题。政治右倾、民粹纷起成为2008年以来西方世界典型的社会现象，世界体系运行中的不稳定性和不确定性因素与日俱增。特朗普政府上台之后，坚持"美国优先"，先后与包括我国在内的世界多个国家发生贸易摩擦，并退出《跨太平洋伙伴关系协定》《巴黎气候协定》、伊核协议、中导条约，以及联合国教育、科学及文化组织，联合国人权理事会、世界卫生组织，导致全球主要的多边协商平台长期动荡，阻碍国际治理体系适应国际政经格局演变的良性发展。

新型冠状病毒肺炎疫情加快了国际格局的演变进程。一些国家在疫情应对上的失据无措，使得"去全球化""逆全球化"的言论一时甚嚣尘上。许多国家开始讨论"去全球化"、"脱钩"、将供应链转移回国内、减少国外依赖等议题，并实施有利于国内的生产与金融措施。一些跨国企业也开始调整全球战略，推动供应链本地

---

❶ 参见中华人民共和国国务院新闻办公室2021年9月28日发表的《中国的全面小康》白皮书。
❷ 数据源自国际货币基金组织网站，最后登录时间2021年4月16日。

化、区域化。贸易保护主义、单边制裁、汇率操纵、限制移民等"逆全球化"举措趋向强化。疫情蔓延致使制造业的全球布局遭受到前所未有的阻隔,产业链、供应链和价值链的正常链接关系被经济活动和社会生活一定意义上的停顿所截断。疫情过后,如果不能重新找到全球化的共同利益,我国经济社会发展中的确定性、不稳定性因素将会进一步增加。

(二)我国经济科技加速发展

2008年以来,我国成功地抵御了"国际金融危机"的不利影响,克服了中美贸易争端带来的不确定性、不稳定性增加等负面因素,在对抗新型冠状病毒肺炎疫情中率先实现经济正增长。这一时期,我国大国经济的强大韧性尽显无遗。2021年,我国GDP增加至114.4万亿元(见图4),货物进口总额由2008年的79526.53亿元上升至173661亿元,出口额由2008年的100394.94亿元上升至217348亿元(见图5)。2020年城镇居民消费水平为34043元,较2008年增长将近1.5倍(见图6)。如图7、图8所示,2020年,我国在全球跨国直接投资大幅下降的背景下,全年实际使用外资逆势增长,双向投资基本持平,引进来、走出去同步发展。

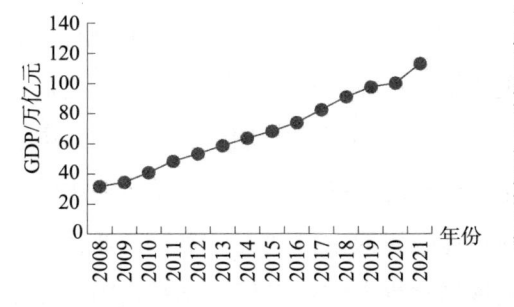

图4 2008~2021年GDP趋势❶ 　　图5 2008~2021年货物进出口总额变化❷

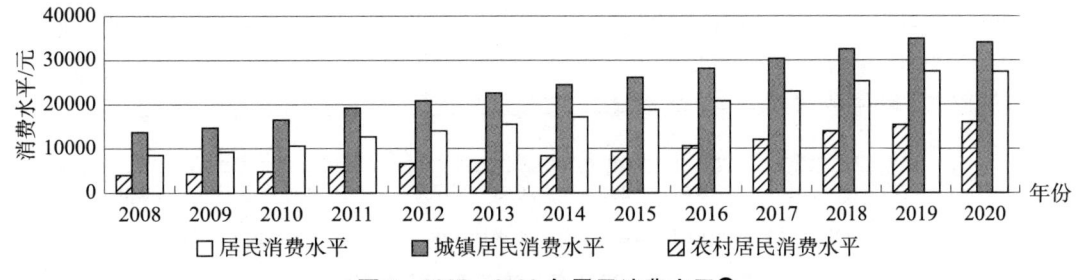

图6 2008~2020年居民消费水平❸

---

❶❷❸ 数据源自国家统计局网站。

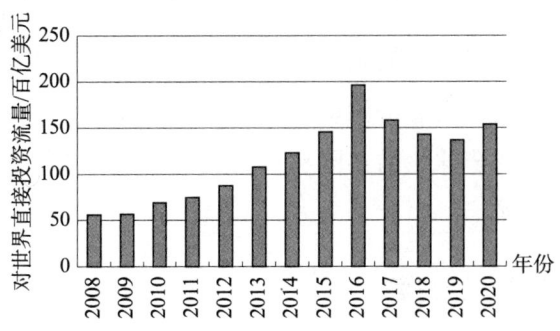

图7　2008～2020年中国对世界直接投资流量❶

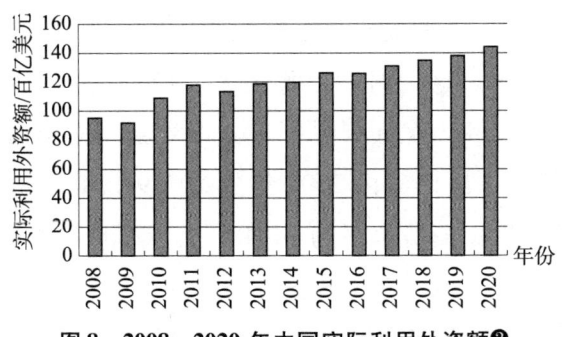

图8　2008～2020年中国实际利用外资额❷

如图9、图10所示，在总量快速增长的同时，我国经济结构也在不断地优化，供给侧结构性改革的成果正在显现。总体表现为第一产业比重在持续多年下降之后，正在趋于稳定并小幅增长。我国第一产业在产品总量增长缓慢的情况下，产值增加更快，技术和品牌在提高产业附加值上的作用不断显现。第三产业在国民经济中的占比持续增长，生产性服务业的增长是第三产业快速发展的主要动力。第二产业在增速放缓、占比不断下降的情况下，高技术产业发展经费投入增长迅猛，显示我国产业结构转型、发展动力转换正在不断推进，我国高质量发展的基础正在不断夯实。

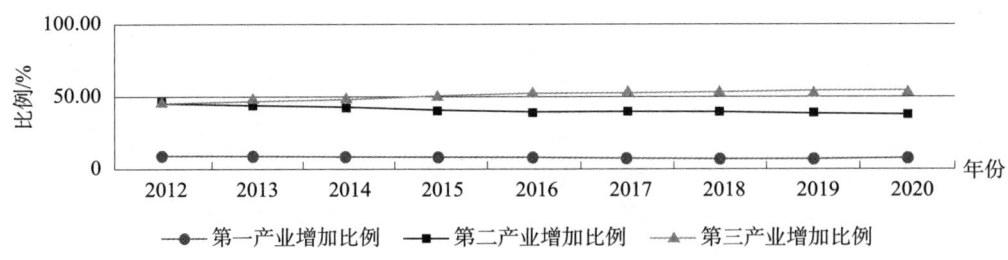

图9　2012～2021年三次产业构成趋势❸

---

❶❷❸　数据源自国家统计局网站。

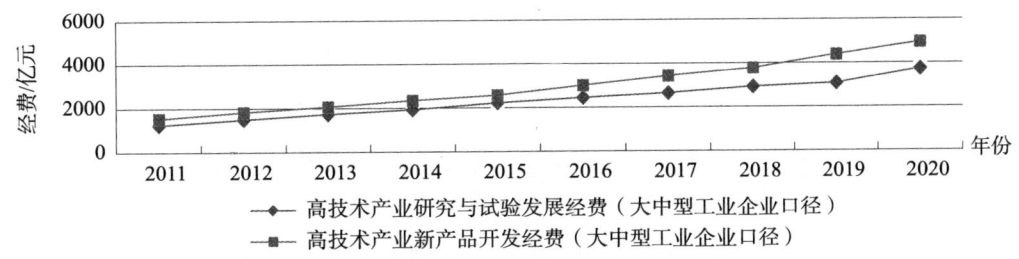

图10 2011~2020年高技术产业发展经费投入趋势[1]

我国经济社会发展的区域协调性也在不断增强。随着"一带一路"倡议、区域发展战略加快实施，我国区域板块之间融合互动，区域发展协调性显著增强，发展的相对差距逐渐缩小，形成区域协调发展新格局（见图11）。如图12所示，2021年，东部、中部、西部、东北地区区域经济总量较上年均有提升。西部大开发建设至今，西部地区生产总值由2000年的16655亿元[2]增长至2021年的239710亿元[3]。中部地区崛起战略实施至今，中部地区生产总值由2005年的3.34万亿元[4]增长至2021年的25.0132万亿元[5]。

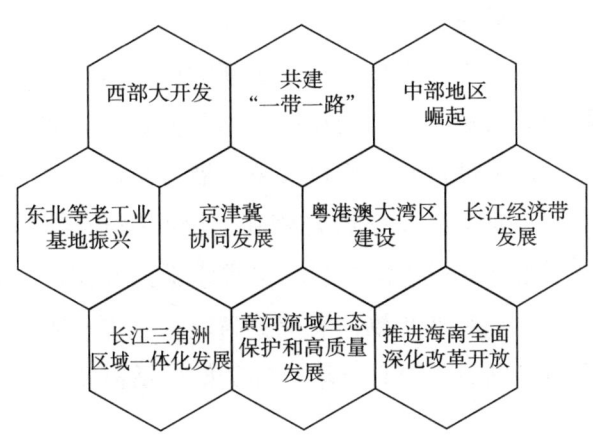

图11 我国实施区域发展战略

---

[1] 数据源自国家统计局网站。

[2] 郑可. 我国西部社会经济实力全面提升：发展登上新台阶［EB/OL］.（2010-07-07）［2022-05-06］. http://www.scio.gov.cn/ztk/xwfb/10/5/Document/693552/693552.htm.

[3][5] 参见《中华人民共和国2021年国民经济和社会发展统计公报》。

[4] 李予阳. 我国中部地区加速崛起壮大实力［EB/OL］.（2019-06-24）［2022-05-06］. http://www.gov.cn/xinwen/2019-06/24/content_5402651.htm.

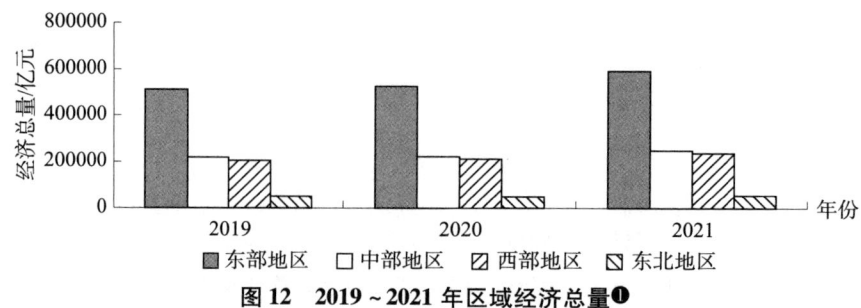

图 12 2019～2021 年区域经济总量❶

在新技术、新产业发展方面，2008 年以来，随着新一轮科技和产业变革加快发展，世界加速进入到数字经济时代，人工智能、大数据、虚拟现实等新技术推动生产方式和生活方式革命性变化。量子信息、生物技术等战略前沿领域取得重大突破。中国科技事业快速发展，实现"嫦娥"探月、"天问"登火、"奋斗者"号万米深潜、"山东舰"航母入列，5G 技术跻身世界领先水平、新冠疫苗跑出"中国速度"等。中国以一系列突破性成就实现科技崛起，为我国经济社会加速发展，应对当前世界格局演变的不确定性提供了坚实的基础。

在国际经济格局演变加速，我国经济、科技及产业快速发展的推动下，我国发展战略机遇期的内涵已经发生了变化，出现了新的历史特征，知识产权作为国家发展战略性资源和国际竞争力核心要素的作用更加凸显。我国知识产权工作已经进入了一个新的历史方位。加快推进知识产权改革发展，协调政府与市场、国内与国际的联动关系，促进资源、要素高效率组合创新，全面提升我国知识产权综合实力，大力激发全社会创新活力，建设中国特色、世界水平的知识产权强国，对于提升我国核心竞争力，扩大高水平对外开放，实现更高质量、更有效率、更加公平、更可持续、更为安全的发展，满足人民日益增长的美好生活需要，具有基础性和全局性的战略意义。

二、知识产权强国建设重点任务探索

（一）知识产权制度与管理体制建设方面

制度在知识产权工作发展中具有全局性、决定性作用。知识产权强国建设应当

---

❶ 数据源自《中华人民共和国 2019 年国民经济和社会发展统计公报》《中华人民共和国 2020 年国民经济和社会发展统计公报》《中华人民共和国 2021 年国民经济和社会发展统计公报》。

坚持制度先行，完善面向社会主义现代化的知识产权制度。1982年以来，我国陆续制定实施《中华人民共和国商标法》（以下简称《商标法》）、《中华人民共和国专利法》（以下简称《专利法》）、《中华人民共和国著作权法》（以下简称《著作权法》）等知识产权单行法，制定实施《植物新品种保护条例》《集成电路布图设计保护条例》和《计算机软件保护条例》等行政法规，知识产权保护达到了国际通行的标准，满足了融入世界市场、参与全球产业分工的需求。但也要看到，我国知识产权制度建设由于发展时间较短，目前仍存在制度内容不够精细、规则更新较为缓慢的缺陷。在新发展阶段下，新技术、新领域、新业态快速发展形成的挑战尚未能够得到有效回应，❶ 地理标志、集成电路布图设计、遗传资源等领域法律制度建设尚未能满足现阶段现实需要，相关规则尚不能有效、全面地维护国家相关利益。知识产权保护与商业秘密保护、反不正当竞争、反垄断等方面竞争属性强烈的交叉领域需要更为精细化，推动构建适应知识产权特性的法律制度。

在主要的知识产权法律法规方面，我国知识产权法律如《专利法》《商标法》经历4次修正，《著作权法》经历3次修正，但与世界范围内主要国家知识产权法律的修订频率相比还是较为保守，如法国修订其知识产权法典约1年一次，日本修订其专利法除初次修改外，平均为1~4年一次（见图13）。作为一个成文法国家，较慢的修正频率将影响我国知识产权法对经济社会发展形势变化的适应性。

管理体制与法律制度一样，也属于知识产权政府治理中顶层设计的核心内容。知识产权管理体制的核心是处理好中央与地方，政府与社会、市场的关系。在中央与地方关系层面，党的十九届四中全会提出，适当加强中央知识产权保护方面事权，减少并规范中央和地方共同事权。知识产权保护是全国统一市场的基础性规则，知识产权引进来与走出去、知识产权国际合作、知识产权全球治理都需要统一出入口，因此在事权划分上要加强中央层面的宏观调控职能，发挥中央对内统筹、对外协调的关键作用。地方要抓住区域协调发展与知识产权强省强市建设，在现有工作成效基础上进一步深化发展。

我国现阶段正处于由知识产权大国向知识产权强国转变、由追求数量向提高质量转变的转型期。在这一进程中，我国需要抓住高质量审查这一核心，加强一流专利商标审查机构建设，加快完善我国审查体制机制。在政府与市场的合作方面，

---

❶ 日本在《知识产权财产推进计划2016》中提及要给予具有一定市场价值的人工智能创作物以知识产权保护；欧洲议会在《关于机器人的民事法律规则》中赋予自助机器人法律地位。2021年，欧盟委员会在《欧洲数据战略》中提出"单一数据市场"的理念。

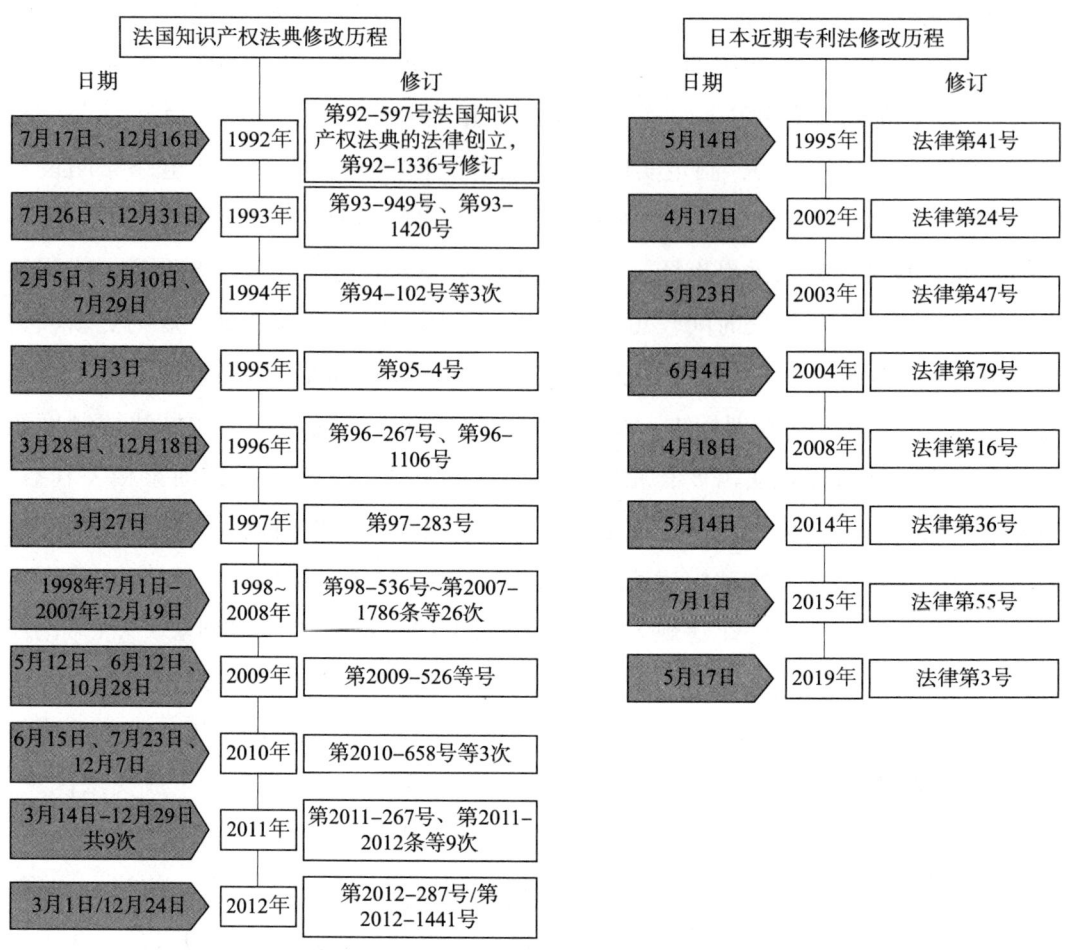

图13 法国知识产权法典和日本专利法修改历程

2020年,知识产权代理机构在知识产权申请中继续发挥重要作用,发明专利申请中83.6%委托专利代理机构代理,商标注册申请代理率为93.5%,地理标志商标注册申请代理率为98.5%,集成电路布图设计申请代理率为65.9%,❶知识产权服务机构服务创新主体、支撑创新发展的作用进一步显现。我国要进一步发挥服务业在政府与市场之间的桥梁作用,大力推动服务业健康发展,以服务支撑创新,助力产出高质量知识产权。

(二)知识产权保护方面

加强知识产权保护是完善产权保护制度最重要的内容,也是提高中国经济竞争

---

❶ 数据源自《2021年全国知识产权服务业统计调查报告》。

力最大的激励。党的十八大以来，我国知识产权保护力度不断加强。2015年，国务院印发《国务院关于新形势下加快知识产权强国建设的若干意见》，2016年《中共中央 国务院关于完善产权保护制度依法保护产权的意见》公布，2017年《国务院关于新形势下加强打击侵犯知识产权和制售假冒伪劣商品工作的意见》公布，2019年中共中央办公厅、国务院办公厅印发《关于强化知识产权保护的意见》。从2019年到2021年，《专利法》《商标法》《著作权法》陆续修正，《刑法修正案（十一）》《中华人民共和国民法典》（以下简称《民法典》）颁布，建立起高标准的惩罚性赔偿制度，形成较为完善的知识产权严保护、大保护、快保护、同保护制度体系。自2013年起，我国在世界知识产权组织（WIPO）《全球创新指数报告》❶的排名连续9年上升，2021年全球排名第12位，位居中等收入经济体首位。中国营商环境全球排名从2018年的第78位跃升至2021年的第31位，连续两年列入全球优化营商环境改善幅度最大的十大经济体。中国知识产权保护社会满意度持续走高，2020年满意度首次超过80分，知识产权保护工作取得了历史性成就（见图14）。

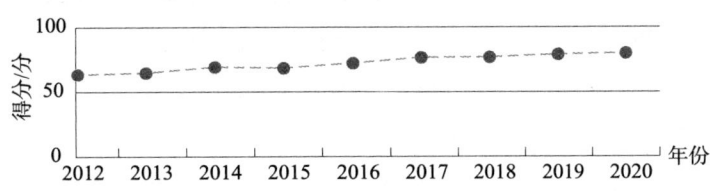

图14 2012~2020年中国知识产权保护社会满意度

1. 知识产权司法保护

我国是世界上知识产权案件尤其是专利案件最多的国家，也是知识产权诉讼案件审理效率最高的国家之一。2021年，人民法院受理各类知识产权一审案件数量将近60万件，较上一年增幅达23.5%（见图15），最高人民法院知识产权法庭❷受理5238件上诉案件，较上一年增长42%，❸ 知识产权审判在服务创新发展中的作用愈加显现。❹ 2021年，涉及专利侵权法院判定赔偿、诉讼调解或者庭审和解金额为100万~500万元（不含500万元）的案件比例较2020年提升3.6个百分点，金额为

---

❶ 数据源自世界知识产权组织发布的《2021年全球创新指数报告》。
❷ 主要审理全国范围内的专利等技术类知识产权上诉案件和垄断上诉案件。
❸ 数据源自最高人民法院知识产权法庭官网，详见 https：//enipc.court.gov.cn/zh-cn/news/view-1929.html。
❹ 参见最高人民法院院长周强于2022年3月8日上午在第十三届全国人民代表大会第五次会议上所作的最高人民法院工作报告。

500万元及以上的案件比例较2020年提升5.4个百分点（见图16）。通过司法保护解决的专业性高的专利、技术纠纷案件数量呈上升趋势。囿于各类型知识产权技术专业跨度大，司法审判资源有限，伴随着信息化的发展和电子商务平台的兴盛，跨境侵权、拆分侵权等知识产权侵权犯罪手段不断翻新，犯罪分工日趋细化，隐蔽性越来越强，侵权产品极具迷惑性，难以辨别，构建与知识产权特性相匹配，能够解决知识产权专业问题、疑难问题，公正高效审判的司法保护体系已经成为现实的迫切需要。

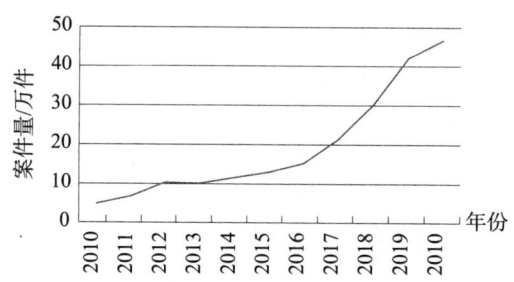

图15 2010～2020年法院新收知识产权一审案件数量趋势❶

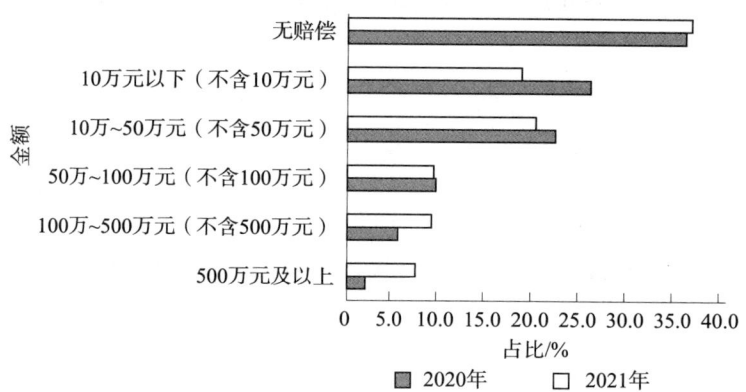

图16 2020年、2021年涉及专利侵权诉讼案件的法院判定赔偿、诉讼调解或者庭审和解金额分布情况❷

2. 知识产权行政保护

知识产权行政保护具有主动性强、案件受理门槛低、经济成本小、举证责任

---

❶ 2008～2018年数据源自《2018年中国知识产权发展状况评价报告》。2019～2020年数据源自：王丁桃. 2019年全国法院共新收一审知识产权案件420808件［EB/OL］.（2020－02－04）［2022－05－06］. http://zgsc.china.com.cn/2020－02/04/content_41046457.html. 全国法院受理各类知识产权一审案件从2013年的10.1万件增长到2020年的46.7万件，参见：界面新闻. 中国知识产权案件量年均增长24.5%，最高法：网络成侵权最主要发生地［EB/OL］.（2021－10－22）［2022－05－06］. https://finance.sina.com.cn/tech/2021－10－22/doc－iktzqtyu2868693.shtml#:~:text=%E5%85%A8%E5%9B%BD%E6%B3%95%E9%99%A2%E5%8F%97%E7%90%86%E5%90%84%E7%B1%BB%E6%8A%A4%E9%9C%80%E6%B1%82%E6%98%8E%E6%98%BE%E5%A2%9E%E9%95%BF%E3%80%82.

❷ 图源自《2020年中国专利调查报告》《2021年中国专利调查报告》。

轻、时间短❶等特点。2021年，专利权人请求行政处理的比例较上一年增加2.8%（见图17）。知识产权行政保护是一项更加复杂的体系化工程。一方面，中央层面的知识产权行政管理部门制定政策法规，授予知识产权权利，对于知识产权的技术内容、权利构成、法律法规更加熟悉与了解，在侵权认定、取证等方面有专业的基础。另一方面，中央层面的知识产权行政管理部门具有指导知识产权行政执法的职责，能够提供专业、科学的建议。我国已出台《专利侵权纠纷行政裁决办案指南》《商标侵权判定标准》等一系列规范性文件，从知识产权保护的重点环节出发，保障行政保护渠道顺畅，充分利用知识产权行政保护专业快捷的优势，解决知识产权保护特性问题。囿于行政处罚力度较轻，行政裁决暂无经济赔偿等特性，权利人如需赔偿需另行起诉，实践中，行政执法有时成为权利人取证的诉讼准备行为。❷ 随着权利人请求行政处理意愿增高，为了避免行政执法与司法不必要的重复调查与处理，提高案件结案质量与移送效率，需要科学配置执法部门的调查权、处罚权、强制权，建立统一协调的执法标准、证据规则和案例指导制度，提升执法人员专业化水平，充分发挥知识产权行政执法高效便捷的作用。

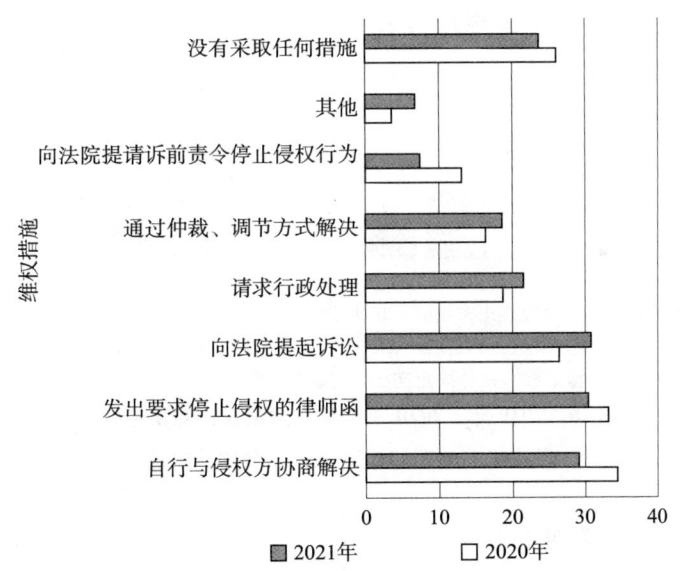

图17　2020年、2021年专利权人遭遇侵权后采取的维权措施情况❸

---

❶ 截至2021年底，行政机关处理专利案件，一般自立案之日起3个月内结案，最长必须在4个月内结案。

❷ 黄训. 知识产权行政执法和司法保护两种模式比较研究 [J]. 中国机构改革与管理，2021（5）：54-56.

❸ 图源自《2021年中国专利调查报告》。

3. 知识产权协同保护

在 2018 年国务院机构改革中，重新组建的国家知识产权局集中管理专利、商标、地理标志，负责全国知识产权保护体系的建设，指导地方专利、商标执法工作。地方行政执法工作由各级市场监管综合执法队伍负责。人民法院系统进一步加强知识产权司法审判体系建设：北京、上海、广州、海南自由贸易港设立 4 家知识产权法院，成都等地建立 27 个知识产权法庭，2019 年最高人民法院设立知识产权法庭，形成"1+4+27"知识产权专业化审判格局。2020 年，最高人民检察院设立知识产权检察办公室，并在北京、上海等 9 个省（市）检察院❶开展知识产权检察集中统一履职。知识产权行政管理部门、公安、检察院、人民法院在知识产权案件处理上贯穿诉前、诉中、诉后全链条，协同效果有整体提升（见图 18）。有效的知识产权保护，需要充分发挥行政执法、司法保护主阵地作用，针对不同侵权情况和维权诉求，更加高效地运用各类型保护手段，进行案件违法犯罪性质判断、行政案件移送等协同合作，在进一步加强知识产权司法保护体系与行政执法保护体系的建设中，需要加快实现行政执法与司法之间的衔接，裁判标准、审理机制的协调，通过优势互补、衔接通畅形成保护合力。

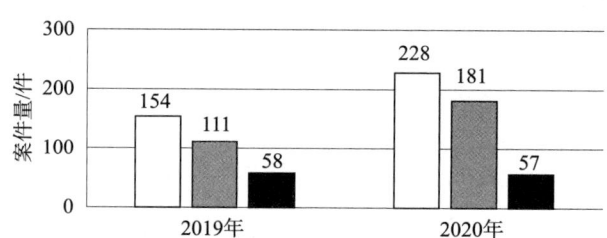

图 18 2019 年、2020 年检察机关建议、监督各行政、司法机关处理知识产权犯罪案件的数量❷

4. 多元化纠纷解决机制

在我国知识产权侵权违法案件仍然较为多发的时期，仅仅依靠行政和司法双轨

---

❶ 北京、天津、上海、江苏、浙江、福建、重庆、四川、海南。

❷ 2019 年数据源自：中华人民共和国最高人民检察院. 2019 年检察机关加强知识产权司法保护工作情况［EB/OL］.（2020 - 04 - 25）[2022 - 05 - 06]. https：//www. spp. gov. cn/xwfbh/wsfbh/202004/t20200425_459623. shtml#1. 2020 年数据源自：中华人民共和国最高人民检察院. 2020 年检察机关起诉侵犯知识产权犯罪 12163 人［EB/OL］.（2021 - 04 - 25）[2021 - 05 - 06]. http：//www. spp. gov. cn/spp/xwfbh/wsfbt/202104/t20210425_516525. shtml#1.

道难以满足维护权利人利益的紧迫需求。国际上对知识产权多元化纠纷调解制度已有成效显著的探索,通过仲裁、调解等手段快捷、高效维护知识产权权益(见图19)。我国也先后印发《关于加强知识产权纠纷调解工作的意见》《最高人民法院办公厅 国家知识产权局办公室关于建立知识产权纠纷在线诉调对接机制的通知》等文件部署知识产权调解工作。各地推进知识产权调解工作取得良好成效,2021年,天津、河北人民法院一审知识产权民事案件调撤率分别达72.64%、78.56%。❶同时,国内知识产权保护中心、知识产权快速维权中心、知识产权维权援助中心等知识产权保护力量可供发挥。从高效维护权利人合法权益的现实需求以及国内外实践来看,知识产权保护需要在中央集中统一领导下,司法、行政、仲裁、调解、公证、鉴定、行业自治、信用监管体系等手段综合运用,进一步发挥知识产权社会治理整体作用,形成平衡有效、公正合理、同频共振的多元纠纷解决机制。

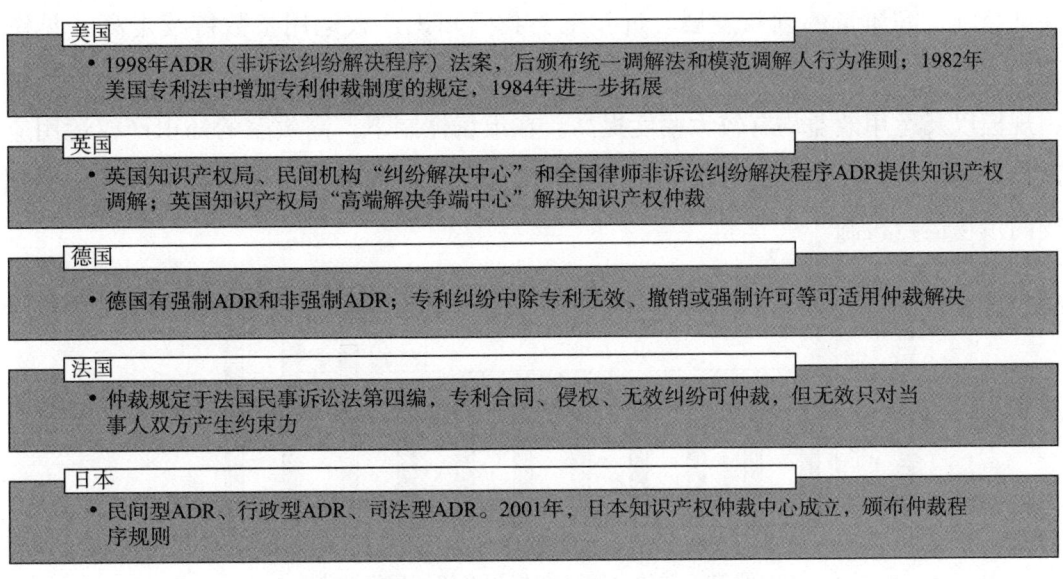

图19 国际上对知识产权仲裁调解制度的探索

5. 知识产权保护配合我国企业"走出去"

随着中国创造及中国产品越来越多地走出国门,如何加强海外知识产权纠纷应对,是知识产权保护工作的重点之一。2019年,我国成立国家海外知识产权纠纷应对指导中心,为中国企业提供海外风险防控与纠纷应对指导和服务。自2020年起

---

❶ 吴玉萍,史凤琴,严剑漪,等. 各地法院晒出知识产权司法保护成绩单,服务创新驱动发展 推动构建大保护格局[EB/OL]. (2022-04-28)[2022-05-06]. http://www.court.gov.cn/zixun-xiangqing-357211.html.

布局,至2022年7月6日我国建设了22家国家海外知识产权纠纷应对指导中心地方分中心,推动知识产权海外纠纷应对指导服务进一步下沉。截至2021年4月,海外知识产权信息服务平台"智南针"网站已经提供了189个国家或地区的知识产权相关规定及1339部国际条约,海外知识产权实务指引超40种。针对中国企业商标海外被抢注的问题,国家知识产权局知识产权保护司编制发布了《海外重点国家商标维权指南》。在我国海外知识产权利益不断加大、纠纷不断增多的背景下,我国迫切需要通过加大海外知识产权纠纷应对指导、加强海外知识产权预警和维权援助、加强国家保护协作等手段,进一步为我国企业"走出去"保驾护航。

(三)知识产权市场运行机制

知识产权的运用是经济创新发展的主要表现形式,高效率的知识产权运用才能保证持续、高质量的创新发展。近年来,我国知识产权运用指数持续走高(见图20),知识产权运用市场日趋活跃,知识产权许可、转让、出口、技术交易等的运用规模以及运用效益均有较大幅度提高。在市场体制下,高效率的知识产权运用应该是市场主体自发选择的结果。在这方面政府的核心职责是为市场提供运转协调顺畅的市场运行机制。

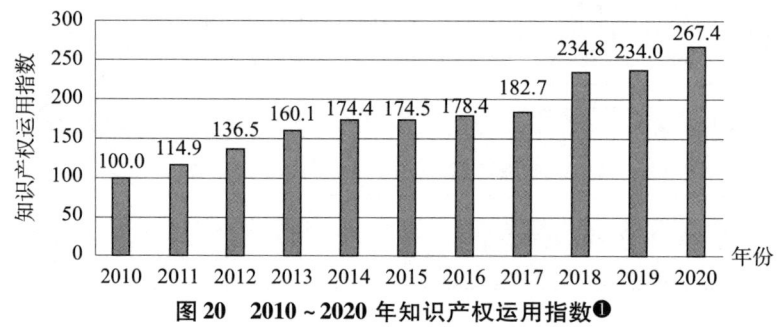

图20 2010~2020年知识产权运用指数❶

1. 以企业为主体、市场为导向的高质量创造机制

知识产权高效率运用的基础在于高质量的知识产权创造。相比我国快速增长的专利数量以及当前我国经济社会发展总体形势对于知识产权高效运用的迫切需求,我国知识产权质量是令人担忧的。2019年,中国科学院在中国创新创业成果交易会

---

❶ 图源自《2020年中国知识产权发展状况评价报告》。知识产权运用指数涵盖运用的规模和效益两方面指标。运用规模指标包括知识产权的许可、转让、出口、技术交易等活动的数量。运用效益指标包括专利密集型产业增加值占GDP比重、版权产业的行业增加值占GDP比重、许可金额、技术交易合同金额和软件业务收入等。

上现场拍卖12件专利成果，总成交额396万元，平均每件专利的成交价不过30万元。但是如图21所示，国外核心技术领域知识产权高价值交易屡见不鲜，专利运用的产出效益也十分丰厚。2018年美国企业专利许可获利达到190亿美元；IBM公司2018年的总利润是81亿美元，仅专利许可转让收入就有17亿美元。[1] 2020年，我国企业专利申请量、授权量在全国专利申请量与授权量中占比均超过60%，专利产业化、实施、转化等运用以市场为导向，但是企业高水平人才仍然匮乏。我国高校、科研单位人才资源丰富，但是受激励不相容等影响，我国高校、科研单位的知识产权创造在满足市场需求方面仍然存在巨大的不足。我国未来知识产权高质量创造工作的核心在于完善企业为主体、市场为导向的知识产权高价值创造机制，完善高校和科研单位以质量和价值为标准的考核评价机制，为知识产权高效益运用奠定高质量基础。

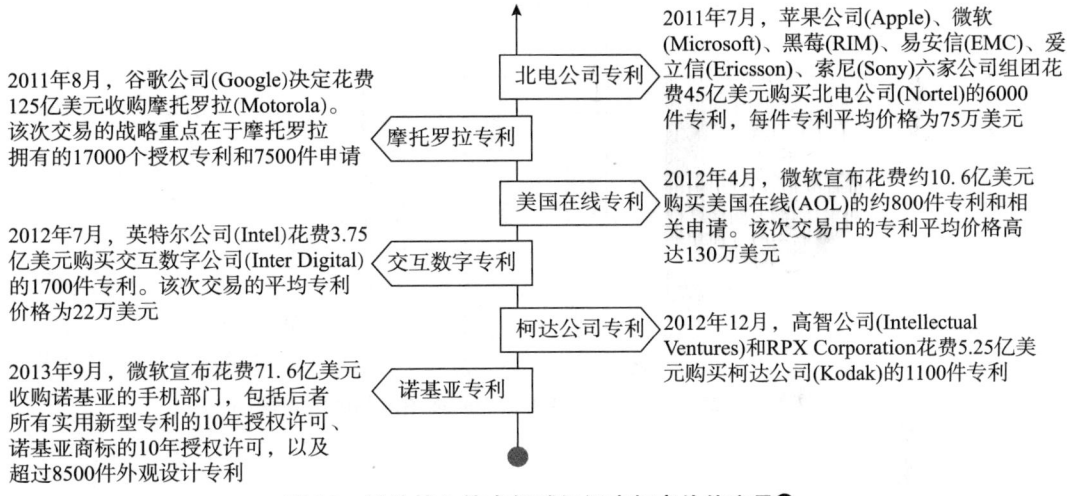

图 21　国外核心技术领域知识产权高价值交易[2]

2. 知识产权运营机制

知识产权运营是实现知识产权运用过程中各种要素组合的重要通道。高效率的知识产权运营机制能够在知识产权与市场间搭建稳固的桥梁，大幅降低知识产权转移运用成本，提高知识产权市场价值。这些年，我国知识产权运营取得了一系列成果。2020年，我国专利密集型产业增加值占GDP的比重达到11.97%，整体呈上升趋势。中国品牌国际影响力逐步提升，2019年世界品牌500强上榜品牌数量为40

---

[1][2] 数据来自胡润研究院《2018中国企业知识产权竞争力报告》，参见：http://www.199it.com/archives/795888.html。

个，进入前五名（见图22）；2021年全球价值100强上榜品牌数量为18个，占将近五分之一（见图23）。我国核心版权对经济贡献逐年增长，2017年，核心版权对GDP贡献度为4.61%（见图24），版权输出、引进数量愈加趋近（见图25），区域名牌、地理标志助力区域经济高质量发展成效显著（见图26）。

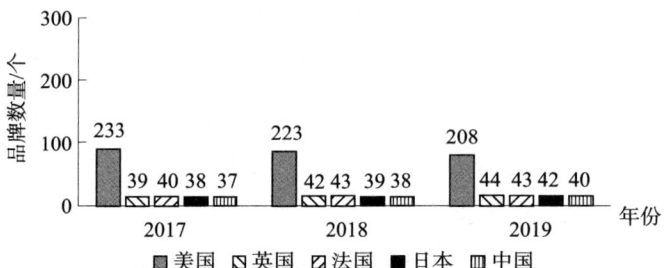

图22　2017~2019年世界品牌500强上榜品牌数量前五名国家及上榜品牌数量❶

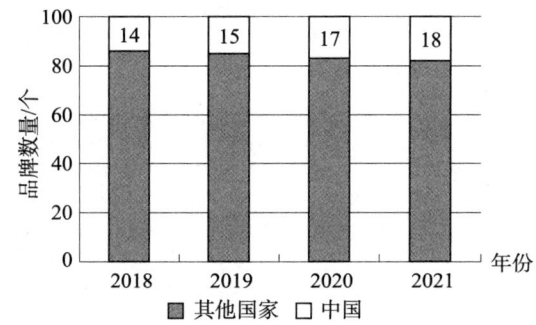

图23　2018~2021年全球价值100强中国品牌数量❷

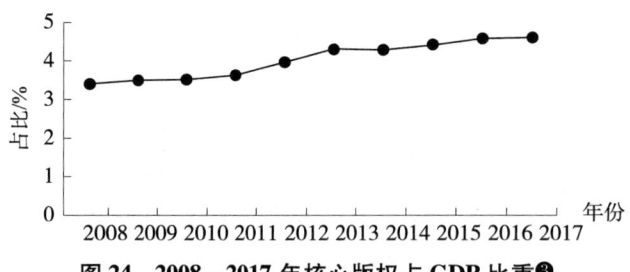

图24　2008~2017年核心版权占GDP比重❸

---

❶ 数据整理自世界品牌实验室。
❷ 数据源自WPP与凯度发布的2018~2021年BrandZ全球最具价值品牌百强榜。
❸ 数据源自《2018年中国知识产权发展状况评价报告》。

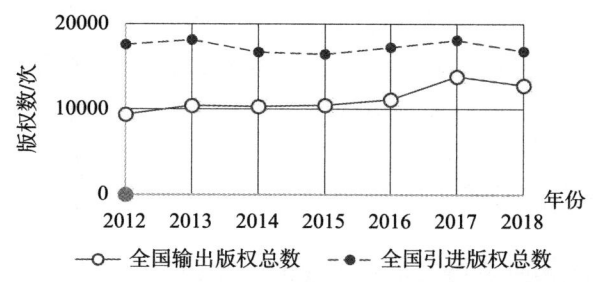

图25　2012~2018年全国输出、引进版权总数[1]

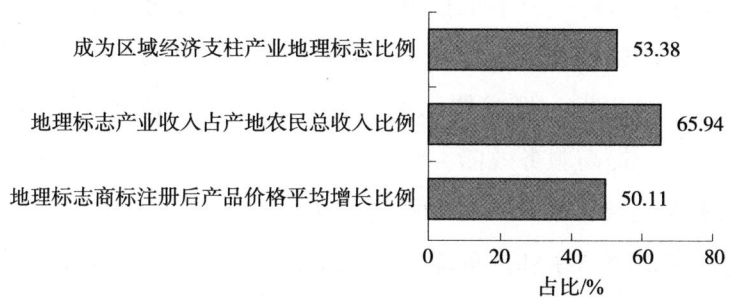

图26　2017年地理标志注册后对区域产业的影响[2]

未来，我国要在吸收现有成功经验的基础上，从以下方面完善推动知识产权经济效益充分关联、高效顺畅的知识产权运用。从运营内容上，加强专利密集型产业培育，推进商标品牌建设，提升商标品牌国际影响力，以特色产品引导产业结构调整，利用聚合效应形成地理标志产品区域名牌，提升地理标志品牌影响力和产品附加值，推动高质量的集体商标、证明商标驱动区域经济发展，同时，积极运用知识产权的产权属性，积极稳妥开展知识产权资产评估、交易、转化、质押、保险、投融资等产权交易的运营内容。在运营机构和运营人才上，推动知识产权服务业高质量发展，培育国际化、市场化、专业化知识产权服务机构，进一步提高知识产权代理、法律、信息、咨询等服务水平，积极吸纳国际化、市场化、复合型人才进入知识产权服务业，支持知识产权服务业开展知识产权资产评估、交易、转化、托管、投融资等增值服务，开展知识产权服务业分级分类评价，以评价为激励鼓励知识产权服务业健康高质量发展。在运营渠道上，加快建设综合性知识产权运营服务平台，立足资源禀赋与区域发展规划，建设若干聚焦产业、带动区域的运营平台。健全知识产权质押信息平台，健全版权交易和服务平台，加强知识产权展会授权交易

---

[1] 数据源自国家版权局官网公开数据。
[2] 数据源自《商标与经济发展关系》。

体系建设。在运营方式上,通过改革国有知识产权归属和权益分配机制,扩大科研机构和高校知识产权处置自主权等,以知识价值为导向,鼓励科研机构、高校积极建立转移转化机构,推动知识产权运用。

(四) 知识产权公共服务

2018年国务院机构改革后,重新组建的国家知识产权局积极推动由管理型政府向服务型政府转变。知识产权公共服务作为政府行使行政职能的产品和手段,贯穿于知识产权全链条。习近平总书记在中央政治局第二十五次集体学习时指出,要形成便民利民的知识产权公共服务体系,让创新成果更好惠及人民。从公共服务的特点和知识产权的特性出发,形成便民利民的公共服务要着力于明确并完善服务内容,优化服务体验,提高服务效能。

1. 知识产权信息化、智能化基础设施建设

加快推进国家治理体系和治理能力现代化,在知识产权领域需要抓住信息化时代发展趋势,顺应信息化时代发展规律,提升数字化供给能力,加快推进知识产权领域信息化发展、智能化发展,满足社会公众和创新主体的个性化和普惠化需求,满足其对于高效便捷服务和知识产权信息利用的需求。以知识产权申请电子化、信息化为例,截至2021年底,我国专利申请电子申请率为99.14%,商标注册电子申请率为98.44%。❶ 在此基础上,我国发明专利审查周期压减至20个月,高价值专利审查周期压减至14个月,商标注册平均审查周期压减至4个月。❷

疫情防控期间,国家知识产权局积极推动网上政务服务平台建设,提供专利、商标、地理标志和集成电路布图设计四类业务的办事和查询服务,并公布专利、商标、地理标志和集成电路布图设计相关办事指南。2021年,知识产权服务事项网上可办率超过90%。2021年1月1日起,国家知识产权局正式启用电子票据,为缴费人提供了专利费用网上缴纳、在线取票、"一网通办"的路径,政务服务效率提升,让申请人足不出户就可以实现知识产权申请、注册等服务。截至2021年底,通过新一代地方专利检索及分析系统❸为创新创业主体提供免费、专业专利检索及分析服务70余万次(见图27)。

---

❶❷ 数据源自《2021年知识产权公共服务发展报告》。
❸ 该系统是国家知识产权局为提高地方专利信息服务能力而自主建设的信息服务系统。新一代系统由专利检索及分析系统提供数据资源,目前已在27个省市地方站点进行部署,向公众提供免费、专业的专利检索及分析服务。

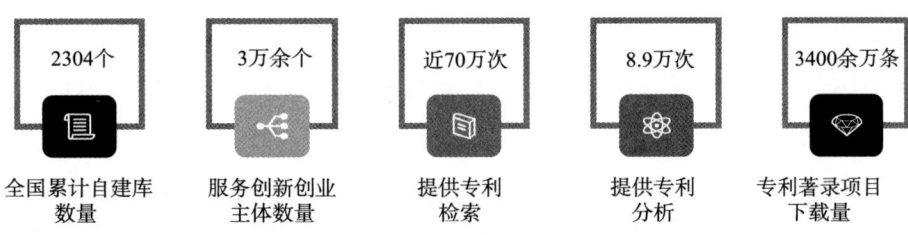

图 27　2021 年新一代地方专利检索及分析系统运行情况❶

2. 知识产权数据开放和知识产权信息利用

知识产权具有天然的信息属性，具有极高的助力创新价值。近几年，我国知识产权数据信息公开已取得了切实的成效。迈克生物在开发新冠肺炎病毒检测试剂盒期间，以抗击疫情为需求和指向，以"抗击新型冠状病毒肺炎专利情报专题数据库"为技术分析工具，开展对高价值专利的挖掘、分析和布局工作，成功研制了新冠病毒检测试剂盒，为全球阻击新型冠状病毒肺炎疫情贡献了力量。"凯里酸汤"产品通过商标信息数据分析，研究确定"凯里酸汤"商标图样、设计含义，经国家知识产权局商标局审定获准注册为集体商标，成为黔东南苗族侗族自治州第一件特色产业集体商标。截至 2021 年底，我国专利基础数据开放种类由"十三五"初的 29 种增加到 45 种（见图 28），开放 6124.57 万件商标基本信息（见图 29）。于 2021 年 4 月 26 日正式上线运行欧盟商标查询系统，为社会公众免费提供欧盟商标信息的检索、浏览和单个商标数据的下载服务，助力企业加强商标品牌的全球布局。

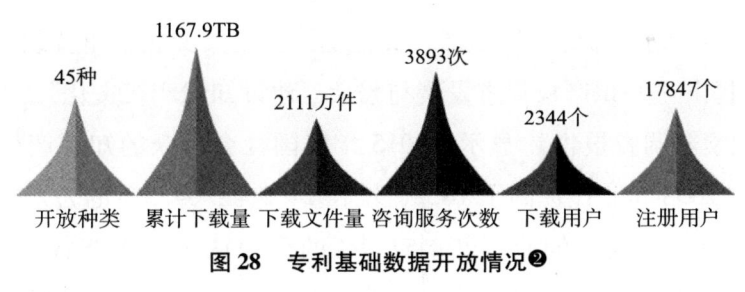

图 28　专利基础数据开放情况❷

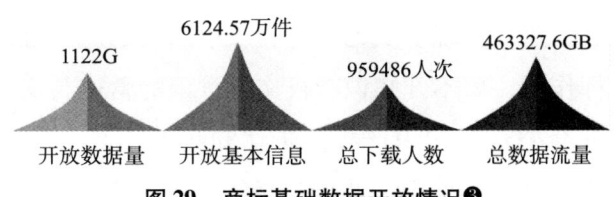

图 29　商标基础数据开放情况❸

---

❶❷❸ 数据源自《2021 年知识产权公共服务发展报告》。

3. 知识产权公共服务供给

知识产权公共服务有效供给的基础是满足社会公众和创新主体需求的公共服务内容，同时要打破信息壁垒，保证获取同标准、无差别的服务。2021年12月31日，《国家知识产权局公共服务事项清单（第一版）》印发，以正面清单的方式，集中公示了国家知识产权局为社会公众提供的公共服务的具体内容和获取相关服务的渠道与方式，更加方便社会公众和创新主体了解各个环节可以获取的知识产权公共服务，更好利用公共服务。

除国家知识产权局外，地方知识产权管理部门也具有提供知识产权公共服务的职能，并且已经开展了惠民利民的知识产权公共服务事项。囿于我国各个地方资源禀赋、发展状况与发展倾向不同，知识产权发展阶段不同，为了提高服务效能，知识产权公共服务需进一步下沉。实际提供知识产权公共服务的主体还应包括各知识产权综合业务受理窗口、代办处、知识产权保护中心、知识产权快速维权中心、技术与创新支持中心（TISC）、高校知识产权信息服务中心等。我国要在知识产权公共服务机构建设基础上，进一步加快推进覆盖全面的知识产权公共服务机构，提供覆盖全面的公共服务内容，通过分级分类公布知识产权公共服务清单，公开服务标准和办事指南，为知识产权强国建设提供更加便民利民的知识产权公共服务供给。

（五）知识产权人文社会环境

文化是民族的精神命脉，知识产权文化是社会主义文化的重要组成部分。2003年，WIPO就提出"知识产权促进发展与繁荣，建设知识产权文化"。《2015年中国知识产权文化素养调查报告》显示，2015年我国社会公众的知识产权综合素养指数为52.3，与2008年相比提高了10.2，增长24.2%；64.5%的公众明确表示加大知识产权保护力度有助于创业创新；57.9%的公众认为知识产权是一种财产权；70.4%的公众坚决反对盗版行为。过去我国知识产权工作用几十年的时间走过了发达国家几百年的发展道路，实现了从无到有、从小到大的历史性跨越。让知识产权制度充分稳固地发挥作用，离不开知识产权文化意识的营造与文化自觉的形成。目前，我国仍然存在社会公众对知识产权保护认知程度不高，对于侵权危害认识模糊，甚至出现"侵权有理"的情况。我国仍然需要进一步推动在全社会形成崇尚创新的知识产权文化意识与环境，培养知识产权文化自觉。

1. 知识产权文化意识和自觉

2021年，商标案件屡屡引起社会舆论关注，"青花椒"商标纠纷、"逍遥镇"

"潼关肉夹馍"商标纠纷出圈,引起广泛讨论。以"青花椒"商标纠纷案为例,许多网友因"四川竟然不能用青花椒"等热搜词条,对于商标法律制度进行质疑,新闻报道、媒体公众号对于该案件也多采取舆论上的情理认识。一定比例的社会公众也表示"(知识产权侵权)无所谓,关键看自己购买的商品性价比",社会公众对于知识产权制度的理解与尊重还有待进一步提升。同时,我国仍然存在商标恶意注册和非正常专利申请现象,以及知识产权权利滥用的情况。截至2021年底,累计向地方通报4批次81.5万件非正常专利申请,前3批撤回率达93.1%;累计打击恶意商标注册申请37.6万件。[1] 尊重和保护知识产权的知识产权文化意识和自觉,崇尚创新、诚信守法、公平竞争的经营理念有待进一步提升。

2. 知识产权人才发展环境

人才是实现民族振兴、赢得国际竞争主动的战略资源。知识产权领域对于高端人才的需求特征与知识产权特性紧密结合,也与知识产权支撑经济高质量发展的产权属性紧密结合。2020年,我国从事知识产权服务的机构数量达到7.3万家(见图30),从业人员数量约86.5万人(见图31),其中知识产权从业人员从结构上看,大学本科及以上学历占比75.4%,主营业务结构丰富多样(见图32)。知识产权领域服务业人才已具有较高的知识水平,但仍有超过38.8%的服务机构认为高端人才稀少。[2] 截至2022年3月,我国上百所高校开设了知识产权本科专业,超过50所高校建立了知识产权学院。全国成立了26家国家知识产权培训基地,知识产权人才规模达到69万人。[3]《知识产权人才"十四五"规划》提出,到2025年,知识产权人才规模预期达到100万人。基于知识产权工作本身的多维属性,以及近几年频繁发生的贸易摩擦和禁令,对有国际交流经验、国际事务处理经验的国际化知识产权人才将有更大的需求。知识产权强国建设中,知识产权人才培养要抓好两头。一方面,要厚植培养知识产权人才的土壤,提供高端知识产权人才发展环境。另一方面,继续扩大在中小学开设知识产权课程的规模,从小营造尊重知识、崇尚创新的知识产权文化意识。要通过知识产权一级学科、知识产权专业学位、知识产权学院等建立复合型知识产权人才教育模式,不断提升知识产权从业人员复合型业务能力。

---

[1] 国家知识产权局. 图文直播:国家知识产权局2021年第四季度例行新闻发布会[EB/OL].(2021-12-08)[2021-12-08]. https://www.cnipa.gov.cn/col/col2784/index.html.
[2] 数据源自《2021年全国知识产权服务业统计调查报告》。
[3] 钱赫. 国家知识产权局举行3月例行新闻发布会[EB/OL].(2022-03-30)[2022-03-30]. http://www.scio.gov.cn/xwfbh/gbwxwfbh/xwfbh/zscqj/Document/1722320/1722320.htm.

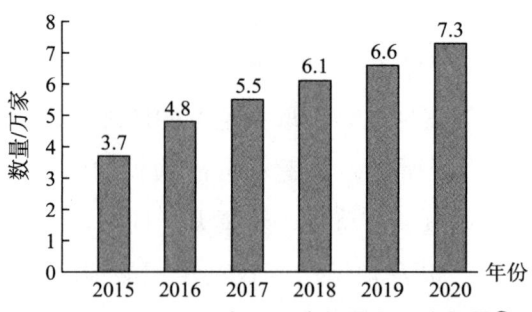

图30 2015~2020年知识产权服务机构数量❶

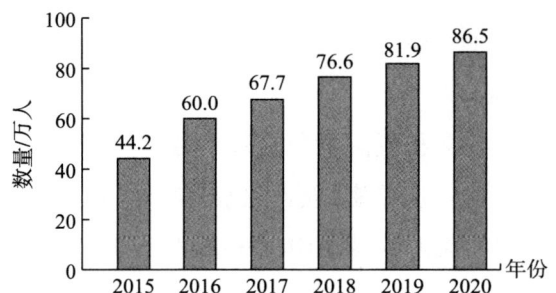

图31 2015~2020年知识产权服务业从业人员数量❷

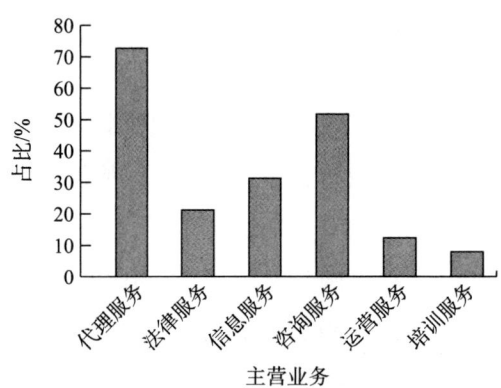

图32 2020年知识产权服务业主营业务结构❸

3. 知识产权文化传播

互联网已经成为我国各类思想、文化传播的重要渠道。截至2021年6月,我国网民总体规模超过10亿,庞大的网民规模为推动我国经济高质量发展提供了强大内生动力(见图33)。❹在知识产权发展日趋向好,知识产权保护力度持续加大,

---

❶❷❸ 图片数据源自《2021年全国知识产权服务业统计调查报告》。
❹ 中国互联网络信息中心(CNNIC),第48次《中国互联网络发展状况统计报告》,2021年8月。

知识产权助力营商环境进一步优化的过程中，需要借助网络用户体量大、网络高速传播信息的有利条件，加强国内外知识产权政策、理论、文化宣传，建立官方网站、客户端、微信、微博、抖音等新媒体平台知识产权政务账号，借助各类互联网应用用户体量，在中央和地方层面形成由传统媒体和新兴媒体共同组成的知识产权文化传播矩阵，综合运用图文、音视频等传播手段，促进知识产权文化多渠道传播。❶

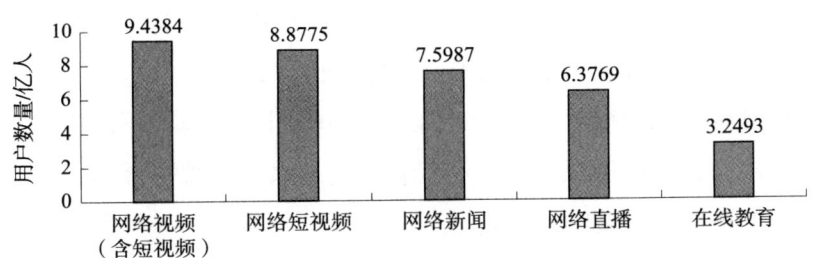

图 33　截至 2021 年 6 月底我国各类互联网应用用户规模❷

（六）全球知识产权治理

深度参与全球知识产权治理是我国基于新的发展阶段作出的重要判断。知识产权作为国际竞争核心要素，各国对国际发展空间的争夺，往往体现为对知识产权国际规则制定话语权的争夺。❸ 近年来，以中国为代表的新兴经济体和发展中国家综合国力崛起，与传统发达国家在全球产业链上游展开竞争。发达国家日益重视通过主导国际规则，寻求有利于自身的知识产权权益最大化。❹ 发展中国家与发达国家在知识产权国际规则制定中的分歧有增无减。在世界贸易组织框架内，各成员至今未就知识产权国际保护新规则达成一致意见。在 WIPO 框架内，诸多条约的谈判进展迟缓。❺ 作为最大的新兴经济体和发展中国家，我国要积极运用各项全球治理规则，深入参与知识产权全球治理，提高我国在涉及知识产权及相关贸易、投资等国际规则和国际标准制定中的参与度和话语权，提高我国知识产权治理理念在国际社会中的影响力。

目前，我国已加入几乎所有主要知识产权国际公约，与全球 80 多个国家、地

---

❶ 国家知识产权局 2022 年 3 月例行新闻发布会。
❷ 数据源自《第 44 次中国互联网络发展状况统计报告》。
❸❺ 陈绍玲. 建设知识产权强国：我国面临的国际规则挑战及对策 [J]. 南京社会科学，2016（7）：91-96，109.
❹ 马一德. 全球治理大局下的知识产权强国建设 [J]. 知识产权，2021（10）：41-54.

区及国际组织建立了知识产权合作关系，成功举办两届"一带一路"知识产权高级别会议，建立常态化"一带一路"知识产权合作机制，与 WIPO 签署"一带一路"知识产权合作协议，中欧达成世界上规模最大的地理标志保护与合作协定。中美欧日韩、金砖国家、中日韩、中蒙俄、中国—东盟等小多边知识产权合作机制进一步深化，完成建设 101 家 TISC 的首期目标。随着我国综合国力、科技水平的提升，我国积极参与 WIPO 框架下的多边事务，推动首个在中国签署并以中国城市命名的知识产权国际条约《视听表演北京条约》生效，签署《关于为盲人、视力障碍者或其他印刷品阅读障碍者获得已出版作品提供便利的马拉喀什条约》。未来，我国要积极维护和发展知识产权双边和多边协调联动的国际合作，不断扩大、深化知识产权国际合作格局，以更加深入的互利互惠、更高水平的战略互信、更加密切的交流互鉴，不断促进创新繁荣和经济发展。

第二篇 制度建设篇

建设面向社会主义现代化的知识产权法律体系*

建设面向社会主义现代化的知识产权法律体系，是全面推进建设依法治国和保障创新型国家建设所要求的重要立法任务。进入新时代，我们必须以中国特色社会主义法治思想为基本遵循，深刻把握知识产权强国建设的法治目标，实现知识产权法律体系化、现代化、国际化的发展要求，在基础性法律（知识产权基本法）、专门性法规（商业秘密保护条例、地理标志保护条例、数据保护条例）、替代性法规（民间文学艺术保护条例、《人类遗传资源管理条例》及《国家科学技术奖励条例》）等方面着力知识产权法律体系的建构和完善。

一、知识产权强国建设的法治蕴意

当下中国正处于全面建设社会主义现代化强国的新时代。党的十九大作出了中国特色社会主义进入新时代的重大判断，为我国发展明确了新的历史方位。站在新的历史起点，我们要准确把握党和国家事业发展的新目标，认真谋划好知识产权事业的未来发展。[1] 在新时代，知识产权强国建设是以全面建设社会主义现代化国家为目标指引的。"社会主义现代化国家"是"中国式现代化"的发展目标，既有"超大型崛起、人民共同富裕、人与自然和谐共生、和平发展"[2]的本土现代化特色，也有法治文明和创新发展的世界现代化要素。在中国，知识产权制度得以置于国家法治体系和国家创新体系之中，建设知识产权强国就是"为建设社会主义现代

---

* 本文基于国家知识产权局委托的知识产权强国建设纲要研究项目之子课题"知识产权保护立法研究"研究报告修改整理而成。子课题负责人：吴汉东；课题组成员：刘磊、何鹏、周澎、熊辰、高婧、丁碧波；执笔人：吴汉东。

[1] 申长雨. 一项兴国利民的国家战略：纪念《国家知识产权战略纲要》颁布实施十周年［M］//国务院知识产权战略实施工作部级联席会议办公室. 一项兴国利民的国家战略：《国家知识产权战略纲要》颁布实施十周年纪念文集. 北京：知识产权出版社，2018：6.

[2] 习近平. 把握新发展阶段，贯彻新发展理念，构建新发展格局［J］. 求是，2021（9）：7.

化强国提供坚实保障"。可以认为，现代化国家建设的总体目标，在知识产权语境下具象为"中国特色、世界水平"的知识产权强国。知识产权强国是以知识产权制度为支撑并保障创新发展，具有强大的知识产权治理能力和知识产权发展实力的先进国家。从现代化意义上说，知识产权强国应该具有两个方面的品质，既是法治化国家，也是创新型国家。在知识产权法治理论范畴中，我们需要讨论的问题是：知识产权强国的法治要义、法治体系中的立法构成、中国知识产权法治的思想遵循。下面分述之。

法治是知识产权强国建设的基本要义。知识产权强国建设，以法治化国家和创新型国家为目标构成，具有物质文明建设、精神文明建设、生态文明建设和制度文明建设的现代化属性。建设知识产权强国，寻求现代化发展之路，曾是欧美国家推行现代法治和发展的"通行版"，更是当下中国深入实施知识产权战略、建设社会主义现代化国家的"升级版"。对于中国而言，知识产权强国建设本身就是一场以制度创新推动知识创新、以法治建设保障创新发展的伟大社会实践。法治在知识产权强国建设中具有基础和保障作用，这是因为，知识产权在本质上是一项法律制度，是为现代国家制度文明的法律构成。以法律的名义确认知识财产的私人产权，促进无形商品的产权交易，并提供相应的法律秩序保障，即知识产权的产生、利用、限制和保护，首先是作为法律规范而进行制度设计的。强调法治在知识产权强国建设中的基础地位和保障功能，在于形塑知识产权良好运行的外部成长条件和内生构成要素，即实现知识产权现代化环境治理。一是提供法则和规范的知识产权法律环境，包括知识产权法律体系和以知识产权为导向的公共政策体系，实行专利、商标等知识产权集中管理体制，构建司法裁判、行政执法、专业仲裁、第三方调解、行业企业自治的"多元共治"体系等。二是规制交易行为和运营方式的知识产权市场环境，即以法治经济为目的，发挥市场配置资源的主体作用，建构保护知识产权、激励创新发展的市场运行机制；同时规范政府经济治理行为，实行"适当调控，有限参与，有效监督"[1]。三是养成法治价值共信和创新价值共识的知识产权文化环境，即以"尊重知识、崇尚创新、诚信守法、公平竞争"的知识产权文化认同为基础，形成法治思维定式和法治行为方式。

立法是知识产权法治体系的基本构成。中国特色社会主义法治体系是一个内容丰富的有机整体，是我国现代治理体系建设中的骨干工程。全面推进依法治国的总

---

[1] 顾功耘. 经济法治的战略思维 [J]. 法治与社会发展，2014（5）：74–76.

目标，旨在"建设社会主义法治体系，建设社会主义法治国家"，其目标任务是"加快形成完备的法律规范体系、高效的法治实施体系、严密的法治监督体系、有力的法治保障体系，形成完善的党内法规体系"❶。由此可以认为，法律规范体系构建，其实质问题是立法即"治理体系的法制化"❷。在现代国家治理活动中，知识产权法律运行机制即是知识产权领域的国家治理，以法律制定为起点，以法律实施为主要环节，以法律目标实现为终点，表现了一个立法、执法、司法、守法的法治动态过程。在法律运行机制中，法律创制是起始性的、基础性的。现代国家治理有规范之治和科学之治的基本内涵，其中立法具有两个方面的意义。第一，法律之治即为规范之治。现代国家的治理，要求制度与规范，强调程序与秩序，规范之治是以法律为基本准绳的。换言之，实现规范之治须以立法为基础。第二，科学立法意在科学之治。良法善治是对科学立法与科学治理的目标要求。良法是善治的前提，"立善法于天下，则天下治；立善法于一国，则一国治。"以善治为目标的国家治理，是一种达成和服务于某种良好目标模式的现代国家建设过程和方式。善治需要良法。政治学强调"善治需要优良的制度作保障"❸，法学则主张"法治是良法之治"❹。无论是"优良的制度"还是"良法"，都是公共理性的产物，具有立法的科学内涵指向。在改革开放的40余年间，中国知识产权法治建设取得长足的进步。现行知识产权规范系统，以《中华人民共和国民法典》（以下简称《民法典》）为统领，以《中华人民共和国著作权法》（以下简称《著作权法》）、《中华人民共和国专利法》（以下简称《专利法》）、《中华人民共和国商标法》（以下简称《商标法》）、《中华人民共和国反不正当竞争法》（以下简称《反不正当竞争法》）为主干，以行政法规、地方性法规为补充，同时辅之以其他行政规章、司法解释等规范性文件。可以认为，中国知识产权法律体系已基本形成，但还需要适应新时代发展要求进一步完善。今后一段时期，"要紧紧围绕提高立法质量和立法效率，继续加强和改进立法工作，坚持科学立法、民主立法、依法立法，坚持立改废释并举，增强法律法规的及时性、系统性、针对性、有效性，提高法律法规的可执行性、可操作性。加强重点领域立法，及时反映新时代党和国家事业发展要求，回应人民群众

---

❶ 中共中央宣传部. 习近平新时代中国特色社会主义思想三十讲 [M]. 北京：学习出版社，2018：187.
❷ 有学者将国家治理的法治化概括为治理体系"法制化"和治理能力"法治化"两个基本面向。参见：张文显. 法治与国家治理现代化 [J]. 中国法学，2014（4）：5-27.
❸ 燕继荣. 现代国家治理与制度建设 [J]. 中国行政管理，2014（5）：58-63.
❹ 李富莹. 良法善法：社会主义法治的核心要义 [N]. 学习时报，2019-07-10（A3）.

关切期待"❶。

习近平法治思想是中国知识产权法治的基本遵循。建设知识产权强国，必须确立新时代社会主义法治思想的指导地位。在中国历代党和国家领导人中，习近平对知识产权问题的阐述最为集中、最为系统且最为深刻。这些重要论述虽是在不同时期、不同场合所言所文，但都是将知识产权问题置于重要位置，形成与知识产权有关的各种思想、观念、经验和认识。面对知识经济的时代挑战和复杂变化的国际局面，习近平从科技创新、产业发展、体制机制改革、对外开放、全球治理等各个方面强调了知识产权保护的重要意义，这些论述是为习近平法治思想的重要组成部分。❷ 从党的十八大到十九大，习近平对加强中国知识产权法治的重大问题作出了一系列精辟而深刻的论述，诸如"加强知识产权保护""加快新领域新业态知识产权保护制度建设""塑造保护知识产权的营商环境""建立知识产权综合管理体制""推进知识产权司法体制改革""提升知识产权意识"等，为知识产权领域的"科学立法、严格执法、公正司法、全民守法"奠定了重要的法治思想基石。

二、知识产权法律发展的基本要求

在中国特色社会主义法律规范系统中，知识产权法律体系是一个较晚成型且不断变化的组成部分。作为专门法律的体系化建构，知识产权法律的立法理念、价值目标及其实现路径方面应具备以下基本要求。

（一）体系化

在一般语义中，体系是指"若干事物或某些意识相互联系而构成的一个整体"❸。由此而论，知识产权法律体系，是由与知识产权规范有关的各种法律、法规、条例、规章等所构成的有机整体，它不可能是个别而碎片化的、单独而相互隔绝的制度，而应是一个具有共同价值目标指引并呈现出多面性、协调性、逻辑性的规范体系。

知识产权法律的整体化建构，有一个发展变化的历史过程。在近代法时期，

---

❶ 中共中央宣传部. 习近平新时代中国特色社会主义思想三十讲 [M]. 北京：学习出版社. 2018：187.
❷ 吴汉东. 新时代中国知识产权制度建设的思想纲领和行动指南：试论习近平关于知识产权的重要论述 [J]. 法律科学（西北政法大学学报），2019，37（4）：31-39.
❸ 中国社会科学院语言研究所词典编辑室. 现代汉语词典 [M]. 修订本. 北京：商务印书馆，1996：1241.

"知识产权法是对专利法、商标法、著作权法等法律规范的一个总称,这一称法是虚设的,是一种理论概括"。❶ 质言之,各项知识产权并未在立法文件中实现体系化。自 20 世纪下半叶以来,"知识产权"这一说法得到世界上大多数国家以及众多国际组织的承认,但知识产权保护范围如何界定?在哪些知识财产上设定知识产权?尽管国际公约在"最低保护标准原则"下,规定了各缔约国必须保护的基本权项,但实际上国际社会对知识产权制度构成存有不同认识,且各国知识产权法律体系所涉权项也未尽一致。这就是我们需要讨论的国际争议话题,以及中国问题的特殊性。

1. 知识产权保护范围的国际认识

知识产权立法的体系化要求,是以权利的类型化及其一体化为基础的。不同表现形态的知识财产,同构于一个开放且具有逻辑性的"知识财产权客体谱系"之中。这是我们划分不同知识产权类型的依据。以知识财产即非物质性客体的同一性为基础,人们在"知识产权"名义下建立了体系化的新型财产权制度。❷ 知识产权的保护范围,即知识财产之上的权利类型状况,涉及知识产权法律的体系化样态。对此,国际上并未完全形成共识:《建立世界知识产权组织公约》规定了客体的兜底条款,为以后新的知识产权入围提供了空间,应为可取之处;但将发现权、发明权纳入知识产权范围,又留下诸多争议。《与贸易有关的知识产权协定》(TRIPS)所涉权利范围概与国际贸易有关,且多为少数发达国家力主保护的权利。但是,以往工业产权公约所规定的商号权,却因与贸易无直接关联而被排斥在外;此外,发展中国家主张的遗传资源、传统知识保护也并未得到必要的重视。以上说明,关于知识产权整体性制度安排,并无国际上的统一样式,在遵循国际公约"最低保护标准"的前提下,立法者更多是基于本土国情作出立法体系选择。

2. 知识产权法律体系的中国问题

我国知识产权立法工作取得长足进步,基本实现与国际先进知识产权法律的接轨。面对新时代知识产权战略发展目标,知识产权立法推进及其体系完善还存在一些问题:

(1) 上位法的统摄性问题

知识产权法律体系应具备"基本法"(法典或其他基础性法律)—"专门法"

---

❶ 黄勤南. 新编知识产权法教程 [M]. 北京:中国政法大学出版社,1995:263.
❷ 吴汉东. 论知识产权一体化的国家治理体系 [J]. 知识产权,2017:3-12.

(法律、法规)—"特别法"(规章、条例)的法律结构形式。《民法典》明确了知识产权的私法归属，实现了各民事权利制度的系统整合。但总的说来，《民法典》关于知识产权的规定多为提示民事基本法与知识产权单行法的链接条款，缺乏"知识产权编"那样的统摄性规范安排。❶ 在这种情况下，似有必要制定其他知识产权基础性法律，以充分发挥法律体系中的上位法功能。

(2) 单行法的协调性问题

我国关于知识产权保护范围的规定，完全符合国际公约要求，有些规定在国际立法中可谓先进，但是各单行法规范还缺乏必要的统一和协调，影响了法律体系的科学性。例如，同为《民法典》规定的"专有权利"，商业秘密在《反不正当竞争法》中只能作为"权益"，有待制定专门的权利保护法；同为工业产权中的"专门权利"，集成电路布图设计、植物新品种保护的法律形式是"条例"，而地理标志保护的法律基础来自于"规章"，其立法位阶具有明显差异；概因《民法典》规定的"禁止权利滥用"原则，《专利法》《商标法》都规定有适用条款，而《著作权法（修正草案）》的相关表述却未被采纳。

(3) 特别法的完备性问题

从知识产权法律体系化要求出发，此旨在防范"制度缺失"或"制度失灵"可能带来的法律风险，即通过完备性的立法体系来解决社会生活中复杂多样的问题。此处所言的制度完善，可能是单独立法的特别法规，也可能是专门法中的特别法条款。目前立法、修法的主要问题是：适应科技革命和知识经济发展需要，加快大数据、人工智能、基因技术等新领域新业态知识产权立法；注重智力创造活动的本源性知识保护，加强遗传资源、传统知识、民间文艺等的获取和惠益分享制度建设；基于建构规范有序的市场环境的要求，完善规制知识产权滥用行为的法律制度以及与知识产权相关的反垄断、反不正当竞争等领域立法。

(二) 现代化

建设面向社会主义现代化的知识产权制度，意味着中国知识产权法律体系具有"中国式现代化"的质的规定性：知识产权法律是社会文明和制度现代化的重要构成，同时也是经济、科技社会现代化发展的制度基础——这是知识产权法律体系构

---

❶ 吴汉东.《民法典》知识产权制度的学理阐释与规范适用 [J]. 法律科学（西北政法大学学报），2022，40（1）：18-32.

建在中国现代化语境下的角色定位。

知识产权法律现代化表征，可以表述为法律本身的时代先进性和其促进社会发展的进步性。从工业革命到知识革命，知识产权法律始终关注科学技术进步和社会经济发展，深刻地表现了其制度创新本质和知识创新功能。❶ 从法律体系建构的层面而言，所谓现代化特征实质上是"法律体系的发展性要求"。在"良法的形式标准"中，法律体系应是一种"不断发展的体系"，或者是"具有持续发展能力的法律机体"，发展性被视为现代法律体系的基本特性和实践模式。❷

当下知识经济时代就是知识产权时代。知识产权法律体系的现代化建设，就是回应新知识、新技术、新业态带来的制度挑战。以制度创新来保障知识创新，发挥知识产权"创新之法"和"产业之法"的制度功能，各国立法者提供了法律保护的各种路径。一是采取"类作品""类专利"的传统保护模式❸，即沿用已有产权制度，扩大客体范围，将新的知识财产纳入到现有知识产权保护框架之中。从"网络版权作品"、"电子商标"到"程序算法专利"，使得传统知识产权法律在规范内容方面有了许多变革和创新。二是采取"或作品""或专利"的交叉保护模式，即融通工业产权法与著作权法的若干规则，创设出或此或彼的"工业版权"制度，例如保护半导体芯片布图设计的专有权制度。三是采取"新作品""新专利"的专有权保护模式，即扩充知识产权法律体系，对"未公开的信息""电子数据库""植物新品种"等给予"准专利"或其他专有权利的保护。

中国知识产权法律的现代化路径，在借鉴国外有益立法经验的同时，更多是基于中国国情，解决中国问题，适应中国发展需求，表现了中国自身的立法立场和制度目标。一是时代性与阶段性相一致的原则。知识产权法律现代化不是一次性运动的结果，而是长期的制度成长过程。2005年联合国报告援引千年项目专家意见，提出适用不同国家的知识产权保护调整方案，即发展中国家在遵守国际公约"最低保护标准"的基础上，可以根据自己的发展阶段和发展水平来选择不同的知识产权保护制度。❹ 改革开放以来，中国知识产权立法先后经历了"法律初建"（20世纪80年代到90年代初）、"法律发展"（20世纪90年代到21世纪初）、"法律完善"（21

---

❶ 吴汉东. 中国知识产权法律变迁的基本面向［J］. 中国社会科学，2018（8）：108–125.
❷ 李龙. 良法论［M］. 武汉：武汉大学出版社，2001；269.
❸ 谢尔曼，本特利. 现代知识产权法的演进：1760—1911 英国的历程［M］. 金海军，译. 北京：北京大学出版社，2006：20.
❹ JUMA C, LEE Y C. Innovation：applying knowledge in development［M］. London：Earthscan，2005：25.

世纪初年到现在）的不同阶段，实现了法律本土化与现代化的协调。当下以至将来一段时期，现代化的基本面向，应该提供更为全面、更加严格、更有效率的知识产权保护。二是先进性和合理性相一致的原则。实现知识产权法律现代化，当然要考虑规范内容及其法律形式本身的先进性、前瞻性，同时也要顾及法律生成的正当性、合理性，以及法律实施所涉及的社会环境条件是否具有协调性、契合性。这就要求知识产权立法，既要遵循国际上通行的知识产权保护规则，又要注重推行本土知识产权制度创新经验；既要为新技术、新业态提供高水平的知识产权保护，又要合理限制权利、防止权利滥用；既要考量法律规范对科技、经济发展的现实影响，更要着力法律价值目标的时代建构以及实现路径。总体而言，立法活动是在一定法律价值观指导下的国家创制行为。知识产权法律现代化要求，表现了这一法律对知识创新和经济社会发展所秉持的价值选择、价值评价和价值实现目的。

（三）国际化

知识产权国际保护，作为现代知识产权法律的重要构成，既是国际经贸领域中的法律秩序，也是各缔约方的国内法律规范。知识产权法律的国际化特征，表现了这一制度的基本原则和主要规则在全球范围的普适性。它意味着国际经贸体制下的知识产权保护中，国际法高于国内法、国内法同于国内法、国内法服从国际法，即各国知识产权法律具有一种趋同化、一体化的基本态势。中国知识产权法律的国际化与对外开放相关联，经历了"被动接受—能动转化—主动互动"的过程。从拓展知识产权制度现代化的世界维度出发，我们必须统筹国内、国际两个大局，主动参与知识产权全球治理，在国际知识产权保护及相关国际经贸规则方面呈现中国与世界的良性互动。

现代知识产权法律一体化格局，是以经济全球化为背景，以世界贸易组织（WTO）为中心的国际贸易体制为基础而形成的。但是进入21世纪后特别是世界金融危机出现以来，这种国际格局已然发生变化。一是国际力量的对比发生变化。"新兴市场国家和一大批发展中国家快速发展，国际影响力不断增强，是近代以来国际力量对比中最具革命性的变化。"❶以中国为代表的新兴经济体，提出完善知识产权国际保护的诸多主张，正在改变知识产权国际保护秩序的动力结构。二是TRIPS的国际磋商体制发生变化。在围绕TRIPS的国际磋商未果的情况下，国际社

---

❶ 引自习近平总书记在中共中央政治局第二十七次集体学习时的重要讲话。

会出现了绕开 WTO 和 TRIPS 多边体制的双边主义、单边主义现象。一些国家采取贸易保护主义行径加知识产权单边主义报复，是"逆全球化"的典型表现。

在重大世界变局中，中国坚持对外开放原则，坚定知识产权国际保护的立场没有改变，已从国际规则的遵循者、学习者、追随者转变为参与者、维护者、建设者。这种角色定位，决定了中国参与知识产权全球治理体系的国际担当，也形塑了中国知识产权法律体系的价值目标。

一是发展中大国的角色定位与制度主张。加入 WTO 以来，中国发展取得世界瞩目的成就，但人均收入和经济社会发展综合指标依然不高，尚处于追赶发达国家的进程中。当然，中国也是一个发展中的新兴大国，在世界政治、经济、科技、文化等方面具有重要地位。从这一角色定位出发，中国致力于知识产权国际保护的制度完善，其国际话题主要有：①公共健康危机以及紧急状态下有关知识产权的必要限制和有效利用的问题；②发展权项下对科学技术进步的利益分享和确保科技成果流转使用的问题；③知识产权领域中"贫富分化"现象，即"技术鸿沟""数字鸿沟"等信息技术分隔、信息利用差别的问题；④知识产权领域中的文化风险、生物风险、信息风险、科技风险、经济风险等国家安全问题；⑤传统文化、遗传资源等"非现代性"知识即智力创造源泉保护的问题；⑥加强知识产权国际保护与消除贸易壁垒、技术壁垒、规避知识产权滥用的关系问题。

二是知识产权强国的目标定位与国际担当。四十年来，中国知识产权事业取得长足的进步。2020 年，中国新发明专利的数量已占到全球总量的 45.7%❶，版权产业的贡献率占国民生产总值的比重超过 7.39%❷，新增注册商标数量连续二十余年位居世界第一❸，成为名副其实的知识产权大国。中国现已处于全面建设社会主义现代化强国的新时代。站在新的历史起点，着眼"中国特色、世界水平的知识产权强国"的目标定位，我们应奉行"负责任大国"的国际立场，关注知识产权国际保护的制度创新：①大数据、云计算、基因编辑、人工智能等新领域的保护规范，以及数字化转换、在线创作和传播、平台内容生产、数据库编制等新业态的法律规制问题；②专利开放许可、标准必要专利许可的原则规范、制度构成、格式条款及

---

❶ WIPO. World Intellectual Property Indicators 2021 [EB/OL]. [2022 – 04 – 10]. https://www.wipo.int/edocs/pubdocs/en/wipo_pub_941_2021.pdf.
❷ 国家知识产权战略网. 中央宣传部：2020 年我国版权产业增加值达 7.51 万亿 [EB/OL]. (2022 – 01 – 05) [2022 – 04 – 11]. http://www.nipso.cn/onewsn.asp? id = 53260.
❸ WIPO. World Intellectual Property Indicators 2009 [EB/OL]. [2022 – 04 – 11]. https://www.wipo.int/edocs/pubdocs/en/intproperty/941/wipo_pub_941.pdf.

其国际统一立法问题；③全面、严格的知识产权保护路径，包括法定赔偿、惩罚性赔偿规则的国际立法方案问题；④对外贸易法、电子商务法、网络安全法、个人信息安全保护法等相关法律关于知识产权保护与限制的规则问题；⑤在知识产权领域维护文化多样性、生物多样性，贯彻绿色原则、和谐发展原则的问题。

上述各种话题和主张，是基于发展中国家和新兴工业化国家利益诉求、参与国际知识产权保护规则制定的重要选择。中国知识产权法律的国际化道路，需要总结中国法治经验，提出中国立法方案，在国际法律发展和制度创新的过程中贡献中国思想智慧。

三、知识产权制度完善的立法任务

改革开放以来，中国知识产权法治建设取得重要成就，积累了重要立法经验，为中国式现代化发展提供了重要制度支撑。进入新时代，我们必须以习近平法治思想为指引，深刻把握全面依法治国战略实施和知识产权强国建设的目标要求，着力中国知识产权法律体系的建构和完善。其立法、修法的主要任务涉及以下三个方面。

（一）知识产权基础性法律

所谓基础性法律，应是知识产权领域具有统领性、指引性、一般性的法律，涉及统摄民事权利的私法领域和规制公共政策的公法领域。基础性法律在立法形式上表现在两个方面。一是知识产权法典化问题，即在知识产权体系化的基础上，形成各知识产权单行法的一般规定和共同规则。无论是"纳入式"（俄罗斯立法例）或"链接式"（越南立法例）的民法典"知识产权编"，还是专门化"知识产权法典"（法国立法例），概为知识产权法典化运动的产物，❶ 或说是私法领域的知识产权基础性法律。二是知识产权基本法问题，即对知识产权事务中的全局性、长远性、根本性问题作出规定，为知识产权的现代化国家治理以及知识产权创造、运用和保护的政策推行，提供法律上的活动依据和行为准则。在"积极国家观"的指引下，日本（2002年）、韩国（2011年）出台知识产权基本法，美国（2008年）颁布知识产权资源与组织优先法，无一不是公法领域的基础性法律。

---

❶ 吴汉东. 民法法典化运动中的知识产权法 [J]. 中国法学, 2016 (4): 24-39.

在我国，《民法典》作为知识产权的制度母体和法律归属，在知识产权领域具有基础性法律的象征意义。这是因为，知识产权在《民法典》中并未像物权、合同那样采取独立成编体例，其知识产权条款采取"点－线"立法方式，前者为"总则编"知识产权定义条款（第 123 条），对知识产权的民事权利属性以及专有权利类型作了原则性、宣示性规定，后者为各分则（物权、合同、人格权、侵权责任等编）有关知识产权的专门规定，对知识产权具有"链接式"立法指导意义和规范补充适用功能。有的学者将上述情形称作是"一种去法典化的立法路径"❶。有基于此，我们需要研究制定的知识产权基础性法律，应是具有公法地位或是兼具公、私法属性的知识产权基本法。

中国知识产权基本法的制定，不必采用美国法专注民事救济、刑事制裁的司法资源整合，强化国内外知识产权保护的立法取向;❷ 也应有别于日本法、韩国法将基本法定位于"政策法"、没有任何私法条款的立法体例。❸ 其内容框架可以考虑，凡《民法典》不应规范（如知识产权治理的公法规范），或是缺乏规定（如各知识产权共同适用的一些私法规范），以及未能规定（如涉外知识产权保护的实体和程序规范）的内容，都可以交由知识产权基本法安排。

在知识产权强国建设进程中，制定知识产权基本法具有特别重要的意义：它是知识产权领域有具体表现形式的法律文件。当下中国的"知识产权法"是关于著作权法、专利法、商标法等相关法律的总称，就知识产权法律形式而言，有诸多"属概念"的单行法，但没有"种概念"的上位法。在《民法典》"知识产权编"缺位的情况下，知识产权基本法可以将虚拟的法"实在化"，从而在立法上有助于明确法律渊源，在法律适用中便于查找法律规范；同时，它是知识产权公共政策法治化的制度表现。在知识产权制度体系中，法律是最具地位、最有权威的规范形式。基本法可以为公共政策的制定和实施提供法律依据、法律活动准则和法律效力保障。

（二）知识产权专门性法律

知识产权法律的现代化改造，旨在通过法律变革为新兴技术成果保护提供制度

---

❶ 刘强，孙青山.《民法典》知识产权条款立法研究：兼论"民商知合一"立法体例的构建［J］. 中南大学学报（社会科学版），2020（6）：62－74.

❷ 谭江，孙青山. 美国知识产权立法的最新动向：解读美国《优化知识产权资源与组织法案》［J］. 知识产权，2009（1）：85－90.

❸ 顾昕. 日本《知识产权基本法》的立法背景及其实施效果［J］. 科技中国，2020（5）：30－33；朴荣吉. 韩国知识财产基本法的战略及任务［C］//2012 年知识产权南湖国际论坛文集.

空间。习近平总书记强调指出"加快新兴领域和业态知识产权保护制度建设"❶。这一要求在《中华人民共和国国民经济和社会发展第十四个五年规划和2035年远景目标纲要》中,具体表现为完善相关法律法规和加强专门立法两个方面。

1. 知识产权法律修改完善问题

改造著作权法、专利法、商标法已有法律规范,对新兴技术成果提供产权保护,是造法成本较低但法律效果较优的重要立法路径。在规范内容方面,有以下法律变革或创新值得注意。

(1) 客体范围问题

客体即权利保护范围是知识产权法律的制度基础,其范围大小是知识产权保护水平的评判尺度,也是知识产权法律现代化改造的主要领域。立法者可以将新的知识产品纳入现有知识产权保护框架之中,即通过"类作品"或"类发明"的名义,实现对新财产对象的法律保护。在著作权领域,从"电子作品""数字作品"到"智能生成作品",基于独创性表达的考量,无论是自然人创作还是人机合作,一概承认其具有"可版权性"客体属性;在专利权领域,从"程序算法""商业方法"到"智能生成发明"涉及的"遗传编程""人工神经网络""机器人科学家"等,通过法律解释和适用,将传统上的"非技术方案"以及新出现的技术方案都可列为"可专利性"主题。与此同时,从反思的现代性出发,还必须对客体范围予以必要的规制,例如基因技术中克隆人的技术方法、人类胚胎的商业利用、智能技术中的"杀人机器人""黑箱算法""机器偏见"等,都应列于客体排除领域。

(2) 主体资格问题

主体资格是享有民事权利、承担民事义务的法律人格。法律意义上"人"即主体,包括具有自然属性的人(自然人)和法律拟制的人(法人)。就知识产权法律关系的主体身份而言,又有着创造者、传播者、使用者、消费者的身份类分。在现代科学技术面前,知识产权主体制度受到挑战。一是智能机器人的"类人主体"的资格问题。在人工智能时代,人类智慧拟制的智能机器人,可以在人类指导下从事创造甚至自动生成作品或发明。它不是具有生命的自然人,也有别于具有独立意志并作为自然人集合体的法人,但能否将其视为"类人主体"而列入第三类民事主

---

❶ 习近平主持召开中央财经领导小组第十六次会议强调:营造稳定公平透明的营商环境加快建设开放型经济新体制 [N]. 人民日报, 2017 – 07 – 18 (1).

体，已成为知识产权法律乃至整个私法制度面临的难题。❶ 从"人类创作者中心主义""发明者中心主义"的立场出发，我们可以对"机器作品"或"机器发明"提供保护，将相关权利赋予对智能创造进行"必要安排之人"即智能系统的投资者或开发者，但尚无必要以"第三类主体"的缘由动摇知识产权主体的制度基础。二是"用户创造内容"中的身份转换问题。在网络化、数字化的环境中，作品创作模式和传播途径发生很大变化，通常为专业作者创作的内容现在可以由网络用户生成。这些作品多数是通过对已有作品的变形、改编完成的，而新的作品出现后又不断被分解、改制而形成另外的作品。网络"改编文化"❷ 和"用户创造内容"❸ 使得作者与用户的身份难以辨识，作品来源及其权属问题日益复杂，从而有待著作权法修改时予以解决。

(3) 权利保护问题

权利保护是知识产权法律赖以建构的核心制度。无救济则无权利。救济是对被侵害权利进行法律上的修复和维护，诸如侵权行为类型、侵权认定规则、侵权责任形态，无一不是知识产权保护制度的重要构成。未来知识产权修法面临着诸多挑战，例如：在网络版权领域，网络平台所主导的内容产业，涉及电子读物、数字音乐、网络视频、在线直播等数字作品的著作权保护，其难点问题就是界定网络服务提供者的知识产权合规注意义务；❹ 在智能发明专利领域，侵权认定的前置问题即是专利的有效性，智能算法的发明速度和能力将重塑"专利性"标准，可以说专利审查标准的改革亦是权利有效性认定标准的变化。❺ 在电子商标领域，商标权地域性原则与网络"无国界性"之间的冲突，商标混同使用所形成的网上商标权利共存，链上商标侵权、搜索引擎商标侵权等新型商标侵权行为认定等，都是值得立法者关注的重要问题。❻

2. 知识产权法律专门制定问题

在知识产权法律体系中，著作权法、专利法、商标法是为三大主体制度，除此

---

❶ 吴汉东. 人工智能生成作品的著作权法之问 [J]. 中外法学，2020 (3)：653 – 673；吴汉东. 人工智能生成发明的专利法之问 [J]. 当代法学，2019 (4)：24 – 38.
❷ 中山信弘教授认为，改编文化已经出现，具体分清哪一部分由某一作者创作已十分困难。这就使得著作权制度变革成为可能。参见：中山信弘. 多媒体与著作权 [M]. 张玉瑞，译. 北京：专利文献出版社，1997：98.
❸ 熊琦. "用户创造内容"与作品转换性使用认定 [J]. 法学评论，2017 (3)：64 – 74.
❹ 刘鑫. 加快领域新业态知识产权立法 [N]. 人民日报，2021 – 04 – 26 (9).
❺ 吴汉东. 知识产权法 [M]. 北京：法律出版社，2021：393 – 395.
❻ 吴汉东. 知识产权法 [M]. 北京：法律出版社，2021：494 – 497.

之外，其他专有权利也有必要采取专门的单行法形式，或是虽有单独立法但有必要提高法律位阶。具体说来，有必要制定以下专有权保护条例。

(1) 商业秘密保护条例

商业秘密保护是知识产权法律体系中重要而独特的制度构成，是与著作权法、专利法、商标法并列的"四大基本支柱之一"❶。采取商业秘密专门化立法，是域外加强商业秘密保护的一个重要趋向。以2016年美国总统签署美国保护商业秘密法和欧盟通过欧盟商业秘密保护指令为标志，英美法系国家从判例法到成文法，大陆法系国家从法典法到特别法，无一不采取了专门立法体例。在我国，商业秘密保护以《反不正当竞争法》为主要法源，以《民法典》"合同编"、"侵权责任编"，《劳动法》《公司法》《刑法》等相关条款为补充法源，从而形成了一个具有繁杂性、零散性、多层次性的法律规范体系。商业秘密是《民法典》中明文规定的"专有权利"，但在反不正当竞争领域却被视作"权益"；商业秘密虽由多个部门法"全面"保护，但缺乏系统性和内在逻辑性，较易产生法律适用问题。因此，制定专门的商业秘密保护条例，系统地对商业秘密的概念与构成、认定与例外、权利保护与侵权责任等作出规定，是立法必要之举。

(2) 地理标志保护条例

我国现有立法对地理标志实行商标法与专门法双重保护模式，这一法律架构可以继续保留，利害关系人得从中选择任一模式而实现权利取得的"意思自治"。未来法律发展方向应是以专门法为基本，以商标法为补充的地理标志保护制度。一是强化地理标志专门立法。地理标志是《民法典》中与作品、发明、商标等并列的专有权之客体。由于地理标志与一般工业标志的差别，多数国家采取专门立法予以调整。目前，在我国《地理标志产品保护规定》尚停留在行政规章层级，法律位阶多有不足。未来可考虑与《植物新品种保护条例》《集成电路布图设计保护条例》一样，制定《地理标志保护条例》。二是解决专门法与商标法之间的权利冲突。其处理原则是：在先认定地理标志对在后商标注册具有阻却效力，即禁止后者注册和使用。同时，在先注册商标与在后认定地理标志形成权利共存，但后者认定不应导致商品来源误认（禁止混淆原则），前者注册须以善意取得为条件（诚信原则）。❷

---

❶ 张玉瑞. 商业秘密法学 [M]. 北京：中国法制出版社，1999：1.
❷ 王莲峰. 制定我国地理标志保护法的构想 [J]. 法学，2005 (5)：69 – 74；钟瑾. 我国地理标志保护规则困境及体系协调路径研究 [J]. 华中科技大学学报（社会科学版），2020 (1)：84 – 92.

(3) 数据库保护条例

数据库是系统汇编作品、资料或其他信息材料，并能借助电子手段感知的数据集合体。我国现行法主要采取《著作权法》保护模式，在"汇编作品"项下对汇编对象作出宽泛规定，但强调汇编内容选择或编排具有独创性。对于缺乏独创性要求的数据库，在实践中多援用《反不正当竞争法》，由法官依"其他妨碍、破坏其他经营者合法提供的网络产品或者服务正常运行的行为"的兜底条款进行裁判。因此，我国有必要进行数据库保护的专门立法，提供"特别权利"的强保护，❶ 即只要制作者在数据库信息的收集、编辑过程中作出"实质性投入"，则应以数据库作者的名义，制止他人对数据库内容摘录和再利用。在注重数据库制作者与利用者之间的利益协调的同时，还应重视数据来源者（数据主体）与数据库制作者之间的权利冲突。对于前者的个人信息权以至隐私权，应秉持"法益优先原则"，提供更为优先的权利保护。

（三）知识产权替代性法律

知识产权强国建设需要一个科学、完备的知识产权法律体系，它主要是以"知识产权"及其权项命名的法律形式，但也包括其他一些与知识产权相关的替代性规范制度，后者具有弥补法律缺陷、进行制度补充的重要功能。在制度经济学那里，诸如知识产权的私人产权制度只是一种市场解决问题时社会成本过高的情况下所作出的"替代选择"❷。这说明，在知识创新制度体系中，知识产权法律并不是唯一的绝对性选择。为达致不同主体关于知识产权的利益平衡，或是对特定领域提供私人产权以外的保护模式，立法者可以从知识产权法律之外寻求制度补充。

在知识产权法律现代化改造运动中，立法者必须关注知识生产及其利益分配过程中相关制度的配套，用以克服知识财产私人产权保护制度的局限。此处所讲的替代性法律主要涉及两个方面。一是"非现代性"知识保护，即传统文化和遗传资源保护制度。传统文化多是一种地方性知识，是特定人群在特定社会环境中发展起来的特定知识类型，表现出鲜明的文化多样性，从而成为"人类进步与创造力的源

---

❶ 数据库特别权利保护制度正在三个层次上推进，即美国试图建立的国内保护，欧盟已经形成的区域保护，世界知识产权组织拟议中的国际保护。参见：薛红. 网络时代的知识产权法［M］. 北京：法律出版社，2000：94.

❷ 科斯. 社会成本问题［M］//盛洪. 现代制度经济学. 北京：北京大学出版社，2003：15.

泉"❶。遗传资源作为"人类自然遗产",与现代基因技术相区别而存在,是记载生物多样性的"遗传密码信息"❷。现代基因技术源于对遗传信息的破译,两者之间具有一种依赖性与本源性的对应关系。在现代化产权机制中,新知识、新技术成为知识产权保护的中心,而传统文化和遗传资源作为智力创造的源泉则长期处于权利真空状态,这即是知识产权法律现代化发展中的"非现代性"问题。二是"非市场性"产权保护,即科技创新奖励制度。科技创新成果或者说是智力成果,是人类在科学、技术、文化等精神领域的创造性产品的总称。由于其类别的多样性,一些国家的立法者并没有采取单一的私人产权(知识财产专有权)形式,其中,有关科学发现和某些科技成果,往往被纳入非市场机制的科技奖励制度。在经济学家那里,这种奖励制度被称为"优先权报酬系统"❸,其要义是确立发现、发明者在相关科技成果上的"命名权",以及从政府或其他社会组织领取奖励的"获酬权",作为收益的对价支出,社会获得对该项成果的公有产权。由此而论,对智力成果的产权保护可以采取以私人产权(知识产权)为主,兼采以奖励为对价的公有产权(发现权、发明权)。

在我国知识产权法律领域,替代性制度立法相对滞后。今后应考虑制定和修改以下特别条例:

(1)出台民间文学艺术保护条例

民间文学艺术表达的保护,是国际上长期探讨的话题,也是各国立法存在争议的难题。《著作权法》早在颁布之初,即规定国务院制定专门法规,对"民间文学艺术作品"提供著作权保护。30余年来,相关草案虽几经讨论,但难以正式进入立法程序。民间文学艺术属于"传统文化"的范畴,是文化多样性的有机组成部分,对其进行保护、保存和利用,是对现代著作权法的重要补充和矫正。民间文学艺术具有语言形式(如民间故事、诗歌)、音乐形式(如民间歌曲、器乐)、动作形式(如民间舞蹈、戏曲)以及物化表现形式(如民间雕塑、绘画),但上述客体具有有别于现代作品的"可版权性"的特征,如非独立完成(群体性)、非个性表

---

❶ 联合国教科文组织(UNESCO),世界文化与发展委员会(WCCD).文化多样性与人类全面发展[M].张玉国,译.广州:广东人民出版社,2006:1-4.

❷ 徐海根,王健民,强胜,等.外来物种入侵·生物安全·遗传资源[M].北京:科学出版社,2004:342-343.

❸ 袁志刚.论知识的生产与消费[J].经济研究,1999(6):63.

达（延续性）、非固定存在（传承性），因此可采用一种专有权利形式保护，❶即适用著作权特别保护规则。可以想见，在民间文学艺术保护领域，诸如"作者身份"认定、"作品"惠益分享、"专有"与"公有"领域界分、权利保护期限等，无一不是立法重点和难点问题。有基于此，我国民间文学艺术著作权保护，不宜照搬一些发展中国家的主张，对民间文学艺术提供较强的全面保护，也不能效仿一些发达国家做法，否定著作权保护民间文学艺术的可能性，而应采取相对保护、适当保护的立法立场。❷

（2）修改《人类遗传资源管理条例》

人类遗传资源是指包括有人类遗传功能或遗传信息的生物性材料，是进行人类健康相关研究的不可替代资源，在生物遗传资源体系中具有特别而重要的价值。1998年科技部、原卫生部曾联合发布《人类遗传资源管理暂行办法》，以行政规章的名义，建立了人类遗传资源获取与惠益分享的管理体制。2019年，国务院颁布《人类遗传资源管理条例》，宣示"有效保护和合理利用我国人类遗传资源，维护公众健康、国家安全和社会公共利益"的立法宗旨，对规范采集、保藏、利用、对外提供人类遗传资源等活动方面作出管制性规定。《人类遗传资源管理条例》的未来修改和完善，应突出人类遗传资源领域维护生物安全、数据安全和个人基因信息权保护的法律价值取向；在以管理为主导的公法体系中，强调包括知情同意与利益分享内容的遗传资源权的私权保护；衔接《民法典》《个人信息保护法》等制度规范，吸收《科学技术进步法》《数据安全法》等相关规定，细化生物医学研究指引，加强涉外合作监管的机制、办法等。

（3）修改《国家科学技术奖励条例》

在我国，对科学发现和技术发明，规定有专门的奖励制度，最早见之于1978年公布的《发明奖励条例》和1979年公布的《自然科学奖励条例》。1999年，上述两部条例废止，有关事项适用国务院颁布的《国家科学技术奖励条例》。该条例设立有"国家最高科学技术奖""国家自然科学奖""国家技术发明奖""国家科学技术进步奖"和"中华人民共和国国际科学技术合作奖"。这一系统、全面的科技奖励制度有益于激励科学发现和基础性技术研究，具有知识产权法律所不具有的制度功能。该条例规定对获奖人颁发奖章、证书和奖金，但未涉及获奖、受偿的权利

---

❶ 黄玉烨. 我国民间文学艺术的特别权利保护模式［J］. 法学，2009（8）：119-126.
❷ 胡开忠. 中国特色民间文学艺术作品著作权保护理论的构建［J］. 法学研究，2022（2）：131-153.

属性以及法律保护的措施和途径。对此，似可在修法时予以补充、完善。考虑到《国家科学技术奖励条例》的行政法规属性，有学者主张将发现人、发明人的获奖权益定位于科学发现权、科技发明权。这种荣誉证明的精神利益，可以归类于民法人身权体系中的"荣誉权"。❶ 总的说来，替代性法律是对传统和典型知识产权法律的重要补充甚至是矫正，中国知识法律体系建构应该包括上述立法任务。

---

❶ 王竹，杨亦楠. 论我国民法上的发现权：兼论将发现权作为科学领域荣誉权的理论构想 [J]. 烟台大学学报（哲学社会科学版），2014（2）：24-34.

知识产权治理结构与治理能力现代化研究[*]

一、知识产权治理及其现代化建设目标

(一) 知识产权现代化建设的维度

法治秩序中,持积极还是消极的国家观念,存在重大的区别。随着国际关系越来越具有竞争性,国家所扮演的角色已经逐步从传统的、消极的不干涉主义,转入了一种积极的干预主义。当今世界,将国家的本质仍然定位于防止社会失序的消极功能,已经不能适应现代风险社会及日趋复杂的国际关系。"随着现代性的到来,政治权力和国家并没有失去其重要性,相反它们的活动范围日益得到扩张。"[❶] 现代社会中,积极的国家干预主义实现路径包括两个方面:一是优化国家的治理结构,提高其治理能力;二是从知识产权领域去突破制约有形财产之瓶颈,改变资源的禀赋,寻求更多的社会附加值,并形成产业制高点和国际竞争力。事实上,谁掌握了制高点,谁就拥有社会权力。"社会权力"有经济权力、规范性权力和政治权力三种表现形式。[❷] 结合这两个方面,要践行积极的国家观,莫过于将两者合为一体,直接定位于:完善知识产权自身的治理结构,推动知识产权治理能力的现代化。

---

[*] 本文基于知识产权强国建设纲要制定研究项目"知识产权现代化治理专题研究"形成。课题组负责人:易继明;课题组成员(按姓氏拼音排序):白智妍、蔡元臻、曹博、陈灿平、初萌、崔亚冰、段芸蕾、韩萍、韩薇薇、胡小伟、霍凤娥、季冬梅、姜聪、金世润、金泳锋、李春晖、李洁琼、李妍、李扬、李宇凡、李鋆、李兆轩、刘芳芳、刘俊辰、刘乾、刘水长、刘影、卢纯昕、毛昊、南红玉、钱子瑜、秦洋、孙那、王国柱、王乐陶、王锡锌、王渊、谢琳、熊诗敏、徐子森、许清、杨帆、杨桦、杨明、易继明、曾田、张恩典、张翰雄、张祎、郑淑凤、周琼、朱子悦;执笔人:易继明、初萌。

[❶] 波齐. 国家:本质、发展与前景 [M]. 陈尧, 译. 上海:上海世纪出版集团, 2007:90.
[❷] 波齐. 国家:本质、发展与前景 [M]. 陈尧, 译. 上海:上海世纪出版集团, 2007:4.

本文正是从知识产权治理结构和治理能力两个维度，结合我国目前知识产权发展现状，在分析有关知识产权的法律体系、治理能力、公共政策及其与经济社会的融合度之基础上，提出知识产权现代化的治理目标和建设路径。

（二）知识产权治理结构与知识产权体制

知识产权治理结构取决于知识产权体制，而知识产权体制是现代法治社会和国家治理体系的基本范畴。总的来说，我国知识产权体制包括四个维度：一是党的领导体制；二是人大的立法体制；三是行政部门的管理体制；四是司法部门的保护体制。前两个维度，集中在领导层面；后两个维度，集中在私人生活的具体层面。

具体层面的体制涉及私人权利，对社会生活影响更为直接，引发的问题更加复杂。知识产权行政和司法领域的改革，首先要考虑两方面的问题：一是知识产权既有的行政管理和司法这两大体制的问题；二是分析多元主体参与的知识产权公共事务这一协调机制的问题。这两方面问题的组成包括国家治理的行政管理、司法保护和公共事务三个结构部分。在国家治理体系中，知识产权是作为一种"资源"看待的。国家知识产权治理结构中，知识产权资源及其治理包括三个层面：第一个层面，从权利取得的角度看，就是授权、确权与保护的问题；第二个层面，从权利运用的角度看，就是知识产权价值链形成并实现其价值的过程；第三个层面，从权利形成的"私权力"角度来看，就是将知识产权作为一种战略资源，如何运用其间、运用得当的问题。这三个层面的问题，同时融入国家知识产权治理结构的具体层面即三大组成部分（行政管理、司法保护和公共事务），形成了一个国家的知识产权基本治理结构。这一结构及其运行机制，就构成了一个国家的知识产权体制。从这个角度来看，国家知识产权体制包括了五个维度，即除前面谈及的四个维度之外，还有一个将知识产权作为公共事务的社会共治体制维度。理解这一体制的五个维度，是理解和构建中国特色知识产权治理体系的基础。

（三）治理体系之下的知识产权能力

《中共中央关于全面推进依法治国若干重大问题的决定》突出了对法治工作基本格局的考虑，对"科学立法、严格执法、公正司法、全民守法"进行了部署。❶

---

❶ 参见《中共中央关于全面推进依法治国若干重大问题的决定》第二至五部分；本书编写组.《中共中央关于全面推进依法治国若干重大问题的决定》辅导读本［M］.北京：人民出版社，2014：8-30.

现代法治社会中，知识产权治理能力同样循着法治动态体系延展：从公权力角度看就是知识产权立法、执法和司法三个环节；从社会参与主体（自然人、法人和非法人组织）角度看就是诚信守法。可见，知识产权能力就是指相应的知识产权立法能力、知识产权执法能力和知识产权司法能力。同时，知识产权是社会文明与进步的产物，其文化理念建立在尊重知识、诚信守法之上，还包括崇尚创新的风尚和公平竞争的秩序。诚信守法与知识产权意识相结合，铸就知识产权长足发展的人文社会环境。

从国家战略层面理解知识产权能力，主要包括两个层面：一是产生高质量、高水平知识产权的能力；二是运用知识产权促进经济社会发展和增强国际话语权的能力。前者包括两个方面：一方面是仰赖全社会形成的创新文化和产业基础；另一方面是调动创新资源攻克知识产权难关的能力。后者也包括两个方面：一方面透过知识产权的运用促进国家综合国力的增长；另一方面是自我的知识产权观念、规则和制度能够被国际社会接受，由此形成相对主导的话语权。事实上，构建现代化的知识产权治理体系就是建立在法治与国家战略层面，旨在提高一个国家的知识产权能力。

（四）知识产权治理现代化的建设目标

党的十八大以来，以习近平同志为核心的党中央高度重视知识产权保护工作，大力推动知识产权体制改革。特别是，2018 年国务院机构改革中，中央决定重新组建国家知识产权局，将原隶属其他部门管理的商标、地理标志等纳入国家知识产权局统一管理。近代中国以来，现代化诉求是中国人的一种普遍的社会信仰。在知识产权现代化治理中，如何从技术层面采取进一步对外开放的态度去"为我所用"，又能够从宏观战略角度立足国情进行自我发展，并最终完成知识产权本土制度的现代化构建，这是时代给予我们的历史使命。本课题组负责人易继明教授曾指出："从我国国情与历史经验出发，推进知识产权治理结构和治理能力的现代化，全球化是动力，法治化是手段，回应性是特征。"❶ 现在看来，除此之外，还得加上一条：市场化是基础。全球化、法治化、回应性、市场化，应当成为知识产权现代化建设的工作原则。

---

❶ 易继明. 国家治理现代化进程中的知识产权体制改革［J］. 法商研究，2017（1）：183，185.

二、完善知识产权法律体系

知识产权法律体系包含了三个层面的问题：①知识产权的基本法定位；②知识产权法典化或者单行法体系的构建；③知识产权相关配套立法的制定。制定知识产权基本法，需要解决的是知识产权大政方针与治理结构问题。探索法典化或者单行法体系的构建上，存在两方面的问题：一是需要对法典化问题进行深入思考和探讨；二是基于现行的单行法立法模式构建完备的知识产权单行法体系。这两方面的问题可以采取"两条腿走路"的模式。另外，回应物联网、云计算、大数据、人工智能等新技术及国际形势的新变化，需要引入动态立法机制，推动知识产权法律和法规的立改废释。而且，还应建立知识产权法律和法规审查制度，审查现行法律和法规的合宪性、合法性、适当性。

（一）制定知识产权基本法的必要性

知识产权是私权，也是国家重要的战略性资源。随着知识产权的不断扩张，如今其对社会发展的影响已无远弗届。"劳心者治人、劳力者治于人"，这是一种权力的再分配。事实上，与知识产权有关的治理，其重要性，不是比肩于，而是超越了传统的"物权"的治理。

今日中国之发展瓶颈，莫不可以归结为知识产权之不强。故此，以法律人角度加以观察，痛定思痛，应该以战略的眼光，从宪法层面确立知识产权发展的基本方略，架构知识产权国家治理体系，方能真正实现知识产权强国。宪法层面的知识产权条款，一方面于宪法文本中加入一般条款，另一方面即制定知识产权领域的"小宪法"即知识产权基本法。

近邻日本和韩国均制定了知识产权基本法。比如《日本知识产权基本法》包括四章和附则。四章分别是：总则（包括立法目的、知识产权定义、国家及其中各种机构角色的责任，以及一些宏观政策）；基本措施（促进研发、转化、授权、保护等的措施）；有关知识财产的创造、保护及应用的推进计划；知识产权战略本部。这一基本法模式，确立的知识产权本部体制，仰赖其所处政治机构和法治环境，确立了知识产权立国基本方针。

我国现行知识产权立法采取的是"民法典一般条款＋知识产权单行法"模式。无论法典化运动走向如何——知识产权是作为单独一编进入《民法典》，还是制定专门的知识产权法典，抑或我国继续采取单行法立法模式，制定知识产权领域的"小宪法"即知识产权基本法，都是必要的。知识产权基本法的主要内容包括以下几个方面。

第一，确立知识产权强国的大政方针。这方面的内容，包括：①确立激励创新原则在知识产权领域中的基础性地位；②确立知识产权的内涵，以及其对科技创新、文艺创作和竞争秩序三个领域的规范性意义；③确立知识产权强国方针所包含的三种含义（一是产生高质量或者高水平的知识产权；二是通过知识产权促进国家强大；三是逐步建立在知识产权领域的制度与文化优势，增强在国际关系与国际秩序中的知识产权话语权）。❶

第二，作为知识产权领域的"小宪法"，规定知识产权领域人们享有的基本权利和组织活动的基础性规范。一方面，规定知识产权权利人享有的经济上和精神上的基本权利；另一方面也规定权利人权利的限度，以及从普通人权角度规定人们分享科技进步、文艺创作、自由竞争等方面成就的权利。同时，这一"小宪法"，需要就知识产权活动的公共决策、组织形式、司法救济等进行基本构架，对公权力及其行使加以原则性规定。

第三，构建国家知识产权现代化的治理结构。这方面，分三条思路进行规定：一是设立国家知识产权战略委员会进行宏观决策，并组织相应的政策实施与评估；二是建立独立的知识产权法院组织系统和审判机制，确立知识产权大司法体制❷；三是促进知识产权公共事务体系的形成，构建起知识产权的社会共治模式。

（二）知识产权法典化问题

2020年公布的《中华人民共和国民法典》（以下简称《民法典》）纳入并承袭2017年公布的《中华人民共和国民法总则》（以下简称《民法总则》），与物权、债权、继承等一样，对知识产权进行了概括性规定（第123条）。《民法典》并未如对物权一般，对知识产权单独设编，而是采取"链接式"转换，具体规范仍由专

---

❶ 易继明. 中美关系背景下的国家知识产权战略［J］. 知识产权，2020（9）：3，17.
❷ 易继明. 构建知识产权大司法体制［J］. 中外法学，2018（5）：1260–1283.

门立法完成。❶ 囿于历史和时代局限，近代自然法运动的法典成就在现代社会出现了危机。近代民法典中知识产权的缺位，在现代社会已经引起了人们的高度关注。因应这一危机，需要回归自然理性的法典传统，循着私人生活的形式理性主义建立起统一的私法典。依此来看，2020年公布的《民法典》在整体上未纳入知识产权制度，不可谓不遗憾。

从法典化运动的趋势来看，知识产权单独"成典"模式，与知识产权纳入民法（私法）典的"入典"模式，是基于两种理念的不同选择，没有第三条道路。诚然，2020年公布的《民法典》已然如斯，出于法的安定性衡量，短期内不宜再对《民法典》大动干戈。但是，知识产权法典化工作不可就此停顿。研究制定知识产权法典，可作为远期《民法典》纳入"知识产权编"的跳板，因为知识产权最终的归宿，仍为纳入式的"入典"模式，即统一私法典应该回归启蒙时期的法典自然理性传统，将知识产权法作为独立的一编，整体纳入民法（私法）典。这既是知识产权制度自身的体系化，也是现代民法典不断自我完善的过程，更是让知识产权回归私法（而不是公共政策）并重塑私法精神的需要。

从立法技术上分析，人们对"入典"模式的两个主要疑虑，其实解决起来也并不困难。

第一，是否会导致《民法典》中掺入大量有关知识产权的公法和程序性规范？"入典"模式并非要将与知识产权有关的所有法律规范均置于《民法典》中，这涉及规范属性、层次及融合度的问题。例如，关于专利审查授权事项，很大一部分可交由《专利法实施细则》和专利审查指南规定，无需放入《民法典》中，这便不会破坏知识产权的整体结构。

第二，如何应对知识产权法"入典"给《民法典》稳定性带来的冲击？的确，将知识产权整体纳入《民法典》，有可能导致《民法典》修改频率的增加。但是，这一问题，一方面是法典在保持其完整性的条件下如何开放地面对社会生活的问

---

❶ 事实上，《民法典》编纂中，知识产权与《民法典》之间的立法模式主要有四种选择：（1）分离式，即将知识产权与《民法典》相分离，在《民法典》中不对知识产权进行规定和制度安排；（2）纳入式，即将知识产权全部纳入《民法典》之中并单独成编，使之与物权、债权、人身权等平行，而在民法典之外不再保留单行法，亦不再编纂知识产权法典；（3）链接式，即在《民法典》中对知识产权进行原则性规定，而后单独编纂知识产权法典或者保留知识产权单行法，使知识产权制度与《民法典》成链接状；（4）糅合式，即将知识产权视为一种无形物权，与一般物权进行整合。随着《民法典》制定进程的深入，关于链接式又出现了"单点链接""多点链接""面的链接"等具体模式的衡量。参见：易继明. 中国民法典制定背景下知识产权立法的选择［J］. 陕西师范大学学报（哲学社会科学版），2017（2）：5-9.

题；另一方面也是法典修订模式、立法能力等方面如何跟进的过程。这一问题，虽然知识产权领域较为突出，但更多的，是我们应对民法法典化危机中所不得不面对的难题。存在这一问题并不意味着要全然否定法典化的意义和价值；相反，这需要《民法典》制定中保持法典本身的开放性，同时提高我们"废""改""立"的立法能力，并在民法典的完整性与开放性之间保持适度的平衡。

（三）知识产权单行立法体系的完善——《民法典》第 123 条引发的思考

未来知识产权法典化方向及其步伐，并不影响我们对现行知识产权单行法的修订：继续完善知识产权单行法体系，进而作为制定完善的知识产权法典甚或《民法典》之"知识产权编"的基础，是一种"两条腿走路"的思路。诚然，法典化具有探索性，而单行法立法则具有现实性。

《民法典》第 123 条对知识产权客体采用了"7 + N"的列举模式，并且明确规定知识产权的其他客体应由法律规定。不过，在该条文所明确列举的 7 类客体中，除了前三类由三大法、商业秘密目前由《中华人民共和国反不正当竞争法》（以下简称《反不正当竞争法》）和《中华人民共和国刑法》（以下简称《刑法》）提供保护之外，《集成电路布图设计保护条例》和《植物新品种保护条例》仅仅为行政法规，并非法律。而《中华人民共和国商标法》（以下简称《商标法》）中的原产地证明商标、地理标志有关的规定仅仅是从商标的角度考虑问题，并未建立起真正的地理标志制度；商标之外的地理标志的登记、管理所依赖的《地理标志产品保护规定》《农产品地理标志管理办法》等仅为部门规章，连法规都不是。从立法逻辑的一致性来看，上述三者作为客体虽已有《民法典》加以规定，但相应行政法规和规章都应转换为法律。❶

2017 年中美经贸纠纷以来，我国启动了新一轮的知识产权修法工作。整体而言，该轮修法所引领的知识产权制度完善、执法状况提升将有助于我国营商环境改善、国际形象提升、开展国际合作筹码增强，是毋庸置疑的。❷ 对标国际高水平知识产权保护条约，我国知识产权保护的发展业已迈出赶超型战略的坚实步伐；❸ 随

---

❶ 易继明. 知识产权法定主义及其缓和：兼对《民法总则》第 123 条条文的分析 [J]. 知识产权，2017（5）：3，6.

❷ 初萌. 中美第一阶段经贸协议"知识产权"章节条款评析 [M] //易继明. 私法：第 18 辑：第 2 卷. 总第 36 卷. 北京：知识产权出版社，2022：2 - 20.

❸ 易继明，初萌. 后 TRIPS 时代知识产权国际保护的新发展及我国的应对 [J]. 知识产权，2020（2）：3，15.

着我国创新能力的不断提升，下一步修法的落脚点应以进一步回应国内产业主体发展诉求、以知识产权引领高质量发展为核心目标。具体而言，如下问题值得特别回应。

第一，专利领域，将发明专利、实用新型专利和外观设计专利三种专利权客体同时规定在一部法律文本之中的弊端不断显现。诚然，这一现象虽具有一定的历史和现实合理性，但在知识产权强国战略背景下，实用新型存在的价值是令人怀疑的。在客体、权能、审查标准、保护力度等方面，其与发明存在过于紧密的重叠——尤其是，鉴于专利审查标准的浮动性，以及为打击低质专利可以考虑对实用新型进行实质性审查，这就可能导致实用新型的名存实亡。另外，外观设计专利制度指向保护产品美感、维护市场秩序的制度构造，也与旨在保护产品功能性、鼓励发明创造的发明专利制度存在本质区别，进而催生了单独立法的需求。如若形成专门的外观设计法并加以扩展，也能使之包容更多的感官体验技术或者设计方案，解决制度供给不足的问题。

第二，商标领域，一方面需要进一步探索可注册商标的范围，探索单一颜色商标、位置商标和气味商标的注册可能性，以及是否有必要放开商标类型限制，将现行的限定性完全列举方式改成以商标本质要求为基础的限定性不完全列举的方式；另一方面也需进一步完善驰名商标保护制度，适当降低实践中对驰名商标知名程度的证明要求，强化非注册驰名商标的反淡化保护。❶

第三，著作权领域的修法应当注重人本主义理念的引入，在健全权利体系的同时，增设保护创作者权益、使用者权益的规定。❷此外，还应完善依托于集体管理组织等的许可机制，健全网络服务商注意义务标准，积极探索权利用尽原则在网络领域的适用❸等新技术场景引发的问题。

第四，制定商业秘密保护法。建立系统、有序、自洽、完备的商业秘密保护体系，解决实践中取证难、赔偿低、司法体系不协调、刑事程序滥用等问题，妥善解决劳动者流动中的商业秘密保护，以及行政/司法机关泄露企业商业秘密问题，加强执法效果。统一的商业秘密保护法应在尊重公共政策目标以及商业秘密与专利制度分野的前提下，通过合理设置"第三人"链条长度、"反向工程"条款适用条

---

❶ 管育鹰. CPTPP 知识产权条款及我国法律制度的应对［J］. 法学杂志，2022（2）：95，101－102.
❷ 易继明，初萌. 论人本主义版权保护理念［J］. 国家检察官学院学报，2022（1）：156－176.
❸ 初萌. 论发行权用尽原则在网络领域的适用［M］//易继明. 私法：第16辑：第2卷：总第32卷. 武汉：华中科技大学出版社，2019：232－251.

件、基于公共利益泄密的责任豁免制度等，实现私权与公共利益的平衡。

第五，制定地理标志法。将地理标志管理权限统一到国家知识产权局，结束多头管理，从根本上解决地理标志混乱的保护现状。地理标志保护宜采取专门保护的立法模式，兼顾地理标志的私权属性和公共资源的特征，一方面加强地理标志的保护，另一方面严格地理标志产品的管理。在具体制度设计方面，应实现受理渠道、审查标准、发布公告、专用标志、保护监督五个统一。❶

第六，制定集成电路布图设计保护法。鉴于集成电路布图设计不经审查的特点和权能的设置类似于著作权，而其实现于产品这一点又类似于专利，且保护期限较短，宜采单独立法模式，避免对著作权法或专利法体系的破坏。同时，应进一步完善当前司法保护中较为突出的登记备案制度等问题，例如要求布图设计申请人说明其设计具有独创性的缘由、完善登记检索库等，完善对布图设计独创性的判断。❷

第七，制定植物新品种保护法。2020年第四次修正的《中华人民共和国专利法》（以下简称《专利法》）并不排斥与植物的基因改造有关的专利，而植物新品种保护的侧重点在于产品性状上的表现，其保护的内容相当于内在技术方案即基因改造之实施效果，两者存在一定差异。同时，考虑到植物新品种保护对国家粮食安全的重要意义，单独立法更为可取。

（四）知识产权立法保护的新议题

知识产权保护的新议题主要包括：①时尚设计；②遗传资源、传统知识及民间文学艺术；③数据信息；④商业模式创新。

时尚设计具有产品生命周期短暂、容易引发品牌上瘾和依赖性等特征，但从理性的角度考量，设计的创新无论是否基于"时尚"，都是一种创新，都应该获得财产化的产权保护，否则将破坏先行者的市场先动优势而挫伤创新动力。❸ 将时尚设计作为一种特殊的外观设计，由此形成一种短周期的时尚设计保护模式，是一种可取的保护方式。

遗传资源、传统知识与民间文学艺术，是我国重要的战略资源。遗传资源作为一种战略性、基础性资源，关涉国家生态安全、粮食安全、经济安全。我国应将遗

---

❶ 易继明. 对我国地理标志保护制度建设的政策建议［N］. 法治日报，2021-11-17（11）.
❷ 祝建军. 集成电路布图设计登记备案制度存在的问题与修改建议［J］. 知识产权，2019（9）：37-44.
❸ 田村善之. 田村善之论知识产权［M］. 李扬，等译. 北京：中国人民大学出版社，2013：182-183.

传资源权作为生物技术知识产权的在先权利予以保护,并从权能配置、权利实现的程序法规则、权利保障机构的设置等层面提出制度完善路径,协调好遗传资源拥有者、获取者和利用者之间的关系。[1] 在传统知识、民间文学艺术保护方面,应坚持"有效保护"和"合理利用"的价值取向。同时,坚持传统知识、民间文艺的"挖掘""保护""转化"三头并进,充分实现其经济、文化价值。

数据信息奠定了知识社会的基础。在《民法总则(草案)》(一审稿)中,数据信息在第108条中被作为知识产权客体加以规定,但考虑到数据信息的复杂性及其权利性质的双重性质,立法最终放弃了这一努力。不过,最终通过的《民法总则》通过第111条个人信息的保护、第123条知识产权客体的适用、第127条数据和网络虚拟财产条款概括性规范,确定了对数据信息的保护。数据信息与知识产权制度均作用于无形的客体,在保护理念上具有一致性,均以促进财产价值的实现、激励使用和创造为目的,且都不具有绝对排他性,而是更加注重私权保护与公共利益之间的平衡。从这个角度而言,构建数据财产权并将其纳入知识产权保护框架,未尝不具有可行性。[2] 更为重要的是,中国在数据等新兴领域拥有较多应用场景,若能率先构建适应数字时代发展的数据信息权利制度,就可能在关于数据保护的全球性议题中实现主导,乃至引领数字时代的经济社会发展。

商业模式创新系加入了新商业要素或产生新商业要素组合,并依此产生了积极变化或创建出全新的商业模式。当前,美国、欧洲、日本等国家和地区保护商业模式创新的方法主要有商业方法发明专利、"索洛信封"(L'enveloppe Soleau)等。这样的法律手段仍不足够。我国一方面可以从现有法律框架出发,加强对商业模式创新的保护,同时发挥好《反不正当竞争法》的积极作用;另一方面,可试行基于时间戳、区块链等技术的"商业模式创新电子登记制度"。

(五)知识产权动态立法机制的构建

科学技术的迅猛发展引领人们进入了知识社会,社会关系的变动不居对以发现为基础的法律进化模式提出了挑战;为此,有必要构建动态立法机制,增强知识产权立法对社会需求的回应。

诚然,通过制定知识产权配套立法、出台司法解释、由法官在个案中创造性运

---

[1] 刘旭霞,胡小伟. 知识产权视野下农业遗传资源产权化进程分析[J]. 知识产权,2009 (3):63-68.
[2] 钱子瑜. 论数据财产权的构建[J]. 法学家,2021 (6):75,77.

用法律等途径，能够实现法律对社会发展需求的回应。然而，受限于语词可能的含义及法律解释规则，考虑到立法与行政、司法权力的配置，忧思于程序启动中的价值缺位，上述路径并不能提供实现法律回应性的完整解决方案。动态立法机制最终仍应落实到立法层面。具言之，我国立法机制的完善应坚持人本主义和可持续发展的价值理念，在程序方面，应改变目前以立法机关单向公开为主导的程序启动模式，强化公众的参与权、知情权、决策权和监督权，促进多元利益集团博弈机制有效展开，从实质层面推动立法民主化建设。由于立法机制的完善难以一蹴而就，作为过渡机制，对知识产权领域的重大事项，可由国务院根据授权先行立法，积累制度经验，待时机成熟后，再制定法律。

动态立法的实现机制中，法律法规审查制度是尤为重要的一环，其对完善知识产权立法、实现知识产权的立法监督具有重要作用。我国对法律法规的备案审查制度以被动审查为主，采取类似于司法"不告不理"的原则，❶ 具有一定的谦抑性，故作用范围有限。2015 年修改的《中华人民共和国立法法》虽增强了备案审查的主动性和反馈要求，但审查原则、标准和程序不明确等问题依旧突出，造成了法制不统一的局面，❷ 需要进一步完善。同时，考虑到知识产权的专业性，可通过委托的方式，将适当性审查的论证交由知识产权相关主管部门，如国家知识产权局、国家版权局来辅助完成，实现审查权的适度下放和高效运作。

三、提高知识产权治理能力

如前所述，知识产权兼具私人性和社会性，应该建立起多元化主体参与的知识产权公共事务协调机制，以减少制度运行磨合成本，促进知识产权更好地融入生产经营活动和社会文化生活中去。在现代社会治理的多元主义下，尤其应当注意发挥社会组织协调政府与服务企业两方面的作用，进而形成"政府－社会组织－企业"三位一体的治理结构，构建区域协调、行业共治、社会参与的知识产权公共事务体系。在此方面，增强行业协会的知识产权服务意识和能力、建立行业协会与知识产权行政管理部门的沟通机制、在法律制度上放松社会组织设立条件、强化政府与行业协会等社会组织的有机共同体建设、完善政府综合监督管理体系是五个需要考虑

---

❶ 张筱倜. 立法法修改后我国法规备案审查制度的再检视［J］. 理论月刊，2016（1）：99，100.
❷ 温辉. 政府规范性文件备案审查制度研究［J］. 法学杂志，2015（1）：9－21.

的维度。知识产权治理的社会化，还需从社会对知识产权服务的需求出发，考虑知识产权服务范围拓宽、层级提升、水平提高的具体实现路径，建立知识产权发展的评价机制，向上影响知识产权立法与政策。此外，通过研究知识产权强省、强市、强企在优化自身创新布局、实现协同发展方面的经验，可为知识产权治理的社会化思路提供有益的指导。

知识产权体制是知识产权法律、政策运行的制度支撑，在国家现代化治理体系中具有重要地位。2018年3月以来，我国知识产权行政体制改革在加大机构整合力度、解决机构职能交叉问题、健全部门间协调配合机制、降低行政成本等方面取得了一系列成果。新一轮政府机构改革后，我国知识产权行政管理体制从原来的高度分散式模式转变为"二合一"模式，在职能分工上相对合理化。为进一步深化知识产权行政管理体制改革，需要进一步分析版权、植物新品种等知识产权的管理模式。同时，在知识产权的宏观决策和微观层面的知识产权审查过程当中，应该建立更加科学的决策机制和高效的审查机制。应研究国家知识产权战略委员会的设立及其运行机制，进一步深化知识产权行政管理体制、知识产权审查现代化等方面的研究。

（一）国家知识产权战略委员会的设立

当下中美贸易摩擦因知识产权纠纷而起，渐次转入科技战、人才战、货币战等，实为一国综合国力之竞争体现。正因知识产权事关国家战略，知识产权日渐公共政策化，主要发达国家往往从知识产权战略角度制定相关公共政策、推进计划，并从组织架构层面建立起相应的战略决策机制。典型的例子，如日本知识产权战略本部、韩国知识产权委员会等。

我国于2008年设立、2016年更为现名的"国务院知识产权战略实施工作部际联席会议制度"，在国务院领导下统筹协调国家知识产权战略实施和知识产权强国建设工作，其核心在于从决策端加强知识产权政策的协调性和有效性，保证公共事务中的"公共行政"各要素能够达到最有效的配置，从而消弭各部门冲突，提高行政效率，降低行政成本，促进社会善治。然而，即便是2016年新组建的国务院知识产权战略实施工作部际联席会议层级有所提高，参加的部委办局也有所增加，由于缺少必要的权威和权限,共识的达成依旧受阻,❶ 这一协调机制依然存在协调能力不足等问题。

基于中国国情和上述这些问题,我们需要仿效日韩两国体制,成立国家知识产权战略委员会。委员会主任由国务院总理担任,吸纳部分独立学者或者专家担任委员会委员,加强知识产权公共政策决策的科学性和权威性,统一组织和部署涉及知识产权的公共事务。同时,委员会根据主任的提议,成立各种调研、考评或者监督小组,通过制订中长期规划和年度推进计划的方式,制定各项知识产权政策和措施,保障各项政策和措施能够得以落实,以此促进经济社会的全面发展。

(二)深化知识产权行政管理体制改革

2018年初公布的《深化党和国家机构改革方案》对我国知识产权行政管理体制进行了改革。由此,我国知识产权行政管理体制结束了高度分散的模式,转入专利、商标、地理标志等工业产权相对集中的"二合一"模式。同时,原属国务院直属局的国家知识产权局转隶,由国家市场监督管理总局辖属,相应的知识产权行政执法统一到国家市场监督管理总局,由此形成管理权与执法权相分离的模式。此次改革,是对"国家治理体系和治理能力现代化"的实践,优化了知识产权行政管理体制,但依然存在需要进一步改进的问题。例如,著作权的具体行政管理职能未作统一管理;植物新品种的管理仍由农村农业部和国家林业和草原局分散式负责,这种生硬的割裂不利于植物新品种的保护。❷

对此,政府部门应当进一步优化组织结构和管理制度,于"国家知识产权总局"成立专门职能部门,负责著作权的具体行政管理职能,同时受中央宣传部的监督与领导,以确保正确的价值导向;植物新品种的管理职能同样应划归"国家知识产权总局",而审查过程的专业性部分则可以委托农村农业部与国家林业和草原局的职能部门出具相关专业意见,保存和储存功能也可以继续留存于农村农业部与国家林业和草原局。将知识产权的审查、注册与管理职责归入统一的政府部门,实现"二合一"模式向"三合一"乃至"N合一"模式的演变,可以有效减少注册及管理成本,并在职责设置上将知识产权行政管理与执法相分离,以实现政府部门结构主义的自洽。这一集中统一的知识产权行政管理体制也是顺应工商业发展目标,以

---

❶ 朱春奎,毛万磊. 议事协调机构、部际联席会议和部门协议:中国政府部门横向协调机制研究[J]. 行政与法,2015(6):39,43.

❷ 郭霞. 植物新品种行政管理体制改革研究[J]. 科技与法律,2016(2):234,262.

及在对外事务中形成合力的必然要求。

(三) 建设世界一流知识产权审查机构

近年来，我国以审查为内核的专利确权体系受宏观政策影响，部分专利审查机构过度追求发明总量，导致专利质量效率矛盾凸显。结合美日欧发展经验，世界一流审查机构更加注重对于专利权利稳定性的基本保障，对于专利制度的流程、功能、效用研究更为深刻，制度调控手段更加科学、更具时效性，展现出强大的组织弹性、服务便捷性与机构智能化，引领着世界专利体系的发展路径。[1]

中国知识产权审查机构建设应当树立以质量为中心的价值理念，主动谋求由非市场导向的数量大国向市场导向的质量强国转变。一方面，知识产权审查机构的上级部门应综合考量发明专利的数量、创新度、使用情况、实用新型专利占比等因素；另一方面，知识产权审查机构也应优化制度流程和组织结构，引入先进技术，提高审查质量和效率。同时，考虑到知识产权审查更多涉及技术判断，无需公权力过度介入，其社会化转型的具体路径也值得进一步探索，以通过市场化的审查模式提升审查效率，促进工业产权的国际和区际交流。

(四) 行业知识产权治理模式

作为行业群体内部的自组织机构，行业协会在解决内部成员沟通的信息不对称问题、降低沟通成本与管理成本方面具有独特的优势，因而成为加强知识产权治理的重要一环。此类机构取得成功的关键在于，借助制度化的谈判达成共识，建立互信，补充市场交换和政府自上而下调控的不足。[2]

然而，如同政府和市场存在有限性和失灵可能性一样，行业治理也同样存在可能导致其失效的问题和风险。在很长一段时间内，由政府主导建立和运行是我国行业协会的最大特点和主要运行模式，[3] 由此导致我国行业协会主观能动性不强。此外，协会会员缺乏身份认同，社团罚性质不明且缺乏法律救济，[4] 协会会员之间联合行动以排除竞争，也是较为突出的问题。

---

[1] 毛昊，刘夏，党建伟. 对标世界一流专利审查机构的制度经验与改革应对 [J]. 中国软科学，2020 (2)：11 – 25.

[2] 郁建兴，刘大志. 治理理论的现代性与后现代性 [J]. 浙江大学学报 (人文社科版)，2003 (2)：5 – 13.

[3] 易继明. 论行业协会市场化改革 [J]. 法学家，2014 (4)：33, 35.

[4] 袁曙宏，苏西刚. 论社团罚 [J]. 法学研究，2003 (5)：58, 64 – 67.

为解决上述问题，首先应当简政放权，解除行政权力对于行业协会的绝对支配地位，转为监督与被监督的关系；同时改审批制度为备案制度，为市场机制的作用提供空间。其次，积极发挥行业协会主观能动性，为成员提供普法、知识产权风险提示、维权援助等服务，在维护成员合法权益、促进联合创新等方面提供服务。再次，应当建立知识产权行政部门与行业协会的联合惩戒机制。最后，政府部门应将监管重点从协会的日常运转转向对垄断等行为的规制，以促进行业良性发展，完善知识产权行业治理。

（五）知识产权治理中的社会参与

在知识产权治理中，仅凭法律法规和政府部门难以及时发现并解决所有问题；调动私人资源，使不同主体共同形成和执行决策，已成为政府治理能力提升的关键。[1] 总的来看，我们应当打造以市场为导向、以技术为支撑、以服务为理念的多元化知识产权保护模式。于市场主体而言，既要尊重他人知识产权，也要积极创造、获得、行使知识产权。此外，应树立鼓励消费者积极行使社会监督权利的良好风气，通过举报和消费者评价等方式协助有关部门打击知识产权侵权现象，维护知识产权制度的正常运转。

（六）知识产权发展的评价机制

知识产权发展的评价机制主要由知识产权制度本体评价与知识产权制度的应用绩效评价构成。我国知识产权评价指标长期存在重数量标准、轻绩效标准的问题，难以真实反映国家技术创新和科技发展情况。国外如欧盟的"欧盟创新记分卡"以及全球创新指数评价指标体系则与经济发展数据的联系更加紧密，更加注重知识产权的质量而非数量。

我们认为，知识产权发展评价指标体系的构建应该更加注重知识产权发展的绩效评价与制度、市场环境评价，而非只围绕保护客体、案件的数量进行评价；同时在知识产权评价指标的设计上应当符合国情发展，不能以单一提升保护强度为标准设置指标，避免对国家的经济和技术发展产生负面效果。

---

[1] 宋华琳. 迈向规制与治理的法律前沿：评科林·斯科特新著《规制、治理与法律：前沿问题研究》[J]. 法治现代化研究，2017（6）：182，185.

四、优化知识产权公共政策

2008年《国家知识产权战略纲要》颁布以来，我国陆续出台了大量的知识产权公共政策；同时，市场监管、科技创新、产业、贸易、财政税收等方面政策也出现了与知识产权相关的内容。这些政策发挥着重要的社会调控功能，也具有不同的价值面向。在公共政策层面，值得特别关注的有三个维度：其一，知识产权公共政策的定位，以及知识产权价值链（创造、运用、保护、管理、服务等）各环节的政策取向问题；其二，知识产权公共政策的适格性，包括合法性、公平竞争性以及对全球化的适应性；其三，区域知识产权协调发展；其四，国家知识产权战略实施中的财政资金及国有资本使用的绩效问题。

（一）知识产权公共政策的定位

我国现有知识产权公共政策可以概括为"一体两翼"的结构模式。"一体"主要是指知识产权本体政策，具体表现为国家各类重大规划、各领域知识产权战略规划和各区域落实《国家知识产权战略纲要》的政策措施；而"两翼"则是指与本国知识产权公共政策相关的配套政策和国际协调政策。从整体趋势上看，我国知识产权公共政策大致经历了知识产权保护的行政管理政策、激励科技创新的科技政策和作为独立政策范畴的知识产权政策三个阶段。❶ 具体而言，我国知识产权保护政策历经了从宽到严，从跟随到赶超的变化；知识产权政策定位目标实现了从注重数量向注重质量的转变，全面提升知识产权的运用和转化成为重点；在国际方面，在对标国际高水平知识产权保护协定❷的基础之上，更加注重国际知识产权保护的平衡发展。

以价值链角度观之，现行知识产权公共政策的价值链包含创造、运用、保护、管理和服务五个环节。其中，创造环节涵盖了知识产权数量、知识产权质量、知识产权领域布局和知识产权创造的激励政策；运用环节体现为运用模式、经济和民生促进、转化运用、军民融合、政策与公共服务；保护环节关系到国家和地方立法以

---

❶ 肖尤丹. 面向国家知识产权战略实施的知识产权管理及其促进政策［J］. 中国科学院院刊，2013（4）：419，421-422.

❷ 易继明，初萌. 后 TRIPS 时代知识产权国际保护的新发展及我国的应对［J］. 知识产权，2020（2）：3，12-16.

及相关政策的制定；管理环节则牵涉管理体制机制、"放管服"改革、社会组织和创新主体管理能力；服务环节强调服务业发展、平台建设与运行、政策环境等。

我国知识产权公共政策正在向"环境型"转变，从价值链全环节出发构建良好的知识产权营商环境。现阶段，应注重兼顾"效率"与"公正"，既要强化权利保护，也要兼顾利益平衡。在知识产权运用方面，需要进一步完善市场导向机制，使市场成为引导创新资源流动的关键力量。❶ 同时，以服务与增进社会公共利益这一主要功能为导向，❷ 完善知识产权公共政策评估机制。

（二）知识产权公共政策的适格性

评价知识产权公共政策之适格性，有必要从合法性、公平竞争性以及国际适应性三个维度进行审查。

1. 知识产权公共政策合法性审查

知识产权公共政策合法性审查应为实质合法性审查，即在审查中"通过利益衡量和价值判断"，在价值追求上指向实体正义，实现"合目的性与合理性的统一、程序合法性与结果合法性的统一"。❸ 这一审查有助于促成知识产权公共政策合法性和合理性，克服公共政策部门化倾向，实现知识产权治理体系协调统一。

长期以来，我国知识产权公共政策合法性审查实践存在高度形式化现象，审查主体独立性不足、审查范围界定不清、审查标准单一、审查程序简单笼统、审查责任缺失、审查能力不足、审查衔接机制匮乏等问题较为突出，导致出现合法性危机。针对上述问题，宜在坚持全面审查与合法审查两大基本原则基础之上，引入比例原则；❹ 同时，从增强审查主体中立性、明确审查范围、规范审查程序、提升审查能力、明确审查责任、建立合理的审查衔接机制等方面，对知识产权公共政策合法性审查机制加以全面而系统的完善。

2. 知识产权公共政策公平竞争性审查

公平竞争审查制度是我国反垄断领域内的一项法律制度，这一制度的出台标志着竞争政策在国家经济政策中基础性地位的确立。根据《国务院关于在市场体系建设中

---

❶ 张鹏. 知识产权公共政策体系的理论框架、构成要素和建设方向研究［J］. 知识产权，2014（12）：69，72.
❷ 周超. 论TRIPs协定与公共利益［M］. 北京：知识产权出版社，2012：42-44.
❸ 宫笠俐，王国锋. 重大决策实质合法性审查研究［J］. 社会科学战线，2017（7）：178，179.
❹ 刘权. 论行政规范性文件的事前合法性审查［J］. 江苏社会科学，2014（2）：147，152.

建立公平竞争审查制度的意见》（国发〔2016〕34号），公平竞争审查制度旨在"打破地区封锁和行业垄断，清除市场壁垒，促进商品和要素在全国范围内自由流动"。

反观知识产权制度的核心理念，一端是以创新为基础的产权配置，另一端是对市场公平竞争秩序的维护，这凸显了知识产权与公平竞争审查制度的契合性。但与此同时，知识产权本身就是一种"合法的垄断"，也必然会制造一定的市场壁垒。此中难点，即在于对"合法垄断"与"非法的垄断权利行使行为"作出区分。总的来说，我国应当借鉴反垄断制度实施经验，结合知识产权自身特征，对知识产权领域涉及市场准入限制、指定交易、政府补贴等的公共政策进行系统梳理、清理，逐步构建起知识产权领域的公平竞争审查制度。从现阶段来看，我们需要在摸着石头过河的征途上摒弃形式化、公式化的论断，❶ 不断积累公平竞争审查的经验，尽快确立一套合法、可行的审查标准。

3. 知识产权公共政策国际适应性审查

当今世界，知识产权已经成为国际贸易的标配，一国知识产权政策能够在多大程度上对标高标准知识产权国际条约，已成为营商环境的重要衡量因素，直接影响国际贸易的开展。与此同时，知识产权保护在集聚全球创新资源、提升创造能力方面的作用也不断被挖掘，未来世界的竞争日益表现为知识产权的竞争。例如美国信息技术和创新基金会（Information Technology & Innovation Foundation，ITIF）近期就发布了题为《美国贸易政策需以竞争力为重点强化知识产权保护》的政策建议报告，旨在充分发挥知识产权的经济作用。❷

从国际适应性层面考察，我国知识产权公共政策应向如下方向调整：一是重视关乎国家安全的高新技术的发展，提升我国技术实力、综合国力；二是维护并推进知识产权多边机制的改革，推动国际知识产权秩序向更加开放包容、平衡普惠的方向发展；三是积极利用多边、双边、周边、"小多边"机制发展对外经贸关系；四是进一步深化改革与开放，积极参与全球知识产权治理。❸

（三）区域知识产权协调发展

我国存在区域水平差异明显的客观情况，区域协调发展是分析我国知识产权公

---

❶ 侯利阳. 公平竞争审查的认知偏差与制度完善［J］. 法学家，2021（6）：106，119.
❷ 李姝影，杨露霜. 美国智库建议采用以竞争力为重点的贸易政策加强知识产权保护［EB/OL］.［2022-04-20］. http://www.casip.ac.cn/website/ipr/iprnewsview/2945.
❸ 易继明. 后疫情时代"再全球化"进程中的知识产权博弈［J］. 环球法律评论，2020（5）：163-177.

共政策不可忽视的维度。

当前，我国已经建立了京津冀协同发展、长江经济带、长三角一体化以及粤港澳大湾区等区域发展战略。党的十九大报告进一步要求实施区域协调发展战略、建立更加有效的区域协调发展新机制。推动知识产权区域协调与我国区域发展战略相结合，是充分利用资源建设知识产权强国的重要途径。当前我国战略发展区域的知识产权协调，一方面需解决区域内部知识产权创造与保护水平差异明显、跨区域执法保护困难等共性问题，另一方面需服务于各区域自身发展目标的实现。我国区域知识产权协调发展的推进应坚持区域知识产权协调与区域战略发展布局相配合、试点先行与差异化措施相结合、市场主导等原则，从知识产权信息收集与布局导航制定、减少区域内知识产权行政司法保护差异、提供针对性技术转移促进措施等方面具体展开。

（四）国家知识产权战略实施中的财政资金及国有资本使用绩效

2008年《国家知识产权战略纲要》实施以来，从中央到地方都加大了对知识产权方面的财政投入，以期通过知识产权的发展提升综合国力。但是，知识产权财政投入和知识产权效益转化并非简单的线性关系。我国虽在知识产权创造阶段取得了一些成果，尤其是成果数量居世界前列，但在转化阶段却存在一定的知识产权堆积和冗余，乃至出现了"专利沉睡"❶现象。财政投入不足，投入在数量和结构上不均衡，"科技"与"经济"两张皮，是导致上述现象的突出原因。针对这些问题，我们仍需采取如下措施：其一，继续加大知识产权领域财政投入力度，优化财政投入结构，加强对基础研究的资金支持；其二，将产学研相结合，充分调动科研人员积极性，提高专利质量和专利转化率；其三，构建知识产权转化中介平台，加强科研机构和企业的信息交流，对知识产权成果进行专业化管理和运营。

五、促进知识产权与经济社会融合发展

习近平总书记在中央政治局第二十五次集体学习中指出，知识产权保护工作关系国家治理体系和治理能力现代化，关系高质量发展，关系人民生活幸福，关系国家对外开放大局，关系国家安全。❷越来越多的事例显示，知识产权已经深刻融入

---

❶ 张国富，韩宁."沉睡专利"之成因与激活路径探讨［J］.学习论坛，2013（8）：70-73.
❷ 习近平.全面加强知识产权保护工作 激发创新活力推动构建新发展格局［J］.求是，2021（3）：4.

科技、贸易、经济、社会和政治中，也依赖这些所有经济社会发展要素的孕育与支撑；当今世界竞争已呈现出"泛知识产权"的整体态势。❶ 基于此，有必要探讨知识产权与科技创新、经济发展、社会发展、文化发展、国际贸易、对外关系、国家安全之间的关系，进而探讨其融合发展的方式与具体措施。

（一）知识产权与科技创新

根据知识产权功利主义理论，促进科技发展是知识产权制度的根本目的之一。科技创新是知识产权发展的前提和基础，科技创新也对知识产权制度不断提出挑战。研究显示，科技创新依赖于可持续发展的、均衡的知识产权制度；任何知识产权制度都需在很大程度上寻找权利人利益和一般公众利益之间的"微妙平衡"。❷ 因此，在坚持知识产权"严保护"的大趋势时，我们还需反思当前知识产权保护制度是否为先驱企业赋予了过度的保护，乃至损害在后企业参与竞争的能力。❸ 这是由科技领域序贯创新的路径依赖性所决定的。易言之，我国知识产权制度发展应当走适度保护和可持续发展之路。❹

以建设创新型国家为目标，我国应当推进新技术革命背景下新型知识产权规则的构建；健全执法机关、司法机关、市场主体、行业组织、社会公众共同参与的知识产权协同保护格局；建立激励创新发展的知识产权市场运行机制；重视知识产权平衡性机制的设置和完善，保障公有领域，为社会公众提供再创造的合理空间；充分考虑行业差异、地域差异和发展阶段差异，实施具有针对性的知识产权政策；为科技创新提供人才、金融和政策上的支持，为科技发展营造良好的市场竞争环境。

（二）知识产权与经济发展

自《国家知识产权战略纲要》实施以来，中共中央、国务院接连出台了若干涉及知识产权与经济发展的战略性文件，分别涉及知识产权保护促进营商环境改善、促进区域经济发展、促进产业发展，发展知识产权金融和知识产权服务精准扶贫以

---

❶ 易继明. 中美关系背景下的国家知识产权战略 [J]. 知识产权，2020 (9): 3, 7.
❷ HUGENHOLTZ B. Is harmonization a good thing? The case of the copyright acquis [M] //OHLY A, PILA J. The europeanization of intellectual property law: towards a european legal methodology. Oxford: Oxford University Press, 2013: 66.
❸ MERGES R P, NELSON R R. On the complex economics of patent scope [J]. Columbia Law Review, 1990, 90 (4): 839, 843-844.
❹ 李洁琼. TPP 知识产权规则与中国的选择 [J]. 政法论坛，2017 (5): 54, 60.

及新农村建设等方面。这些文件深刻揭示了知识产权与经济发展的关系。为促进经济发展，应当做到如下几点：第一，推动知识产权与金融充分融合，盘活资产。第二，推动知识产权与新兴产业融合发展，培育一批知识产权强企；第三，着眼于我国特有的地理标志、植物新品种等资源优势，推动产业附加值的提升。

（三）知识产权与社会发展

社会发展和经济发展为国家发展的两大方面，皆与国家知识产权发展战略高度相关，促进知识产权与社会发展全面融合是十分重要的议题。社会发展包括民生建设中的基本权利保护、医疗卫生、知识产权扶贫、国家就业、教育发展，以及社会治理中的知识产权公共服务、知识产权意识。知识产权制度对社会发展的促进作用尤其体现在如下方面：一是借助知识产权实现精准扶贫，例如以植物新品种和农业品牌化建设实现乡村振兴战略；二是完善专利强制许可、药品专利链接专利药入医保目录等制度，支撑健康中国建设；三是完善知识产权立法和保护、知识产权政府管理、公共服务、中介服务、人才队伍建设，营造尊重知识、崇尚创新、保护产权、包容多元的社会环境。

（四）知识产权与文化发展

《国家知识产权战略纲要》强化了知识产权在文化政策中的导向作用，提出了"培育知识产权文化""推进知识产权文化建设"的政策目标。经过多年的实践积累与理论凝练，"尊重知识、崇尚创新、诚信守法、公平竞争"的知识产权文化正在逐步形成。为进一步促进知识产权文化的发展，我们需要积极面对知识产权国内外变局中的焦点问题，并从如下层面予以展开：其一，在版权等与文化发展密切相关的领域开展普惠项目，助力知识产权成果惠及更广大民众，增强人民对知识产权保护的接受度；其二，发展以诚信为根基的商业文化，促进版权产业的发展；其三，在跨文化交往中培育"知识产权文化商"❶，通过专利审查员培训与国际交流对外输出中国专利文化，❷ 推广传递我国核心价值观的优秀文化成果，提升国际影响力。

---

❶ "文化商"（culture quotient，CQ）这一概念最早在工商管理领域被提出，其衡量一个人在跨文化环境中应对自如的能力和谋略。2016年，笔者在承担国家知识产权局《中国特色社会主义专利制度研究》项目时，借此概念提出"知识产权文化商"（intellectual property culture quotient，IPCQ），用于衡量一个人在跨文化交往中对知识产权文化的理解、尊重及运用能力。参见：易继明. 中美关系背景下的国家知识产权战略 [J]. 知识产权，2020（9）：3，18.

❷ 易继明，初萌. 全球专利格局下的中国专利战略 [J]. 知识产权，2019（8）：38，55.

（五）知识产权与国际贸易

国家知识产权发展与国际贸易密切相关。当前知识产权与国际贸易日益融合，并呈现出了一体化的趋势。近年来，美国通过贸易制裁手段对中国频繁挥舞知识产权大棒，要求中国满足其不合理的条件，其中许多做法并不公平。对此，我国需要建立起融入知识产权相关要素的国际贸易审查制度。具言之，应当在"不可靠实体清单"制度基础上，建立常态化、周期性的审查预警机制，针对贸易对手的不当行为及时展开调查，寻求磋商，甚至进行制裁等，完善配套事后评估制度，❶ 以维护本国的合法利益。针对我国市场主体在国际贸易中面临的知识产权风险，一方面应积极推动建立和完善相应的国际协调机制，尝试建立司法协助和联合执法机制；❷ 另一方面也应在国内健全政府、行业协会、市场主体共同参与的海外知识产权风险援助治理体系。❸

（六）知识产权与对外关系

知识产权对外关系是一国对外关系的重要内容。知识产权制度作为科技创新及国家竞争力的重要支撑，在知识产权全球治理体系重塑中将决定一国发展的空间及战略目标的实现。随着我国国力的崛起，我国的国际秩序观已变得更加富有建设性；❹ 与之相应，我国知识产权国际战略的实施也应转被动为主动，积极引领构建普惠包容的知识产权全球治理体系，从而与这一发展中的国际秩序观相契合。

探索新时代下知识产权对外关系的具体路径，可从以下三个方面出发：其一，坚持区域知识产权制度先行，❺ 不断提高我国在国际知识产权规则制定中的话语权，推动知识产权全球治理体系改革；其二，加强知识对外宣传，打好"全球化"和"技术中立"两张牌；其三，加强对外知识产权交往中的理论研究，例如扩张知识产权先用权理论，完成传统知识（包括中医药）、民间文艺等的保护规则的现代性转换，❻ 在国际知识产权保护中倡导人本主义精神、利益平衡理念，为引领国际知识产权新秩序寻找切入点。

---

❶ 钱子瑜. 论知识产权海外维权援助体系的构建 [J]. 知识产权，2021 (6): 35, 48.
❷❻ 易继明. 提高涉外知识产权执法司法质效 [N]. 人民政协报，2021－11－03 (3).
❸ 易继明. 跨境电商知识产权风险的应对：以中国电商在美被诉为例 [J]. 知识产权，2021 (1): 36, 45－53.
❹ 卫灵. 中国特色大国外交的理论构建与实践创新 [J]. 人民论坛·学术前沿，2019 (10): 70, 73.
❺ 吴汉东. "一带一路"战略下知识产权保护的中国选择 [J]. 人民论坛，2017 (3): 94, 96.

(七）知识产权与国家安全

知识产权与国家安全密不可分。由供应链上游关键技术所维系的产业安全，由文化产品输出的价值观所引领的文化安全，无不与知识产权密切相关。作为新时代"国家安全"内涵的高度总结，"总体国家安全观"的丰富内容也对知识产权工作提出了新要求，需要知识产权对经济社会的全方位渗透来实现。

总的来说，我国知识产权工作应注重如下三方面，以切实维护国家安全利益。其一，完善知识产权安全工作机制，例如制定知识产权审议条例，有针对性地设置审查对象，适度扩大知识产权审议的适用范围；其二，完善知识产权对外转让、许可与对内进口管理制度，明确审查范围，严格审查内容；其三，加强网络知识产权管理，协调产业发展与保护国家安全利益需求间的矛盾。

六、结　语

2013年11月，党的十八届三中全会通过《中共中央关于全面深化改革若干重大问题的决定》，明确全面深化改革的总目标是完善和发展中国特色社会主义制度，推进国家治理体系和治理能力现代化。此后，"国家治理体系和治理能力现代化"这一表述不断在中央文件中出现。2019年10月，党的十九届四中全会通过《中共中央关于坚持和完善中国特色社会主义制度，推进国家治理体系和治理能力现代化若干重大问题的决定》，进一步明确国家治理的现代化目标。国家发展方向，实则隐含了对知识产权治理之现代化目标的建设要求。

国家治理体系和治理能力的现代化，归根结底是制度安排的理性化过程；[1] 知识产权治理，概莫能外。循此逻辑，政府主导的知识产权法律体系、公共政策体系的完善，多主体、多中心的知识产权治理体系的健全，以及知识产权制度与国家其他领域制度的协调发展，便成为知识产权治理体系和治理能力现代化的应有之义。本文从法律体系、公共政策、社会治理、融合发展四个维度，提出了实现知识产权治理结构与治理能力现代化的具体改进方案。诚如习近平总书记所言："制度更加成熟更加定型是一个动态过程，治理能力现代化也是一个动态过程，不可能一蹴而

---

[1] 徐邦友. 推进国家治理体系和治理能力现代化的中国方案：基于制度理性的视角[J]. 治理研究，2020（5）：11.

就，也不可能一劳永逸。"[1] 但我们始终相信，在全球化的动力之下，以法治化手段促进知识产权制度的不断完善，增强制度的回应性，就能不断提升知识产权治理体系和治理能力，最终建成中国特色、世界水平的知识产权强国。

---

[1] 习近平. 坚持和完善中国特色社会主义制度 推进国家治理体系和治理能力现代化 [J]. 社会主义论坛，2020（1）：4，6.

新技术、新领域、新业态中的知识产权问题研究*

新一轮技术革命背景下,新技术、新领域和新业态不断涌现。大数据、人工智能、区块链、生命科学、信息通信技术等新兴技术代表了未来技术发展的方向,由此催生的新业态和新领域已经成为未来经济的重要增长点。这些创新与变革为我国知识产权的创造、运用、保护和服务带来了前所未有的机遇和挑战。新技术、新业态和新领域中面临的知识产权问题主要有以下三个方面:第一,如何完善知识产权制度,积极回应新技术、新业态和新领域对知识产权制度的冲击;第二,如何促进新技术、新业态和新领域对知识产权的创造和运用;第三,如何利用新技术,探索利用新技术辅助知识产权确权、维权和交易的新途径。在知识产权强国建设过程中需要积极因应这些机遇和挑战,方能支撑我国抢抓技术革命和产业变革的重大机遇,抢占技术创新制高点,在国际竞争中获得领先地位。本文对人工智能、大数据、算法和区块链技术主要涉及的知识产权问题开展了研究。

一、人工智能的知识产权问题与对策研究

(一)人工智能的发展现状和前景

人工智能(artificial intelligence)是研究如何应用计算机的软硬件来模拟人类某些智能行为的基本理论、方法和技术,其应用领域十分广泛,主要涉及医疗、教育、制造、金融等领域的商业应用。作为新一轮产业变革的核心驱动力和引领未来发展的战略技术,国家高度重视人工智能产业的发展。在国家"互联网+"行动计划和"十三五"的相关规划中,均明确将人工智能作为战略性新兴产业,给予重点扶持。

---

* 本文系国家知识产权局委托的知识产权强国建设纲要支撑课题"重点领域知识产权问题研究"研究报告的节选。课题组负责人:林秀芹;课题组主要成员:龙小宁、王俊、罗立国、李晶、周璐、董慧娟、朱冬、郭壬癸、李超光;执笔人:朱冬。

深度学习算法被提出以来，人工智能技术应用得到了突破性发展；深度学习算法在语音和视觉识别上的突破，又为人工智能产业落地和商业化发展创造可能；在硬件和基础算法不断实现突破的过程中，人工智能从实验室走向了商业应用。未来人工智能的发展需要多种技术发展相支撑，实现技术与产业融合发展，技术跨产业结合成为大势所趋。近几年，我国政府不断出台政策和规划，将人工智能发展上升到国家战略的高度，也为产业发展提供了良好环境。

（二）人工智能产出物的知识产权保护问题

目前，人工智能技术对知识产权制度带来的主要冲击，在于人工智能产出物是否可以成为知识产权保护的客体。

1. 人工智能产出物的可版权性问题

随着人工智能技术的发展，其逐渐涉足文学和艺术创作领域，开始所谓的"创作"，那么人工智能产出物是否属于版权法意义上的作品？在著作权法上，作品的构成要件有三：其一，作品应属于文学、艺术和科学领域的成果；其二，作品应具有独创性；其三，作品应能以某种形式表现。人工智能产出物可否作为作品保护，也应经过上述三项要件进行综合检验和判断。仅从客观表现来看，人工智能产出物无疑属于文学、艺术和科学领域，亦符合能够以某种形式表现的特征。因此，人工智能产出物是否具有独创性，是人工智能产出物可版权性的关键。尽管大陆法系和英美法系对于作品独创性标准的判断存在差异，但是均强调作品需是人类智力活动的产物。在利用人工智能辅助创作的情境下，人工智能仅仅被作为作者创作的工具，此时仍然能够找到作品的创造者，符合独创性的要求。但是，如果在完全没有人类参与的情况下，人工智能产出物是否能够成为版权法意义上的作品则不无疑问。当然，亦有观点主张赋予人工智能法律主体地位，从而解决其产出物的作品地位问题，但是对该问题的探讨显然已经超出了著作权法的范畴。

一些学者提出，人工智能产出物的可版权性问题，本质上是为了保护投资，而非鼓励智力创作，因而可以将人工智能产出物纳入邻接权的客体范畴。保护人工智能产出物能够鼓励投资，不仅有助于科技进步，而且有助于人工智能产出物的传播和利用。有疑问的则是，将对于人工智能产出物的邻接权赋予何种主体？人工智能的创造者、数据喂养者还是人工智能的利用者？一种观点认为，人工智能的操作者对生成成果的具体内容的贡献度以及对内容生成与传播的控制力，与广播组织者对广播节目、录音录像制作者对录音录像制品的贡献度和控制力是相类似的，因此应赋予其邻接权人的地位。

综上所述，关于人工智能产出物的可版权性问题，目前学界经历了几年的讨论仍然未形成一致意见。当然，人工智能技术仍然处于不断发展的过程之中，在很长一段时间内我们将处于弱人工智能的阶段。从近期任务来看，应当继续探讨保护人工智能产出物的内在需求，以目标为导向，从而设计出符合人工智能技术与产业发展需求的新型规则。

2. 人工智能产出物的可专利性问题

人工智能已经开始应用于发明创造领域，那么，人工智能又可否成为专利法意义上的发明人？经过训练后，人工智能甚至能够发现新的技术漏洞和多项技术之间的可完善空间，从而预测漏洞填补和技术改进完善方案，独立评估与预测技术方案。从这一角度上看，人工智能已不能仅作为简单的工具而存在，而在某种意义上已成为发明创造的"创造者"。发明人或者设计人一般是对发明创造或外观设计的实质性特点作出创造性贡献的人。传统观念认为，只有自然人才值得激励，只有自然人才能视为发明人或设计人。在现有的法律框架下，赋予人工智能独立的发明人身份似乎不合时宜。首先，激励要素缺失。激励理论认为赋予垄断性质的专利权有助于从心理上和物质上激励进一步创新。而人工智能是多种技术综合下的类人机械设置，不会产生生理需求也不具备心理学上独立的意志和思考能力，因此赋予其独立的发明人身份难以产生激励创新的效果。其次，与民事主体理论相悖。在弱人工智能阶段，人工智能只是纯机械性设置，并不具备独立意志，无法真正享有权利和履行义务，也无法具备行为能力，仍需依赖自然人预先设置或介入过程引导其行动。

对于人工智能生成技术方案的可专利性问题，应当坚持审慎认可态度。虽然专利法仅认可自然人可作为发明人取得专利权，但并未否定人工智能等辅助自然人实现新的技术突破或发现可取得专利权。一方面，应当认可人工智能生成的技术方案可申请专利。专利法要求发明人作出的是"非显而易见"或"创造性"的方案，即应在现有技术及其显而易见的替代方案之外实现实质性技术突破或取得非显而易见的进展。人工智能基于其深度学习能力与大数据技术，可以不受外界干扰不断学习与运行，能够对某一具体领域的所有技术方案进行较为全面的检索与分析，从而一定程度穷尽某问题的可能技术方案，形成部分非显而易见性或难以想到的创新方案，实现该领域的创新突破。另一方面，为防止人工智能应用导致专利数量激增，形成垃圾专利丛林，影响产业后续创新与再创新，应当提高对人工智能生成技术方案的专利审查标准，即提高"突出的实质性特点与显著的进步"标准。审慎对待人工智能生成的技术方案的专利申请，适当限缩人工智能生成专利的权利范围，并打击人工智能领域的专利蟑螂行为，促进人工智能领域的技术传播，促进专利许可便利化。

（三）人工智能对知识产权审查机制的影响

人工智能借助大数据技术与深度学习技术，在数据分析、比对、识别与预测方面取得快速发展，可以有效搜索和识别结果，这对于商标审查、专利审查都有着重要作用。

在商标审查阶段，人工智能可辅助商标审查人员进行海量商标搜索与比对，预先筛除不得作为商标使用和注册的标识，减少商标识别工作量；然后针对类似标识，提出不同标识的相似之处与不同之处，从而有效提高商标审查效率；最后，人工智能可以辅助商标审查人员查找其他在先合法权利，防止标识登记为商标后与他人在先合法权利冲突。未来随着人工智能智能化进一步发展，人工智能甚至能够代替商标审查人员独立进行商标登记工作。

人工智能能够缓解专利审查压力，提升专利审查效率。专利审查部门可以利用人工智能辅助从事专利审查事务，提高审查效率，缓解审查员数量与发明申请量之间的紧张关系。人工智能参与专利审查流程，可以促使现有的专利审查流程便利化，使得审查效率进一步提升，这也符合人工智能时代的产业发展要求。但是，在人工智能参与专利审查的过程中，仍需要审查员结合技术、行业和法律等因素进行综合考虑和分析决策。

二、大数据的知识产权问题与对策研究

（一）大数据的发展现状和前景

大数据（big data）在新技术发展中具有基础性的地位。综合学界对大数据的各种定义来看，大数据是无法在一定时间范围内用常规工具进行收集、管理和处理的数据集合，是需要新处理模式才能具有更强的决策力、洞察发现力和流程优化能力的海量、高增长率和多样化的信息资产。大数据的战略意义不在于掌握庞大的数据，而在于对这些数据进行专业化处理，从而实现数据的增值。

据国际数据公司（IDC）发布的《数据时代 2025》（*Data Age* 2025）报告显示，

全球每年产生的数据量将从2018年的33ZB增长到2025年的175ZB，这表明全球产生的数据量呈指数级增长态势。根据中国信息通信研究院发布的《大数据白皮书（2018年）》，我国以分析类技术、事务处理技术和流通类技术为代表的大数据技术得到了快速的发展。以开源为主导、多种技术和架构并存的大数据技术架构体系已经初步形成。大数据技术的计算性能进一步提升，处理时延不断降低，硬件能力得到充分挖掘，与各种数据库的融合能力继续增强。将来，在基于数据驱动的数字经济模式发展与扩张、大数据与工业行业的深度融合、大数据与知识产权创造与保护等领域的大数据技术的发展将会有更为广阔的前景。

（二）大数据知识产权保护面临的挑战

1. 传统知识产权制度关于大数据保护存在的问题

在著作权领域，数据库是与大数据最为相关的以数据作为载体的知识产权保护客体，在我国以汇编作品的形式进行。但大数据对数据体量以及完整性的追求，与著作权法保护独创性作品的价值取向存在相当偏差。数据库的著作权法保护是针对构成汇编作品的数据库，应满足对于数据的选择、编排以及数据库的体系和结构的独创性要求，而不是对数据本身的保护。著作权法只能在有限的范围内保护形式上能够达到汇编作品独创性要求的数据库，而众多追求数据完整性的数据库则难以获得著作权保护。这意味着，基于大数据理念的数据集合很难满足独创性要求，因而不能成为著作权法所保护的客体。

大数据也可以寻求商业秘密制度的保护，但是这种保护力有不逮。《中华人民共和国反不正当竞争法》中对商业秘密的定义为"不为公众所知悉、具有商业价值并经权利人采取相应保密措施的技术信息、经营信息等商业信息"。据此，用户生成内容（UGC）等数据类型因为不满足保密性的要求而无法获得商业秘密制度的保护。大数据鼓励流动与共享的运用规则挑战了商业秘密的确定规则。鉴于"互联网+"已经渗透进传统行业的方方面面，用户在不同的平台上注册和使用时不可避免地留下痕迹，数据的来源丰富多样，因此认定商业秘密非公开性的争议随之增加。同时，数据抓取和数据挖掘技术的发展一日千里，数据控制者究竟采取何种程度的技术保密措施才属于"合理的保密措施"存在较大争议。如果不恰当地将用户数据一律作为商业秘密加以保护，将会导致商业秘密的客体泛化，更与大数据鼓励数据共享与公开的利用原则相违背，将实质性地阻碍大数据价值的实现。

2. 是否有必要创设新的数据权

鉴于现有知识产权制度对于大数据保护存在制度供给不足的问题，近年来学界开始探讨创设新型财产权的现实性和可能性问题。

由于交易成本的存在，不同的权利界定和分配，会带来不同效益的资源配置，因此产权制度的设置是优化资源配置的基础。而当产权界定的收益超过成本时，产权就会随之出现。通过成本收益分析可知，对于数据进行确权，产生的收益主要表现在两方面。一方面，通过数据的确权，可以减少数据交易中的不确定性。现在的数据交易主要通过合同的方式进行，而合同属于债权，规范的是合同双方的权利与义务，出现合同未列明的部分的纠纷，只能由双方协商或法院裁决，且对合同之外的其他主体没有约束力。因此，基于合同进行数据交易容易产生较大的不确定性，从而影响交易的稳定性。另一方面，通过数据的确权可以促进数据的供给。由于数据具有无形性、易复制性等特征，在数据权利明确之前，数据的拥有方向外界透露并提供数据会非常谨慎。而在数据权利明确之后，数据的供给方愿意对外公布自己拥有的数据，数据的需求方也能知晓从哪里获得数据，从而有效促进数据的供给。当然，数据确权也是存在设权成本的，但是区块链、云存储技术的运用，一方面提高了登记公示的可信度，另一方面也使得数据登记公示的成本大幅下降，所以综合来看，在现阶段对数据进行赋权，从而建立相应的数据权制度是具有必要性的。

3. 数据挖掘的知识产权限制问题

文本和数据挖掘（TDM）是大数据技术与商业应用极为常见且基础的重要研究工具。文本和数据挖掘技术能够对数字形式的信息进行计算分析，处理海量的信息，从而获得有价值的模式、相关性、衍生数据或预测未来的商业趋势。虽然大数据对数据体量以及完整性的追求决定了被挖掘的数据整体不可能构成著作权法的保护客体，但不可否认的是待挖掘的海量文本及数据中可能包含部分受著作权法保护的内容，比如文字作品、音乐作品、美术作品、汇编作品等，如果严格依据著作权法现有法条进行分析，数据挖掘中必然涉及对相关作品的复制，这对于有迫切需求进行海量数据挖掘的主体来说无疑是悬在头顶的达摩克利斯宝剑。与此同时，大数据的体量和处理的复杂性决定了数据挖掘者如果需要对原始数据是否侵犯著作权进行事前的审查、版权结算、与海量的权利人进行事前的许可谈判，无论是在搜寻成本还是谈判成本上都不符合经济学的效率原则，将给数据挖掘造成畸高的成本，不利于大数据产业的发展。

（三）利用大数据促进知识产权管理和保护水平

大数据是一种规模大到在获取、存储、管理、分析方面大大超出了传统数据库软件工具能力范围的数据集合，具有海量的数据规模、快速的数据流转、真实收集的数据、多样的数据类型和价值密度低四大特征。知识产权政策围绕着创造、运用、管理和保护四大模块进行。大数据在上述几个方面均可以得到广泛的应用，在提高创新能力、提高审查效率、提高知识产权管理能力、实现电商知识产权保护和提高司法保护效力等领域发挥更大作用。

三、算法的知识产权问题与对策研究

（一）算法的发展现状及前景

算法是基于程序代码，以实际问题为导向，将实际问题抽象成函数后不断进行公式与流程调试，从而实现程序编码与实际需要之间的最大程度逼近，拟合出最符合真实情况的公式集合。算法通常比较抽象且违背个人的日常"经验"，其实质是基于程序代码解决实际问题的流程方法。

20世纪50年代以来兴起的程序算法研究，标示着智能时代的到来与人工智能的出现。在此背景之下，"算法"一词出现了新的含义——人工智能最为核心的算法，区别于传统的数学算法，称为"智能算法"，其任务是了解自然智能的工作方法和步骤，并制定模拟人脑思维和信息交互的智能创造。可以说，大数据是人工智能的砖瓦，算法技术就是人工智能的设计图纸。人工智能应用过程中的"智慧"需要通过算法来显现。在人工智能社会，算法不仅是一种新型技术，更代表着新的商业模式与方法，向传统商业发起挑战，也成了智能社会中商业角逐的工具和市场地位的保障。这也决定了算法的保护将成为智能社会商业竞争的核心与关键。为此，对算法进行保护以服务于商业竞争、促进社会整体福利提升也成了学术界与实务界所关注的问题。

（二）算法的著作权保护和商业秘密保护面临的问题

算法可以计算机代码的形式加以表现，这与著作权保护对象是代码、符号、界面、模型和文字等方式呈现的"表达"具有一致性。但是，算法的实质仍然是模拟人类思维活动，是用以实现智能化决策的技术方案和手段，从这个意义上说，其实际上应属于著作权法所不予保护的"思想"范畴。不仅如此，具有模型程式性的算法容易为他人所简单变更表达后成为另一个著作权保护对象，这对于花费大量时间调试与大量物力设计的人工智能算法的保护十分不利。因此，以著作权方式对算法予以保护并不合理。

倘若以商业秘密途径保护人工智能算法，所要面临的问题同样巨大。首先，作为商业秘密保护的算法的范围难以确定。现代计算机软件和人工智能的开发非常强调软件的复用和模块化设计，例如建构可以用于多个专家系统知识库的软件"外壳"，这就决定了新的人工智能在开发过程中很有可能会引用开源代码和第三方已公开代码。而且其中会涉及使用大量的基础公式与数学模型，这些模型很多时候已公开，当其与算法设计者的新增模型融和并以代码形式呈现时，增加了对"秘密性"的判断难度。其次，算法的保密存在困难，因为人工智能算法需要不断进行调试，这决定了其参与主体和研发环节众多，权利人对其加以控制自然是非常之困难的。最后，人工智能算法保持秘密性的需求可能会与基于公共安全和公共利益的监管法律要求相冲突。而相比著作权与商业秘密，因专利所具有的保护技术的本质、保护范围的确定性以及较大的保护强度等特征，以专利形式对人工智能算法加以保护或许更具有可行性，这也是当前学术界与实务界对于算法进行法律保护的主要探索方向。

（三）算法的可专利性问题

1. 对算法可专利性的实践探索

专利制度的创设本意在于保护创新，但为促进公共福祉之考量，也将智力活动的规则与方法明确作为公有领域的知识而排除于可专利之主题以外。这是由于智力活动规则和方法通常属于思维逻辑的范畴，若通过专利权来实施创造者的思想垄断，一来立法无法实施，二则超越法律的边界来规范思想，与基本的法理不符。然而，这一原理在运用到算法问题上时却出现了争论：一方面根据保护创造者权利的理念，人工智能无论是算法规则、算法软件还是智能产品，都应因其创造性、实用性和新颖性而受到专利法的保护；但另一方面，智能的基本要求便是能够模拟人脑进行思维以作出决策，而算法作为人工智能的智力活动规则，因其思维属性，应当被排除在专利保护范围之外。虽然在学术界中，许多学者都赞成对算法予以专利保护，但因为上述原因，在实践中实现这样的目标则困难重重。我国专利审查指南将技术方案与智力规则进行了严格的区分，只有与工业生产技术联系较为紧密的计算方法才能被认定为技术方案而获得专利保护，而这实际上反映出现行制度以弱化人工智能算法模仿智力活动的本质的方法换取其可专利性的选择，但显而易见的是，如此做法一定程度上对人工智能算法属性作了不当理解，难以实现对其全面的专利保护。

欧洲专利局对于人工智能技术可专利性方面的审查指南指出，人工智能和机器学习算法只能在机器、设备或制造过程的上下文环境中获得专利，而不能在一般情况下获得专利。这意味着对于算法发明来说，首先需要将算法结合到技术中或者至少属于某一特定技术领域，其次还需要使用技术手段，解决客观的技术问题，以满足专利保护客体的要求。德国专利审查标准更是明确要求人工智能发明专利"必须包含将使用该技术手段来解决具体的技术问题的说明"。而在美国，专利权授予的主题范围较为广泛，专利申请若不属于自然规律、自然现象、抽象概念，则均可获得授权。根据美国专利商标局的观点，人工智能算法可作为一种一般性主张获得专利，但是需要体现"与硬件相结合"的特征。在日本法中，计算机相关技术的可专利性取决于当该项成果被视为一个整体时，它的信息处理方面需要使用硬件资源来具体实现——这一规则自然适用于算法。

由此可见，各国法律在实践中对于人工智能算法的可专利性总体上秉持接纳但谨慎的态度，大都要求算法与具体硬件相结合才能获得专利授权，否则很有可能落入"智力活动规则"的范围而遭排除。但是为促进人工智能领域发展的需要，对人工智能专利的审查标准在整体上也呈现出不断放松的趋势。

2. 以专利对算法进行保护之法律进路

现行专利法律制度并非完全排斥人工智能算法的专利申请。从实践中看，以算法与设备结合的"软件＋硬件"模式可获得专利保护。这一模式的本质是将人工智能算法包装为算法与设备的结合从而满足现行专利审查指南的要求，因此其权利要求书中列明的技术特征不能仅仅包括反映算法计算规则的内容，否则将会被认定为属于专利法排除在客体范围之外的"智力活动的规则和方法"而无法获得授权保护。由此看来，专利法虽然并未完全拒绝人工智能算法的专利保护要求，但对其保护施加了一定的前提条件，因此，单纯的人工智能算法本身仍然无法获得专利保护，这也是实践中对人工智能算法进行专利保护的问题所在。

对此，对"智力活动的规则和方法"进行重构或许是实现人工智能算法的专利保护的关键所在。为实现这一目的，一方面可以对专利制度进行调整，在强调人工智能算法的技术方案属性的基础上，明确将算法纳入专利保护的范围，赋予其可专利性；另一方面对立法上"智力活动的规则与方法"进行限定，将人工智能算法这样既包括智力活动规则又包括技术特征的客体排除出智力活动的范围，例如在《中华人民共和国专利法》第25条第2项中加入智能算法的除外条件，修改为"智力活动的规则和方法，但涉及人工智能算法的除外"，从而扩展人工智能算法可专利性的范畴，不再将《专利审查指南2010》中对于计算机程序的审查规定适用于人工智能算法，使得人工智能算法不必通过与设备的结合来获取可专利性。

四、区块链的知识产权问题与对策研究

（一）区块链技术的发展现状及前景

狭义来讲，区块链是一种按照时间顺序将数据区块以链条的方式组合成特定数据结构，并以密码学方式保证的不可篡改和不可伪造的去中心化共享总账，能够安全存储简单的、有先后关系的、能在系统内验证的数据。广义的区块链技术则是利用加密链式区块结构来验证与存储数据，利用分布式节点共识算法来生成和更新数据，利用自动化脚本代码（智能合约）来编程和操作数据的一种全新的去中心化基础架构与分布式计算范式。区块链具有四个特点：一是开放透明；二是去中心化；三是防篡改；四是可追溯。从而，应用区块链技术能够降低交易成本，提高交易效率，优化诚信环境。区块链是分布式数据存储、点对点传输、共识机制、加密算法等计算机技术在互联网时代的创新应用模式。区块链技术被认为是继大型机、个人电脑、互联网之后计算模式的颠覆式创新，很可能在全球范围引起一场新的技术革新和产业变革。

目前，区块链技术主要应用于金融行业、供应链管理、文化娱乐、智能制造、社会公益以及教育就业这些领域。随着技术的进一步发展及商业模式的更新，区块链未来必然会有更加广阔的应用前景。目前，我国区块链产业链条已经形成，从上游的硬件制造、平台服务、安全服务，到下游的产业技术应用服务，再到保障产业发展的行业投融资、媒体、人才服务，各领域的公司已经基本完备，协同有序，共同推动产业不断发展。

（二）区块链的知识产权保护面临的主要问题

区块链在自身急速发展的同时，也要通过知识产权保护来维护竞争。具体而

言,区块链可以采用专利保护、版权保护、商标保护和商业秘密保护模式。

在实践中,区块链技术主要通过专利手段进行保护。近年来区块链相关专利申请数量陡增。但是,区块链归根结底是一种软件程序,其是否具有可专利性存在争议。计算机软件在西方国家经历了拒绝保护时期、弱保护时期和扩大保护时期。西方国家对软件专利保护观念的辩证发展过程说明,计算机软件在不同历史时期所受保护的程度不同,取决于计算机技术在不同阶段对社会进步所起的作用大小。从依附于硬件发展到成为互联网的技术核心,人类期望解决的问题或要实现的某种功能大都可以通过计算机软件对计算机的控制来实现。从拒绝给软件以专利保护到现在的扩大保护,是技术发展带动法律相应调整的结果。从一定意义上说,这一调整具有积极的历史作用。

通过版权保护区块链技术则有其特定适用范围。区块链应用实质上是一个去中心化的数据库,可以分为公有链、专有链和联盟链。公有链的数据库对于用户的扩展性无限制,是非排他性的,与版权保护思维相悖;专有链和联盟链则有版权保护的理论可能。但是区块链技术主要集中在公有链领域,对这部分难以利用版权进行保护。

此外,商业秘密保护模式也有其不足。将区块链技术作为商业秘密保护,不开放其源代码,违背区块链去中心化和开放共享的特征。商标法保护的也是区块链的产品识别来源,区块链是技术,并不能通过商标法得到实质保护。

以上保护模式各有其缺陷或限定范围,而专利保护模式以公开换取垄断权的形式符合区块链的技术现实,是当下最适合区块链知识产权保护的模式。

(三)区块链技术在知识产权领域的应用

由于知识产权保护客体的无形性,其具有确权耗时长,时效性差,移权程序冗长,权利变现难,维权效率低,举证、溯源异常困难等痛点。目前一些网络技术可以实现网络确权存证,但是从整个知识产权服务行业而言,这不是一个完整的体系,如果权利人进行线下移权交易就存在取证困难的问题。而区块链的本质是一种永久性不可更改记录,一旦记录完成,就会永远存在并且无法更改,可以为知识产权版权保护提供完美的原创性记录。区块链技术的去中心化和防篡改特征对于知识产权保护具有积极作用。区块链技术可以从横向和纵向两个方面促进知识产权保护。

横向来看,基于区块链的知识产权保护协议可以运用于如下四个方面:

第一,知识产权原创性证明。通过将专利以及文化产品的原创作者信息、作品内容信息、创作时间信息以及最初传播信息通过加密算法抽象,形成缩略数字知识产权信息,记录在区块链中,用于证明文化作品的原创性。类似于著作权登记的方式,利用这些缩略数字信息可以有效证明文化产品的原创性和独特性。

第二,知识产权的产权交换凭证。知识产权可以进行转移交换,基于区块链的知识产权保护协议可以将整个知识产权原创者信息、产权获得者信息,以及转移时间和方式依附于区块链,从而完成整个知识产权的转移。这种依附于区块链的知识产权转移具有不可更改、永久可追溯、公开透明等特性,能够作为知识产权转移的凭证。

第三,知识产权的防伪确定。通过将知识产权产品的特征标记和原创者标记以及创始时间标记融入区块链,使其不能进行更改。而特征标记通过加密技术处理,可通过对比特征标记与伪造者产品的特征信息进行查询和对应:当特征信息与区块链上的数据特征相吻合时,可以证明知识产权产品是真品;当特征信息无法对应吻合时,可以证明知识产权产品系伪造。

第四,知识产权的完整性证明。对知识产权一旦进行数字化确认后,可以将知识产权的数字特征永久记录在区块链上。记录在区块链上的知识产权登记,转移信息公开透明,不可更改,永久可追溯。知识产权的提供者将完整的知识产权转移给购买方时,购买方可以通过查询和追溯区块链上的数字特征记录来申诉自己的知识产权完整性权利,进而提供完整的知识产权证明。

按知识产权纵向产业链划分,区块链技术在知识产权确权、知识产权移权与知识产权维权中已有较为广泛的应用。从确权的角度看,基于区块链技术中的时间戳,记录在区块链上的知识产权都是独一无二的,不会出现伪造的情况;从移权的角度看,区块链技术由于不依赖第三方中心化的验证,能够简化知识产权交易模式,实现快速变现;从维权的角度看,区块链技术可以实现发掘并固定侵权证据,并同时具备公证效力,减少了维权举证中的时间成本与经济成本。

五、结 语

基于对我国新技术、新领域、新业态发展现状和未来发展趋势的预判,以及发展过程中可能涉及的问题,我们提出如下的关于新技术、新领域、新业态中知识产权保护和创新的基本原则。首先,应当切实保护各种类型微观主体的创新收益,去除创新活动中的各种准入壁垒和体制障碍,最大限度地调动微观主体的创新积极性。其次,对于以新技术、新领域、新业态为代表的重点领域,受制于现有认知水平的局限性,应当切实尊重以企业为核心的市场主体的自主决策权,给予新技术、新领域、新业态充分的发展空间,对其涉及的知识产权是否应当保护、给予何种形式的保护等相关问题,在答案仍然不确定的情况下,应当充分考虑立法和监管成本,采取包容审慎原则。再次,知识产权保护涉及事前的创新激励和事后的垄断扭曲之间的权衡,因此,在决定是否给予知识产权保护,给予何种程度的知识产权保护等问题时,应衡量和比较知识产权保护产生的成本和收益,从而确定新技术、新领域、新业态所涉及知识产权的最佳保护方式。最后,产业政策、科技政策应当以长期效果、质量提升为导向,明确知识产权创造、保护和运用的制度环境是更为基础的保障条件,同时重视产业政策、科技政策与知识产权制度环境之间的协调。

新技术革命背景下数据
对知识产权制度的挑战与应对[*]

一、新技术革命背景下数据对知识产权制度的挑战

（一）新技术革命背景下的数据变革与前景

2017年12月8日，在中央政治局就"实施国家大数据战略"进行第二次集体学习的会议上，习近平总书记指出："要构建以数据为关键要素的数字经济"。[1] 这一判断不仅为数据的重要性给出了明确的定位，也成为今后工作的重要指引。数据的生产要素属性也使数据自然而然地成为民法考察的对象。

在大数据时代背景下，我国对个人数据的民法保护主要是通过民法中传统的隐私权、姓名权、肖像权等具体人格权的方式予以保护。目前，作为数据控制者的互联网商品服务提供商和其他一些企业都具备了个人数据收集能力。尤其像微博、微信、抖音等网络线上社交软件兴起，人们在这些平台实行公开个人照片或者评论、关注他人的行为，都有可能泄露自己的个人信息。然而，随着大数据运用技术的成熟，传统企业对数据的保护方式面临着失效的风险。此外，在个人数据的流转与交易过程中，不免存在类似于数据处理者这种第三方的介入。这样使得个人数据的安全保障趋向模糊，导致数据的流转过程难以追踪，甚至会出现无法查明责任主体的情形。由此得出，大数据运用的特质改变了个人数据保护模式，再也不能像过去一样，将其局限于隐私权或一般人格权的保护方式。因此，需要通过分析大数据时代

---

* 本文系研究报告"新技术革命背景下数据对知识产权制度的挑战与应对研究"的节选。课题负责人：张怀印；课题组成员：华劼、甘竞园、王榕榕、王芷慧等；执笔人：张怀印。

[1] 让大数据尽快转化为现实生产力［EB/OL］.［2020－03－12］. http://www.gmw.cn/xueshu/2018-09/13/content_31145650.htm.

背景下个人数据的特殊属性，正视个人数据保护所面临的挑战，以此构建一个民法保护体系。2017年10月1日起实施的《中华人民共和国民法总则》（以下简称《民法总则》）第111条首次引入个人数据的概念，对个人数据（个人信息）确立了原则性保护形式。然而，该规定只规定了对个人数据基本的保护，并未将个人数据设立为一项全新的民事权利。从权利特征来看，一项民事权利的设立必须要以绝对权为基础，而结合《民法总则》第111条的文义，其仅是为特定数据主体这类当事人设立了一条侵权责任保护的路径。总体而言，我国民法领域还未将个人数据界定为一项民事权利，数据控制者与数据处理者等主体不受限制地通过各种途径收集、处理与使用个人数据的社会现象，导致公民个人数据被滥用的现象日益突出。基于互联网空间下侵犯个人数据行为所呈现的特点，隐私权或一般人格权在保护个人数据方面存在一定的局限性。目前，我国个人数据权利定位模糊、相关法律对个人数据的规定单一等问题依然存在。因此，想要对个人数据的民法保护进行完善，解决日趋严重的个人数据民法保护问题已经迫在眉睫。

（二）作为新技术革命生产要素的数据属性

产权这一概念天然属于经济学范畴，其本质是所有权或财产所有权，基于个体利益的差异而产生，与政治上的公民权对应，古语或俗话的"无恒产者无恒心"❶也是产权的一种表述，由此产权理论或产权学也称产权经济学或产权学或产权理论❷。从产权角度讨论大数据，经济学界介入不多（也许是由于大数据的无形或虚体，也许是认为实体财产更重要，也许是认为交易费用更重要），法学界更多的是从保护隐私或公民权利的角度作分析。法学界对大数据的讨论，不是简单的法学如何借力大数据而发展，而是法学如何推动大数据的发展，如何降低大数据发展的成本。因此，从产权经济学角度讨论大数据的发展，应该借鉴法学的做法，甚至借力法学的类似研究。

知识产权法律经历了从工业革命到知识革命的不同时期，始终关注科学技术的发展，深刻地表现了制度创新本质和知识创新功能，其法律变迁的历史就是人类社会创新发展的过程。当下知识经济时代就是知识产权时代，科学技术发展需要新的观念突破、新的理论建构、新的制度设计。现代知识产权法律的重大变革，即是回

---

❶ 戴兆国. 人类命运共同体与孟子仁政理想的理论关联 [J]. 学术界，2017（10）：61-73.
❷ 吴汉东. 关于知识产权基本制度的经济学思考 [J]. 法学，2000（4）：33-41，46.

应新知识、新技术带来的挑战❶。

作为新技术革命下的生产要素,数据不仅承载了新技术革命的时代背景,还具有作为生产要素的经济属性,二者合力对数据保护提出了前所未有的治理难题。而传统的物权法、合同法等保护模式诞生于新技术革命之前,在应对人工智能、算法、大数据等日益新型的具有技术性、复杂性的问题时出现了法律滞后。比较而言,知识产权制度在应对法律现代化的多元性问题、风险性问题时释放了包容性、创新性等制度潜力。基于数据本身蕴藏的巨大生产力属性,赋予其以新技术革命式保护范式既符合数据制度的内生需求,也符合数据信息产业发展的实践需要。而创设一个新的制度需要巨大的投入与成本,因此借鉴现有的制度不失为经济的选择。显然,知识产权与数据的特殊关系值得我们去探寻。

二、数据保护关联知识产权的立法与困境

在展开数据保护与知识产权关联的理论探索前,有必要对现有知识产权法中的数据保护立法规定及其局限性进行深入分析,探讨现有数据关联知识产权保护的不足,以便为数据保护的立法模式创新提供智识支撑。

(一)现有知识产权立法对数据的保护

我国现有知识产权法律制度中已经预设了一些对数据及其相关事项的规则规定。这里的知识产权法律制度不仅包括狭义的传统著作权、商标权和专利权制度,也包括广义的知识产权相关的制度,因而包括反不正当竞争法等相关法律。

1. 著作权法的保护

由于著作权法保护的是具有独创性的作品,因此只要是构成作品的数据信息,都可以受到著作权法的保护。世界贸易组织、世界知识产权组织、《保护文学和艺术作品伯尔尼公约》和《与贸易有关的知识产权协定》(TRIPS)都明确将数据信息作为汇编作品予以保护。2010年修正的《中华人民共和国著作权法》(以下简称《著作权法》)第14条也明确规定:"汇编若干作品、作品的片段或者不构成作品的数据或者其他材料,对其内容的选择或编排体现独创性的作品,为汇编作品,其

---

❶ 吴汉东. 中国知识产权法律变迁的基本面向 [J]. 中国社会科学, 2018 (8): 108-125, 206-207.

著作权由汇编人享有，但行使著作权时，不得侵犯原作品的著作权。"按照《中国大百科全书》的定义，数据库是指为满足某一部门中多个用户多种应用的需要，按照一定的数据模型在计算机系统中组织、存储和使用的互相联系的数据集合❶。因此，数据库在我国应当被纳入汇编作品的范畴予以保护。数据库著作权的权利内容一般包括复制权、发行权、出租权、展览权、改编权、向公众传播权等专有权，与一般的汇编作品的权利内容并无实质上的区别。

2. 专利法的保护

大数据往往涉及商业方法（模式）、特定算法、计算机软件等，单纯的商业运作方法显然不具备可专利性，但通过软件、硬件与网络结合的系统解决一定的技术问题，具有鲜明的技术属性。按照《专利审查指南2010》第二部分第九章关于涉及计算机程序的发明专利申请审查的若干规定进行判断，可授予方法专利（复杂系统专利）。

3. 反不正当竞争法的保护

对企业而言，部分数据属于其自身的技术信息或经营信息，比如生产配方、设计图纸、客户名单、货源情报等，具有实用性并能为其带来经济利益。❷ 1993 年施行的《中华人民共和国反不正当竞争法》（以下简称《反不正当竞争法》）第二章规定了 11 种具体的不正当竞争行为，根据该规定，数据信息有可能落入商业秘密保护的范围。根据该法规定，商业秘密，是指不为公众所知悉、能为权利人带来经济利益、具有实用性并经权利人采取保密措施的技术信息和经营信息。因此，只有那些内部使用的数据信息以及投入流通之前的数据信息，才有可能获得商业秘密的保护。此外，对于不构成著作权法意义上的作品，且其本身是来自公有领域难以成为商业秘密的数据信息，可以通过《反不正当竞争法》的一般条款进行保护，这在司法审判中已有相关实践，如北京阳光数据公司诉上海霸才数据有限公司案❸，二审法院就是援引《反不正当竞争法》的一般条款保护数据信息。

（二）知识产权法保护数据的局限性

知识产权法律体系对数据信息的规制和保护较为有限，其严格的法律构成要件

---

❶ 中国大百科全书编委会. 中国大百科全书电子学与计算机卷：第二卷［M］. 北京：中国大百科全书出版社，1986：680.
❷ 冯哲. 知识产权视角下的数据信息保护［J］. 电信网技术，2017（1）：1 - 3.
❸ 郭禾. 信息、信息流及其知识产权：兼评北京阳光数据公司诉上海霸才数据有限公司案［J］. 人大法律评论，2000，（1）：306 - 321.

为数据信息的保护设置了较高的门槛，使得大量的数据信息游离于法律保护之外。关于知识产权制度保护数据的具体缺陷呈现为以下几方面：

首先是著作权保护中的独创性难题。根据2010年修正的《著作权法》第十四条的规定，我国是将数据库纳入汇编作品范畴予以保护的，保护范围是以作品、作品片段、不构成作品的数据或其他材料为内容的数据库，保护对象是数据库对内容的选择和编排，而不延及数据库的内容和操作数据库的计算机程序，判断标准是对数据库内容的选择或编排上是否具有独创性。但现实中大部分数据信息无法达到独创性的标准，比如相关事实性数据信息，如号码簿、通讯录、地图、交易行情等。此外，用著作权法保护数据信息常常会陷入商业价值和可保护性取舍的两难境地，即数据信息搜集越是全面，在内容的选择和排列上就越缺乏独创性，越难受到著作权法的保护，而数据信息内容的全面性正是其商业价值之所在。即便是对于独创性的数据信息，按照著作权法"只保护表达不保护思想"的二分法原则，著作权只对其独创性的选择或编排的表达进行保护，而非其选择或编排的内容，侵权者很容易通过改变数据信息的编排结构来规避法律，这就会使对数据信息的保护失去意义。

其次是专利侵权与保护问题。由于大数据具有网络化、分散性和跨境性的技术特点，特别是技术网络化对专利侵权判定规则及其法律适用带来新的挑战，大数据领域面临数据分析的算法、过程的知识产权界定不清晰，数据挖掘算法迅速被仿制，供大数据分析的海量数据反向侵权等问题，以及分离式侵权行为、跨境侵权行为、方法专利举证责任倒置规则（大数据领域涉及后台执行的技术操作较多，也往往不利于证据搜集）等，❶ 权利人获得救济的难度进一步加大，必须通过完善制度设计加以解决，并通过完备的知识产权保障机制，开放、共享的数据基础资源，形成良性循环的未来产业生态圈。

最后是反不正当竞争法中商业秘密的保护难题。数据信息本身的变化快速、内容不特定、时效强等特性，使得它们的来源和价值体现都在于其广泛的公有性。如果将任何人均可从公开渠道直接获取的数据信息汇编后的成果认定为商业秘密，显然违背了公平合理的市场竞争秩序❷。另就保密措施而言，数据信息的价值在于其广泛的影响力和使用率，这使得数据信息的制作者难以采取有效的保密措施来控制其数据信息被公众知悉的范围和程度。

---

❶ 韩曜旭. 知识产权和大数据：创新驱动发展的一体两翼［J］. 红旗文稿，2015（11）：30-31.
❷ 冯哲. 知识产权视角下的数据信息保护［J］. 电信网技术，2017（1）：2.

三、数据的类知识产权保护：优越性与规范解读

我国知识产权立法对数据的保护呈现碎片化特点，这种保护更多强调数据对知识产权的依附价值，并没有将数据作为整体进行考察。但不能据此认为在知识产权领域中规定数据内容没有任何意义。正是因为数据与知识产权间存在共性部分，立法者对于知识产权保护数据的偏爱使得一部分数据保护堆放在知识产权法律体系之内。随着数据写入《中华人民共和国民法典》（以下简称《民法典》）以及《中华人民共和国个人信息保护法》（以下简称《个人信息保护法》）出台，知识产权体系化思维反而给了数据保护以更多的理论方案。

（一）类知识产权保护模式及其优越性

类知识产权保护模式是一种不同于传统物权的绝对保护，即将数据视为个人绝对的财产领地，以绝对性、排他性、永续性特点依法对自己财产所享有的占有、使用、收益和处分的权利——这明显不符合实践中数据流通的需要；当然其也不同于合同契约式的高度意识自治模式。首先，随着用户数量的增加，协议监督就变得困难。很多时候，数据收集者很难察觉注册用户下载数据后向不受合同约束的第三方提供数据的行为。一旦该第三方合法获取上述数据，后续传播就很容易失控。其次，即便数据收集者能够有效地向第三方传递合同约束，该合同约束也可能因违反知识产权法所维护的公共政策而得不到支持。[1] 从实质上来说，类知识产权保护模式更接近现有知识产权设权模式。但是数据具有与知识产权不同的地方，如数据的范围更广，既可以是具备个人信息的数据，也可以是与自然人毫无关系的数据。

类知识产权保护模式的优越性指的是类比知识产权制度设计模式的价值，蕴含着知识产权视角考察数据的必要性。从知识产权制度的发展逻辑来看，知识产权制度源于智力成果的创造与积累，也会随着社会文明的发展而不断地调整自己。调整的动因则在于是否有利于促进知识的创造与传播。数据等新型智力成果正在深刻地改变着整个社会的面貌，现有的知识产权制度已不足以完整地解释和规制它们，并在多个方面产生了不适应之处。因此从知识产权法的视角审视数据这一新兴事物，

---

[1] KRISTEN O. Information may want to be free, but information products do not: protecting and facilitating transactions in information products [J]. Cardozo Law Review, 2009, 30 (5): 2099, 2117.

显得尤为重要。与此同时,数据作为一种无形的知识产品,也与知识产权制度有着天然的联系[1]。

以数据为代表的信息资源集中,是造成文化多样性缺失的原因之一。对于此问题,知识产权制度可起到利益平衡者的作用:一方面保护数据,发挥它的积极作用;另一方面,法律也应在保护传统知识、传统文化的同时,主动适应数据的新环境,扶持、倾斜保护富有民族文化特色的数据信息。

另外,数据作为一个具有独特价值的智力劳动产品,不应成为知识产权制度的盲区。虽然它与知识产权制度的关联为现有制度发挥作用留有一定空间,但数据与现有的知识产权客体之间存在显著的差异,单纯地依靠现有制度也无法对其进行完整的描画和合理的规范。从这个角度讲,将其扩展为新型的知识产权客体具有合理性和必要性。与此同时,数据作为单独的知识产权客体被纳入知识产权制度本身,对于知识产权理念而言,也是一个发展的契机。知识产权作为一种开放的制度体系,具有容纳数据这一新型客体的空间,也具有不断发展、完善的动力。

(二) 类知识产权保护模式的规范结构

类知识产权表述只是从抽象的角度提取数据与知识产权的一些共性,还不具备直接表达法学理论的内核,因此需要对类知识产权保护模式进行规范解构。

1. 保护的基本原理

类知识产权的客体是人格权还是财产权?对于这个问题可以从数据的人格权和财产权属性辨别中寻找答案。《民法典》将个人信息笼统地置于人格权编之中是对个人信息保护实践的回应。当前企业信息产业处于初始期,关于个人信息的收集、利用,我国立法对收集的限制要高于对数据的利用,因为在信息网络时代,公民的隐私信息是更容易遭到侵害的对象,立法者在考量数据产业发展的同时更注重公民隐私信息的保护。个人信息既包含个人隐私权也包括个人信息的利用利益,既可以放在财产权编也可以放在人格权编,但出于对个人隐私权的重视,《民法典》对隐私权和个人信息保护专章设定,将隐私权与个人信息保护区分开来的同时,最终将个人信息保护置于人格权编中。厘清这一点,就可以较为清晰地洞悉立法者对数据保护的立法倾向。立法者对于个人信息这一整体概念并没有采用单一的人格或财产的权利表述的理由就在于此。类知识产权指的是类似知识产权,而知识产权主要内

---

[1] 王德夫. 论大数据的法律保护与规制 [D]. 武汉:武汉大学,2016.

容是财产权（知识产权还有人格权内容如著作人身权），因此，类知识产权在人格权与财产权之间主要选择的是财产权模式。类知识产权拥抱财产权的构造也就意味着类知识产权保护主要针对的是对个人信息进行利用的权利，而非个人信息中处于相对封闭、保守、绝对状态的隐私权。

人格权与财产权之间的选择，反映到理念层面也可以称之为数据保护与利用原则的选择。❶ 笔者既不赞成绝对的保护，也不赞同绝对的自由，即使是个人信息的隐私权部分，个人为了用户体验对价也愿意选择公开，这是共享信息的必然要求；而对于个人信息的利用也不能完全遵循市场竞争原理，因为个人信息的二次再利用还需要得到个人的同意，而二次利用依然可能侵犯个人的隐私❷。因此，无论是人格权还是财产权，保护还是利用都要结合具体的语境具体解读，而不能采用一刀切的方式人为地划定机械的区域。在《民法典》框架下，以人格保护为主，以财产保护为辅，而在类知识产权框架下，应以财产保护为主，以人格保护为辅。

笔者认为，权利保护与行为规制并不是严密精确的数学模型。权利模式中有对行为的约束，如知识产权内容；行为规制中也有权利的排他要求，例如 2019 年修订的《反不正当竞争法》第 6 条规定："经营者不得实施下列混淆行为，引人误认为是他人商品或者与他人存在特定联系：……（二）擅自使用他人有一定影响的企业名称（包括简称、字号等）、社会组织名称（包括简称等）、姓名（包括笔名、艺名、译名等）……"其中企业名称、姓名都是人格权明确规定的权利。因此，本文认为采用类似知识产权权利模式保护数据并不意味着不对权利的使用行为进行相应规制或限制。

2. 保护的规范要素

数据的类知识产权保护框架的解读建立在类知识产权保护的规范理解基础上。下文将沿着主体、客体、内容三个维度全面剖析类知识产权的保护范式。

（1）保护的主体

数据提供者还是数据收集者？通常认为数据的主体包括公民（提供者）、企业（收集者）和国家（收集者），数据的类知识产权保护主体保护的主要是数据的财产性利益，因此所针对的主体是数据的收集者，而由于国家是出于公共利益需求收

---

❶ 陈传法. 人格财产及其法律意义 [J]. 法商研究，2015，32（2）：55-65.
❷ 顾理平，杨苗. 个人隐私数据"二次使用"中的边界 [J]. 新闻与传播研究，2016，23（9）：75-86，128.

集个人数据，属于公法规制范畴，[1]因此笔者建构的类知识产权保护主体主要指的是企业收集者。至于个人是否可以成为数据财产增值的主体，基于实践的考察，笔者认为除了极少数名人对自己的个人信息享有财产利益外，绝大多数人对个人信息的保护停留在隐私保护的实践中，因此目前不宜为个人赋予信息收集者的角色。[2]

（2）保护的客体

关于数据产品的客体，笔者认为从企业对其劳动产生的数据利益角度出发，企业应当对其投入资金、人力资源、管理等要素后产出的数据享有财产利益。知识产权的客体是知识产品，考虑到数据的一般性、普遍性特点，笔者主要以著作权法数据库作为参考，认为类知识产权客体是数据产品，也即由数据延伸的产品。

（3）保护的内容

保护的内容包括对数据产品的使用、授权、禁止、限制等。参考知识产权的权利内容设置，类知识产权保护的主体即企业等数据收集者对其制作的数据产品依法享有使用、许可、转让给他人使用，以及禁止未经允许的使用，和基于公共利益的需要的相应限制等权利内容。

四、数据的类知识产权保护模式与立法

在考察数据类知识产权的一般概念和优越性后，笔者将继续对数据的类知识产权保护模式分论部分，即对类知识产权保护的三种具体模式展开讨论，并以此模式为语境，分析、建构、预测个人数据类知识产权保护的立法现状与未来。

（一）类知识产权保护的三种模式

数据类知识产权保护意味着数据以类似知识产权的制度模式进行类比设置。

同权利化的知识产权相比，个人数据目前还没有确切的权益定性，这意味着应当以知识产权的边界作为个人数据参照的基本范围。因此，数据的类知识产权保护模式应当包括以下三种类别：第一是数据嵌套知识产权制度，即数据是知识产权的子集；第二是数据与知识产权并列，即数据与知识产权存在部分交集；第三是数据与知识产权融合重构，即数据与知识产权互相包容成为一个新的集合。

---

[1] 高富平. 个人信息使用的合法性基础：数据上利益分析视角 [J]. 比较法研究, 2019 (2)：72 - 85.
[2] 袁泉. 个人信息分类保护制度的理论基础 [J]. 上海政法学院学报（法治论丛）, 2018, 33 (3)：29 - 37.

1. 数据嵌套知识产权的模式

在规范语境下，数据和信息应当作相同的理解。数据能否进入知识产权范围的问题，实际上是信息能否进入知识产权评价范围的基本问题。在知识产权的种类中，与信息最接近的是著作权，理由是，著作权门槛较低，具有较低程度的独创性就可以申请著作权，并且作者身份不限制年龄，即使是限制民事行为能力人也可以对其创作的作品享有著作权人的身份。❶ 而专利的申请必须要求专利产品或技术对生产技术进步作出突出的贡献，这一点就决定了专利的稀缺性程度高，❷ 信息收集者对信息享有付出劳动的利益，但信息的目的在于共享、便利，另外信息具有公共产品的属性，在个人劳动和公共产品之间，信息社会的共享机制决定了天平应倾向于分享的公共产品一边。至于商标，由于其功能的局限性，以可识别性作为信息的客观标准限制了信息的多功能性，不利于信息价值的发挥，因此将信息装进商标权内会破坏既有的商标权体系。因此，下文将着重探讨如何将数据装进著作权的路径问题。

通说认为著作权的客体是作品，"独创性"和"可复制性"是一个具体对象成为著作权法所称的作品的实质条件，❸ 而无论是"独创性"还是"可复制性"都必须以表达形式呈现。表达是数据与著作权连接的沟渠。表达是作品的核心内涵，作品必须借助表达来实现结果，大脑的构思无论有多精巧都不是著作权法保护的客体。信息是人对于自身思维、观念、劳动的一种表达结果，人出于一定目的和动机制造数据，因此信息本身就是人施加于客体对象的表达。但是如果以表达的有无作为对象能否成为信息的标准，那表达的尺度是什么呢？著作权法领域中的表达和信息的表达有何异同？这关系到信息与作品的界分问题。

如果转换视角，将信息的表达放在主体视野考察，会发现对不同表达主体似乎要适用不同的标准。对于以人格权保护的一般个人，其并不特意关注自己信息的表达，而是将其作为获取生活便利的一种手段，因此个人的信息表达严格来说虽然也享有数据收集者给予的对价，但是这种表达带有极强的人身属性，财产属性较弱，将信息提供者个人视为作者的做法缺乏实践土壤。另外，信息表达的主要主体是信

---

❶ 孙飞，张静. 短视频著作权保护问题研究 [J]. 电子知识产权，2018 (5)：65-73.
❷ 栗源. 论知识产权的财产性和稀缺性 [J]. 知识产权，2005 (5)：3-8.
❸ 何鹏. 论电视节目版式的著作权保护 [J]. 法律科学（西北政法大学学报），2016，34 (3)：117-125.

息的收集者,也可以说是对信息收集的投资者。❶ 个人数据收集、分析的过程与人工智能创作具有相似性,需要保护投资者权益,以邻接权的方式保护数据投资者权益,有利于数据产业市场繁荣。至于提供信息的一般个人,建议仍放在人格权的框架中。

2. 数据与知识产权并列的模式

数据与知识产权并列的方案,可通过反不正当竞争法与知识产权法的关系来对比借鉴。反不正当竞争法和知识产权法之间深刻的联系源于其共同的目标和原则。这个目标就是维护企业、个人对其智力成果及相关成就的财产利益和人身利益,维护健康的经济关系,特别是公平的竞争关系。而共同的原则就是诚信原则和利益平衡原则。但是,它们并未因此而融合为一体,主要原因则在于其不同的作用机制。知识产权法以创作性成果、经营性标记、资信作为客体的一般种类,明确知识产权权利人作为客体的所有人对其他人的权利和义务。比较而言,反不正当竞争法是在特定的竞争关系中约束经营者的行为,依据诚实信用评价行为的正当性,对知识产权的保护也仅仅从消极、防御的手段对市场不公平的竞争行为进行个案评价。因此,尽管二者在权利设置宗旨、保护方式上都存在较大差异,但这不能否定知识产权法与反不正当竞争法之间的特殊关系,这也是知识产权法与反不正当竞争法被通常看作一般和兜底关系的理由❷。

然而,以一般和兜底的关系来映射知识产权与数据之间的关系的论断,实质来看十分牵强,这是因为数据与不正当竞争行为不同:数据指向实体权利或利益,而不正当竞争行为是对权利或利益的不当使用,在这个意义上来说,数据同知识产权权利属性更为接近。反不正当竞争法在对知识产权提供保护时与专门的知识产权制度有所不同:专门的知识产权制度是"基本权利法",即以专有权利为中心,形成主体、客体、内容、取得、行使、限制以及救济的规范体系;❸ 而反不正当竞争法是"行为规制法",即以维护市场竞争秩序为核心,对各种利用知识产权的行为作为市场行为进行规范,构建了一个"不正当竞争行为"与"反不正当竞争行为"的规范体系❹。

但只要有流动过程,就涉及流动行为的评价,行为规制成为数据保护的内在属

---

❶ 朱雪忠,徐先东. 浅析我国科学数据共享与知识产权保护的冲突与协调 [J]. 管理学报,2007 (4): 477-482,487.
❷ 王先林. 竞争法视野的知识产权问题论纲 [J]. 中国法学,2009 (4): 5-15.
❸ 张平华. 人格权的利益结构与人格权法定 [J]. 中国法学,2013 (2): 43-57.
❹ 郑友德,王活涛. 新修订反不正当竞争法的顶层设计与实施中的疑难问题探讨 [J]. 知识产权,2018 (1): 3-18.

性要求。以行为规制理论作为数据赋权的依据可以解决好数据流通的实践问题。在此前提下，将数据客体单独提取出来，以个人信息保护法单列，将数据（信息）以单独客体形式规定在个人信息保护法中，以行为规制作为赋权根基，可以构建起个人信息单独保护立法的大厦。

3. 数据与知识产权重构模式——信息产权

知识产权客体在不断新增，如音乐喷泉❶、人工智能生成物❷等新客体不断出现对传统著作权法体系产生冲击，加之知识产权内部外观设计专利权与著作权的边界并不清晰，知识产权内部各个客体的界限日益模糊，导致已有的著作权体系越来越庞杂。这种现象表明知识产权法本身的逻辑融贯性遭到了动摇，以无形性等有限特征作为划分知识产权与其他权利的边界的基本共识欠缺理论根基。以著作权法为例，广播权和信息网络传播权在三网融合背景下已经有了大传播权构思的理论提出，权利内容调整也是势在必行。鉴于知识产权具有不稳定性、开源性、技术性特点，知识产权具有较强可塑性，将同为信息时代日益活跃的数据信息与其进行融合、重构为一个新的权利具有理论探索的空间。

在日本、澳大利亚乃至中国，都有把知识产权等同于信息产权的观点。按照信息科学描绘的世界图景，客观世界是由"质料、能量、信息三者构成的"，表明信息是构成物质世界的要素。❸ 知识产权客体中科学艺术作品、工商业标记属于知识的范畴，之所以能够各自通过不同的物质载体加以表现，以支撑其存在，根本原因在于知识的非物质性，在于它们表达的是信息。从信息产权的角度看，知识产权法保护的作品、发明等知识产品可以看成是信息的一种类型，知识产权与信息是密切相关的，信息的内涵和外延都要大于知识产品。构成信息法的各种单行法规是独立的法律部门，比如说知识产权法、个人信息保护法、保密法等，它们的调整对象和作为信息法的组成部分的其他法的调整对象，同属于信息关系的范围，具有一致性。信息产权法以保护静态的财产性信息为目的。知识产权法是信息产权法的主要组成部分，除此之外，近年来出现的数据库保护法、遗传资源保护法等也是信息产权法的组成部分。在20世纪80年代，由澳大利亚学者彭道顿（M. Pendleton）先生和我国学者郑成思先生提出的信息产权理论，引起了知识产权界的广泛关注。❹ 时

---

❶ 王迁. 论作品类型法定：兼评"音乐喷泉案"[J]. 法学评论，2019，37（3）：10-26.
❷ 易继明. 人工智能创作物是作品吗？[J]. 法律科学（西北政法大学学报），2017，35（5）：137-147.
❸ 肖峰. 重勘信息的哲学含义[J]. 中国社会科学，2010（4）：32-43，220-221.
❹ 郑成思. 知识产权与信息产权[J]. 工业产权，1988（3）：4-7.

至今日，在信息社会冲开中国的大门之际，将数据库保护法和遗传资源保护法作为信息产权法的组成部分，认为信息产权不但包括以创作性信息为客体的知识产权还包括无创作性的信息产权的观点，已经为大多数人所接受，而信息产权一词也正在被越来越多的学者使用。

所谓"信息财产"及"知识财产"，与"信息产权"及"知识产权"的含义相同，只是在中文里的表述不同。"信息产权"是"知识产权"的扩展，突出了此种知识产权客体的"信息"本质。信息社会既然已经把信息财产作为高于土地、机器等有形财产的主要财产类型，这种社会的法律就不能不相应地对它加以保护，就是说，不能不产生出一门"信息产权法"❶。事实上，这门法律中的主要部分也是早已有之的，至少是信息社会之前就已存在的，这就是传统的知识产权法。进入 20 世纪 90 年代后，西欧率先提出了保护无创作性的数据库的设想，并在 1996 年 3 月以欧洲委员会"指令"的形式形成了相关的地区性公约。❷ 这样一来，可作为财产权标的的"信息"又大大地增加了一部分内容。因此，知识产权从属于信息产权的基本认知在我国取得了较为广泛的共识。但是如果认为对知识的产权垄断是出于激励知识产权生产的需要，则对信息的垄断权在设置时必须慎之又慎，因为与知识产权相较，公共领域中的信息自由流动需求在价值位阶考量下明显优于对信息产权垄断，除此之外信息产权权利机理与知识产权并没有太大的差异。

（二）个人数据类知识产权保护的立法：现状与未来面向

1. 立法现状

从我国个人数据立法动向来看，当前我国数据立法的模式由"民法典 + 单行法 + 专门法以及规章和行业性规范等"的复合模式组成。具体而言，在《民法典》第四编人格权编第六章设置隐私权和个人信息保护一般规定，目前《个人信息保护法》为个人信息保护的单行法模型，《中华人民共和国网络安全法》等立法作为特定领域的专门法，国务院相关部门等规定的《信息安全技术 个人信息安全规范》（GB/T 35273）为行政指导，还有一些行业指导性文件如《信息产业部关于加强电子信息产业行业管理工作的指导意见》（信部运〔2005〕623 号）等。上到立法下到行业规范都对个人信息的保护提出了保护的方案选项。

---

❶ 郑成思. 信息、知识产权与中国的知识产权战略 [J]. 云南民族大学学报（哲学社会科学版），2004（6）：24 – 30.

❷ 郑成思. 信息、知识产权与中国知识产权战略若干问题 [J]. 环球法律评论，2006（3）：304 – 317.

总体而言，我国个人数据保护具有了一定的层次性，但是从体系化立法思维出发，个人信息与知识产权存在于不同的编章，这意味着个人信息与知识产权缺乏法理共识。例如《民法典》将个人信息放在人格权的框架下，强调个人隐私和个人信息的区分，而我国传统知识产权在民法体系的地位一直被编排在财产权之中，这将导致个人信息与知识产权制度衔接不畅。但这并不意味着个人信息与知识产权立法间存在不可逾越的鸿沟，事实上知识产权法中也有人格权的内容，如著作权法规定了作者对其作品享有署名、保护作品完整等著作人身权，与此类似的还有形象的商品化❶等。因此个人信息的人格权属性并不否认个人信息的财产权益体现。但将个人信息置于人格权的框架内，意味着在个人信息的隐私保护与数据流通之间，立法者倾向于被动式的、消极的人格权保护模式，这从立法条文中也可窥知一二。如《民法典（草案）》第 1035 条第 1 款："收集、处理自然人个人信息的，应当遵循合法、正当、必要原则，不得过度收集、处理，并符合下列条件：（一）征得该自然人或者其监护人同意，但是法律、行政法规另有规定的除外；（二）公开收集、处理信息的规则；（三）明示收集、处理信息的目的、方式和范围；（四）不违反法律、行政法规的规定和双方的约定。"当然，《民法总则》第 111 条的"自然人的个人信息受法律保护。任何组织和个人需要获取他人个人信息的，应当依法取得并确保信息安全，不得非法收集、使用、加工、传输他人个人信息，不得非法买卖、提供或者公开他人个人信息"的禁止性用词明显比《民法典》中"不得过度"的描述更加严厉，可知立法者并没有排斥人格权下个人信息中财产利益性质的个人信息流动。

因此，如果不克服财产权与人格权的独立性，个人信息嵌套知识产权法就会有悖于现有民法典体系化要求，但基于著作人身权这一特殊权利的存在，将个人信息放进著作权框架内也具有可行性。至于个人是否对其生产的信息享有自决权，有学者认为个人信息自决权将保护对象确定为外界无法识别的"保密意志"，这种把人格权"去客体化"，将个人信息作为客体排他性地归属于信息主体的做法，无法为他人的行为划定清晰的禁区，不可能构成私权意义上、受侵权法保护的民事权利。个人信息保护法不是对个人信息自决权的承认和保护，而是作为人格或财产的前置保护机制，旨在防范抽象的人格侵害或财产侵害的危险。❷ 笔者认为个人信息自决

---

❶ 吴汉东. 形象的商品化与商品化的形象权［J］. 法学，2004（10）：77-89.
❷ 杨芳. 个人信息自决权理论及其检讨：兼论个人信息保护法之保护客体［J］. 比较法研究，2015（6）：22-33.

权建立在数据收集者这一特定主体之上，当前个人信息提供者不具备个人信息自决权的现实需求。因此，关于个人信息嵌套知识产权法的主体应当限定在数据收集者这一特定身份识别前提。

"与作品或作品相近信息相关"作为邻接权客体判断标准可以为个人信息赋权提供理论依据。"信息说"以信息学和符号学为支撑，适于表征无形财产，尤其是表征信息时代和互联网时代的知识产权客体。按照"信息说"，作品和邻接权客体都属于信息，信息是沟通作品和邻接权客体的最大公约数。"信息说"对著作权法的保护对象具有很强的解释力，不仅可以就现有的作品和邻接权客体共存于著作权法律体系作出合理解释，而且能够为新型客体的引入扫清障碍。"广义的邻接权，即把一切传播作品的媒介所享有的专有权，统统归入其中，或把那些与作者创作的作品尚有一定区别的产品、制品或其他含有'思想的表达形式'，又不能称为'作品'的内容归入其中。"❶ "在信息说面前，'独创性'并非知识产权对象必过的门槛，数据库列入知识产权并不存在解释上的障碍。"❷ "在信息产权中，除了考虑对创作和创造的鼓励外，更主要的是将信息作为未来最重要的'产品'，因此，必须考虑产业投资的回报，即成本的回收、合理的利润，以及对脑力劳动经济价值的承认，即确认脑力劳动与体力劳动均为社会财富的创造力，享有同等的法律地位。"❸ 个人信息的收集体现了一定的劳动智慧，将其归于独创性微弱的邻接权保护范围，有助于保护个人信息收集者对其算法选择下的智慧劳动成果的权利。赋予个人信息收集者以投资者权符合立法便宜，更适合当前的民法典体系要求。

2. 未来面向

《个人信息保护法》的实施并不会直接影响到个人信息收集者或投资者邻接权保护的基本格局。从比较法上来看，尽管各国（地区）对是否承认个人信息权有不同的看法，但没有哪个国家（地区）完全将个人信息的保护作为公法任务。各国（地区）都是综合利用公法与私法来实现对个人信息的有效保护，❹ 因此《个人信息保护法》无论是以私法为主还是以公法为主的观点都不能否认《个人信息保护法》复合型、全面性的特点，在这个意义上来说《个人信息保护法》已经非公、

---

❶ 王国柱. 邻接权客体判断标准论 [J]. 法律科学（西北政法大学学报），2018，36（5）：163-172.
❷ 张玉敏，易健雄. 主观与客观之间：知识产权"信息说"的重新审视 [J]. 现代法学，2009（1）：171-181.
❸ 骆电. 作品传播者论 [M]. 北京：法律出版社，2010，14-15.
❹ 程啸. 民法典编纂视野下的个人信息保护 [J]. 中国法学，2019（4）：26-43.

私分明的单一部门立法，而是一部为应对日益复杂的信息时代而制定的跨部门综合立法。《个人信息保护法》相对于知识产权法来说是一部更为广义的产业法。我国知识产权法对数据库的法律问题并没有明确立法回应，《个人信息保护法》可以解决好此类难题，将个人信息保护与知识产权并列，以个人信息专门补充保护知识产权中无独创性或独创性低的个人信息。

信息产权是一组权利的集合，其中的接触权、收益权和公示权分别近似对应着传统知识产权中的著作权、专利权和商标权。从信息产权的权能着眼，可以类比物权法中所有权的权能，即占有、使用、收益和处分。除此以外，各种与信息相关的人身权，如隐私权、知情权、著作权人的发表权等则不宜置于信息产权之下；可在信息产权上设置"信息权"，使其包含知情权、隐私权等非财产性权利。❶ 基于现有的法律实践，信息产权应集中应用于阐释和建构那些实践需求强烈，又缺乏知识产权法保护（如传统知识）或无法充分满足传统知识产权权利标准的信息权利（如缺乏创造性的特定基因序列，缺乏独创性的数据库等其他具有市场价值的信息）等。对信息产权的权利内容和形态应具体权利具体分析，即在其演化发生的源权利结构基础上，以各个权利的节点为基位生长繁衍。如对非独创性数据库的权利应作为独创性数据库权利的补充和发展。其权利的衍生点包括了权利主体的延伸，从传统的作者发展到数据库制作者；权利的客体延伸，从作品汇编型数据库发展至非独创性及非编辑数据库；权利确立的标准也适当发展为相应的实质投资或具有经济价值和可交易性；权能则对应性演变为自我使用、收益、许可他人摘录和再利用，禁止未经许可的摘录和再利用等；对于权利的限制，即关于例外和合理使用的规定也提出了新的标准。当然这种权利的生长处于控制之内。如，非独创性数据库的特殊权利的权能的范围一般都要小于传统的版权权能，并受到更多的限制，被设定了更多的例外，如在欧盟相关指令的意义上，公众可以未经许可使用数据库非实质性内容并且不构成侵权。同样的逻辑下还有基因信息权利是在基因专利权基础上的发展等。通过将各种现有的知识产权法保护机制在信息产权法的名义下进行筛选和优化，并在制度上查漏补缺，能够建立一套在信息社会更加契合时代需求，更加行之有效的专门制度❷。

---

❶ 何霁虹. 信息产权框架下的知识产权重构［J］. 图书馆理论与实践，2019（2）：15-19.
❷ 李晓辉. 信息产权：知识产权的延伸和补充［J］. 电子知识产权，2013（11）：41-47.

五、结　语

正如吴汉东教授指出的:"人工智能是人类社会的伟大发明,同时也存有巨大的社会风险。它或是'技术—经济'决策导致的风险,也可能是法律保护的科技文明本身带来的风险,这一社会风险具有共生性、时代性、全球性的特点。[1]"诞生于同时代的数据也如人工智能这一技术命题一样深刻地塑造着国家、社会和法律。从更深远的意义上来说这是数据保护命题对未来技术革命影响的一个缩影。学界对数据保护的争议以及提出的多元范式,在很大程度上出于对新技术革命复杂背景的认真考量。以上要求我们对数据的保护路径不能局限于已有的传统权利语境,也要关注以技术深刻塑造的知识产权、人工智能、自动化决策等领域的立法经验。

如前所述,我国学者所谓"公开传播权"的设权路径,在性质上类似于"信息产权",该思路建立在探索整合信息网络时代权利运用的新型权利认知基础之上。"公开传播权"的表述依然没有脱离传统的知识产权话语体系,是相对保守的权利设计方案。比较而言,"信息产权"是一种可以容纳"公开传播权"的上位权利,权利范围更宽泛、抽象,因此在设计思路上更为前卫。但以"信息产权"保护个人数据以及吸纳"知识产权"需要充分的实践基础,同时在理论上若仅满足于类知识产权的路径借鉴,似乎并不能为个人数据的信息产权保护提供充分的论证理由。至于所提出的数据新型产权保护路径是否能提供一套相对完整且具有解释力的基础理论,为决策者和后续研究人员提供指引,本文对后续相关实证研究纠正本文提出的制度设计方案持开放态度。

---

[1] 吴汉东. 人工智能时代的制度安排与法律规制 [J]. 法律科学(西北政法大学学报),2017,35(5):128–136.

第三篇　保护篇

中国特色知识产权保护体系研究[*]

自20世纪80年代以来,随着改革开放和社会主义市场经济体制建设的推进,我国正式开启现代知识产权制度恢复重建的工作。经过40多年的建设,我国已经基本形成了中国特色知识产权保护体系。尤其是党的十八大以来,以习近平同志为核心的党中央高度重视知识产权保护,习近平法治思想成为中国特色知识产权保护体系建设的根本遵循和行动指南。

一、我国知识产权保护概况

我国是当今世界上唯一一个具有五千年文明史并且连绵不断传承下来的文明国家。在此历史长河中,中华儿女创造了辉煌灿烂的中华文化、科学技术和制度文明,尤其是享誉中外的四大发明对世界文明作出了贡献。但令人遗憾的是,由于传统文化观念的影响,我国早期并没有建立起相应的知识产权制度。直到19世纪末20世纪初,清朝为了调和阶级矛盾以实现救亡图存,才借鉴西方,引入了专利权、商标权和著作权法律制度。清朝被推翻后,北洋政府到国民政府都对当时的知识产权法律制度进行了修改或重新制定,并于1944年初步形成体系,与当时的知识产权国际规则相接轨。[❷] 中华人民共和国成立后,原政务院于1950年8月11日通过

---

[*] 本文基于2020年国家知识产权强国战略研究之子课题"知识产权保护体系研究"改编而成。课题负责人:曹新明;课题组成员:曹新明、孔文豪、杜娟、咸晨旭、杨绪东、邓辉源;执笔人:曹新明。

[❷] 中国最早的知识产权法律规范包括:1898年的《振兴工艺给奖章程》、1904年的《商标注册试办章程》和1910年的《大清著作权律》。在此之后,民国时期分别于1928年制定《中华民国著作权法》,1930年制定《中华民国商标法》,1944年制定《中华民国专利法》。1949年中华人民共和国成立后,全部废除了民国时期的法律,前述三法也被废止。

1949年2月28日颁布的《中共中央关于废除国民党〈六法全书〉与确定解放区的司法原则的指示》第5条规定:在无产阶级领导的工农联盟为主体的人民民主专政政权下,国民党的六法全书应该废除。人民的司法工作,不能再以国民党的六法全书为依据,而应该以人民的新的法律作依据。在人民新的法律还没有系统地发布以前,应该以共产党政策以及人民政府与人民解放军所已发布的各种纲领、法律、条例、决议作依据。目前,在人民的法律还不完备的情况下,司法机关的办事原则,应该是:有纲领、法律、命令、条例、决议规定者,从纲领、法律、命令、条例、决议之规定;无纲领、法律、命令、条例、决议规定者,从新民主主义的政策。

了《保障发明权与专利权暂行条例》❶,曾批准过6件发明和4件专利。著名化学家侯德榜的"侯氏制碱法"就因此获得了专利权。1963年11月,国务院颁布《发明奖励条例》和《技术改进奖励条例》取代上述条例,废除了专利制度,实行单一的发明奖励与技术改进奖励制度。❷

二、我国知识产权法律体系

为顺应国家建设和改革开放的发展需要,我国制定了《中华人民共和国宪法》(以下简称《宪法》)、《中华人民共和国民法通则》、《中华人民共和国刑法》(以下简称《刑法》)、《中华人民共和国合同法》、《中华人民共和国侵权责任法》、《中华人民共和国民法总则》和《中华人民共和国商标法》(以下简称《商标法》)、《中华人民共和国专利法》(以下简称《专利法》)、《中华人民共和国著作权法》(以下简称《著作权法》)和《中华人民共和国反不正当竞争法》(以下简称《反不正当竞争法》)等法律。经过几十年的努力,我国已经建立起以《宪法》为基石,以民事基本法和刑事基本法为两翼,同时以《中华人民共和国民事诉讼法》(以下简称《民事诉讼法》)、《中华人民共和国刑事诉讼法》和《中华人民共和国行政诉讼法》为支撑,以知识产权单行法为主干的中国特色知识产权法律体系。

在前述背景下,单纯就知识产权法律体系而言,具有标志性的法律规范应该是知识产权各单行法。截止到2021年底,我国已经制定的知识产权单行法包括:《商标法》❸《专利法》《著作权法》《反不正当竞争法》等。除此以外,我国与知识产权相关的法律还应包括与之相配套的行政法规、最高人民法院的司法解释等。这些法律法规和文件等与知识产权各单行法一起,构成了中国特色的知识产权法律体系。以此为基础,我国也形成了中国特色的知识产权保护体系。

当然,中国的"三大诉讼法"也对知识产权民事诉讼、刑事诉讼和行政诉讼具有重要的支撑作用,确保了我国智力劳动者相应的合法权益能够得到公平公正的保护。

---

❶❷ 1950年8月11日原政务院公布的《保障发明权与专利权暂行条例》参见:亓圻. 专利大国简史[EB/OL].(2020-09-08)[2022-03-20]. https://baijiahao.baidu.com/s?id=1677236437531559673&wfr=spider&for=pc.

❸ 《商标法》于1982年8月23日公布,并经过了1993年、2001年、2013年和2019年四次修正。

三、中国特色知识产权保护体系的基本结构

自 20 世纪 70 年代末 80 年代初以来,我国建立的知识产权保护体系包括司法保护、行政保护、社会调解和民事仲裁等,形成了衔接顺畅、快速高效的协同保护格局。构建中国特色知识产权保护体系的总体思路是:坚持党中央统一领导,实现政府履职尽责,执法部门严格监管,司法机关公正司法,市场主体规范管理,行业组织自律自治,社会公众诚信守法的知识产权协同保护格局。

(一)知识产权司法保护

知识产权司法保护是知识产权权利人维护其合法权益的最后一道屏障,具有绝对权威性。因此,我国自 20 世纪 80 年代以来一直在积极探索符合中国国情的知识产权司法保护体系。时至今日,我国知识产权司法保护体系已具备了明显的自身特征。这具体表现在:成立 4 个专门知识产权法院和最高人民法院知识产权法庭等 20 多个知识产权法庭,专门负责审理技术类知识产权民事纠纷案件;其他种类的知识产权民事纠纷案件按照普通民事纠纷管辖。知识产权司法保护还包括知识产权刑事保护和行政保护,即通过刑事诉讼或者行政诉讼的方式保护合法利益。

为了提高知识产权司法保护的效率,最高人民法院一直在积极探索将知识产权民事审判、行政审判和刑事审判合并于知识产权审判庭或者知识产权专门法院、知识产权法庭,形成"三审合一"的知识产权审判模式。[1]

(二)知识产权行政保护

知识产权行政保护,是指地方各级知识产权行政部门依法接受知识产权权利人请求,对知识产权纠纷进行调解处理,或者依据其职权对市场上发生的知识产权侵

---

[1] 2000 年最高人民法院进行了民事审判制度改革,将知识产权民事案件统一归口到民事审判第三庭或第五庭。但知识产权行政案件和刑事案件仍然分别由行政审判庭和刑事审判庭审理,这一步改革对审判资源的配置仍然没有根本性的改变。此后,最高人民法院选择上海市浦东新区人民法院等少数法院进行"三审合一"试点,将知识产权民事案件审判、知识产权行政案件审判和知识产权刑事案件审判统一归口到部分民事审判庭审理,并将试点法院负责审理知识产权案件的民事审判庭称为知识产权审判庭。1996 年 1 月 1 日,上海市浦东新区人民法院知识产权审判庭、刑事审判庭、行政审判庭密切配合,运用多种审判职能,审理了涉及侵犯中美合资的上海吉列有限公司"飞鹰"商标的刑事、行政、民事案件。自此,全国各地都在积极尝试"三审合一"审判模式。资料来源于 https://baike.baidu.com/item/%E4%B8%89%E5%AE%A1%E5%90%88%E4%B8%80/1103 3382?fr=aladdin,访问日期 2022 年 3 月 15 日。

权、盗版、假冒等进行监管的行政执法以保护知识产权的行为。❶ 根据《商标法》《专利法》《著作权法》和《反不正当竞争法》的有关规定可知,知识产权行政部门对具体纠纷作出的行政处罚决定,涉案当事人没有异议的,即可产生相应的法律约束力;涉案当事人不服的,在法律规定期限内可以向人民法院提起诉讼。这种情况下,知识产权行政管理部门作出的行政处罚决定对涉案当事人就不具有法律约束力。正是基于这样的规定和具体实践,笔者认为,知识产权行政保护虽然是一种非常重要的保护措施,对知识产权保护发挥着重要作用,但基于行政裁决所受到的效力限制,当事方最终还是需要进入到司法程序,获得终局性保护。

在我国,知识产权行政保护和司法保护被称为"双轨制",相并运行。我国明确将知识产权司法保护和行政保护作为重要方式进行规定,并且特别强调知识产权司法保护和行政保护等应当形成"衔接顺畅、快速高效"的协同保护格局。

(三) 知识产权协同保护

我国知识产权保护体系,除上述的司法保护和行政保护之外,还包括:知识产权仲裁、调解、公证、鉴定和维权援助体系。这样的知识产权保护体系,不仅可以最大限度、最高效率、最广覆盖面地为知识产权提供保护,而且具有中国特色。

1. 知识产权民事仲裁

知识产权民事仲裁,是指知识产权民事纠纷发生前或者发生后,涉案当事人一方或者双方根据事前或者事后达成的仲裁协议或者仲裁条款,申请有关仲裁机关进行仲裁以解决纠纷的方式。例如,2013 年,鸿道集团与广药集团就"王老吉"商标许可合同纠纷申请中国国际经济贸易仲裁委员会仲裁,以解决其纠纷。

知识产权民事仲裁也是解决知识产权民事纠纷的可行性路径。知识产权纠纷大致分为权利归属纠纷、侵权纠纷、合同纠纷、权利有效性纠纷等,各国法律规定允许仲裁的纠纷类型也不尽相同。一般来说,合同纠纷由于多涉及当事人能够自主决定的财产性事项,各国多准许仲裁。而知识产权有效性纠纷因为涉及国家权力,仲裁裁决可能会与政府机关或司法机构的裁决产生冲突,因此多不准许仲裁。❷ 与诉讼相比,仲裁具有灵活性、便捷性、高效性、强保密性、弱对抗性等优点,在解决

---

❶ 戚建刚. 论我国知识产权行政保护模式之变革[J]. 武汉大学学报(哲学社会科学版),2020(2):154-168.
❷ 玉林仲裁委员会. 知识产权仲裁[EB/OL]. [2022-03-20]. http://www.ylarc.cn/index.php?c=category&id=4.

知识产权纠纷方面具有独特的优势。作为准司法途径的仲裁等非讼方式的适用，可以实现知识产权纠纷的分流，从而减轻诉讼的压力。❶ 因此，当事人通过仲裁方式解决知识产权民事纠纷，也是一种很好的选择。

不过，根据《中华人民共和国仲裁法》规定，当事人对仲裁机构作出的裁决不服的，可以请求法院撤销仲裁机构作出的裁决。❷ 仲裁裁决撤销后，当事人可以就知识产权纠纷向法院起诉，寻求司法裁判。因此，知识产权民事仲裁仍然只是知识产权司法保护的补充方式，而不是平行的。同时，由于知识产权纠纷具有较强的专业性，知识产权仲裁在知识产权纠纷解决机制中地位不高，较少被使用，目前仍处于起步的摸索阶段。❸ 因而，目前国内的知识产权纠纷仲裁大多是由相应的职责范围有限的国内仲裁机构受理，还没有类似于世界知识产权组织仲裁与调解中心那样的国际性专门性仲裁机构。

2. 知识产权社会调解

除知识产权民事仲裁之外，知识产权纠纷还可以通过社会调解的方式解决。社会调解是指在知识产权纠纷中，根据纠纷当事人的自愿选择，通过社会力量居中调解，促使双方当事人达成调解协议，从而化解知识产权纠纷的活动。❹ 知识产权作为私权，理所当然地可以适用社会调解来解决各种纠纷。我国深受"和为贵"传统文化的影响，调解制度得到了相当程度的弘扬和强化，调解以其主动性、低成本、自愿性、保密性与灵活性等优势，在知识产权纠纷解决中将发挥重要作用。❺

近年来，随着知识产权纠纷案件的大幅增长，司法资源以及行政监管资源的有限性与知识产权纠纷案件快速增长之间的矛盾日益凸显。相对于普通的民事案件，知识产权纠纷案件不仅涉及法律问题，同时还涉及技术、科学、文学艺术等方面的问题，使得知识产权诉讼程序复杂，费时费力。因而，社会调解以其主动性、低成本、自愿性、保密性与灵活性等优势异军突起，对于实现知识产权纠纷案件的分流发挥了重要作用。

近年来，针对知识产权纠纷的民间调解组织不断出现，对于发挥知识产权社会

---

❶ 玉林仲裁委员会. 知识产权仲裁［EB/OL］.［2022-03-20］. http://www.ylarc.cn/index.php?c=category&id=4.
❷ 参见《中华人民共和国仲裁法》第58条之规定。
❸ 倪静. 知识产权仲裁机制研究［M］. 厦门：厦门大学出版社，2013：271.
❹ 廖永安，侯元贞. 发展社会调解的现实意义［N］. 光明日报，2014-07-16（13）.
❺ 刘友华. 知识产权纠纷非讼解决机制研究：以调解为考察中心［M］. 北京：中国政法大学出版社，2011：58.

调解功能具有重要的实践意义。例如，2008 年，中国互联网协会调解中心正式挂牌成立，45 家国内互联网企业及著作权人代表向该调解中心呈递了《网络知识产权纠纷快速调解意向书》，表示今后在发生有关互联网知识产权纠纷时将优先考虑利用该调解中心解决。该调解中心的成立使得知识产权所有人、传播者以及广大互联网用户能够更快速、便捷地处理各种互联网知识产权纠纷，具有十分重要的作用。此外，我国首家知识产权纠纷诉前调解的专业性机构"中关村知识产权纠纷诉前调解中心"也于 2010 年 4 月在北京中关村成立。该中心受理企业知识产权纠纷调解申请后，将由其提供调解、技术援助、处理诉讼后遗症等专业化服务❶。上海自由贸易试验区设立的国内首家知识产权民间调解机构成功调解完成了"第一案"，涉案双方不仅就其纠纷达成共识，而且还谈到了长期合作的愿景，可谓双赢。该机构作为上海自由贸易试验区制度创新的一部分，其民间调解效率之高、耗费公共资源之少，为类似纠纷的处理积累了可复制、可推广的经验，更是具有极大的理论和实践价值。

虽然我国知识产权调解制度逐渐发展，社会调解力量不断壮大，在知识产权纠纷案件解决过程中发挥了重要作用，但是其在实践中仍存在诸多问题。例如，限于知识产权侵权纠纷案件的专业性特点，社会上缺乏专门的知识产权纠纷调解机构。虽然目前相关的知识产权社会调解或者民间调解机构正在不断增多，但是相对于当前形势下迅猛增长的知识产权侵权纠纷案件而言仍然是杯水车薪，因而社会调解在解决知识产权纠纷过程中发挥的作用还十分有限。此外，由于很多知识产权侵权纠纷案件往往较为复杂，影响因素较多，实践中若当事人诉诸社会力量进行调解，争议解决过程中往往出现结果反复，可预见性不强的问题，因此很多知识产权争议双方当事人偏向于选择司法调解，以寻求更多的公信力和强制力，从而使得实践中我国的知识产权侵权纠纷案件调解以司法调解为主导。❷

四、中国特色知识产权保护体系的不足

如上所述，经过 40 多年的知识产权制度建设，我国已初步形成了中国特色的知识产权保护体系，其典型特征就是以司法保护体系和行政保护体系为两翼并相互

---

❶ 王莲峰，张江. 知识产权纠纷调解问题研究［J］. 东方法学，2011（1）：78 - 80.

❷ 芮文彪，等. 创新调解方式不断提高知识产权诉讼调解水平：上海市二中院关于知识产权诉讼调解机制的调研报告［N］. 人民法院报，2013 - 04 - 25（8）.

协调，以知识产权仲裁、调解、公证、鉴定和维权援助相协同，以知识产权信用监管体系和海外维权体系相配合，为知识产权权利人搭建起一套中国特色的知识产权保护模式。该知识产权保护体系为我国创新驱动发展作出了重要贡献。但与世界其他国家相比，中国特色知识产权保护体系构建时间不长，且面临着国内外日趋复杂的局势变换，因此我国的知识产权保护体系在此种背景下仍然显示出几个方面的不足。

第一，我国一些知识产权领域的法律规定比较分散，没有统一的法律规范。例如，关于商业秘密保护的规定，散见于中华人民共和国《民法典》❶《反不正当竞争法》以及《刑法》中，缺乏一部集中统一的商业秘密保护规范，不利于对商业秘密进行全面的保护。

第二，知识产权法律法规之间存在某些不协调规定，需要整理完善。例如，2020年修正的《著作权法》存在某些方面的不协调❷；有些地方制定的商标保护规定与《商标法》存在某些方面的冲突。

第三，知识产权法律法规存在过时、滞后的现象，需要修订完善。例如，关于集成电路知识产权保护问题、含有计算机程序专利保护问题、人工智能生成物知识产权保护问题等，都迫切需要我们积极研究和完善相关的法律法规来为之提供有效的保护。

第四，在知识产权某些领域还存在立法缺失的现象。例如，日本和韩国在保护传统节日相关领域的立法已趋于完善，但我国却缺乏配套的保护传统节日的立法，在国际诉讼中处于不利地位，因而对于韩国以"端午祭"申请世界文化遗产，我国只能望而兴叹。

第五，我国知识产权司法保护体系尤其是审判体系需要重构。党中央、国务院高度重视知识产权审判体制改革，"三审合一"模式也在稳步推进。❸ 但新生事物难免有所疏漏，在目前的探索过程中，应重点关注以下几个方面。

一是根据最高人民法院规定，技术类知识产权纠纷案件第一审由地方法院知识

---

❶ 《民法典》第123条第2款、第846条第2款、第864~877条等若干条款涉及商业秘密、技术秘密等保护。

❷ 例如，《著作权法》第2条规定使用"中国公民"这一称谓，而其他涉及"著作权主体"的条款则使用"自然人"的概念，这导致法律用语的混乱。

❸ 肖潇，刘亮. 新时代我国知识产权司法保护事业取得新进展［EB/OL］.（2021-02-07）［2022-03-16］. http：//news.cctv.com/2021/02/07/ARTICzJUqSwV9ybjUWOOALzQ210207.shtml.

产权法庭审理，第二审上诉到最高人民法院知识产权法庭。[1]这种审判机构设置具有很多好处，包括对技术类知识产权纠纷审判的权威性、适用标准的统一性、有效防止地方保护主义现象的发生、最大限度地减少极个别人对案件的干扰以及确保此类纠纷案件审理的规范性。但是，这种设置仍然存在一些弊端：地方知识产权法庭一审案件直接上诉到最高人民法院知识产权法庭，越过了中级人民法院和高级人民法院。这是否有利于对知识产权案件的协调？尤其值得注意的是，最高人民法院知识产权法庭审理的案件，当事人仍然不服的，是否应该向最高人民法院民事审判第三庭申诉？如果能，则导致最高人民法院两次审理同一案件；若不能，则会导致对诉讼当事人申诉权的剥夺。

二是现在地方知识产权法庭的布局相对比较集中于较大城市或者经济较发达的城市。按照知识产权侵权纠纷案件较为集中的现状来讲，这种分布具有合理性。但是，相对于其他地区的技术类知识产权权利人而言需要异地提起侵权诉讼，增加了诉讼成本或者诉讼难度。为了避免出现上述尴尬现象，需要考虑对技术类知识产权侵权纠纷案件第一审和第二审法庭进行重新设计和布局。

三是在知识产权侵权诉讼程序中，被告方能否以专利权无效进行抗辩、注册商标无效进行抗辩和著作权无效进行抗辩，一直是一个困扰知识产权侵权诉讼或者知识产权司法保护的困境。根据现有知识产权侵权诉讼程序法规定，在知识产权侵权诉讼程序中，法律虽然没有明令禁止被告方以权利无效进行抗辩，但却也缺乏相应的明确规定和程序。如果能够在知识产权侵权诉讼程序中引入专利权无效等抗辩，就可以大大节省专利权无效的行政程序，提高审判效率。

四是技术类知识产权纠纷案件同样有民事纠纷、刑事犯罪和行政纠纷三种类型，同样需要与普通知识产权纠纷案件一样进行"三审合一"，统一由现在的知识产权法庭或者知识产权法院审理。但现有法规缺乏这方面的明确规定。普通类型知识产权纠纷案件适用一般民事侵权纠纷管辖及"三审合一"的审理模式，也需要法律的进一步明确规定。

---

[1] 经中央批准，根据《全国人民代表大会常务委员会关于专利等知识产权案件诉讼程序若干问题的决定》《最高人民法院关于知识产权法庭若干问题的规定》，最高人民法院设立知识产权法庭，并于2019年1月1日挂牌办公。知识产权法庭是最高人民法院派出的常设审判机构，设在北京市，主要审理全国范围内的专利等专业技术性较强的知识产权上诉案件，旨在进一步统一知识产权案件裁判标准，依法平等保护各类市场主体合法权益，加大知识产权司法保护力度，优化科技创新法治环境，加快实施创新驱动发展战略。参见：最高人民法院知识产权法庭. 最高人民法院知识产权法庭简介［EB/OL］.（2018-12-14）[2022-03-16］. https://ipc.court.gov.cn/zh-cn/news/view-48.html.

五是需要进一步强化知识产权审判监督机制，增强司法透明度。继2006年开通"中国知识产权裁判文书网"，为全国各级法院发布生效的知识产权裁判文书提供统一平台之后，最高人民法院知识产权审判庭又发布了《人民法院知识产权裁判文书上网公布暂行办法》，实行上网情况定期通报制度，构建了全国法院知识产权裁判文书上网工作人员体系，提高了知识产权裁判文书的上网率。此外，法院还不断拓宽司法公开渠道。例如，自2010年起最高人民法院每年都会发布《中国法院知识产权司法保护状况》白皮书，编辑出版《中国知识产权司法保护年鉴》等，不断提高司法公开的深度和力度，切实推进知识产权阳光司法。然而，在群众知情渠道拓展的同时并没有增加相应的监督反馈渠道，需要加以改进。

六是需要进一步做好知识产权司法保护与知识产权行政保护之间、民事保护与刑事保护之间的有效衔接。中国特色知识产权保护体系最具特色的做法就是司法保护与行政保护"双轨并行"，相得益彰；刑事保护与民事保护有机结合，对侵犯知识产权犯罪行为给予严厉惩处，同时进行民事损害赔偿事宜，尤其是对商业秘密保护通常是民刑兼备，保护效果很好。但是，由于司法保护与行政保护、民事保护与刑事保护彼此之间毕竟存在程序差异、惩处差异以及其他不同之处，因此需要更加有效的衔接。

五、中国特色知识产权保护体系的完善

（一）积极探讨知识产权法院的建设

目前我国试点的4家知识产权法院均已经挂牌成立并受理审理案件，取得了较好的效果。然而，现有的4家知识产权法院远远不能满足我国知识产权纠纷案件司法审判的客观需求。为了弥补前述知识产权司法审判体系存在的不足，现在有必要慎重考虑将现有的4家知识产权法院和27家地方知识产权法庭进行重组，成立统一的知识产权初审法院，然后建立全国统一的知识产权上诉法院，以回应将地方知识产权法庭和4家知识产权法院一审的技术类知识产权案件直接上诉到最高人民法院知识产权法庭的尴尬问题。首先，建立统一的知识产权上诉法院有助于统一审判标准，尤其是技术类纠纷的审判标准，实现司法的公平公正；其次，知识产权法院的建立能够规范审判程序，使法官真正做到独立办案，凸显法官的地位；最后，设立知识产权上诉法院能够避免最高人民法院对同一件知识产权纠纷案件进行两次审

判，优化审判资源，提升司法权威。

知识产权审判，不仅涉及知识产权侵权纠纷的民事案件，还涉及知识产权行政案件和知识产权刑事犯罪案例。除此之外，知识产权审判涉及各种技术门类的专业问题，如果知识产权审判过于分散，容易造成审判标准的不统一。而且知识产权纠纷常常涉及地方的经济利益，知识产权案件容易受到地方保护主义的影响，也容易造成审判结果的不公正和审判标准的不统一。因此，进一步推进知识产权审判体系的完善对于优化中国特色知识产权保护体系具有重要意义。重点可以关注以下几个方面。

1. 设立统一的知识产权法院

此处所指的"统一的知识产权法院"包括两个层级的知识产权法院。第一层级是知识产权初审法院，专门负责各种类型知识产权纠纷案件的一审。在具体实施上，可将现有的4家知识产权法院和27家地方知识产权法庭全部重组为知识产权法院，管辖全部知识产权纠纷一审案件。第二层级是成立北京知识产权上诉法院，其可由最高人民法院知识产权法庭改建而成，主要负责审理来自全国知识产权法院的一审上诉案件。第三层级的知识产权案件申诉或提审，此项工作可以由最高人民法院负责。

考虑到我国地域辽阔，所有的上诉案件汇聚到固定的知识产权法院，不仅会增加诉讼当事人的经济负担，还可能造成案件积压等新问题。为避免出现这样的现象，建议知识产权上诉法院采用巡回审判方式，在案件相对集中的地区设立知识产权巡回上诉法庭进行案件审理。[1] 党的十八届四中全会提出建立巡回法庭的设想，以审理跨行政区域的重大行政和民商事案件。我国司法机关可以借此机会，建立知识产权上诉法院，然后根据情况施行巡回法庭审理的方式，以方便知识产权案件申诉。

2. 知识产权民事、行政和刑事案件应综合审理

知识产权法院应对知识产权民事、行政和刑事案件统一管辖，综合审理。但知识产权综合审理不等于知识产权案件的简单集中。如果只是将涉及知识产权的案件集中在一起，仍然沿用当前的审理模式，针对不同性质的案件采用相应的程序分开审理，则无法有效应对现存问题，甚至会将原来分散的弊病集合在一起，达不到设

---

[1] 曹新明. 建立知识产权法院：法治与国家治理现代化的重要措施［J］. 法制与社会发展，2014（5）：60-62.

置知识产权法院的目的。

我国当前的审理模式面临的问题是，在民事程序与刑事程序的交叉衔接的案件中，知识产权民事案件尤其是侵权案件的审理思路侧重认定被控侵权人的行为是否构成侵权及民事责任的确定，而刑事案件侧重于对侵权人进行定罪后追究其刑事责任。二者在思路上各有侧重，具有不同的功能，实现不同的诉讼结果。[1] 在刑事程序和行政程序交叉的案件中，知识产权刑事案件的审理更侧重对侵权人的处罚，而对权利人的救济不够；行政机关在处理案件的过程中通常采取查封扣押被控侵权物及冻结账户等措施，实践中这些被控侵权物通常作为赃物变卖后收益上缴国库，对权利人的救济也不充分。而在民事程序与行政程序交叉衔接的案件中，如在专利、商标侵权案件中，被告一般会启动专利无效和商标异议程序，从而使专利和商标的效力处于不确定状态，因此会产生民事案件审理中止等待相关行政程序裁决后再恢复的问题。由于我国各级法院对案件审限的要求非常严格，大量案件的中止审理对审判庭的工作产生了很大影响，也严重影响了案件的审判效率。知识产权法院的设立则会有效解决上述问题。知识产权法院内部并不像当前法院那样泾渭分明地设置民事审判庭、行政审判庭和刑事审判庭，仅需根据受理案件的工作量设置多个审判庭，每个审判庭不存在民事、行政、刑事性质案件方面的分工，每个单独的审判庭都具备综合案件的审判能力，既可以审理只涉及民事、刑事或行政中一种类型的知识产权案件，又可以审理同时涉及以上三种类型的知识产权案件。

3. 完善知识产权诉讼程序

首先，扩大举证责任倒置的适用范围。一是增加关于举证责任倒置的原则性规定。建议在《民事诉讼法》中增加一条关于举证责任倒置的原则性规定：如果某一事实由原告负担举证责任显失公平，则转由被告承担。这一规定不仅可以使得举证责任倒置的适用有法律上的依据，而且可以根据这一规定由司法解释根据实际情况规定适用举证责任倒置的情况，不仅扩大了举证责任倒置的适用范围，而且可以灵活地根据现实情况的变化适用。二是建议在《民事诉讼法》中增加关于"推定法则"的规定。当诉讼双方主张相对，案件事实真伪不明，法官又根本无法查出证据加以证明时，运用推定法则可以避免使诉讼陷入僵局。亦可考虑在知识产权各单行法中增加此项规定："如果一方当事人应对其主张的某一事实负举证责任，而证明

---

[1] 刘虹. 论行政程序和司法程序的协调：以知识产权权利冲突诉讼为视角[J]. 科技与法律, 2004(3)：68-70.

该事实的证据正好掌握在对方当事人手中,如果对方当事人故意不提供证据或者故意将证据销毁或转移,则认定该事实存在。"

其次,完善诉前禁令制度。一是设立对颁发禁令提出异议的听证程序,即规定禁令可以由法院经申请直接发布生效,但在生效后的一定期限内,利害关系人可以提出异议并启动听证程序,如果异议成功,禁令失效。二是将禁令制度区别分类化,以适用不同的程序。诉前禁令对时效性要求特别高,适用的实体条件和程序条件均应考虑此点。诉中禁令的功能是保持现状,即争议的行为已经发生,损害已经存在,其对时效性的追求弱于诉前禁令,但高于终审禁令。诉中禁令的功能应定位于在判决前防止损害持续扩大,直到终审禁令作出。诉前禁令和诉中禁令由于价值追求不同,适用的实体条件和程序条件也将不同,立法与司法应将两者分别规定和适用。

再次,缩短知识产权诉讼周期。通过对大量案例进行统计分析发现,导致知识产权侵权诉讼审判周期较长的原因很多,其中包括将专利权无效程序的行政程序置于专利侵权诉讼前面,或者专利侵权程序中没有无效抗辩措施。因此,建议在《专利法》中增加"专利无效抗辩条款",为专利侵权诉讼被告创设抗辩制度,有利于缩短专利侵权审判周期。在一般情况下,任何人仍然可以依照《专利法》规定的无效程序请求国务院专利行政部门宣告专利权无效。

最后,降低维权成本。一是调整合理费用的范围和标准,将其参加诉讼的代理费合法化。合法化既有利于规范代理人的收费行为,也有利于降低权利人的维权成本。法律或司法解释应对合理费用中的具体费用的标准和范围作出相应的明确规定,并根据我国经济发展状况适时地加以调整。法院在认定合理费用时,对证据的审核不宜过严。只要属于在正常情况下为调查、制止侵权有可能花费的费用,且票据发生的时间也在这一期间的,就可以认定这些证据的关联性,而无须其他证据加以佐证。二是加大侵权赔偿力度,坚持全面赔偿原则,在可能的情况下坚持适用惩罚性赔偿,能使权利人获得充分的法律救济,同时兼顾对侵权行为人的惩罚。为尽量选用侵权损失或侵权获利计算损害赔偿数额,法院应当在积极引导权利人尽可能完成相应的举证行为的基础上,适当放宽证据的证明标准,根据优势证据原则认定相关事实。三是简化司法救济程序。随着知识产权案件数量大幅增长,法院的审判力量也不断增强,已有相当部分的知识产权案件被下放到基层法院管辖。基层法院审理的大部分案件,事实清楚,权利义务关系明确、争议不大,完全可以适用简易程序审理。简易程序不仅能简化救济程序,缩短维权周期,而且还能缓解法院案多人少的矛盾，节约司法资源。

（二）探索多元化的执行方式，建立知识产权信用体系

1. 加强知识产权执法立法

执行难是中国特色知识产权保护面临的一个重大问题，受到广大当事人和社会大众的关注。执行难的原因很多，但执行立法不到位是一个首要原因。因此应当首先加强知识产权执法的立法。为了提高知识产权行政执法效果，可以考虑从体例上确立专门的知识产权执行程序。其原因在于，知识产权案件的执行有诸多区别于普通民事案件执行的特点，而且《民事诉讼法》对于知识产权执行程序没有作出明确的专门规定。因此，有必要借着我国民事强制执行法起草的东风，在其中作出针对知识产权执法的专门规定。

2. 探索建立知识产权信用体系

建设知识产权信用体系，可以提高侵权假冒的违法成本，在一定程度上改变知识产权维权成本高、异地打击难的问题。2014年6月14日，国务院印发了《社会信用体系建设规划纲要（2014—2020年）》，其中明确提出了建设知识产权信用体系的规划和目标。知识产权领域信用体系建设内容包括："建立健全知识产权诚信管理制度，出台知识产权保护信用评价办法。重点打击侵犯知识产权和制售假冒伪劣商品行为，将知识产权侵权行为信息纳入失信记录，强化对盗版侵权等知识产权侵权失信行为的联合惩戒，提升全社会的知识产权保护意识。"

（三）明确行政执法机构职权，规范行政执法程序

1. 完善与知识产权法律相配套的行政法规、规章及规范性文件

鉴于我国知识产权行政执法没有统一的法律规定，我国应当完善有关立法，将关于知识产权行政保护的权限、范围、程序等问题的法律规定进行具体规定，改善一直以来对于知识产权行政保护问题的模糊规定，明晰对其保护的权限，使得权责具体化、明晰化。尤其对于跨部门、跨地区的知识产权纠纷案件的查处，更要明晰责任。同时，统一协调好行政程序与司法程序的衔接问题，明确规定法律中的民事纠纷由司法机关裁决，行政纠纷由行政机关裁决，提高行政执法的规范性与程序性。

此外，还应当完善地方知识产权行政管理机关的法规建设。鉴于我国地域辽阔，知识产权在各地区的实施情况不同，可以授权各地区根据本地区的实际情况，

结合经济发展的现状，制定知识产权行政执法的配套政策，加强知识产权执法工作。但是在国家层面上，我国应当制定统一、抽象的知识产权行政执法规范，进行整体规制。

2. 设立统一的知识产权行政执法机构

我国可以结合目前知识产权保护的特点，设立统一的知识产权行政执法主体，改善分散的执法现状，实现知识产权行政执法的统一化和规范化。设立统一的知识产权行政执法机构，还可以实现知识产权管理机关和行政执法机关的分离，使得行政执法更加权威和高效。我国政府也明确提出要深化行政管理体制改革，通过优化政府内部组织结构，促使同类管理职能的集中化和一体化，打破部门分割状态，构建新的职能体系和协调运转机制。建立统一的知识产权行政执法机构，也是其他国家探索出的经验所在。

为切实完善我国知识产权行政保护制度，应进行制度创新，借鉴其他国家的先进经验，优化行政资源配置，加强组织机构和人才队伍建设。建立一个知识产权行政执法机构，统一负责知识产权行政保护事务，以达到科学构建知识产权行政管理机构体系、提升知识产权行政保护效能、树立服务型政府形象的基本目标。❶

3. 规范行政程序

由于"重实体、轻程序"观念的长期存在，我国知识产权方面的行政执法程序规范也并不健全，不适应市场经济和行政法治发展的客观要求。现在人们正逐步认识到切实有效的行政程序是非常必要的，其在防止行政专横、保障公民权利、提高行政效率等方面都起到了重要的作用。行政程序以实现行政实体权利为基本保障，同时也体现了当代行政法理论的重要价值追求。所以，我们应当结合我国知识产权行政保护的经济和文化等因素，有选择地借鉴国际上关于知识产权的国际性条约，以便尽快完善我国知识产权行政程序制度。例如 TRIPS 中的程序性要求就很适合我国的国情。只有出台一套较完善的知识产权行政程序法规，才能提升我国知识产权行政保护制度的可操作性。我们还应当对现有的知识产权制度的行政终局裁决的规定进行研究和修改，尝试建立一个同国际各国普遍采用的知识产权行政决定相关制度类似的司法审查制度。

（四）协调司法保护、行政保护和刑事保护的关系

2008 年国务院发布的《国家知识产权战略纲要》第 9 条明确指出，要"健全

---

❶ 戴琳. 论我国的知识产权行政保护及行政管理机构设置 [J]. 云南大学学报, 2010 (6): 49-55.

知识产权执法和管理体制。加强司法保护体系和行政执法体系建设，发挥司法保护知识产权的主导作用，提高执法效率和水平，强化公共服务。深化知识产权行政管理体制改革，形成权责一致、分工合理、决策科学、执行顺畅、监督有力的知识产权行政管理体制。"这也为我国知识产权行政执法与司法衔接机制建设指明了工作方向，即强化司法，强化专业行政执法、淡化行政管理机关直接执法。

1. 严格划分案件主管

在加入世界贸易组织后，我国很多知识产权制度无法与国际管理制度相协调，特别是存在对行政处罚和刑事处罚的归属混淆不清的问题。很多原本应该追究刑事责任、移送司法机关处理的知识产权侵权案件最终都以行政处罚的方式结案。这点是违反国际条约中关于知识产权的规定的，我国也因此被很多国家所质疑，并导致我国的知识产权处罚机制始终无法与国际相融合。所以从2001年起，我国开始逐步建立行政权和司法权共同管理知识产权的制度，更多地重视起司法权对知识产权的作用。在这种背景下，以司法来保护知识产权的观念逐渐形成并多被用于司法实践中。这不仅在观念上改变了原本的以知识产权行政保护为中心的保护模式，在具体政策上也有了新的措施来加强司法保护的作用。最为典型的举措是，行政执法部门发布了多部行政法规、规章来强化知识产权司法保护。如2004年3月出台的《最高人民检察院、全国整顿和规范市场经济领导小组、公安部关于加强行政执法机关与公安机关、人民检察院工作联系的意见》。与此同时，司法部门也颁布了司法解释，主张司法权对知识产权的保护力度，如2004年3月公布的《最高人民法院、最高人民检察院关于办理侵犯知识产权刑事案件具体应用法律若干问题的解释》等。通过行政和司法两方面共同作用，加强知识产权的司法保护，其主要成效体现在以下几方面：第一，规范了司法保护和行政保护的管辖范围，要求必须严格按照法律规定开展知识产权保护，不得应付了事，必须将法院管辖的案件移交至法院；第二，放宽了刑事案件的审查条件，使更多造成严重社会后果的行为得到了相应的刑事处罚；第三，严格规范了司法保护和行政保护，二者在适用时必须严格符合法律程序，做到合法合理。通过将知识产权保护的重心移向司法保护，法院对于知识产权的保护更加全面、严格。

2. 建立完善的证据转化规则

行政执法机关在面对具体的知识产权侵权案件时，应当建立起证据收集机制。具体的做法是行政执法机关根据不同的涉案金额或者危害程度等因素，来确定是否可以由公安机关提前介入知识产权侵权案件。经过对这些因素的确认，就可以判断对该案件应采取以公安机关为核心，以行政机关为辅的办事模式，还是以行政机关为核心，由公安机关积极配合的办事模式。如果确认了应由公安机关提前介入，就应当由公安机关及时作出防止犯罪嫌疑人逃逸并及时收集和保护那些可能灭失的证据的决定。

3. 进一步完善衔接程序和衔接机制保障体系

要完善司法保护和行政保护衔接程序，就要统一案前审查时间，确认公安初查合法，统一公安主管机构，完善审中回移程序，适时借鉴辩诉交易。要完善衔接机制保障体系，就要健全联席会议机制，建议规范联络员联络程序；健全通报、备案机制；健全信息共享机制；健全联合行动机制；完善公、检个案提前介入制度；建立问责制度；创建业绩考评机制。与此同时，还可以积极探索行政执法与司法衔接体制改革新途径。

（五）设立统一的反垄断执法机构

反垄断法的实施必须有运行高效的执法机构，否则该法就会成为一纸空文。从世界各国的情况看，大多数国家和地区都有一个统一的专门执行反垄断法的行政机关，如欧洲共同体委员会、德国联邦卡特尔局、日本公正交易委员会、韩国公平交易委员会等。这些机关都是准司法机构，因为它们的组织方式同法院一样，而且有自己专门的程序和作出裁决的机构。虽然这些机构的组织方式不同，例如德国联邦卡特尔局下属于德国联邦经济和劳动部；日本公正交易委员会和韩国公平交易委员会是独立的中央机构，但它们都具有很高的独立性。反垄断机构的独立性对反垄断法的效力发挥至关重要，因为在其他行政机构可以随意推翻或者修改反垄断裁决的情况下，反垄断法就完全没有效力。

与此同时，这些国家和地区执行反垄断法的行政机构无一例外都有着很高的级别。以日本公正交易委员会为例，其有两大特点。一是以法律形式明确执法机构的作用与地位。《日本禁止垄断法》第三章的第一部分明确而又详细地规定了作为该法执行机构的日本公正交易委员会的组织、职能、领导的选任和任期等。多年来日本公正交易委员会之所以能成为有效的管理机构，是与法律所赋予的特点密不可分的。二是独立并受制约的组织机构。日本公正交易委员会是日本的一个国家管理机构，在行政上归属首相直接领导，是首相办公室下的一个特别的部级机构，旨在实现日本反垄断法的目标。日本公正交易委员会本身采取的是委员会体系的行政组织，由一位委员长、四位委员组成。在执行反垄断法时，可独立行使其职权，不受

任何组织和个人的支配或领导。❶

由于历史原因，美国有两个并行执行其反托拉斯法的行政机构，一个是美国司法部反托拉斯局，另一个是联邦贸易委员会。两个行政执法机构免不了产生摩擦，降低效率，加大执法成本。另外，美国是判例法国家，法官有高度的独立性和创造法律的功能，因而在执行反托拉斯法的过程中，不是美国司法部或者联邦贸易委员会起着决定性的作用，而是联邦法院的判决起着决定性的作用。

我国反垄断法机构如何设置应从我国的实际情况和发展社会主义市场经济的客观需要出发，并借鉴其他国家的经验，设置一个统一的反垄断执法机构——反垄断委员会。其主要职责就是对一切垄断行为，包括国家行政垄断、知识产权滥用垄断、价格垄断、联合垄断等行为进行调查处理，不能调查处理的，向知识产权法院起诉。该反垄断机构的作用和地位应当在法律中予以明确，同时其级别应当很高，至少应当是正部级，最好是副国级，这样才能保证反垄断委员会在执行反垄断法时的权威性和独立性，保证反垄断法的实施效果。

---

❶ 孙荣玲，吕春燕. 日本公正交易委员会评介［J］. 法学杂志，2001（1）：55 – 57.

知识产权司法保护研究*

一、中国知识产权司法保护新形势

知识产权是国际贸易的核心要义，是国家竞争的战略性资源，是中国迈向高质量发展的必经之路。一方面，以作品、商标为代表的符号资源是国家话语权和软实力的重要体现，是国家形象和民族文化的重要建构因素；另一方面，以专利、植物新品种为代表的技术方案是科技前沿技术的结晶。二者均是推动现代国家发展的强效引擎。当前全球知识产权治理面临新转进。国际上，全球化与逆全球化思潮暗涌，国际竞争日趋白热化，新型冠状病毒肺炎疫情肆虐，知识产权霸权与保护主义给全球知识产权治理带来了无数变数和争端。在国内，基于创新、协调、绿色、开放、共享五大新的发展理念，要求摒弃传统发展中的旧理念，走上高质量发展之路。国际国内形势对中国知识产权司法保护提出新要求、新挑战和新期待。2008年，国务院颁布的《国家知识产权战略纲要》中明确提出"发挥司法保护知识产权的主导作用"。纲要颁布实施十余年来，人民法院着力推进知识产权审判领域改革与创新，强化知识产权审判监督指导。尤其是党的十八大以来，人民法院为深入贯彻实施国家知识产权战略和创新驱动发展战略，以严格保护、深化改革、完善制度、统一规则为着力点，不断推进知识产权审判体系和审判机制改革，知识产权司法保护工作取得了丰硕的成果。

知识产权司法保护，指司法机关依法适用法律审理裁判知识产权侵权、确权纠纷，以及采取禁令等救济措施对知识产权予以保护。知识产权司法保护是全球通行的国家为保护知识产权而设立的知识产权侵权救济程序，主要是民事诉讼程序和救

---

* 本文基于知识产权强国建设纲要制定研究项目"知识产权司法保护"形成。课题负责人：彭学龙；课题组成员：刘小威、包红光、叶明鑫；执笔人：彭学龙、程建华。

济，也包括对严重侵权行为的刑事制裁和对行政裁决提供的司法程序救济。❶ 换言之，知识产权司法保护包含两个层面的含义。狭义层面的知识产权司法保护是指人民法院根据知识产权权利人的请求，履行知识产权民事、刑事案件的审判职责，或通过知识产权行政诉讼审查具体行政行为的合法性等审判活动，实现对权利人和利害关系人合法利益的保护。广义层面的知识产权司法保护，除了审判机关的司法保护之外，还包括公安、检察机关对知识产权刑事、行政案件的立案侦查、侦查监督、提起公诉、司法监督等活动。知识产权司法保护是知识产权保护最后一道屏障，具有终局权威性、稳定长效性和全面完整性。❷

当前中国知识产权司法保护强国建设的重要思路之一，就是"建立以专门司法体系为主导的知识产权保护体系，形成与行政执法、社会治理'并行运作、相容互补、司法终局'的治理格局"❸。经历了近几十年的发展，我国民众知识产权认识显著增强，企业知识产权生产和保护意愿日趋强烈，国家知识产权保护整体水平大幅提升。隐藏在此背后的是，知识产权司法保护体制与其他知识产权保护体制衔接不顺畅问题依然存在，知识产权司法保护体系内部不融通依旧明显。如何协调知识产权司法保护方式与其他知识产权纠纷解决方式优势互补，如何促进知识产权司法保护能力提档升级，既呼唤效率的理念贯彻，也强调公平的价值皈依，是新发展格局下中国知识产权司法界面临的新课题、新考卷。

二、中国知识产权司法保护新课题

中国知识产权司法保护面临的新问题主要包括两方面：一方面是如何做好司法保护制度与其他制度合理衔接，主要涉及与行政保护制度和关系的界定；另一方面是协调内部各具体制度、保护手段的关系，包括机构设置、审判机制、诉讼模式乃至人才队伍建设等诸多方面。

（一）行政保护与司法保护相互抵牾

世界范围内知识产权保护模式主要有单轨制与双轨制两种类型：司法保护的

---

❶ 管育鹰. 关于我国知识产权司法保护战略实施的几点思考 [J]. 法律适用，2018（11）：42。
❷ 管荣齐，李明德. 中国知识产权司法保护体系改革研究 [J]. 学术论坛，2017，40（1）：111-117.
❸ 申长雨. 迈向知识产权强国之路：知识产权强国建设基本问题研究：第1辑 [M]. 北京：知识产权出版社，2016：21。

"单轨制"模式指的是人民法院通过对知识产权侵权案件的审理,判令侵权人承担停止侵害、赔偿损失等法律责任的保护模式;行政保护和司法保护并行运作的"双轨制"运作模式,即知识产权侵权纠纷发生后,权利人除向人民法院寻求司法救济外,还可请求相关知识产权行政主管机关处理,由行政主管机关责令侵权人停止侵权行为,对违法者给予行政处罚,维护权利人自身的合法利益。知识产权制度选择的基础是国情。[1] 我国在引进知识产权法律制度之初,由于缺乏基础性的知识产权意识和自发性的保护需求,进而形成了行政保护和司法保护"两条途径、并行运作"的"双轨制"知识产权保护体制,这与世界各国所普遍采用是"单轨制"模式相异。[2] 多年来,行政保护与司法保护并行,是基于我国知识产权保护基本国情的理性选择,有效地防止和惩治了知识产权侵权行为,规范了知识产权竞争秩序,维护了权利人的合法利益。例如,2020年,全国市场监管部门查处假冒专利案件0.71万件;全国知识产权管理部门办理专利侵权纠纷行政裁决案件4.2万余件;全国市场监管部门查处商标违法案件3.13万件,案值7.9亿元,罚没金额7亿元。[3] 如此庞大的案件数量显然是司法机关难以承接之重,成熟高效的知识产权行政保护机制在当时极大地减轻了方兴未艾的知识产权司法保护机制的负担。行政保护通过前置处理为初步建立的知识产权司法保护体系舒缓压力,"其优势在于政府可以运用多种行政手段保护知识产权,加强保护力度,提高保护效率"[4]。当前,"双轨制"主要存在行政权力碎片化、执法人员专业性不足以及司法主导观念不明确等缺陷。

1. 行政保护呈碎片化

知识产权行政权力碎片化严重,分散在各个部门,并且各部门所保护的知识产权类型存在重叠,难免在执法时权责不明,难以形成保护合力。我国知识产权行政执法、管理权力配置给诸多不同行政机关,其原意旨在充分调动有限的执法资源和专业人才,发挥各部门对不同类型知识产权执法的特殊优势,调动各部门保护知识产权的主观能动性。在构建执法体制时,从立法上就设置了十多个多形式、多层级体制的知识产权行政保护的政府主体,导致执法力量分散。[5] 知识产权是一个整体,

---

[1] 吴汉东. 中国知识产权法制建设的评价与反思 [J]. 中国法学, 2009 (1): 51 – 68.
[2] 吴汉东, 锁福涛. 中国知识产权司法保护的理念与政策 [J]. 当代法学, 2013 (6): 42.
[3] 国家知识产权局. 2020 年中国知识产权保护状况 [EB/OL]. (2021 – 04 – 25) [2022 – 04 – 11]. https://www.cnipa.gov.cn/art/2021/4/25/art_91_158742.html.
[4][5] 曲三强, 张洪波. 知识产权行政保护研究 [J]. 政法论丛, 2011 (3): 56 – 68.

虽然版权、专利权、商标权各有不同的特质，但都属于无形财产范畴，基于暂时的力量不足可以采取分散式的处理方式，随之而来的弊端便是各部门权限不清，难以充分发挥各部门的行政力量。例如植物新品种权由农业农村部与国家林业和草原局按照职责分工共同负责保护；又如主管意识形态宣传的党务机关实施电影审查和新闻出版（版权）管理，至于专利、商标则由政府部门负责。由此可见，我国现行知识产权行政管理高度分散。❶ 分散式行政保护模式造成"权力分割化、部门利益化"❷ 的不良影响，难以适应新时代国家知识产权强国战略和知识产权治理现代化的现实需要。

2. 行政保护欠专业化

知识产权纠纷与其他类型纠纷存在一个明显不同，就是其技术性较高、处理难度更大。这要求知识产权纠纷解决方式的专业化和专门化。自加入世界贸易组织后，我国知识产权立法标准不断提升，司法水平建设成果显著。尤其是在党的十八大之后，在习近平总书记关于保护知识产权的重要讲话精神指引下，知识产权司法审判机构建设成果斐然，先后在最高人民法院机制下设置知识产权法庭，在北京、上海、广州、海南建成知识产权法院，在武汉、南京、南昌等二十余个城市设立知识产权法庭。在摸索中国特色社会主义知识产权司法保护的道路上，培养了一批具有资深业务能力能够回答知识产权司法保护时代命题的专业法官骨干。可以说，知识产权行政部门相较于司法部门的专业优势已不明显。

3. 司法终局理念需树立

正是行政的强大导致了司法的薄弱。❸ 长期以来在"双轨制"的影响下，行政权力对于知识产权保护的话语权远高于司法机关，而由于行政保护的高效便捷，当事人更倾向于寻求行政力量的保护。相对于行政机关的社会管理行为而言，司法权只在法律程序内运作，因而具有天然的公正性。❹ 人民法院更为注重公平价值，法官在裁判过程中也更能梳理纠纷，人民法院对知识产权法律的解释也更具有说服力、专业性和权威性。新时代知识产权保护不仅要更高效地保障权利人的利益，同时也要对纠纷各方的利益进行全面评价和整体平衡。新时代的知识产权保护中，行

---

❶ 易继明. 构建集中统一的知识产权行政管理体制［J］. 清华法学，2015，9（6）：137－155.
❷ 单晓光，王珍愚. 各国知识产权行政管理机构的设置及其启示［J］. 同济大学学报（社会科学版），2007（3）：99－105.
❸ 邓建志. 中国专利行政保护制度的基础理论研究［J］. 湖南师范大学社会科学学报，2012，41（3）：35－40.
❹ 王静. 通过司法的治理：法治主导型社会管理模式刍论［J］. 法律适用，2012（9）：35－39.

政保护模式依旧有其继续存在发展的必要性与合理性,但司法主导、司法终局的双轨制将是公平与效率价值下知识产权保护的最优选择。

(二)司法保护内部体系尚不融洽

在长期的知识产权司法保护事业的建设过程中,我国既取得了瞩目成就,也存在进一步优化改进的空间,包括在审判机制、审判体制、队伍建设等诸方面。

1. 审判机构设置仍需完善

知识产权审判机构是实施知识产权司法保护的依托,是知识产权纠纷解决最为重要的平台,能否构建职能清晰、专业集约的审判机构事关知识产权司法保护的成效与质量。美、德、日等国家先后建立了专门的知识产权法院或法庭审理知识产权案件,在法院的具体设置和管辖方面,又往往对技术类案件和非技术类知识产权案件进行区别对待,对于技术类案件,由专门的知识产权法院或法庭审理,对于非技术类案件则仍然由普通法院审理,或者交由几个法院集中审理。如前所述,我国知识产权审判机制通过设置知识产权法院、知识产权法庭的方式业已基本形成专门化知识产权审判机构体系,大幅提升了知识产权司法保护水平,有力促进了科技创新和高质量发展,为知识产权强国建设提供了可靠的组织机构支持。任何机构的设置不合理之处均会在实践中体现出来。综合看来,知识产权法院(庭)的布局存在以下三点不合理之处。首先是缺乏国家层面的知识产权专门法院的顶层安排。技术与经济发展密不可分,从国际层面上看,美国、日本都设立了专门审理技术类知识产权上诉案件的知识产权专门法院,通过强化对专利的保护,有效助推技术进步和维护相关产业的国际竞争力。[1] 我国设置了最高人民法院知识产权法庭,统一审理全国范围内专利等技术类知识产权和垄断上诉案件,被形象地称为"飞跃上诉"。然而,最高人民法院知识产权法庭的定位却不甚明晰,其承担的是上诉案件,与最高人民法院审判业务庭从事同类审判工作,缺乏最高人民法院审判监督、司法解释之名分,不利于统一知识产权审判标准。其次是空间布局的不均衡。我国目前设立的北京、上海、广州、海南自由贸易港四家地方专门知识产权法院全部位于或靠近沿海地区,这与当地知识产权审判案件数量相适应,满足了当地及周边地区的知识产权专门化审判的需要。但是中西部的知识产权司法仍较为分散。在"国内大循环"

---

[1] 对美国联邦巡回上诉法院的成因、演进、影响及作用的研究可参见:曹博. 美国联邦巡回上诉法院的演进及启示:兼谈我国知识产权审判体制改革的方向 [J]. 法学杂志, 2015, 36 (6): 121-131.

背景下,产业和技术不断向内陆转移,中西部的知识产权技术类案件数量势必迎来新的高峰,这要求对地方知识产权法院(庭)的空间布局进行优化。最后是总体数量不足。我国现有的4个地方知识产权法院和27个知识产权法庭不足以应对各地区知识产权案件压力,需要在合理考虑知识产权法院机构布局的同时增加数量。

2. 审判模式改革进入深水区

目前,只有极少数国家或地区实行知识产权"三审合一"审判模式。美国将专利授权确权行政上诉案件与专利侵权民事上诉案件纳入统一的审理范围,实现了民事行政"二审合一"。日本知识产权高等法院管辖全国范围内的技术型、辖区范围内的非技术型知识产权民事二审案件,以及知识产权授权确权行政一审案件,实行民事、行政"二审合一",初审与上诉审相结合的审理模式。我国"三审合一"审判模式实践发端于1996年,上海市浦东新区人民法院决定由知识产权庭集中审理民事、行政、刑事案件的立体审判,其后各地纷纷跟进进行有益探索,先后产生了"西安模式""武汉模式"等具体做法。经多年司法实践证明,"三审合一"审判机制对强化知识产权保护、保障裁判尺度统一、促进科技创新发挥了重要作用。基于广东省知识产权案件"三审合一"的准自然实验的研究,发现审判模式改革显著地促进了当地企业创新,并且具有长期性、持续性和即时性。❶ 当前各地对于"三审合一"审判模式的推进程度和力度不一,导致"审判组织的确定以及刑事、民事、行政案件管辖的协调和衔接方案选择的差异"。最高人民法院虽对此进行研究并出台规范性的指导意见,但囿于各地方情势不同,致使缺乏统一性,难以进行全国性的总结推广和普遍适用。各地对"三审合一"审判模式的认识不一、推进进度不一、运行质量不同、民刑程序衔接不顺畅、欠缺熟知各类诉讼规则的复合型法官、对行政确权在刑事诉讼程序中的效力未予明确等问题依然存在,导致知识产权审判质量参差不齐,当事人权益无法得到切实保障,司法公信力受到严重损害。可见"三审合一"审判模式改革已进入深水期,相关问题已成为制约"三审合一"模式持续健康发展的重要因素。各地多年来的实施经验需要得到总结凝练,进一步对管辖标准、资源配置进行合理考量。

3. 诉讼制度面临革新

知识产权司法保护主要通过诉讼的方式实现,即在审判机关、检察机关、公安

---

❶ 王海成,吕铁. 知识产权司法保护与企业创新:基于广东省知识产权案件"三审合一"的准自然试验[J]. 管理世界,2016(10):118-133.

机关、知识产权权利人、利害关系人等诉讼主体共同参与下完成。知识产权诉讼制度革新是决定知识产权法院运行成效的关键和核心所在。❶ 知识产权问题具有专业性、技术性,往往采取技术事实查明制度。对技术性问题的司法认知程度是专利权纠纷案件裁判质量的大前提,在此基础上才能正确认定事实以及适用法律。❷ 知识产权法官大多是法学专业出身,其自然科学技术知识储备与技术类案件不相匹配,因此技术事实查明一直是知识产权审判的薄弱之处,而技术事实一旦不能查明,公正审判就无从谈起。专家陪审、司法鉴定、专家咨询等传统意义上的技术事实查明制度虽发挥了一定作用,但其中立性、可采信度和时效性均有局限,必须探索多元技术查明手段,帮助知识产权法官解决相关案件的技术难题。

4. 队伍建设存在痛点

专门化的法院机构是实施专门化审判的平台,专业化的法官和司法参与人员是专门化审判活动的灵魂。我国知识产权法官队伍建设起步较晚,相关人才培养机制并未完全建立,虽然知识产权法官已是全国人民法院法官的建设模板,具有较高的审判业务水平和专业的法律知识,但知识产权法官欠缺技术知识的情况还是较为突出。由于职业结构和职业秩序尚不稳定,知识产权法官"跳槽"现象较为严重,既有法院内部流动,也有流向社会其他行业的。知识产权审判具有专业性,需要一批具有专业知识的审判者,法官流失严重可能损害审判业务的整体水平。此外,创新资源的全球流动性和司法管辖的国际可选择性,决定了知识产权司法体系之间存在竞争,保障国内外权利人的合法利益、营造优良的营商环境也决定了需要能力过硬、具有国际视野的法官队伍。

三、域外知识产权司法保护分析

域外知识产权司法保护建设是我国知识产权司法保护模式的有益借鉴。技术强国、产业强国、知识产权强国无不建立起了符合其经济社会条件的知识产权司法保护体系,为本国技术产业保驾护航。无论是从法治建设的角度,还是从本国产业的利益出发,域外经验都能够开阔改革思路,提供模板样本。以下主要分析美国、德国、日本三国的知识产权保护模式及其特色的技术查明制度。

---

❶ 朱理. 我国知识产权法院诉讼制度革新:评价与展望 [J]. 法律适用, 2015(10): 24-29.
❷ 易玲. 我国专利诉讼中技术法官制度面临的挑战 [J]. 湘潭大学学报(哲学社会科学版), 2014, 38(3): 81-83.

(一) 美国知识产权司法保护概况

1. 保护模式

美国知识产权保护模式是典型的司法主导模式。知识产权行政执法主要面向国际贸易事务适用,适用空间较为狭小,知识产权侵权纠纷更是完全由司法机关予以处理。美国的知识产权行政管理机关并不享有知识产权执法权力,其知识产权行政执法权力主要由警察局和隶属于财政部的海关总署享有,另外联邦调查局在一定权限范围内也可以行使行政执法权。美国专利商标局、美国版权局并不具有行政查处权力,其宗旨在于提供高效便利的知识产权管理与服务。除专门知识产权行政机关外,美国还有三个非知识产权行政机关对知识产权进行保护,即联邦贸易委员会(FTC)、国际贸易委员会(ITC)和美国贸易代表办公室(USTR)。联邦贸易委员会在行使反不正当竞争职权时,很有可能会涉及知识产权的行政保护,其行政职权主要有调查权、执行权和提出诉讼权三个方面的内容。提出诉讼权是联邦贸易委员会区别于其他国家相关机构的一项重要职权。国际贸易委员会作为一个独立的准司法机构,在进出口贸易中拥有广泛的调查权,对进出口中的知识产权侵权行为依据美国关税法第337条进行调查和裁决。美国贸易代表办公室履行的职责比较广泛,具体到知识产权保护方面,其职权主要涉及与贸易有关的知识产权保护事项,负责处理美国以外的国家和地区对美国知识产权的侵权事宜,如根据"301条款"对关于其他国家针对美国的不正当贸易行为的控诉进行处理等。

美国知识产权立法有联邦和州两级。以商标法为例,既存在联邦层面的《兰哈姆法》,又存在各州独立制定的商标法。涉及知识产权纠纷的法律仍以联邦法律为主,大多由联邦法院系统进行管辖。在联邦巡回上诉法院创立之前,当事人对于区法院(district court or trail court)的一审裁决不认同的,其上诉由初审区法院所属区域的地区联邦巡回法院受理。美国共计有12个联邦巡回法院,各联邦巡回法院权力、地位平等,其所作出的裁决不能相互制约,这造成当事人择地起诉(forum shopping),即选择裁判标准对自己更为有利的法院提起诉讼。同时,20世纪80年代是美国迈向信息时代的前夕,专利审判标准问题若不能及时得到稳定和统一,可能会削弱科技创新的信心和动力。可以说,时代"呼唤一个能够给出具有统一并可预测性审判意见的专门性联邦上诉法院的出现"❶。为了整合司法资源，推行知识产权战略，依据1982年10月1日生效的《美国联邦法院改进法》，美国在华盛顿特区成立了联邦巡回上诉法院，该法院由美国索赔法院的上诉庭和关税与专利法院合并而成。❷美国联邦巡回上诉法院的成立打破了传统的地域限制，其对专利案件具有专门管辖权。其设立实现了专利案件二审的统一，并且实现了专利民事、行政案件的二合一审理模式。为了避免联邦巡回上诉法院成为专科法院，其也受理其他类型案件，与此同时知识产权案件占其受理上诉案件数量的一半左右，❸其专门性也得到了肯定。经历了40年的时间考验，联邦巡回上诉法院为专利上诉带来了可预测性和稳定性，实现了其统一裁判观点的初心。

总而言之，美国知识产权保护中司法居于主导地位，行政保护具有提供知识产权管理与服务的特点。其知识产权行政保护呈现出以美国国家利益为核心的鲜明特点，对内为本国知识产权主体提供高效便捷的管理与服务，对外严格执法，惩罚力度很大，有效地保护本国企业在外国的知识产权利益，促进本国产业繁荣和发展。其司法保护则以联邦巡回上诉法院为统领，调和各巡回法院的裁判标准，为美国产业发展、企业竞争以及权利人利益保护提供了良好的制度支持。

2. 审判机制

专家证人是美国专利诉讼不可或缺的角色。专利诉讼经常涉及技术议题，需要技术专家的参与来帮助解释请求项或协助陪审团了解专利技术或侵权物。当处理可专利性争议点时，技术专家则是事实认定者很好的顾问。此外，赔偿金计算需要产业或财务会计理论等知识，赔偿金的计算专家必须参与，以让金钱赔偿的计算得以处理。依据《美国联邦证据规则》第706条的规定，法庭可以聘请专家证人出庭进行解释，辅助法官和陪审团成员完善对技术证据的正确认识。对专家证人的要求主要规范在《美国联邦证据规则》第702条，要求专家必须具有科学的、技术的或特殊的知识，但由地方法院的法官裁定是否准予或排除专家证人或意见作为证据。❹

---

❶ 孔译珞. 专利专门性法院的先驱者：美国联邦巡回上诉法院的发展 [J]. 知识产权, 2014 (4): 84-88.

❷ 韦贵红, 阎达. 域外知识产权法院的设置与运行 [J]. 知识产权, 2014 (4): 95-100.

❸ 参见 Appeals Filed, by Category FY 2013, United States Court of Appeals for the Federal Circuit (2013), 网址：http://www.cafc.uscourts.gov/images/stories/Statistics/fy%2013%20filings%20by%20category.pdf. 其中指出专利上诉案件占2013年度巡回上诉法院审理上诉案件数量的48%。

❹ CHEN P H. Qualification of expert witnesses in United States patent litigation: a review of Federal Circuit Case Law Regarding Rule 702 of the Federal Rules of Evidence [J]. Social Science Electronic Publishing, 2014, 11 (1): 155-220.

技术专家与一般证人具有相同的诉讼地位，权利义务亦无太大差别。法院聘请专家相较于当事人聘请专家，其偏向一方当事人的概率显著更低，相关证据意见更具中立性。同时专家证人制度还能在公正分析技术事实的基础上鼓励诉讼双方积极和解，平和地化解纠纷。

（二）德国知识产权司法保护概况

1. 保护模式

德国知识产权保护体系具有以司法审判为主、行政执法为辅的特点。德国涉及知识产权保护的相关部门有：联邦司法部、联邦经济和劳动部、德国专利商标局、纽伦堡高级财政管理委员会（隶属于联邦财政部，负责领导相关的海关事务）、检察机关和法院（联邦专利法庭和地方法院）等。各部门具有不同的行政职能，一般以管理知识产权和服务权利人为目的，并无过多的行政执法权。仅有有限的行政部门具有一定的行政执法权力，如海关在出入境环节可对侵权或者涉嫌侵权商品采取"查扣""没收"等行政手段。

在德国，涉及专利、商标侵权的案件，由地区法院审理，按照普通民事审判程序进行。对地区法院审判结果不服的，可以向联邦专利法院提起上诉，根据案件类型的不同，由相应的内设上诉庭（beschwerdesenate）进行裁决。❶ 在级别上，联邦专利法院与州高级法院级别相同，却并不属于行政法院之列，是独立类型的专业法院。联邦专利法院主要负责审理上诉案件中的法律问题，并且当事人向联邦最高法院提出的上诉是否被允许由联邦专利法院决定，故而联邦专利法院判决在绝大多数情况下事实上具有终局效力。至于著作权侵权诉讼则由各州法院管辖，各州政府通过法令指派州法院中的一个法院审理著作权侵权案件的一审或二审。❷

2. 审判机制

德国联邦专利法院技术法官制度对知识产权司法审判产生了重要影响。根据《德国专利法》的规定，联邦专利法院由院长、审判长及其他法官组成，审判人员由技术法官和法律法官组成。通常情况下，技术法官具有浓厚的自然科学学习背景，并且被要求在自然科学或技术领域从事5年以上的职业活动。技术法官一般从德国专利商标局的资深技术审查员中选任，其法律地位与法律法官一样，有着与之

---

❶ 此上诉庭类似于我国法院的合议庭。
❷ 范长军. 德国著作权法［M］. 北京：知识产权出版社，2013：140.

相同的权利和义务。❶德国联邦专利法院的技术法官的职责异于其他专业法院中的不具备法律背景的法官,其职责仅限于参与言词辩论提供专业意见。❷据 2007 年 10 月统计资料显示,德国联邦专利法院法官共有 118 名,其中法律法官 61 名、技术法官 57 名,法律法官中有 1 名为院长,技术法官中有 1 名副院长;另有其他公职人员 144 名。❸技术法官解决了长期以来德国知识产权司法高度依赖技术鉴定填补技术认识能力的局面,提高了司法效率。技术法官的好处在于法官自身便具备综合性知识,可以有效应对诉讼中的技术难题,但缺陷是数量稀少,难以支撑整个知识产权司法体系,且法院所面临的技术难题涉及各方面领域,技术法官不能全然熟悉所有的技术领域。

(三)日本知识产权司法保护概况

1. 保护模式

日本的知识产权行政执法主要面向国外,对内提供知识产权管理和服务,其国内知识产权保护以司法为主导。日本非常重视对知识产权的保护,并且一直以"知识产权强国"作为其持续性国策。日本兼采美国和欧洲知识产权保护方式之长,对内保护知识产权采用司法审判方式,对外保护知识产权主要通过行政执法方式。❹在日本,日本特许厅就是负责工业产权事务的机构,其定位与美国专利商标局、欧洲专利局以及我国国家知识产权局类似,主要职责包括:负责各行业专利和商标的登记、审查和批准,专利纠纷的审理和裁决,工业所有权的调查统计、判定以及防止市场混乱的发生,发布专利公报等。版权方面则由日本文部科学省下属文化厅负责,其职责包括组织领导日本著作权法的实施,解决海内外涉及著作权的相关事宜,除此之外还负责管理文化、宗教、文物等事宜,类似于我国教科文部门。在日本,有权进行知识产权行政执法的是海关和警察,对外保护知识产权,其他行政机关主要提供国内外的知识产权的管理和服务。

为了应对经济低迷,依据"知识产权立国"政策,日本于 2004 年 6 月制定了《知识产权高等法院设置法》,并于 2005 年设立了知识产权高等法院,负责集中审

---

❶ 易继明. 构建知识产权大司法体制 [J]. 中外法学,2018,30 (5):1260 – 1283.

❷ 易玲. 我国专利诉讼中技术法官制度面临的挑战 [J]. 湘潭大学学报(哲学社会科学版),2014, 38 (3):81 – 83.

❸ 郭寿康,李剑. 我国知识产权审判组织专门化问题研究:以德国联邦专利法院为视角 [J]. 法学家,2008 (3):59 – 65.

❹ 管荣齐. 新时代中国知识产权保护国际化对策 [J]. 学术论坛,2019,42 (4):36 – 44.

理二审阶段的知识产权侵权案件。在此之前，日本于 2003 年修订了《日本民事诉讼法》，规定技术类知识产权侵权诉讼的一审由东京地方法院和大阪地方法院专属管辖，二审集中由东京高等法院专属管辖。非技术类知识产权侵权诉讼一审由东京地方法院和大阪地方法院竞合管辖。这次修订提高了东京地方法院和大阪地方法院的案件集中度，同时赋予东京高等法院对技术类知识产权二审的专属管辖权。为防止管辖权混乱，日本国会并未设立如美国联邦巡回上诉法院那般的独立高等法院，而是选择在东京高等法院内部设置类似功能的部分，即在东京高等法院内部将技术类案件的管辖权统归于知识产权高等法院名下，因此该知识产权高等法院在级别上并不属于 8 个高等法院之列，仅是东京高等法院的特别支部。具而言之，知识产权高等法院受理不服东京高等法院管辖的各地方法院审理的技术型的知识产权侵权上诉审案件，包括专利权、集成电路布图设计权、软件著作权侵权上诉审案件，和不服东京高等法院管辖的各地方法院审理的非技术型的知识产权侵权上诉审案件，包括外观设计权、商标权、著作权、品种权、不正当竞争侵犯商业秘密上诉审案件。❶ 知识产权高等法院内部设置四个庭，各庭法官包括知识产权法官和非知识产权法官，其数量各占一半，并且通过轮岗制度保证内部的竞争性和多元性。为了尽可能消解多元集中化与统一性的矛盾，知识产权高等法院借助大合议制度，旨在于内部实现事实上判断的统一。❷ 日本知识产权高等法院的设计既考虑到贸然打破高等法院格局的风险，又通过特别规定保障了知识产权高等法院的审判独立，维护了日本知识产权司法格局的基本结构，但其隐患在于知识产权高等法院的层级较低，权威性可能有所折扣。

2. 审判机制

与美国、欧盟以及我国的做法不同，日本知识产权司法审判中将知识产权侵权纠纷和有效性纠纷分开进行裁决。对于专利权效力的确定，为防止基于司法权对行政权的尊重所导致的诉讼效率低下，日本将日本特许厅独断确权判断转为法院也可以在民事侵权诉讼中间接评价专利权的效力，以达到解决侵权纠纷的目的。在间接评价的折中主义指引下，法院对涉案专利无效的认定只出现在判决理由的部分，故对案外人和其他案件并不产生同样的专利无效拘束力，该无效只在个案中阻碍特定专利权人诉讼请求的实现，所以相关专利是否绝对无效仍需由日本特许厅审查决

---

❶ 张玲. 日本知识产权司法改革及其借鉴 [J]. 南开学报（哲学社会科学版），2012（5）：121 – 132.
❷ 相关现状可参见：田村善之，何星星，巢玉龙. 日本知识产权高等法院研究 [J]. 科技与法律，2015（3）：552 – 573.

定，日本特许厅确认专利无效之前，相关专利仍有效并可以继续实施。此外，为加强了法院与日本特许厅的协调，在原来的《日本特许法》第168条中增加了有关法院与日本特许厅信息交换的条款，更有效地促进两方之间的沟通，尽可能避免两项程序之间出现矛盾。

对于技术问题，日本采取设置技术调查官和专门委员的方式予以解决。在技术类案件审判过程中，若当事人不同意法院聘请专门委员，案件审理又确有需要的话，可以启动法院调查官程序。日本知识产权高等法院的"法院调查官"是对有关专利类技术案件中技术问题进行查明的调查人员，也被称为"技术调查官"。日本通过修订《日本民事诉讼法》进一步扩大技术调查官的权限，使其可以参与诉讼程序并对当事人提问，向法官陈述调查意见。技术调查官制度是在专门委员基础上，与专门委员制度并行存在而发展出的新制度。❶ 法律规定调查官出具的意见报告对法官仅有参考价值，实际运行中却产生了极为重要的影响，在相当程度上影响了司法裁判的走向。为了防止技术调查官徇私，日本在《日本民事诉讼法》中又设置了对应的技术调查官回避制度。❷ 技术调查官制度有可能背离当事人主义，影响两造之间的对抗，当事人双方对于适用此项制度仍有所疑虑。

四、中国知识产权司法保护新策略

综观各国知识产权保护，无不以司法保护模式为圭臬，通过集约合力的法院机构以及创新高效的审判模式，为本国的知识产权战略服务。迈向知识产权强国建设，需要以开放的心态学习、选择、调整并吸收域外先进制度，并从本国国情出发，构建具有中国特色的知识产权司法保护模式。

（一）明确司法主导理念

司法权为知识产权行政执法权的设定及其变更划定界限，知识产权行政执法的行政效力亦对知识产权司法审判产生影响。❸ 面临外部现实知识产权案件的变迁以及内部机制生态的演进，必须通过保护结构和保护理念的改变，将来自外部环境的案件压力转化为中国特色社会主义知识产权保护模式输出，形成案件-保护体制的

---

❶ 易继明. 构建知识产权大司法体制 [J]. 中外法学，2018，30 (5): 1260 – 1283.
❷ 李菊丹. 中日技术调查官制度比较研究 [J]. 知识产权，2017 (8): 96 – 105.
❸ 万里鹏. 专利行政执法与司法保护衔接的三个面向 [J]. 河北法学，2019，37 (10): 137 – 146.

动态互动和良性共进。知识产权制度现代化的基本面向便是审判专门化,司法主导、行政互补、共同保护是未来我国知识产权保护模式的建设基本理念。"双轨制"因时而成,也应随形势而演进,二者不可偏废。一方面,应当持续推进完善行政保护的前置处理方式,重新定位行政保护的角色。由过去的以行政处理知识产权纠纷为重心,到现在的以行政查处知识产权违法行为为重心,到将来的以提供优质行政服务为基本理念和重心。[1] 知识产权行政保护基于其高效便捷的特质,可以在知识产权管理服务中发挥更大的作用。另一方面,应"逐步优化以司法保护为主导、以民事诉讼为主渠道的知识产权保护模式",[2] 建立行政执法与司法信息共通互享机制,防止行政机关与司法机关处理结果冲突的情况出现。应当对复审和无效审理部、商标评审处和植物新品种复审委员会的性质进行重新界定,为有效衔接司法与行政保护,应规定其为准司法机关,减少专利、商标的确权步骤,形成行政 – 准司法 – 司法的体制衔接,突破知识产权诉讼的"结构性障碍"。[3] 具言之,就是由专利局、商标局负责专利、商标的授予和注册,对于有关不予授予或注册的知识产权有效性纠纷,可以上诉到国家层面的知识产权上诉法院。

(二)优化审判体制机制格局

首先,从司法现代化的目标出发,应着力于审判机构的专门化。[4] 最高人民法院知识产权法庭试点已经推进了一段时期,地方知识产权法院(庭)建设也积累了丰富的经验,高水平知识产权审判机构的基本格局初步形成。无论是美国、日本由普通法院一审、专门法院二审的形式,还是德国由专门法院初审、专门法院二审的形式,其重心都在上诉审,知识产权法院具有专利、外观设计等技术类案件的终审权。针对审判机构建设,要紧抓顶层设计和具体安排。第一,应当将最高人民法院知识产权法庭及时设置为国家层面的知识产权上诉法院即国家知识产权法院,以此统领全国范围内的技术类案件审判,从而推行知识产权三级两审制。[5] 由于著作权类案件技术性的增强,可以探索由国家知识产权法院管辖著作权案件的上诉机制。第二,应当根据各地区案件数量增设知识产权法院,同时对于知识产权案件较少的

---

[1] 邓建志. 中国知识产权行政保护特色制度的发展趋势研究 [J]. 中国软科学, 2008 (6): 63 – 73.
[2] 陶凯元. 充分发挥司法保护知识产权的主导作用 [J]. 民主, 2016 (4): 12 – 14.
[3] 张志成. 知识产权战略研究 [M]. 北京: 科学出版社, 2010: 159.
[4] 吴汉东. 中国知识产权法院建设: 试点样本与基本走向 [J]. 法律适用, 2015 (10): 2 – 5.
[5] 易继明. 司法体制改革中的知识产权法庭 [J]. 法律适用, 2019 (3): 28 – 38.

省份，至少保证在大区中心城市设立知识产权法院。对地方知识产权法院的设置，较为激进的学者建议建设 10～13 个知识产权专门法院❶，较为保守的学者则建议在北上广之外另外设置 3～5 个知识产权专门法院比较适宜❷。可见，尽管知识产权专门法院的理想设计数目不尽相同，增加知识产权专门法院的共识却已形成。根据我国传统大区划分、国家发展战略和区域经济发展水平，建议至少增设武汉、成都、西安、沈阳四家知识产权法院，分别跨区域管辖华中、西南、西北、东北片区技术类知识产权案件，以健全全国知识产权专门司法保护体系，促进知识产权司法能力的提档升级，实现知识产权法院设置的全国合理布局。

其次，实践证明，"三审合一"审判模式是探索知识产权审判统一标准的现实有效路径，必须坚持持续推进。知识产权案件实行"三审合一"审判模式具有案件管辖的合法性、机构设置的可行性、审判资源利用的合理性。❸ 一方面，"三审合一"审判模式革新推进需要总结各地特色模式，形成统一的概念诠释；另一方面，要破除部门利益掣肘，落实移送管辖、集中管辖渠道，确保形成保护合力。需要权衡法院与检察院之间的权力关系，通过共享改革收益，人民法院与检察院之间博弈的均衡必然成为检察院主动参与下的完全"三审合一"改革，从而实现"三审合一"改革效用最大化的目标。❹ 针对改革动力欠缺的问题，应当从省级层面乃至国家层面确立"三审合一"审判机制，从上而下一体推进"三审合一"审判模式遍地开花。

最后，应当提供足够的物质保障和配套人才支持。以最高人民法院知识产权法庭为例，其办公场所问题迄今未得到良好解决，并且由于法官流动性过大，审判质量存在隐患。物质保障是法院良性运作的基础条件，必须根据现实需要，从制度层面解决当前物质保障问题，并且基于建立国家层面知识产权上诉法院的考虑，规划相配套的物质、人才条件。

（三）完善技术事实查明制度

技术鉴定、专家辅助人、技术调查官和专家咨询等多位一体的技术查明体系，

---

❶ 易继明. 设立知识产权法院的现实选择 [J]. 中国法律（中英文版），2014（5）：11.
❷ 李明德. 关于我国知识产权法院体系建设的几个问题 [J]. 知识产权，2018（3）：14-26.
❸ 钟莉，刘建新，王俊毅. 知识产权司法保护与行政执法衔接策略研究：兼论知识产权"三审合一"审判机制 [J]. 科技与法律，2009（5）：58-61.
❹ 山东省高级人民法院课题组，李勇，颜峰，等. 知识产权审判"三合一"改革的法经济学分析 [J]. 人民司法（应用），2018（34）：71-75，78.

为法院查明技术事实、准确裁判技术案件奠定了基础。为保证审判程序衔接顺畅、促进案件高效解决、达致保护当事人合法权利之目的，各国均对技术事实查明制度作出了符合本国国情的安排：日本在知识产权案件审理中实行技术调查官辅助审判制度，美国规定了专家证人制度，德国联邦专利法院存在技术法官制度。前两者是借助外部力量辅助法官判决，第三种则是从合议庭着手，属于内部提升技术事实查明能力，这些做法均对我国知识产权案件事实查明制度有借鉴价值。我国知识产权案件数量巨大，并且连年大幅增加，单一的技术查明手段难以完全应对案件压力，应当充分借助其他多元技术事实查明制度，破解技术事实查明难题，做到公正客观、高效准确、权威可信。多元化技术事实查明机制在不同案件中通过不同的组合形式实现最优力量，[1] 针对技术类案件技术事实查明难问题，人民法院需要探索在编制内按照聘任等方式选任、管理技术调查官，细化选任条件、任职类型、职责范围、管理模式和培养机制。[2] 应探索形成包括知识产权司法鉴定、专家技术咨询、专家辅助人出庭、专家陪审员参审、技术调查官出具意见等多渠道、多维度的技术事实查明机制，提高技术事实查明的科学性、专业性和中立性。对于辅助法官形成心证并与裁判结果有重要关联性的技术调查意见，可以通过释明等方式向当事人适度公开，提高技术事实查明的公信力，缓解当事人对技术调查制度的抵制心理，消除当事人疑虑。建立技术法官选拔机制，强化法官在查明技术事实中的主导作用，规范技术调查主体提供的各种技术审查意见的法律定位。多元技术事实查明制度的建设需要对知识产权司法与相关程序法作出合理衔接，需要进一步研究民事、行政和刑事诉讼法等诉讼程序相关规定，细化技术事实调查与三大诉讼程序的协调配合规则，规范技术审查意见的采信机制，以真正帮助知识产权审判的顺利推进。

（四）加强队伍人才建设

习近平总书记指出："发展是第一要务，人才是第一资源，创新是第一动力。"[3] 面对司法与立法、行政、市场之间错综复杂的关系，尽快培养一大批知识

---

[1] 张玲玲. 我国知识产权诉讼中多元化技术事实查明机制的构建：以北京知识产权法院司法实践为切入点［J］. 知识产权，2016（12）：32-37，57.
[2] 宋鱼水. 知识产权审判的人才体系及文化养成［J］. 知识产权，2018（9）：9-17.
[3] 习近平总书记参加广东代表团审议的发言［EB/OL］.［2022-04-20］. http：//www. xinhuanet. com/politics/2018lh/2018-03/07/c_1122502719. htm.

产权精英法官,可能是司法机关内部最高决策者今后一段时间需要面对的重要任务之一。❶ 知识产权法官队伍是知识产权司法保护最重要的践行者,加强知识产权审判队伍建设是知识产权审判能力现代化建设的核心,是完善知识产权司法体制的重要保障。❷ 知识产权审判具有专业性,需要一批具有专业知识的审判者,法官流失严重可能损害审判业务的整体水平;需要构建完善的人才培养机制,为知识产权审判系统输入新鲜血液;需要完善人才动态调整机制,保证知识产权审判系统不失血过多。建议构建适当的人才晋升机制,提供正向激励,营造风清气正的良性用人环境。具体做法包括:充分利用法院内部现有技术人员设置技术法官,注意选拔、培养复合知识结构型知识产权法官,进一步完善知识产权审判队伍的专业结构;避免纯粹以案件数量为衡量标准,有必要从多学科出发,构建科学合理的评估指标体系与实现路径❸;贴近审判实际需要,增加对知识产权法官裁判技能的培训,提高法官办案能力;注意提高知识产权法官的个人政治素质和法律职业情操,同时还需要注意加强对知识产权审判人员的国家安全意识教育。多角度多方面多维度打造一支政治立场坚定、具有法治精神、精通案件审判、熟悉技术难题、国际视野开阔和国家安全意识敏锐的高层次、高水平、复合型知识产权法官队伍,不断推进知识产权司法审判能力现代化、专业化和国际化。

五、结　语

习近平总书记强调创新是引领发展的第一动力,保护知识产权就是保护创新。❹ 面临知识产权保护新形势,中国知识产权保护应当秉承司法主导的现代化法治精神,充分利用既有机构建设成果和模式创新经验,吸收借鉴国外有益经验,形成用中国话语表达的知识产权司法保护模式。迈向知识产权强国之路,需要知识产权司法界敢为人先、勇于突破,协调知识产权司法保护制度与其他保护制度的衔接,统筹知识产权司法保护体系内部具体制度,回答好知识产权司法保护时代问题,推动中国知识产权事业不断前进。

---

❶ 李扬. 知识产权法政策学视点下司法角色的构造［J］. 社会科学研究,2022（1）:77 - 91.
❷ 王闯. 中国特色知识产权司法体制的改革与创新:在 2018 年知识产权南湖论坛上的主题发言［J］. 专利代理,2018（2）:7 - 9.
❸ 张建. 法官绩效考评制度的法理基础与变革方向［J］. 法学论坛,2018,33（2）:70 - 79.
❹ 习近平. 全面加强知识产权保护工作 激发创新活力推动构建新发展格局［J］. 求是,2021（3）:4.

论我国知识产权行政保护模式之变革[*]

无论在知识产权法实务部门之间，还是在知识产权法理论研究者之间，争议最持久、最激烈的非"行政保护"这一概念莫属。从 20 世纪 80 年代初，《中华人民共和国专利法》（以下简称《专利法》）首次颁布以来，"行政保护"便频频出现在各类知识产权的法律规范、政策文件之中，已经成为知识产权法律工作者不能轻易绕过去的问题。纵观我国当代知识产权法 40 多年的发展史，可以发现一个让人感到困惑的现象：只要国家在知识产权法领域内推行或者实施一次重大改革，知识产权法律工作者都会对"行政保护"展开一系列"争论"。行政保护的范围有多大？行政保护的合理性基础是什么？行政保护是否背离知识产权是私权的属性？一些深刻抱持"知识产权法是民法的特别法"观点的学者主张削弱，[❶]甚至废除行政保护。"行政保护"似乎成为我国知识产权法上的一个"斯芬克斯之谜"。[❷] 知识产权法律工作者之间对行政保护的持久且坚定的争论已经影响了立法者或者改革者制定知识产权法律和政策，[❸]也给基层知识产权实务工作者带来诸多困惑。[❹] 由此可见，科学回答知识产权行政保护是什么，以及我国应当坚持什么立场，不仅具有重要理论意义，而且还有重大实践价值。

回应上述难题，需要立足于我国知识产权行政保护的宏大而独特的实践创新，需要以一种动态的、发展的眼光来对待我国知识产权行政保护。我国知识产权行政

---

[*] 本文基于知识产权强国战略纲要制定研究项目"知识产权保护专题研究"之子课题"知识产权行政保护篇"形成。子课题负责人：戚建刚；课题组成员：兰皓翔、张晓旋；执笔人：戚建刚。本文部分成果发表在《武汉大学学报（哲学社会科学版）》2020 年第 2 期，并被《高等学校文科学术文摘》转载。

[❶] 吴汉东，锁福涛. 中国知识产权司法保护的理念与政策 [J]. 当代法学，2013 (6)：42 – 50.

[❷] 斯芬克斯之谜是出自《俄狄浦斯王》的寓言，即一种动物早晨四条腿，中午两条腿，晚上三条腿走路，腿最多时最无能。斯芬克斯后来被比喻作谜一样的人和谜语。

[❸] 李洋. 专利法修正案征求意见 引专家学者热议 [N]. 中国高新技术产业导报，2019 – 04 – 01 (A14).

[❹] 董涛，王天星. 正确认识专利权效力认定中的"行政/司法"职权二分法 [J]. 知识产权，2019 (3)：80 – 86.

保护是一种主动适应经济高质量发展的战略目标对强化知识产权保护力度提出的新要求、新一轮科技革命对创新知识产权保护制度带来的新机遇,以及全球治理体系的复杂变化对知识产权保护的国际协调提出的新挑战的"特色版"和"时代版"。本文尝试以改革开放以来我国知识产权行政保护的发展阶段为基点,以知识产权行政保护的主导目标、行政保护基础、行政保护作用、行政保护方式、行政保护对象、行政保护政治哲学观念等为变项,建构出知识产权行政保护的两大模式:私人利益导向型行政保护(以下简称"私益导向型行政保护")与公共利益导向型行政保护(以下简称"公益导向型行政保护"),在此基础上,进一步分析私益导向型行政保护面临的挑战,以及公益导向型行政保护的合理性基础及对知识产权法治建设的启示。

一、知识产权行政保护两大模式

根据德国著名学者马克斯·韦伯关于理想类型的一般原理,❶ 建构知识产权行政保护模式在理论上存在不同的基点,从而可以选择不同的选项。本文以改革开放以来我国知识产权行政保护的发展阶段为基点,选择能够充分反映每一个阶段的知识产权行政保护特色的指标作为变项,即知识产权行政保护主导目标、行政保护基础、行政保护作用、行政保护方式、行政保护对象和行政保护的政治哲学观念,通过考察这六个指标在不同发展阶段的特征,❷ 抽象出知识产权行政保护的两大模式:私益导向型行政保护与公益导向型行政保护。

(一)行政保护主导目标

私益导向型行政保护的主导目标是维护权利人依据知识产权法所获得的财产权或者人身权。比如,1982年公布的《中华人民共和国商标法》(以下简称《商标法》)第37条规定了商标注册人对核准注册的商标和核定使用的商品享有注册商标专用权。如果其所享有的此项权利受到他人不法侵害,那么行政机关就应当依法采取相应行政手段实施保护。对此,该法第39条规定,对侵犯注册商标专用权的行

---

❶ 韦伯. 社会科学方法论[M]. 朱红文, 等译. 北京: 中国人民大学出版社, 1992: 80-90.
❷ 至于为何选择这六个指标,而不是七个或者五个指标,这是由理想类型研究方法所决定的。

为，工商行政管理部门❶有权采取责令侵权人立即停止侵权行为，对于情节严重的侵权行为，工商行政管理部门还可以采取行政罚款。这属于典型的保护商标注册人的私人权利的行政保护。

公益导向性行政保护的主导目标是维护和促进与知识产权有关的国家利益和社会利益。比如，《专利法》第1条规定，专利法的基本目的之一是促进科学技术进步和经济社会发展。行政保护作为专利法下的一项制度当然需要促进这一立法目的，而科学技术进步和经济社会发展自然属于国家利益和社会利益。对此，较为具体的行政保护方式可以以国家实施专利导航工程为例分析。国家知识产权局于2013年4月发布《国家知识产权局关于实施专利导航试点工程的通知》，正式启动专利导航试点工程。根据该通知的规定，国家知识产权局通过行政指导和行政补贴等新型行政保护方式来优化产业的专利创造，鼓励专利的协同运用，培育专利运营业态发展，完善专利运用服务体系，从而到达有效运用专利制度提升产业创新驱动发展能力，加快调整产业结构，提高产业整体素质和竞争力的目的。国家知识产权局实施的专利导航工程就属于公益导向型行政保护。

需要指出的是，由于私人利益和公共利益并不是泾渭分明或者截然对立的，特别是在知识产权领域，私人利益和公共利益联系尤其密切，由此，我们只能用"主导"这一术语来区分这两种行政保护模式所持的价值取向，意在表明，私益导向型行政保护也涉及维护公共利益，公益导向型行政保护也保护私人利益，区别在于它们对两种利益保护的侧重点不同。

（二）行政保护基础

私益导向型行政保护以"知识产权属于私权"的观念作为基础。《与贸易有关的知识产权协定》在序言中宣示知识产权是私权。我国权威知识产权法学者对之的解释是：它是私人的权利、私有的权利和私益的权利。❷ 知识产权属于私权，隐含着国家权力，特别是行政权力应当持消极立场的意思——除非知识产权当事人之间发生了不能依赖自身力量解决的纠纷并主动请求国家行政权力干预，否则，行政权力就应当保持中立。具体到行政保护，至少包含两层含义。一是人们对行政保护持不信任态度，尽可能限制行政保护的作用范围。这正如有学者所指出的，"私权神

---

❶ 2018年国务院机构改革之后，原国家工商行政管理总局履行的行政保护职责由国家市场监督管理总局来承担。

❷ 吴汉东. 知识产权基本问题研究：总论 [M]. 2版. 北京：中国人民大学出版社，2009：9.

圣"和"私法自治"作为民法的基本理念，要求国家不应对于知识产权的保护问题随意插手。[1] 二是对行政保护作极为狭义的理解，即将之定义为"救济"。我国早期一些知识产权法学者就是在"救济"意义上理解行政保护的。[2]

公益导向型行政保护是以"知识产权是发展的重要战略资源和竞争力的关键要素"[3]的观念作为基础的。将知识产权理解为国家的一种战略资源，与英国女王伊丽莎白一世（1558～1603年在位）将专利作为一种皇室用以发展英国经济、提升英国产业竞争力的特权工具颇为相似。[4] 知识产权属于国家发展的一种重要战略资源意味着国家权力，特别是国家行政权力要积极主动维护和利用好这项资源，要让这种战略资源转变成现实生产力，国家行政权力再也不能仅扮演类似"守夜人"的角色。具体到行政保护，也至少包含两层含义。一是人们对行政保护持信任态度，希望借助行政保护来更好更快地发展知识产权事业，产生更多更高质量的知识产品，实现知识创新和社会进步的目标，为国家经济和社会发展提供持久动力，在国际竞争中占据主动地位。二是对行政保护作本初含义[5]的理解，即"保护"含有引导、促进、支持、扶持、帮助、照顾等丰富多彩的意义，而"救济"仅仅是其中的一种意思，而且还不是主要的意思。

（三）行政保护作用

私益导向型行政保护的作用主要是解决知识产权当事人之间的纠纷，查处侵权人的违法侵权行为。2008年修正的《专利法》第60条规定专利工作部门对当事人之间的专利纠纷的行政裁决就属于典型的私益导向型行政保护。知识产权当事人之间的纠纷通常是因一方主体（侵权人）实施了对另一方主体（知识产权人）的侵权行为，知识产权行政保护机关通过行政裁决、行政处罚和行政调解等方式来解决纠纷，查处侵权人的违法侵权行为，保护被侵害人合法权利。我国早期一些知识产

---

[1] 吴汉东，锁福涛. 中国知识产权司法保护的理念与政策[J]. 当代法学，2013（6）：42-50.
[2] 王景川. 知识产权基础知识[M]. 北京：人民出版社，2004：35-37.
[3] 申长雨. 深入学习贯彻党的十九大精神 推动新时代知识产权工作再上新台阶[J]. 人民论坛，2018（9）：6-9.
[4] MOSSOFF A. Rethinking the development of patents: an intellectual history, 1550-1800[J]. Hastings Law Journal, 2001, 52（6）：255-1322.
[5] "保护"在《现代汉语词典》中的意思除了"不受损害"之外，还有"尽力照顾"。参见：中国社会科学院语言研究所词典编辑室. 汉英双语现代汉语词典[M]. 2002年增补本. 北京：外语教学与研究出版社，2002：66.

权法律工作者就持这种观点。❶ 私益导向型行政保护将其作用限于解决知识产权当事人之间的纠纷，事后保护被侵权人的合法权益其实是"知识产权是私权"的观念的自然延伸，也与在"救济"意义上理解知识产权行政保护的观点一脉相承。

公益导向型行政保护的作用体现在诸多方面，比如有效制裁反复侵权、群体侵权、恶意侵权等行为，构建公平竞争、公平监管的创新创业和营商环境，构建更有国际竞争力的开放创新环境，推动我国产业深度融入全球产业链、价值链和创新链，提升海外知识产权风险防控能力等。当然，最基本的作用是加快建设知识产权强国，以便到2030年跻身创新型国家前列，发展驱动力实现根本转换，经济社会发展水平和国际竞争力大幅提升。❷ 从利益类型来分析，它们主要涉及国家和社会公共利益。需要指出的是，公益导向型行政保护的作用虽然在《专利法》等知识产权基本法的立法宗旨中都有所体现，但具体规定在国家近年来所颁布实施的涉及知识产权强国建设的公共政策之中。❸ 公益导向型行政保护的作用无疑体现了"知识产权是一种战略资源，是提升国家竞争力的关键要素"的观念，也与行政保护的本初含义——照顾、促进、推动、引导、指导等相匹配。

（四）行政保护方式

私益导向型行政保护的方式主要有四种。一是行政处罚，是指知识产权行政保护机关对非法侵害他人知识产权的行为给予制裁的行政行为。二是行政裁决，是指知识产权行政保护机关依法对知识产权当事人之间发生的知识产权争议进行审查，并作出裁决的行政行为。三是行政调解，是指知识产权行政保护机关依法对知识产权当事人之间的纠纷，通过耐心说服教育，使纠纷双方当事人互相谅解，在平等协商的基础上达成一致协议，从而解决矛盾纠纷的行政行为。四是行政强制，是指知识产权行政保护机关为了确保行政实效，针对违反知识产权法律规范，侵犯他人知识产权的行为人的违法物品实施强制措施的行为。除此之外，私益导向型行政保护

---

❶ 吴汉东. 知识产权法 [M]. 北京：中国政法大学出版社，1999：264 – 266.
❷ 参见《国家创新驱动发展战略纲要》。
❸ 诸如：2015年12月18日，国务院发布《国务院关于新形势下加快知识产权强国建设的若干意见》；2016年5月，中共中央、国务院印发《国家创新驱动发展战略纲要》；2016年7月8日，国务院办公厅印发《〈国务院关于新形势下加快知识产权强国建设的若干意见〉重点任务分工方案的通知》；2016年12月30日，国务院办公厅印发《国务院办公厅关于知识产权综合管理改革试点总体方案的通知》；2016年12月30日，国务院印发《"十三五"国家知识产权保护和运用规划》；2018年7月31日，国家知识产权局发布《"互联网+"知识产权保护工作方案》等。

方式还有行政检查、行政责令停止侵权行为等。不难看出，它们的作用主要是解决知识产权当事人之间的纠纷，保护被侵权人的合法权益。

公益导向型行政保护的作用方式除了在形式上与私益导向型行政保护的作用方式存在类似的种类之外，还有其他类型的作用方式。所谓形式上与私益导向型行政保护作用方式相类似是指，公益导向型行政保护在形式上也具有行政处罚、行政强制、行政检查等作用方式，但实质上却与私益导向型行政保护中的这些作用方式存在差异，诸如：前者体现为依据职权主动实施，针对反复侵权、群体性侵权、重大民生领域项目的假冒专利行为等重大违法行为；后者体现出被动性，即行政保护机关依据当事人的申请或者举报来实施，并且主要针对被侵权人受到侵害的事项。知识产权行政保护机关在全国范围内组织的名为"雷雨""天网""护航"和"闪电"的行政执法专项行动，❶ 就大量运用了公益导向型行政保护中的行政检查、行政调查、行政处罚等行政作用方式。如果从类型来分析，公益导向型行政保护中的这些行政作用方式可以称为行政执法类行政保护。

除了行政执法类行政保护方式之外，根据知识产权学界现有主流观点——行政保护可以分为行政管理、行政服务和行政执法，❷ 公益导向型行政保护作用方式还包括行政管理类行政作用方式和行政服务类行政作用方式，其中比较典型的有五种。一是行政指导。它是指知识产权行政保护机关依据知识产权的法律和政策规定而作出的，旨在引导知识产权行政相对人自愿采取一定作为或者不作为，以实现特定行政目的的非强制性行为。二是行政补贴。它是指知识产权行政保护机关依据知识产权的法律和政策规定而作出的，给知识产权行政相对人发放财产性资助或者减免费用以实现行政目的的行为。三是行政信息公开。它是指知识产权行政保护机关依法主动向社会公开其在履行知识产权管理职责过程中制作或者获取的，以一定形式记录、保存的信息；建立财政资助项目知识产权信息披露制度。四是行政扶持。它是指知识产权行政保护机关依据知识产权方面的法律或者政策出台的旨在支持、鼓励和帮助知识产权行政相对人实施知识产权创造、运用、转化的政策与措施。五是行政预警。是指知识产权行政保护机关通过依法建立知识产权侵权行为的信用记

---

❶ 马维野，赵梅生，王志超，等. 中国特色专利行政执法保护制度完善研究［M］//申长雨. 迈向知识产权强国之路：知识产权强国建设实施问题研究：第 2 辑. 北京：知识产权出版社，2017：364 - 365.

❷ 王晔. 知识产权行政保护刍议［M］//郑胜利. 北大知识产权法律评论：第 1 卷. 北京：法律出版社，2002：195；李永明，郑淑云，洪俊杰. 论知识产权行政执法的限制：以知识产权最新修法为背景［J］. 浙江大学学报（人文社会科学版），2013（5）：160 - 170.

录，收集、整理和研究假冒产品来源地相关信息，建立规制假冒知识产权行为的工作机制等方式来威慑行为人实施知识产权侵权，预防侵权发生的行政行为。知识产权行政保护机关主要是以服务者的身份出现，在诸多场合担当着类似于美国学者卡斯·桑斯坦所说的"助推者角色"。❶ 其主要作用是为创新主体创造、运用和转化知识产权提供一个良好的发展环境，是为它们提供信息、技术、资金和政策。这些行为同样能够产生行政法律关系，而且将成为公益导向型行政保护的主要方式。

（五）行政保护对象

为了正确区分这两种类型的行政保护在保护对象上的差异，有必要阐释何为保护对象。这就需要引入一个基本概念，即知识产权生命周期。知识产权生命周期是从知识产权价值角度来分析知识产权的一个比喻性概念。它通常包括三个阶段：❷ 权利确认、权利分配和权利增值。权利确认主要包括知识产权的申请、许可、登记和授予等环节。权利分配则包括知识产权的交易、维持、救济、传播等环节。权利增值指知识产权产业化、贸易化和商品化，主要包括知识产权数据管理、加工、查询、分析、预警和决策支持，以及知识产权的运营服务等。知识产权行政保护对象则是行政保护机关行使公共权力所指向的知识产权生命周期中的一个或者几个阶段。

私益导向型行政保护对象是知识产权生命周期中的分配阶段的权利。比如，有学者认为，知识产权行政保护是知识产权行政管理机构运用行政手段打击知识产权侵权不法行为，维护权利人的正当利益。❸ 这里所谓"打击知识产权的不法行为"主要指知识产权的权利分配阶段，具体体现为"救济"。1990年公布的《中华人民共和国著作权法》（以下简称《著作权法》）第46条规定的著作权行政管理部门对侵权行为给予没收非法所得、罚款等行政处罚就是对权利分配阶段的保护。

公益导向型行政保护对象是知识产权生命周期中的所有阶段的权利，并且重心开始向增值阶段的权利转移。比如，有学者认为，未来知识产权行政保护关键任务是：能否有效活化知识产权交易市场，增强行政机构的服务性质，培育真正具有市

---

❶ 桑斯坦. 为什么助推 [M]. 马冬梅, 译. 北京: 中信出版社, 2015: 1-23.
❷ 宋世明, 张鹏, 葛富斌. 知识产权领域体制机制改革研究之一 [M] //申长雨. 迈向知识产权强国之路: 知识产权强国建设基本问题研究: 第2辑. 北京: 知识产权出版社, 2017: 306.
❸ 徐明华, 包海波. 知识产权强国之路 [M]. 北京: 知识产权出版社, 2003: 129.

场竞争力的知识产权交易平台。❶ 这里所指的"培育知识产权交易平台"就是实现知识产权的权利增值的重要机制。近年来,国家推行知识产权运营服务体系则属于典型的对增值阶段权利的行政保护。❷ 国家之所以将行政保护重点转移到知识产权的增值阶段的权利,一个重要原因是市场主体缺乏相应的平台、信息和能力来转化知识产权。

(六) 行政保护的政治哲学观念

从政治哲学角度来探讨行政保护,就要为人们判断行政保护是否具有正当性提供一种本质性知识。行政保护的政治哲学观念则是为其提供正当性的基础性理念。进一步而言,就是能够为私益导向型行政保护和公益导向型行政保护提供正当性的最基本的政治理念。

私益导向型行政保护的政治哲学观念是消极国家观,而公益导向型行政保护的政治哲学观念则是积极国家观。消极国家观的内核是:尊重市场主体的选择,市场主体是自身事务和利益的最佳判断者;行政的功能是消极地维护市场秩序;行政权以单纯执行法律的面目出现;行政机关几乎没有自由裁量权。积极国家观的内核是:行政在宏伟目标的引领下,积极、主动解决各类社会问题;行政以自身的意志和力量作用于市场主体,市场主体是行政实现特定目标的工具;行政不仅执行法律,而且还制定公共政策;行政机关享有广泛的自由裁量权。私益导向型行政保护以消极国家观作为自身的政治哲学基础与其将知识产权作为一种私权来对待是相互匹配、补充和制约的。由于知识产权是私权,是市场主体的私人事务,因此,国家的角色应当保持在市场主体自身无法解决这种私人事务的场合中,国家不应当随意干预市场主体的活动。公益导向型行政保护以积极国家观作为自身的政治哲学基础则与其将知识产权作为国家一种战略资源来对待是相互支撑和相互依存的。由于知识产权是国家实现宏大目标的资源,因此再也不是市场主体的私人事务,国家就可以名正言顺地将自身的意志和愿望贯穿于知识产权事业发展全过程;国家可以运用

---

❶ 李雨峰,邓思迪. 知识产权行政保护的未来 [J]. 江苏师范大学学报 (哲学社会科学版), 2018 (3): 117-126.

❷ 比如,2018年5月8日,财政部办公厅、国家知识产权局办公室发布《关于2018年继续利用服务业发展专项资金开展知识产权运营服务体系建设工作的通知》。该通知规定财政部、国家知识产权局继续在全国选择若干重点城市,支持开展知识产权运营服务体系建设,中央财政对每个城市支持2亿元,2018年安排1.5亿元,剩余资金以后年度考核通过后拨付。城市可采取以奖代补、政府购买服务、股权投资等方式,统筹用于支持知识产权运营服务体系建设工作。

多种手段与市场主体共同推进知识产权发展,共同实现诸如创新型国家建设的知识产权事业理想。

通过对知识产权行政保护的各自内容分析,可以发现私益导向型行政保护与公益导向型行政保护的特点及其差异。对此,可以用表1来表示。

表1 知识产权行政保护两大模式

指标	私益导向型模式	公益导向型模式
行政保护主导目标	维护知识产权人的法定权利	维护和促进与知识产权有关的国家利益和社会利益
行政保护基础	知识产权属于私权	知识产权是发展的重要战略资源和竞争力的关键要素
行政保护作用	解决纠纷,查处违法侵权行为	加快建设知识产权强国
行政保护方式	行政处罚、行政强制、行政裁决、行政调解	行政指导、行政补贴、行政扶持、行政信息公开、行政预警、行政处罚、行政强制
行政保护对象	知识产权生命周期中的权利分配阶段	知识产权生命周期的所有阶段,特别是权利增值阶段
行政保护的政治哲学观念	消极国家观	积极国家观

二、私益导向型行政保护面临的挑战

作为一种认识我国知识产权行政保护实践的概念工具,私益导向型行政保护曾经发挥过重要的作用,并将继续发挥作用。然而,随着我国2008年颁布《国家知识产权战略纲要》,以及特别是党的十八大以来,我国提出建设知识产权强国的战略任务后,私益导向型行政保护面临着诸多挑战。从规范意义而言,一种科学的理论或者概念至少应当具备两大功能:解释和预测。❶ 但如果用这两个指标去衡量私益导向型行政保护,则可以发现它已经捉襟见肘。

---

❶ 有学者还将"批判传统"功能作为衡量一种良好理论或者概念的指标,参见:沈岿. 平衡论:一种行政法认知模式[M]. 北京:北京大学出版社. 1999:238. 鉴于我国知识产权行政保护历史较短,本文将不论述这一指标。

（一）难以解释知识产权行政保护机关公共权力不断扩大的现实

1. 国家通过制定和修订一系列重要的知识产权法律规范来扩大行政保护机关的权力

这种方式通常授予行政保护机关大量的诸如行政强制、行政处罚等的"硬性"权力。比如，《专利法》于1984年通过，在2020年前历经1992年、2000年和2008年三次修正，2018年第四次修正草案送审稿递交全国人大常委会。分析这部法律的修正过程，不难发现行政保护机关的行政权力在逐步扩大。❶ 例如，第四次修正草案送审稿第60条第2款新增规定专利行政部门依法查处群体侵权、重复侵权等扰乱市场秩序的故意侵犯专利权行为，还规定专利行政部门有权责令侵权人立即停止侵权行为。根据2020年10月17日第十三届全国人民代表大会常务委员会第二十二次会议通过的《关于修改〈中华人民共和国专利法〉的决定》对《专利法》第68、69、70、71条等的修改来分析，行政权力扩展的事实得到立法者确认。根据一些学者的研究，《著作权法》第三次修正草案第三稿❷和《商标法修正案（草案）》❸ 同样授予行政保护机关大量的行政权力❹。这三部知识产权基本法不断扩大行政保护机关执法权力的事实表明，我国知识产权行政保护的基本目的在发生变化，即更加注重维护与知识产权有关的公共利益和国家利益，而主要目的是保障知识产权人的私人利益的私益导向型行政保护无疑难以解释这一现象。

2. 国家通过出台知识产权行政规范性文件来规定行政保护机关的大量"柔性"权力

以2008年国家颁布《国家知识产权战略纲要》为重要分水岭，我们可以发现近十多年来，国家不断制定和发布诸多知识产权行政规范性文件来规定行政保护机关职责，尤其是2014年国家正式提出建设知识产权强国以来，这种现象显得更为

---

❶ 易继明. 评中国专利法第四次修订草案 [J]. 私法, 2018 (2): 2 - 81.
❷ 比如，增加行政调解，并规定行政调解具有法律约束力，可申请法院确认和强制执行。
❸ 比如，规定商标行政管理部门可主动查处侵犯商标权的行为，对不配合行政查处的还可处以罚款并没收违法所得。
❹ 李永明，郑淑云，洪俊杰. 论知识产权行政执法的限制：以知识产权最新修法为背景 [J]. 浙江大学学报（人文社会科学版），2013 (5): 160 - 170.

普遍。❶ 考察这些通知、意见、纲要等，可以发现它们通常规定行政保护机关实施类似于行政指导、行政扶持、行政补贴、行政信息公开等"柔性"行政方式的权力，主要体现为提供服务性和指导性行政活动。同时，它们所规定的行政权力还覆盖知识产权全生命周期，是对知识产权进行整体性保护。对于这种行政保护权力，私益导向型行政保护显然难以合理解释，因为私益导向型行政保护以行政处罚、行政强制等"硬性"行政权力为特色，并且将保护的重点集中于知识产权的某一阶段。

（二）难以预测我国知识产权行政保护的实践发展

私益导向型行政保护的预测功能包括：我国未来知识产权行政保护实践的主要特征是否还是私益导向型行政保护所概括的那些特征；其能否指导或者规范我国未来知识产权行政保护实践。

1. 官方立场显示我国未来将不断强化知识产权行政保护

2019 年 7 月 24 日，中央全面深化改革委员会第九次会议审议通过了《关于强化知识产权保护的意见》，强调要着眼于统筹推进知识产权保护，从审查授权、行政执法等环节入手，改革完善保护工作体系，综合运用法律、行政、经济、技术、社会治理手段强化保护，促进保护能力和水平整体提升。该意见的通过对于全面加强知识产权保护具有深刻的指导意义。虽然我国知识产权保护方式涵盖行政、司法、仲裁、行业、个人等多种类型，但行政保护和司法裁判是重点。❷ 行政保护的主动性、灵活性、专业性、高效性和整体性等特征更能胜任知识产权保护的需要。可见，官方重申我国将强化知识产权保护，其实重点指向强化知识产权行政保护。这就意味着，我国在未来很长一段时期内都将加强行政保护。知识产权行政保护机

---

❶ 比如，《深入实施国家知识产权战略行动计划（2014—2020 年）》就规定了 20 多个国家行政保护机关的职责，诸如：加强大型商业场所、展会知识产权保护；督促电子商务平台企业落实相关责任，督促邮政、快递企业完善并执行收寄验视制度，探索加强跨境贸易电子商务服务的知识产权监管；探索建立与知识产权保护有关的信用标准；加强知识产权行政执法信息公开；开展国内自由贸易区知识产权保护状况调查，探索在货物生产、加工、转运中加强知识产权监管，创新并适时推广知识产权海关保护模式，依法加强国内自由贸易区知识产权执法等。又如，2015 年 12 月 18 日国务院发布的《国务院关于新形势下加快知识产权强国建设的若干意见》规定了我国各级政府及其职能部门的一系列行政保护职责，诸如：推动知识产权保护法治化；进一步推进侵犯知识产权行政处罚案件信息公开；建立收集假冒产品来源地相关信息的工作机制，发布年度中国海关知识产权保护状况报告；加强大型专业化市场知识产权管理和保护工作；加强在线创意、研发成果的知识产权保护；提升预警防范能力；加大对小微企业的知识产权保护援助力度；制定众创、众包、众扶、众筹的知识产权保护政策等。
❷ 申长雨. 全面开启知识产权强国建设新征程 [J]. 知识产权，2017（10）：3-21.

关的公共行政权力将继续扩张，保护领域也将不断拓展。私益导向型行政保护无疑难以规范或者指导这种发展趋势。

2. 重要智库立场显示我国未来将不断强化知识产权行政保护

在我国，由于在大部分基础性和前瞻性的知识产权政策法规的起草和制定中，智库都发挥了举足轻重的作用，因此研究智库的立场对于判断私益导向型行政保护是否能够发挥预测功能至关重要。中南财经政法大学知识产权研究中心课题组就知识产权行政保护在向国家知识产权局提交的专家建议稿中提出了建立和健全体系化知识产权行政保护的新观点，即需要从实现"两个一百年"奋斗目标、实现中华民族伟大复兴的中国梦、努力建设知识产权强国层面来定位知识产权行政保护。知识产权行政保护遵循"严保护、大保护、快保护、同保护"原则，以破解当前突出问题和迎接未来十五年重大挑战为导向，突出实用性、前瞻性、体系性和科学性。我国知识产权行政保护是具有中国特色的制度，包括知识产权行政立法保护、知识产权行政执法保护、知识产权行政司法保护、知识产权行政救济保护、知识产权行政执法与知识产权刑事司法衔接保护，以及对知识产权公共行政权力的监督与制约等内容。其中，知识产权行政立法保护是基础，知识产权行政执法保护是重点，知识产权行政执法与知识产权刑事司法衔接保护是难点，知识产权行政司法保护是补充，对知识产权公共行政权力的监督与制约是保障。可以发现，知识产权行政保护机关的权力将不断扩展，保护的主要目的已经转移到实现国家和社会公共利益。这是与私益导向型行政保护存在巨大差异的行政保护类型。

三、公益导向型行政保护的合理性基础

正如私益导向型行政保护在我国的兴起绝不是偶然的那样，公益导向型行政保护在我国的形成和发展也具有强大的合理性基础。

（一）公益导向型行政保护是知识产权战略的重要内容

从历史层面来分析，公益导向型行政保护出现的一个标志性事件是2008年国务院发布《国家知识产权战略纲要》，决定实施国家知识产权战略。公益导向型行政保护得以发展的重要分水岭则是2015年12月18日国务院印发《国务院关于新形势下加快知识产权强国建设的若干意见》，该意见基本内容都涉及公益导向型行

政保护。❶ 公益导向型行政保护得以深入持续发展的契机是 2019 年《国家知识产权战略实施十年评估报告》建议国家制定《知识产权强国建设纲要（2021—2035）》。由于知识产权战略是国家推行知识产权法律和政策、实施知识产权制度的基本纲领、处理知识产权事务的基本出发点，是促进知识产权事业健康发展的思想灵魂，是关于知识产权的整体性安排和谋略性布局，❷ 因此由知识产权战略纲要大篇幅规定公益导向型行政保护足以证明其重要性，也足以为其合理性提供依据。

（二）公益导向型行政保护是经济新常态下实施创新驱动发展的基本工具

我国经济发展动力转变是经济发展新常态基本内涵，是指我国经济发展动力要从主要依靠资源和低成本劳动力等要素投入转向创新驱动。❸ 知识产品向现实生产力转化离不开知识产权及其保护。知识产权本身蕴含着两重机制。一是新型的产权机制。知识产权的产权机制是指，赋予创新主体在一定期限内对知识产品的财产权，使得创新主体享有对知识产权的使用权、支配权、收益权等权利，从而激发创新主体创造更高质量、更多数量的知识产品。二是新型的市场机制。知识产权的市场机制是指人们针对知识产权无形性特点所设计和制定的许可转让交易规则。通过这种规则，知识产品可以顺利实现转移转化、产业化，从而产生效益，推动经济发展。可见，知识产权是连结创新和市场的纽带。

若要使这种纽带发挥正常功能，则离不开公益导向型行政保护。一方面，知识产权的产权机制和市场机制本身就是政府主要运用行政保护方式建立的结果。比如，行政机关通过审查授权的保护方式，使符合法定条件的创新主体享有在一定期限内对某种知识产权的垄断权，从而形成知识产权的产权机制。另一方面，公益导向型行政保护是促进知识产权的产权机制和市场机制发挥超常功能的最重要激励方式。在我国经济发展进入新常态背景下，政府应当主动担纲起指导者、助推者、支持者、服务者、培育者等角色，实现知识产权超常规发展。这恰恰是公益导向型行政保护的使命所在。

---

❶ 比如：完善知识产权快速维权机制；加强海关知识产权执法保护；加大国际展会、电子商务等领域知识产权执法力度；开展与相关国际组织和境外执法部门的联合执法；运用大数据、云计算、物联网等信息技术，加强在线创意、研发成果的知识产权保护，提升预警防范能力；研究完善商业模式知识产权保护制度和实用艺术品外观设计专利保护制度；加强互联网、电子商务、大数据等领域的知识产权保护规则研究等。
❷ 张勤，朱雪忠．知识产权战略化问题研究［M］．北京：北京大学出版社，2010：13．
❸ 习近平．习近平谈治国理政：第 2 卷［M］．北京：外文出版社，2017：245．

（三）公益导向型行政保护适应了知识产权领域的"放管服"改革需要

知识产权领域的"放管服"改革是新时代深化"放管服"改革的重要组成部分。公益导向型行政保护较好地契合了知识产权领域"放管服"改革的目标与要求。

1. 公益导向型行政保护能够为知识产权密集型企业营造良好的国际化和便利化营商环境

知识产权作为无形资产对于创新企业发展具有举足轻重的作用。根据世界银行开发的衡量国际营商环境指标，❶ 直接与知识产权有关的有财产登记便利度（知识产权确权授权）、获得信贷便利度（知识产权质押融资）、少数投资者保护力度（知识产权受到非法侵害之后的保护力度）、跨国贸易便利度（知识产权是国际通行的贸易规则）、执行合同中的司法便利度（涉及知识产权转让和交易）以及破产便利度（企业破产之后知识产权处置）等多个指标。若依据这些指标来为知识产权密集型企业营造良好的国际化和便利化的营商环境，公益导向型行政保护无疑是最主要的手段之一。事实上，考察近年来国家在知识产权领域推行优化营商环境的举措，不难发现，国家多采用公益导向型行政保护方式。❷ 可见，国家行政机关所实施的这些保护措施的主要目的是为企业营造便利化的营商环境，降低企业成本。

2. 公益导向型行政保护能够适应对市场主体知识产权的监管创新需要

对市场主体的包括知识产权在内的事务加强监管方式创新、实施公平公正和高

---

❶ 宋林霖，何成祥. 优化营商环境视阈下放管服改革的逻辑与推进路径：基于世界银行营商环境指标体系的分析 [J]. 中国行政管理，2018（4）：67-72.

❷ 比如，《2018年深入实施国家知识产权战略 加快建设知识产权强国推进计划》规定：国家知识产权局、商务部、国务院国有资产监督管理委员会等机关负责：搭建企业知识产权海外维权平台，推动设立企业知识产权海外维权援助服务基金；建立海外知识产权问题及案件信息提交平台，推动形成海外知识产权维权援助服务网；指导中央企业联合开展海外专利布局工作，加大主要海外市场国家或地区的知识产权战略布局和风险防控；持续推进海外知识产权信息平台"智南针"网建设等保护任务。国家行政机关所实施的这些公益导向型保护措施主要着眼于为企业营造良好的国际环境，提升企业的国际竞争力。又如，《2017年深入实施国家知识产权战略 加快建设知识产权强国推进计划》规定国家知识产权局等行政机关负责：试行专利复审及无效优先审查，探索实施短周期案件审查模式，探索建立涉及系列申请复审案件的集中审查机制；大力推进商标网上申请，将网上申请由仅对商标代理机构开放扩大至所有申请人。再如2018年7月31日，国家知识产权局发布《"互联网+"知识产权保护工作方案》规定行政保护的目的是增强知识产权领域治理能力，确保公正高效保护中外知识产权权利人的合法权益，营造更加良好的创新、投资和营商环境，有力促进扩大开放和中国经济竞争力提升，并规定国家知识产权局等主体负责研究提出"互联网+"知识产权保护工作方案，组织实施推进，强化指导监督；指导推进试点工作，及时总结推广试点经验；建立健全运行机制；组织建设全国性技术支撑体系，加强与有关大数据中心建设工作的协调；在相关执法指导工作中推进"互联网+"的广泛应用。

效的监管是"放管服"改革基本内容。在知识经济时代,知识产权已经成为市场主体的重要事务。市场主体既可能滥用知识产权,也可能违法侵害其他市场主体的知识产权,诸如专利蟑螂❶、版权蟑螂等。如何对市场主体的此类违法行为加以监管,是知识产权行政保护机关的固有职责。从实践来分析,知识产权行政保护主体已经突破了私益导向型行政保护下的消极监管,站在为企业创造公平和公正的营商环境的高度实施主动监管。它们所采取的监管方式大多属于公益导向型行政保护方式,如信用监管、跨区域执法、专项行动、"互联网+"行政保护等。❷ 不难发现,这些创新型监管方式的目的主要是维护整体知识产权法治秩序,营造良好的社会主义市场经济环境。

四、公益导向型行政保护对知识产权法治建设的启示

公益导向型行政保护的强势崛起是国家适应新时代知识产权强国建设的长远谋划,是建设创新型国家的必然之举,它将冲击关于知识产权法在整个法律体系中的地位的现有观念,改变知识产权法的基本结构,对知识产权法治建设带来深远影响,使得我国知识产权法更显自身特色。

(一)对知识产权法是民法的特别法以及知识产权以司法保护为主导的观点的冲击

知识产权法在国家整体法律体系中处于何种地位。它是否属于一个独立的法律部门或者隶属于其他法律部门?这是一个给知识产权法定位的问题。知识产权到底

---

❶ 所谓专利蟑螂是指本身并不实施专利技术,也不制造专利产品或者提供专利服务,而是从其他公司、研发机构或个人发明者手中购买专利的所有权或使用权,然后专门通过专利诉讼或利用专利诉讼相要挟,从而赚取巨额利润的专利经营公司。关于专利蟑螂对创新活动的破坏和对公共利益的危害,参见:易继明. 遏制专利蟑螂:评美国专利新政及其对中国的启示 [J]. 法律科学(西北政法大学学报),2014,32(2):174 – 183.

❷ 比如,《2018年深入实施国家知识产权战略 加快建设知识产权强国推进计划》规定国家知识产权局、国家版权局等行政机关负责:深入开展"护航""雷霆"等专项行动,严厉打击展会、电商等重点领域和关键环节专利等侵权违法行为;深化京津冀、长江经济带、珠三角等区域的专利联合执法等任务。尤其是,该计划规定了信用监管,即将故意侵权、长期侵权、重复侵权、严重侵权、假冒专利商标行为、恶意抢注商标、囤积商标、实施知识产权劫持、滥用知识产权诉权、滥用知识产权等行为纳入征信系统,预防行为人再次实施侵害行为,降低市场主体成本,提升社会公共福利。又如,2018年7月31日,国家知识产权局发布的《"互联网+"知识产权保护工作方案》规定:到2020年,知识产权侵权假冒线索在线识别、实时监测、源头追溯的技术支撑体系基本建成,知识产权相关数据库、产品和服务数据库构建完成,全流程的知识产权执法维权指导管理系统运行通畅。

是以司法保护为主导,还是以行政保护为主导?知识产权是私权的观念❶已经深深影响了知识产权法的地位,也影响了国家到底采取哪种主导保护方式来保护知识产权。可是,研究已经表明,知识产权是私权的观念其实是一种"舶来品",它集中体现了早期西方发达国家的知识产权法治经验:"以私法精神作为法律制度构造的基础,从而达到私权理念与私法制度的高度契合"❷。进入21世纪以来,这一观念在西方发达国家已经发生了松动。比如,在2002年的一份报告中,英国知识产权委员会就宣称,无论怎样称呼知识产权,我们最好将它视作公共政策的一种手段,授予个人或机构一些经济特权,以实现更大公共利益,而这些特权仅是目标实现的手段,其本身并非目标。❸公益导向型行政保护以已经被我国官方广泛认可的"知识产权是国家的一种战略资源"的观念作为基础,进而建构自身的体系。如果我们以"知识产权是国家的一种战略资源"的观念为基础建构起一个庞大的知识产权行政保护体系,则我们似乎不能再简单地将知识产权法视为是民法的特别法,相反,知识产权法的公法规范,特别是行政法规范将大幅度增加,知识产权法将更多地增添行政法元素,与此同时,行政保护的地位将大大提升,甚至出现行政保护处于主导地位的趋势。

(二)需要深化对知识产权行政法制的研究

新的行政法需要围绕公益导向型行政保护的主导目标和基本作用加以建构。当前需要重点规范如下七大问题。

1. 知识产权行政保护机关之间的协调机制

2018年国务院机构改革之后,国家虽然对知识产权行政保护机关作了一定程度的整合,但从总体看,依然呈现碎片化现象,这严重制约了保护效果。比如:农业农村部负责农业植物新品种方面的知识产权行政保护;国家林业和草原局负责林业植物新品种、生物安全、生物遗传资源等方面的知识产权行政保护;海关总署负责对进出口环节的知识产权进行行政保护;国家知识产权局是国家市场监督管理总局管理的国家局,它主要负责商标、专利、原产地地理标志、集成电路布图设计等知识产权的行政保护;在地方的市或者区层级,当地市场监督管理局设有综合执法大

---

❶ 吴汉东. 知识产权基本问题研究:总论 [M]. 2版. 北京:中国人民大学出版社,2009:184-192.
❷ 吴汉东. 中国知识产权法律变迁的基本面向 [J]. 中国社会科学,2018 (8):108-125.
❸ 英国知识产权委员会. 知识产权与发展政策相结合委员会关于知识产权发展的报告 [EB/OL]. [2020-08-20]. http://www.iprcommission.org.

队，具体负责商标、专利等知识产权的行政执法保护；国家市场监督管理总局还对商业秘密、反不正当竞争、与技术标准有关的知识产权进行保护；商务部负责对与国际贸易有关的知识产权进行行政保护；科学技术部负责与科技有关的知识产权行政保护；等等。在中央层面就有数十个行政保护机关承担着某一环节或者某一领域的知识产权保护工作。如何确保它们高效协同开展知识保护工作，就需要一种权威的协调机制，对此，行政法需要及时提供。

2. 针对新领域新业态需要及时制定知识产权行政保护规范

我国已经进入人工智能和数字化时代，宽带移动互联网、云计算、物联网、大数据等新领域和新业态将成为或者已经成为知识产权行政保护的重要对象。然而，针对这些新领域和新业态的知识产权立法存在滞后或者不健全现象，从而难以为行政保护提供规范依据。这主要体现为两个方面。一是因知识产权法律规范欠缺致使行政保护无法可依。目前我国在"互联网+"、电子商务、大数据、生物工程、新媒体条件下的新闻作品版权，实质性派生品种等诸多新领域新业态尚未制定专门的知识产权法律。然而，这些新领域新业态又亟须行政保护，特别是行政机关提供的行政指导、行政服务、行政奖励等形式的保护。由于缺乏相应立法，行政保护处于无法可依状态。二是因知识产权法律规范不健全致使出现行政机关保护职责不清、运动式保护倾向严重、行政保护效果欠佳等弊端。当前我国在网络、电商平台等新领域新业态的知识产权行政保护主要通过专项行动方案，采取运动式执法方式，以上级行政机关组织集中检查、集中整治、集中办案等形式进行，如"网剑""双打""护航""雷霆"等行动。但由于这些行政保护方式的法律依据不充分，通常带有"应急"特点，从而难以取得稳定的、长期的效果，有的还引发了市场主体的抵制。

3. 跨区域知识产权行政执法

近年来我国跨区域知识产权行政执法取得较大成绩，但依然存在两大主要问题。一是行政法律规范依据不足。对于跨区域知识产权行政执法的机制、程序、执行等问题缺乏相应的行政法规范，削弱了跨区域知识产权行政执法的合法性。二是发展不平衡。目前跨区域知识产权行政执法主要集中在浙江、广东、江苏等经济发达省份，中西部地区比较落后，从而影响跨区域知识产权行政执法的整体效果。

4. 国际知识产权行政执法

我国国际知识产权行政执法逐步强化，知识产权部门开展了与相关国际组织和境外执法部门的联合执法，建立了打击跨国盗版侵权行为的执法信息沟通机制。从适应未来知识产权强国建设目标来分析，国际知识产权行政执法依然面临诸多挑战。诸如：国际知识产权行政执法规则不明确；国际知识产权行政执法方式单一，缺乏执行力；尚未建立海外知识产权执法体系和专业的执法队伍，缺乏一批具有国际视野、拥有国际水平、能够处理国际知识产权事务的执法队伍；海外知识产权护航机制不健全，尚未真正建立起对我国企业实施"不公平"贸易做法的其他国家进行调查，并可与被确认实施不公平做法的国家政府协商，最后由我国政府决定采取提高关税、限制进口、停止有关协定等措施的制度。

5. 新型知识产权行政执法方式

当前知识产权行政执法方式比较单一，主要体现为以命令与服从为特征的行政处罚、行政检查、行政确权授权、行政强制等方式。这些行政执法方式的主要目的是化解知识产权纠纷，主要适用于知识产权的权利确认和权利分配阶段，而难以适用于知识产权的权利增值阶段，也难以适应新领域新业态下的知识产权保护需要，更无法满足未来建设知识产权强国的需要。行政法需要重点规范知识产权行政保护机关运用行政指导、行政奖励、行政扶持、行政补贴、行政预警、行政契约等柔性行政执法方式。

6. 知识产权行政执法与刑事司法衔接机制

目前国家多以"决议""通知""意见"等形式的规范性文件来规范知识产权行政执法与知识产权刑事司法的衔接机制，规范内容政策性较强，工作部署色彩浓厚。在新领域新业态的知识产权保护工作中，国家以"会议"和"专项行动方案"实施知识产权行政执法与刑事司法的衔接。这些规范依据效力层次偏低，内容缺乏操作性和指导性，不同规范之间未实现系统、有机的结合，导致在实践中尤其是一线行政执法人员很难对规则的精神实质加以理解，不利于两法衔接机制的法治化与长效化运作，难以取得知识产权行政保护与知识产权司法保护之间的合力。

7. 知识产权公共行政权力的监督和制约机制

由于行政保护机关权力的扩展，以及知识产权体制机制尚未完全理顺等因素，知识产权行政保护机关出现了违法行政的现象。诸如，由于受知识产权的私权属性影响，一些知识产权行政保护机关容易与私权相勾结，沦为维护私权的工具，进而有损公共利益。由于知识产权行政保护机关层级复杂、职权交叉，因此容易出现相互扯皮、效率低下、地方保护和部门保护等问题。知识产权行政执法出现步骤欠缺、方式不当、顺序颠倒、期限违法等问题，特别是存在一些执法机关违背立法目的随意使用自由裁量权的问题，主要表现为轻责重罚、重责轻罚、显失公正、主观随意性大等。

（三）知识产权法基本结构需要调整

知识产权法基本结构反映了各类性质不同的知识产权制度在知识产权法中的地位。我国主流知识产权法学者多抱持"知识产权是私权，知识产权法是民法特别法"的观念，认为应当将知识产权制度纳入《中华人民共和国民法典》（以下简称《民法典》），在《民法典》中规定"知识产权编"。❶ 这种观点其实是以知识产权制度主要是私法上的制度为立论基础的，体现在知识产权法基本结构上，则是私法制度占据基本地位。正是由于我国长期采用私益导向型行政保护，致使知识产权行政法制度不发达，知识产权行政法制度难以在知识产权法基本结构中占据相应地位。伴随着公益导向型行政保护的形成和深入持续发展，行政法制度必然大量出现和不断丰富。这将深刻改变知识产权法的现有版图，冲击知识产权法的现有结构，进而对那种将知识产权制度纳入《民法典》的主流观点构成挑战。近年来，国家不断修订我国三大知识产权法基本法——《著作权法》《商标法》和《专利法》——所释放的重要信号就是知识产权行政保护机关的权力在扩展，知识产权基本法中行政法的条款在增加。对于这种现象，一些深受"知识产权是私法"观念影响的学者大声疾呼要求限制知识产权行政执法权。❷ 然而，知识产权行政保护的实践和知识产权行政法制的发展却不会以这些学者的个人意志为转移。

五、结束语

新时代推动制度变革的根本动力并不是因生产力发展而催生大量新兴市场主体来要求国家变革知识产权行政保护制度，而是国家意识到"我国经济发展进入新常态、全球新一轮科技革命和产业革命蓄势待发，以高水平知识产权制度所驱动的创新成为引领发展第一推动力"❸ 与"我国尚未摆脱资源驱动型发展模式，知识产权大而不强"❹ 之间的冲突。换言之，新时代我国知识产权行政保护变革主要属于马

---

❶ 吴汉东. 知识产权立法体例与民法典编纂 [J]. 中国法学, 2003 (1): 48-58.
❷ 李永明, 郑淑云, 洪俊杰. 论知识产权行政执法的限制：以知识产权最新修法为背景 [J]. 浙江大学学报（人文社会科学版), 2013 (5): 160-170.
❸ 申长雨. 迈向知识产权强国之路：知识产权强国建设基本问题研究：第1辑 [M]. 北京：知识产权出版社, 2016: 序言 1.
❹ 张志成. 知识产权强国的背景意义和总体思路 [M] //申长雨. 迈向知识产权强国之路：知识产权强国建设基本问题研究：第1辑. 北京：知识产权出版社, 2016: 9-11.

克思所说的"意识形态的形式"的变革范畴,是国家"意识到这个冲突"而主动自觉启动的知识产权行政保护变革。由此,这种变革体现出非常强烈的国家意志,而如何提出科学的理论分析框架来解释这种变革,如何将这种变革纳入法制轨道之中,则是本文的目的所在。本文运用理想类型方法建构出私益导向型行政保护和公益导向型行政保护,分析私益导向型行政保护面临的挑战和公益导向型行政保护的合理性基础,以便在知识产权法的学术框架内阐释这种"变革"的具体内涵及其正当性,论述了公益导向型行政保护对知识产权法治建设的启示,基本出发点就是用法治思维和法治方式来规范这种变革,从而有效实现变革初衷。

知识产权替代性纠纷解决机制研究*

替代性纠纷解决机制这一概念起源于美国。随着该制度在世界范围内的普遍适用，其已成为非诉讼纠纷解决机制的总称。替代性纠纷解决机制并没有明确的外延，可以将不断创新的非诉讼纠纷解决方式都纳入其中。一般认为，调解、仲裁是最为常见的替代性纠纷解决机制。在此基础上经过不断发展而逐步创设出的新型替代性纠纷解决机制，主要是充分发挥社会组织、企业和信用机制的作用，对各种非诉讼纠纷解决机制进行创新发展和融合运用。鉴于知识产权替代性纠纷解决机制的重要性，本文拟从知识产权调解、知识产权仲裁与知识产权新型替代性纠纷解决机制这三方面展开研究。

一、知识产权调解

（一）我国知识产权调解制度的发展背景与重要意义

1. 我国知识产权调解制度的发展背景

近年来，在相关部门的努力下，我国知识产权纠纷调解工作不断取得进展。自2015年起，随着《国务院关于新形势下加快知识产权强国建设的若干意见》《"十三五"国家知识产权保护和运用规划》《关于严格专利保护的若干意见》《中国知识产权司法保护纲要（2016—2020）》《国家知识产权局办公室关于确定首批能力建设知识产权仲裁调解机构并启动相关工作的通知》等政策文件的颁布，我国的知识产权调解机制建设已初具规模。

---

* 本文基于国家知识产权局委托的知识产权强国建设纲要研究项目之子课题"知识产权替代性纠纷解决机制"研究报告修改整理而成。子课题负责人：詹映；课题组成员：李青文、朱艳优、肖郁钧、岳嘉文、冯莎、程娅、叶明鑫、兰琪琪；执笔人：詹映、郑志聪。

2. 我国知识产权调解制度的重要意义

我国之所以如此大力推进知识产权纠纷调解工作，原因就在于以调解的方式解决知识产权纠纷具有重要意义。与知识产权司法保护相比，知识产权调解具有如下优势。

第一，知识产权调解能够减轻法官负担，优化对司法资源的利用。近年来，我国知识产权纠纷案件数量越来越多，[1]当事人一般更倾向于通过诉讼的方式来解决纠纷。但一方面，由于法官员额制度改革，法院中知识产权法官的数量十分有限；另一方面，法官在处理案情简单、事实清楚的案件时仍需遵循严格的诉讼程序，这就导致数量有限的法官不得不将有限的时间和精力花费在案情简单的案件上，致使其无暇专注于案情重大、疑难复杂等更为需要进行审理的案件。以调解的方式解决知识产权纠纷，既可以减轻法官审判案件的压力和负担，也可以节约有限的司法资源。

第二，知识产权调解能够整合社会资源，化解知识产权纠纷。目前知识产权纠纷的解决只利用了大量的司法资源，却未足够重视利用社会资源。例如：我国并非所有律师均参与了知识产权纠纷的解决；我国的行业协会在知识产权纠纷解决过程中所发挥的作用也十分有限，但其可能比知识产权法官更了解对应行业的市场情况以及相关技术的技术特征，对于侵权判定的准确性也并不亚于法官。通过整合此部分社会资源，由律师和行业协会等专业人员及组织参与知识产权纠纷解决，能够充分利用社会的专业资源，从而缓解司法资源紧张的局面，更好地化解知识产权纠纷。

第三，知识产权调解能够及时解决纠纷，最大化保护当事人权利。诉讼以严格的程序作为保障，不可避免地存在审理时限长的缺陷，况且知识产权诉讼程序通常还会出现民事、行政程序的交叉，导致诉讼周期冗长；而知识产权保护的法定时效限制以及技术生命周期的不断缩短，则要求知识产权纠纷必须快速解决。二者的矛盾容易对当事人的权利造成极大损害。知识产权调解程序的灵活性和简便性特点，能够及时解决纠纷，符合知识产权纠纷解决的迫切性要求，最大化地保护当事人

---

[1] 以近4年全国法院司法统计公报的数据为例：2017年，全国各级人民法院以"知识产权与竞争纠纷"为案由收案的民事一审案件共201039件；2018年，全国各级人民法院基于同样的案由收案283414件，同比增长40.97%；2019年，全国各级人民法院基于同样的案由收案399031件，同比增长40.79%；2020年，全国各级人民法院基于同样的案由收案443326件，同比增长11.10%。上述参见：最高人民法院办公厅. 中华人民共和国最高人民法院司法统计公报 [EB/OL]. [2022 - 04 - 12]. http://gongbao.court.gov.cn/ArticleList.html? serial_no = sftj.

权利。

第四,知识产权调解更适宜解决某些类型的知识产权纠纷。与诉讼相比,某些知识产权纠纷可能更适合通过调解的方式进行解决,如职务发明权属纠纷等。在职务发明权属纠纷案件中,当事人双方若通过诉讼的方式对簿公堂,可能会进一步激化双方的矛盾,导致个人今后无法在单位中继续工作;若通过调解的方式解决,则可能缓和、维持甚至进一步增强双方的关系,这不仅有利于劳资纠纷的减少,还有利于科技成果的转化与运用。同理,合作作品权属纠纷、共同发明权属纠纷和职务发明报酬纠纷等一系列与人身关系密切相关的案件也是如此。因此,知识产权调解的"弱对抗性"特点,使其更适宜去解决特定类型的知识产权纠纷。

(二)我国知识产权调解制度的既有成就与现存不足

1. 我国知识产权调解制度的既有成就

目前,调解已经成为解决知识产权纠纷的主要方式之一。包括司法调解、行政调解和人民调解在内的调解制度在知识产权纠纷解决中扮演着十分重要的角色。课题组经过调研北京市通州区人民法院、济南市中级人民法院和山东省高级人民法院的法官以及上海市汉盛律师事务所、北京盈科(广州)律师事务所的律师,归纳出调解案件数量在知识产权纠纷案件中所占比例越来越高的原因,主要基于以下几点。

第一,国家政策的引导作用。对于民事调解的司法政策,我国从"调解为主""着重调解""自愿、合法调解""能调则调,当判则判,调判结合,案结事了"到"调解优先、调判结合"❶,都体现了调解在民事纠纷案件解决中的重要作用。另外,司法责任终身制的推行和调撤率作为法官业绩的考核指标等也是重要的影响因素。

第二,部分知识产权法官的审判水平仍存在上升空间。我国知识产权法学科刚刚起步,其基本理论中的诸多观点仍存在争议,学科发展尚不成熟,部分法官很难根据自身的知识结构和审判能力对知识产权案件作出客观判断,因此更倾向于适用调解方式结案。

第三,法院调解的知识产权系列案件数量多,整体提升了知识产权纠纷案件的

---

❶ 邱星美. 中国司法调解六十年变迁与反思 [J]. 司法改革论评,2015(2): 5-20.

调解率。❶ 对于系列案件而言，原告在获得几份有利判决后，往往在全国范围内同时或先后起诉不同被告，通过向受理法院和被告呈递在先有利判决的方式，达到给被告施压"迫使"其进行调解从而快速解决纠纷的目的。由此可见，这是无论是著作权、商标权还是专利权纠纷案件，以调解方式结案的系列案件数量是在三大纠纷解决方式中占主导地位的一大原因。

第四，知识产权纠纷案件本身特点致使法官和当事人双方更倾向于适用调解方式解决纠纷。与合同纠纷、人身侵权纠纷等案件相比，知识产权纠纷案件具有很强的专业性，这种专业性更多地体现为案件的解决更依赖于法官的主观性。例如，对被诉侵权商标是否与商标权人的商标构成近似、被诉侵权作品是否与著作权人的作品构成实质性相似以及被诉侵权技术是否落入专利权人的权利范围之内等问题的判断，往往更依赖于法官的主观能动性，其判定与法官自身的知识水平等各种因素密切相关。在此种情况下，对于法官而言，审理并判决知识产权纠纷案件可能会使其面临承担错案责任的风险；对于原告而言，因其很难对案件的审判结果有一个准确合理的预期，若拒绝调解则可能面临败诉的风险；对于被告而言，其同样很难对案件的审判结果有一个准确合理的预期，若拒绝调解则也有可能面临败诉而向原告支付高额赔偿金的风险。因此，对于知识产权纠纷案件而言，调解也就成了法官、原告和被告三方均将风险降到最低的纠纷解决方式。

2. 我国知识产权调解制度的现存不足

就当前而言，调解虽然已经成为知识产权纠纷的主要解决方式，但仍然存在以下不足之处。

第一，强制调解现象时有发生，这主要体现在两方面。其一，在司法调解中，

---

❶ 课题组通过利用"威科先行"法律信息数据库检索发现：2019 年中文在线数字出版集团股份有限公司调解案件共 367 件，其中北京知识产权法院调解的其与北京搜狐互联网信息服务有限公司侵害作品信息网络传播权纠纷二审民事调解案件共 103 件，其与周某某著作权权属、侵权纠纷二审民事调解案件共 160 件；2019 年以来，北京全景视觉网络科技股份有限公司在全国各地法院起诉的侵害作品信息网络传播权纠纷民事调解案件共 368 件；2018 年以来，全国各地法院调解的涉及重庆索隆音乐文化传播有限公司著作权权属、侵权纠纷民事案件共 278 件；2018 年以来，北京互联网法院调解的涉及北京微梦创科网络技术有限公司起诉的侵害作品信息网络传播权纠纷民事案件共 95 件。在商标侵权调解案件中，2018 年至 2019 年，全国各地法院调解涉及上海家化联合股份有限公司起诉的地方超市侵犯商标权案件共 133 件；2016 年以来，全国各地法院调解涉及中粮集团有限公司起诉侵犯商标权案件共 84 件。在专利侵权案件中，以调解方式结案的系列案件数量并不像著作权、商标权案件那么多，但是同一原告同时或先后以类似诉由起诉几个或者几十个被告的情况依然十分明显，比如 2017 年全国各地法院调解的涉及源德盛塑胶电子（深圳）有限公司起诉侵害实用新型专利权纠纷民事案件共 79 件，2016 年浙江省高级人民法院调解的朱某某、刘某某、李某某等专利申请权权属纠纷二审民事案件共 22 件等。

法官既是审判员,又是调解员,存在某些法官为了追求高"调撤率"从而完成业绩考核而强制调解的现象。另外,在司法责任终身制的制度下,法官为了避免承担审判错误的风险而极力主张调解,甚至出现以不予审判、延迟审判等方式来迫使当事人达成调解协议的情形。其二,在行政调解中,调解与行政执法的交叉与重合也是一大重要问题。我国法律将行政调解定位于行政执法,容易导致行政机关在调解过程中使用公权力,违背当事人意愿强制进行调解。行政调解与行政执法的主体重合致使行政调解既不像调解,亦不像行政执法,其公信力和执行力受到了严重的影响。

第二,与司法调解、行政调解相比,人民调解在组织设置上十分混乱。近年来,知识产权纠纷人民调解委员会大量涌现。❶ 按照目前做法,各个知识产权纠纷人民调解委员会之间相互独立,不利于文件下发、精神传达以及案件移送等工作,也不利于工作流程和调解文书形式的统一等。人民调解组织的设置混乱是影响调解协议效力的重要因素,也是人们不愿意选择人民调解的重要原因。

第三,调解人员配置尚未到位。在司法调解和行政调解中,调解员分别由法官、行政执法人员担任,其在调解过程中需要进行角色的转换,加之对自身业绩、晋升等方面利益的考量,难以保障调解的自愿性。而在人民调解中,兼职调解人员占据绝大多数,但由于自身工作繁忙,其很难确保有足够的时间和精力投入到调解工作中,致使调解时间和地点存在一定的随意性,难以使人们感受到公平、公正的外部环境氛围,最后影响到人民调解的公信力。

第四,调解程序缺乏统一规定。与审判程序相比,各个地方的调解规定并不相同,缺乏专门的调解程序,在调解启动、通知送达、调解地点、人员组成、笔录制作、证据认定以及文书制作等方面没有统一进行规定,一方面导致当事人在异地参与调解时需要重新了解当地的调解程序,造成较大的负担,另一方面则容易致使当事人误认为调解是一种随意的程序,损害调解的公信力。

---

❶ 在中国法律服务网中,能够搜到的带有"知识产权"字样的人民调解委员会就高达33家,参见:中国法律服务网. 人民调解组织 [EB/OL]. [2022-04-12]. http://12348.moj.gov.cn/#/publicies/rmtjdept/rmtjdept.

第五,调解协议效力不够稳定。根据《中华人民共和国人民调解法》❶,人民调解协议具有民事合同性质,当事人应当依照约定履行义务。故人民调解协议和行政调解协议的性质相当于双方当事人之间达成的契约,仅具有合同意义上的效力,而不是像诉讼判决一样具有既判力的效力。然而效力的不稳定性会直接影响到协议最终能否被真正履行。若调解协议未被履行,当事人将会重新采取诉讼的方式,从而导致纠纷的重复解决,进而损害调解机制的公信力,造成司法资源的浪费。

(三)我国知识产权调解制度建设的重点任务与具体措施

随着我国社会经济和科学技术的不断发展,社会对于知识产权调解的需求在不断提高。然而,现阶段我国知识产权调解机制仍较为粗糙,各类问题亟待解决。为解决这一矛盾,我国需要采取一系列的配套措施对现有调解机制进行完善,进一步健全知识产权协同保护格局。

第一,实现简繁分流,对于简单案件、系列案件以调解为主。就知识产权纠纷而言,调解方式耗费时间短,能够及时迅速地解决知识产权争议,最大化地维护权利人的市场利益。一方面,对于案情简单、事实争议较小的案件,适用烦琐的诉讼程序并不是最优选择;另一方面,对于同一原告因相同或相似的事由在全国范围内针对不同被告的系列诉讼案件,再次重复进行审判而作出相同判决实际上是对司法资源的浪费。鉴于此,对于案情简单、事实争议较小的案件以及系列案件,应当以调解方式解决纠纷为主,在化解社会矛盾的同时,节约司法资源,让法官有充足的时间和精力审理疑难复杂的知识产权纠纷案件。

第二,逐步构建司法调解为主、行政调解和人民调解为辅的调解格局。司法调解、行政调解和人民调解作为调解的三大形式,各自都有其存在的意义和价值。如前所述,司法调解中强制调解现象时有发生,需要破除调审合一的模式;行政调解的性质不明确,并且行政调解协议不具有执行力;人民调解存在组织程序设置混乱、调解协议不可直接执行等问题。结合三大调解形式存在的问题,下一步我国知

---

❶ 《中华人民共和国人民调解法》第31条第1款:"经人民调解委员会调解达成的调解协议,具有法律约束力,当事人应当按照约定履行。"《中华人民共和国人民调解法》第33条:"经人民调解委员会调解达成调解协议后,双方当事人认为有必要的,可以自调解协议生效之日起三十日内共同向人民法院申请司法确认,人民法院应当及时对调解协议进行审查,依法确认调解协议的效力。人民法院依法确认调解协议有效,一方当事人拒绝履行或者未全部履行的,对方当事人可以向人民法院申请强制执行。人民法院依法确认调解协议无效的,当事人可以通过人民调解方式变更原调解协议或者达成新的调解协议,也可以向人民法院提起诉讼。"

识产权调解机制应当重点从以下三方面进行发力：其一，在司法调解方面，在法院内部设立专门的知识产权纠纷司法调解中心，配置专门人员负责知识产权纠纷的调解工作，实行调审分离；其二，在行政调解方面，明确知识产权行政调解性质不同于行政执法，同时在立法上明确知识产权行政调解的司法确认制度，❶适时考虑赋予行政调解协议以执行力；其三，在人民调解方面，规范知识产权人民调解组织的设立，统一规定调解程序等各种事项，并且完善人民调解协议的司法确认制度。❷

第三，加强知识产权纠纷调解人才队伍建设。一个良好的知识产权调解机制，离不开大量高素质的专业人才。随着社会对知识产权调解能力需求的日益提升，我国需要进一步大力加强知识产权调解人才的队伍建设，着力从人才的培养、选拔和管理等各个环节进行建设。首先，从人才的培养上看，我国应当建立健全全方位、多层次的知识产权调解人才培养机制。其次，从人才的管理上看，我国需要进一步提高知识产权调解工作的准入门槛，完善人才遴选和任用机制，鼓励支持公职律师、专利代理师、专业技术人才等参与知识产权调解工作，加强调解员等相关人才知识产权专业培训。❸ 最后，从人员的待遇上看，应当努力建立知识产权调解从业人员的激励机制，给予相关工作人员应有的薪金待遇和发展空间，从而吸引更多的专业人才为我国的知识产权调解事业贡献一份力量。

第四，规范并完善知识产权纠纷调解程序。程序正义往往是实体正义的基础。现阶段，我国知识产权调解缺乏良好的程序予以规范。为切实提高知识产权调解的专业性、公信力和效率，国家应当大力规范并完善知识产权的调解程序。从内部上看，需要对调解程序的具体流程和环节进行细化和明晰，对调解启动、通知送达、调解地点、调解人员组成、调解笔录制作、证据认定以及文书撰写等事项作出详尽

---

❶ 姜芳蕊. 专利纠纷行政调解之困境与完善［J］. 求索，2018（6）：131-137. 例如，《北京市知识产权保护条例》第 50 条："当事人可以就知识产权纠纷依法向知识产权保护管理部门申请调解。经调解签订调解协议且调解协议内容符合相关法律规定的，人民法院依当事人申请予以司法确认。"又如，《广东省知识产权保护条例》第 24 条第 3 款："负责知识产权保护的主管部门、司法行政部门应当与人民法院开展诉调对接工作，探索依当事人申请的知识产权纠纷行政调解协议司法确认制度，畅通线上线下调解与诉讼对接渠道。"

❷ 例如《北京市知识产权保护条例》第 52 条："本市建立知识产权纠纷诉调对接机制，推广利用调解方式快速解决纠纷。人民法院可以在立案前建议当事人选择调解方式解决纠纷，也可以在立案后经当事人同意委托调解组织或者调解员进行调解；经调解签订调解协议且调解协议内容符合相关法律规定的，人民法院依当事人申请予以司法确认或者制作调解书，并按照有关规定减免诉讼费。"

❸ 参见国家知识产权局《知识产权人才"十四五"规划》。

规定，以确保调解程序的顺利开展。❶从外部上看，则需要充分协调调解程序与诉讼、仲裁、执行等程序的衔接与配合，以切实发挥调解在知识产权纠纷解决中的重要功能，从而起到分流和补充作用，形成制度之间的良性联动。

第五，加大知识产权纠纷调解的宣传力度。知识产权调解机制的良好运作，需要得到社会的整体认同。我国应当把调解纳入知识产权普法宣传工作，营造良好的舆论氛围。一方面，可以通过线下开展座谈会、讲座等形式向企业、高校、科研院所等知识产权常见的纠纷主体介绍调解机制的运作方式，引导其在发生知识产权纠纷时视具体情况优先选择调解方式。❷另一方面，各个调解机构应当建立起专门的信息公开平台，向公众公布办公地点、人员配置和调解流程等基本信息，便于公众了解机构基本情况。此外，调解机构还可以在信息平台上发布调解成功的案例，将各类常见纠纷类型汇编成案例形式，并作出分析和评价，使公众对调解结案的案件情形有一定的了解和把握，从而降低调解的不可预期性，增强调解的权威性和影响力，进而提高公众的认可度。

二、知识产权仲裁

（一）我国知识产权仲裁制度的发展背景与重要意义

1. 我国知识产权仲裁制度的发展背景

2011年，最高人民法院在《民事案件案由规定》中增加了"申请执行知识产权仲裁裁决"案由，标志着知识产权仲裁在我国知识产权替代性纠纷解决机制中的地位得以正式确立，全国范围内建立健全知识产权仲裁机制的序幕就此拉开。近十年来，随着《国务院关于新形势下加快知识产权强国建设的若干意见》《"十三五"国家知识产权保护和运用规划》《关于严格专利保护的若干意见》《中国知识产权司法保护纲要（2016—2020）》《关于开展知识产权纠纷仲裁调解试点工作的通知》《国家知识产权局办公室关于开展知识产权仲裁调解机构能力建设工作的通知》

---

❶ 这一点可以参考中国专利保护协会于2019年12月6日所发布的《知识产权纠纷调解管理规范》中的做法。

❷ 河北省司法厅. 河北省知识产权纠纷人民调解委员会深入开展人民调解大宣传 [EB/OL]. (2021 – 12 – 21) [2022 – 04 – 12]. http://sft.hebei.gov.cn/system/2021/12/21/030133626.shtml; 四川省知识产权服务促进中心. 石棉县积极开展知识产权纠纷调解宣传 [EB/OL]. (2021 – 12 – 24) [2022 – 04 – 12]. http://scipspc.sc.gov.cn/dtyw/szdt/202112/t20211224_30299.html.

《国家知识产权战略纲要》以及各年度国家知识产权战略实施推进计划等法律、政策文件的颁布，我国知识产权仲裁制度的建设逐步取得成就，知识产权仲裁机构的建设也不断得到推进。

2. 我国知识产权仲裁制度的重要意义

目前，我国的知识产权仲裁制度建设已经取得一定进展。作为替代性纠纷解决机制的常用模式，知识产权仲裁自身体系的构建对于优化知识产权保护模式、健全知识产权协同保护格局具有重要意义。

第一，知识产权仲裁制度能够缓解知识产权行政与司法保护体系的运行压力。近年来，我国的知识产权纠纷呈现出井喷式增长的发展态势，激增的案件数量伴随着复杂的技术认定以及疑难复杂的法律适用，给行政机关的执法工作和法院的审判工作带来了前所未有的挑战。仲裁机制的程序相对简便，其一裁终局的设置更贴合市场经济的效率价值需求，可以最大限度地降低维权的时间和金钱成本。因此，仲裁制度的建立健全既是对知识产权纠纷处理困境的必然回应，也是对构建知识产权多元化纠纷解决机制的有益补充。

第二，知识产权仲裁制度能够契合知识产权国际贸易纠纷解决的现实趋势。在跨国贸易日益频繁的当下，知识产权纠纷呈现去区域化的发展态势。为减少和避免诉累，大多数跨国企业更倾向于采用仲裁的方式解决知识产权纠纷。我国需要在理论上对知识产权仲裁问题进行多角度、深层次的探讨，在政策上对知识产权仲裁发展予以全方位、宽领域的支持，使得知识产权仲裁既能契合我国基本国情又能适应国际竞争，以满足日益激增的知识产权仲裁国际化需求。

第三，知识产权仲裁制度能够满足知识产权当事人希望保密的迫切需求。商业秘密、产品配方及技术工艺等涉及企业竞争地位和未来发展的知识产权，是企业竞争核心力量的重要体现，一旦泄露会给当事人造成难以弥补和不可逆转的重大损失。仲裁以不公开审理为原则，在保护当事人商业信息方面具有天然的优势，有利于保障当事人的声誉、隐私和技术秘密。是故，仲裁审理过程的相对保密性正好切合了当事人的迫切需求，在一定程度上规避了知识产权信息泄露的风险。

（二）我国知识产权仲裁制度的既有成就与现存不足

1. 我国知识产权仲裁制度的既有成就

如今，我国知识产权仲裁制度的建设已逐步取得成就，知识产权仲裁机构的建设也不断得到推进。随着全国各地区知识产权仲裁制度建设相关文件的出台，我国已经成立了多家知识产权仲裁机构并且得以实际运转，例如上海知识产权仲裁院、浙江知识产权仲裁调解中心、浙江省温州市知识产权仲裁院、辽宁省大连市知识产权仲裁院、广州仲裁委员会知识产权仲裁院和海南自贸区知识产权仲裁调解中心等。尤其值得关注的是，作为首家国际组织仲裁机构在我国设立的业务机构，世界知识产权组织仲裁与调解上海中心（以下简称"WIPO 仲调上海中心"）于 2020 年 7 月成功调处了首例涉外知识产权案件，这标志着 WIPO 仲调上海中心已实质化开展业务。❶ 这表明，我国的知识产权仲裁制度得到了一定程度的认可，也突显出仲裁无地域性和无管辖权限制的优势。

2. 我国知识产权仲裁制度的现存不足

就现有知识产权仲裁机构的设立及运作情况来看，目前我国知识产权仲裁制度发展存在两大不足。一方面，与知识产权调解相比，知识产权纠纷在国内仲裁机构所受理案件中占比极少，仲裁制度的优势难以充分发挥。❷ 另一方面，知识产权仲裁案件的类型较为单一，多为知识产权合同方面的争议，而与知识产权特性密切相关的知识产权确权、侵权纠纷则极为少见，知识产权仲裁所发挥的效用极为有限。❸ 课题组经研究分析，认为造成我国知识产权制度发展困境的成因主要有以下几点。

第一，全国知识产权仲裁机构的发展建设水平不一。我国的仲裁事业虽然在《中华人民共和国仲裁法》颁布后有了长足的发展，但具有专业知识产权人才储备的仲裁机构却少之又少，这在一些地处高校资源较少、借助外力较难的三、四线城市的中小仲裁机构中体现得更为明显。我国仲裁机构呈现出的数量多但良莠不齐的现状，在很大程度上削弱了当事人申请知识产权仲裁的意愿。

第二，地方仲裁机构处理知识产权案件的公信力不足。在知识产权案件可以进行仲裁之初，知识产权案件的标的额并不高。对于仲裁机构而言，在面对不同标的

---

❶ 黄景源. 全国首家：国际组织仲裁机构落地上海并实质化运作 [EB/OL]. （2020 - 10 - 22）[2022 - 04 - 12]. https：//www. jiemian. com/article/5150561. html.

❷ 以中国国际经济贸易仲裁委员会（以下简称"贸仲委"）近 5 年数据为例：2017 年，贸仲委受理的知识产权纠纷案件数量为 10 件，占受案总量的 4.35%；2018 年，贸仲委受理的知识产权纠纷案件数量为 12 件，占受案总量的 4.05%；2019 年，贸仲委受理的知识产权纠纷案件数量为 18 件，占受案总量的 5.40%；2020 年，贸仲委受理的知识产权纠纷案件数量为 22 件，占受案总量的 6.09%；2021 年，贸仲委受理的知识产权纠纷案件数量为 23 件，占受案总量的 5.65%。上述数据参见贸仲委网站：中国国际经济贸易仲裁委员会 [EB/OL]. [2022 - 04 - 12]. http：//www. cietac. org. cn/.

❸ 参见贸仲委的《中国国际商事仲裁年度报告 2016》第 100 页：以贸仲委为例，2014 年度至 2016 年度知识产权纠纷案件中合同纠纷占案件总数的 87.5%；专业性知识产权仲裁机构所受理的案件中，合同争议的平均数量超过 50%；有的仲裁机构直接将知识产权纠纷受案范围限定为知识产权合同纠纷，如上海知识产权仲裁院。

额大小的案件时仍需投入相同的精力和时间进行仲裁,因此其更加偏好标的额较大的如建设工程纠纷等案源。由此,在实践中,仲裁机构的发展形成一个怪圈:实力强大的仲裁机构拥有更多更好的案源,却对知识产权仲裁案件积极性不高;人才储备不足的普通仲裁机构虽愿拓宽包括知识产权案件在内的案源,却因其处于经济相对落后、知识产权纠纷不易发生的地区,导致其能力与公正性不容易得到当事人的信任。在此种情况下,地方仲裁机构处理知识产权纠纷的公信力受到一定程度的削弱。

第三,部分类型的知识产权纠纷的可仲裁性存疑。在知识产权侵权纠纷中,由于可能涉及涉案知识产权的有效性争议,知识产权仲裁也难以发挥制度优势。这是因为,即便发生纠纷的双方能够达成仲裁协议,但一旦被申请人(仲裁双方当事人中被提起仲裁申请的一方)提出对涉案知识产权有效性的质疑,仲裁机构则不得不中止程序以等待行政或司法程序的处理结果。换言之,在此种情况下,当事人在进行仲裁时,仍需要进入周期冗长的行政或司法程序。如此一来,仲裁制度便难以发挥高效便捷的优势,甚至增加了当事人的负担,因此降低了当事人选择仲裁的意愿。

第四,知识产权仲裁程序与司法程序的衔接规则模糊,主要体现在如下两方面。其一,在知识产权仲裁裁决的执行问题上,法院针对国内外仲裁裁决往往采用双重标准,轻易撤销或不予执行国内的仲裁裁决,导致知识产权仲裁裁决公信力受到损害。其二,我国知识产权仲裁的临时措施适用范围较为狭窄,仅限于证据保全和财产保全,在临时措施的申请和适用等方面的规定也没有很好地与司法保护进行有机结合。❶

(三)我国知识产权仲裁制度建设的重点任务与具体措施

鉴于我国知识产权仲裁制度存在以上不足,未来我国需要在如下所述重点任务上施行相关措施对知识产权仲裁制度予以改进和完善,以优化知识产权保护模式,健全我国的知识产权协同保护格局。

第一,建立具备较高专业水准的知识产权仲裁机构。首先,知识产权仲裁机构应该加大仲裁宣传力度,通过多种途径全面宣传仲裁法律制度,增强当事人对仲裁解决知识产权纠纷的信心。其次,知识产权仲裁机构应该广泛吸纳知识产权专业人

---

❶ 张圣翠. 论我国仲裁保全措施制度的重构[J]. 上海财经大学学报(哲学社会科学版),2016(2):104-115;参见贸仲委的《中国国际商事仲裁年度报告2016》第100页。

才参与仲裁工作，加强知识产权纠纷仲裁专业化建设。❶ 这是因为，在纠纷解决方式的选择上，当事人会基于仲裁人员的专业性和选择上的便利性而选择仲裁途径。对此，仲裁机构需通过聘任优质仲裁员、加强仲裁机构的内部管理来提升仲裁的可信度。最后，应当完善知识产权仲裁机构的设置，可以参照知识产权法院设置的模式，在知识产权争议频发地区设置独立的知识产权仲裁机构，例如北京、上海、广州、杭州等。

第二，构建符合国际贸易需求的知识产权仲裁制度。我国需逐步探索优化知识产权仲裁制度，完善知识产权仲裁规则。一方面，针对商标和专利等权利有效性需要行政机关事先进行审查的知识产权，需要明确关于权利有效性的仲裁结果只在仲裁双方之间生效。另一方面，我国需要为知识产权仲裁机构设立专门的仲裁规则，或者以仲裁机构为主体针对知识产权仲裁的需求修改或者完善相关的仲裁规则。另外，可以将知识产权仲裁细分为简易仲裁和普通仲裁。对于纠纷简单、争议金额较小的案件，以及涉及著作权集体管理的集中化、类型化案件，可将其纳入知识产权简易仲裁的范围。

第三，利用网络技术手段助力知识产权仲裁。随着科学技术的发展，知识产权仲裁机构可以借助网络技术手段助力仲裁事业。其一，知识产权仲裁机构可以搭建成熟的知识产权网络仲裁平台，鼓励、引导权利人通过电子平台解决知识产权争议，从而快捷经济地解决纠纷，为当事人提供便利。其二，知识产权仲裁机构可以借助区块链技术研制成熟的仲裁区块链标准体系，推进电子证据管理平台的建设，增加仲裁的透明度，同时提升仲裁效率，降低仲裁成本。

第四，实现知识产权仲裁与诉讼程序的有机衔接。首先，要落实知识产权仲裁和诉讼程序的协调运作。法院应尊重仲裁的有效性，在有限范围内对仲裁协议和仲裁裁决的效力进行司法审查和认定。即，一方面仅对仲裁协议的合法性进行审查，另一方面对仲裁裁决的效力认定应侧重于程序内容而非实体内容，尊重商事仲裁规律和仲裁规则，依照法律规定处理撤销和不予执行的仲裁裁决案件。其次，需要完善知识产权仲裁临时措施的相关规定。一方面，需要建立开放化、多元化的知识产权仲裁临时措施体系，根据纠纷中当事人的具体申请，由仲裁庭作出是否采取临时

---

❶ 例如，《海南自由贸易港知识产权保护条例》第36条第2款："海南自由贸易港仲裁机构应当加强知识产权纠纷仲裁专业化建设，广泛吸纳知识产权专业人才参与仲裁工作。"又如，《山东省知识产权保护和促进条例》第29条第2款："鼓励仲裁机构加强知识产权专业化建设，吸纳知识产权保护专业人才参与仲裁，发挥仲裁专业快速解决知识产权纠纷的优势，鼓励当事人运用仲裁方式解决知识产权纠纷。"

措施的决定,从而使知识产权争议的解决更具灵活性和有效性。另一方面,则需要细化适用知识产权仲裁临时措施的标准和前置要素。

三、知识产权新型替代性纠纷解决机制

(一) 我国知识产权新型替代性纠纷解决机制的发展背景与重要意义

1. 我国知识产权新型替代性纠纷解决机制的发展背景

鉴于知识产权纠纷处理的专业性、复杂性,囿于司法资源的有限性和法律功能的局限性,拥有专业性、保密性、灵活性和高效性等特点的替代性纠纷解决机制日渐受到社会的青睐。其不仅能够保障当事人的合法权益,还能够引导当事人达成合作协议,将侵权关系转化为市场合作关系,更有利于知识产权有效运用的实现,推动知识产权市场化、产业化和资本化发展。但从整体来看,由于缺乏相关制度支持、机构设置过于零散、宣传推广力度不够等原因,诸如调解、仲裁的传统替代性纠纷解决机制发展并不理想。这表明除采取措施以完善传统的解决机制外,还需推动知识产权新型替代性纠纷解决机制的建构。

2. 我国知识产权新型替代性纠纷解决机制的重要意义

"世界正义工程"(the World Justice Project)提出的"法治指数"(the Rule of Law Index)评估体系将替代性纠纷解决机制作为评价法治的重要标准,这不仅标志着包括新型方式在内的替代性纠纷解决机制的正当性得到认可,也意味着当代法治观念的转变——从崇尚国家中心、诉讼万能、对抗性与刚性、零和思维以及法律职业人的垄断向尊重多元文化、追求善治、鼓励社会参与、以平等协商对话获得双赢等价值的转化。替代性纠纷解决机制在预防纠纷发生、规则形成、维护公共道德、提高共同体凝聚力以及社会治理中的功能日益得到重视。随着经济全球化、政治多极化和文化多元化发展,和平的交流、对话、互利和双赢将成为人类社会的主流,可以预见未来包括新型方式在内的替代性纠纷解决机制在国际社会政治、经济、文化与外交等各个领域中的作用将愈发凸显。

(二) 我国知识产权新型替代性纠纷解决机制的既有成就与现存不足

1. 我国知识产权新型替代性纠纷解决机制的既有成就

中央及地方正在积极探索建立知识产权新型替代性纠纷解决机制的经验,积极

推进地方立法尝试、行业商会自律管理、企业知识产权保护平台升级、民间维权平台构建、知识产权领域信用体系设立以及诉讼与非诉讼纠纷解决机制的衔接，目前已取得显著成效。

第一，立法经验探索得到不断深化。随着中国特色社会主义法律体系的不断完善，替代性纠纷解决机制立法及规范发展迅速。在国家层面，《中华人民共和国人民调解法》《中华人民共和国民事诉讼法》《中华人民共和国仲裁法》《关于完善矛盾纠纷多元化解机制的意见》《最高人民法院关于人民法院进一步深化多元化纠纷解决机制改革的意见》和《最高人民法院关于进一步推进案件繁简分流优化司法资源配置的若干意见》等法律政策文件的颁布与修改，均为替代性纠纷解决机制的深化改革指明了方向。在地方层面，海南、广东、山东和北京等地相继出台知识产权保护条例，均涉及对新型替代性纠纷解决机制的探索规定，贡献了地方的立法力量。❶

第二，行业商会的自律管理得到积极引导。行业商会的自律管理，是知识产权新型替代性纠纷解决机制中的重要内容。在保证行业商会独立自主、自律管理的前提下，国家和地方都不断鼓励社会组织加强行业管理，支持社会组织依法开展知识产权鉴定、咨询、培训、维权、调解等活动，颁布了《专业市场知识产权保护工作手册》《企业知识产权管理规范》等文件，指导行业商会积极探索知识产权自律管理，并在行业内部的纠纷化解、业内秩序规范等方面取得了明显效果。

第三，企业知识产权保护平台的升级得到切实推进。在互联网商业创新背景下，电子商务具有广阔性、即时性、虚拟性和互动性等特点，其虽能为消费者带来便利和多元选择，但也给互联网环境下的知识产权保护带来了巨大挑战。各企业知识产权保护平台采取主动防控和知识产权侵权投诉系统相结合的方式，在探索实践中不断提升平台服务能力和水平。这些平台所采取的措施对于应对未来几年里企业知识产权保护可能发生的跨境贸易秩序与文化的冲突、未来科技创新与创造观念的冲突以及知识产权保护成本效益的旧体系与新需求冲突等方面问题的解决大有裨益。

第四，民间维权平台建设稳步加快。为强化社会管理、完善公共服务体系，国

---

❶ 例如，《海南自由贸易港知识产权保护条例》第9条、第24条、第28条、第33条、第37条和第39条等，《广东省知识产权保护条例》第10条、第24条、第26条、第30条、第35条和第42条等，《山东省知识产权保护和促进条例》第7条、第18条、第27条、第29条和第32条等，以及《北京市知识产权保护条例》第5条、第32条、第33条、第51条、第52条和第53条等。

家知识产权局印发了《关于开展知识产权维权援助工作的指导意见》，在全国开展知识产权维权援助公共服务工作，有序推进知识产权维权援助中心建设工作。此外，相关单位快速协同保护与维权援助工作有序推进，加快推进集快速审查、快速确权、快速维权于一体的知识产权保护中心的建设。❶ 知识产权民间维权平台建设显现出良好的发展态势，稳步推动着知识产权社会治理方式的普及。

第五，知识产权领域信用体系得到初步建立。近年来，《社会信用体系建设规划纲要（2014—2020年）》和《〈国务院关于新形势下加快知识产权强国建设的若干意见〉重点任务分工方案》等多份国家规范性文件均强调推进知识产权领域的信用体系建设。此后，随着《关于对知识产权（专利）领域严重失信主体开展联合惩戒的合作备忘录》《全国深化"放管服"改革优化营商环境电视电话会议重点任务分工方案》等政策文件的签署实施，知识产权领域的信用监管覆盖面得到进一步扩大，推进了知识产权协同保护体系的构建。

第六，诉讼与非诉讼纠纷解决机制开始进行衔接，一站式多元解纷服务得到有力推进。当前，纠纷解决方式呈现多元化发展趋势，多种解决方式之间的协调工作亦引起了各方力量的重视。法院在定分止争之余，致力于为群众化解纠纷提供多种解决方案，把非诉讼纠纷解决机制挺在前面，提供菜单式、集约式、一站式服务，包括调解、仲裁和审判等。经过三年多的不懈努力，集约集成、在线融合、惠普均等的中国特色一站式多元纠纷解决和诉讼服务体系全面建成。法院与中华全国总工会、中华全国归国华侨联合会、中华全国工商业联合会、中国银行保险监督管理委员会、中国中小企业协会等11家单位建立了"总对总"在线调解机制，6.3万个调解组织和26万名调解员进驻了调解平台。以法院在线服务平台为总入口，集成了在线调解、电子送达、委托鉴定等10个平台，实现了在线服务四级法院全覆盖。这些举措不仅为群众提供了多样化选择，使得解纷变得及时便捷，还增强了非诉讼纠纷解决方式的权威性和强制执行力，有助于实现诉讼与非诉讼纠纷解决方式的优势互补。❷

2. 我国知识产权新型替代性纠纷解决机制的现存不足

通过中央的大力支持和地方的积极探索，知识产权新型替代性纠纷解决机制明

---

❶ 截至2022年3月4日，国家知识产权局在全国已布局建设知识产权保护中心57家，参见：李杨芳. 2021年国家知识产权局承办建议提案211件 代表委员满意率达100%［EB/OL］.（2020 – 03 – 04）［2022 – 04 – 12］. https：//www.cnipa.gov.cn/art/2022/3/4/art_53_173609.html.

❷ 韩绪光. 最高人民法院工作报告［EB/OL］.（2022 – 03 – 15）［2022 – 04 – 12］. https：//www.court.gov.cn/zixun – xiangqing – 351111.html.

显得到了更多的关注和认可，形成了可供复制推广的宝贵经验。但在整个制度运行过程中存在的一些问题，可能会制约新型替代性纠纷解决机制的进一步发展。

第一，统一的法律制度尚未建立，机构设置过于零散。我国在构建知识产权替代性纠纷解决机制时采用试验主义模式，即在中央提出知识产权大保护格局后，由各地进行实践探索，从中找出最优的、可复制的模式，再面向全国推广。但由于缺乏统一的法律体系指导，各地的知识产权替代性纠纷解决机制基本只由当地政府支持和推动，因此各机构的建设水平参差不齐。某些机构甚至在设置前未进行充分的事前调研和预判，对知识产权相关资源造成了不必要的浪费。

第二，公众对新型替代性纠纷解决机制的认可度不高。由于部分社会组织对于自身的纠纷解决职能认识不够、主体意识和责任意识不强，法院受到自身司法权的局限而在统筹整合纠纷解决资源方面手段不够、权限不足，民众受传统观念影响过分依赖国家公权力解决纠纷这三方面的影响，大部分当事人在面临知识产权纠纷时更倾向于选择传统的诉讼模式，知识产权新型替代性纠纷解决机制无法有效地发挥作用。

第三，行业自律执行效果有限，业内信用制度亟待完善。一方面，行业的自律规则、信息平台和违规惩罚机制的设立有所缺失或不足，致使我国行业自律执行效果十分有限。另一方面，在知识产权信用体系建设过程中，存在软硬件设施重复建设现象，造成资源的浪费，亟待完善。

第四，缺乏研究知识产权替代性纠纷解决机制的数据信息，针对性理论探究过少。知识产权新型替代性纠纷解决机制主要依赖纠纷主体的私力救济，一般不存在信息记录、收集、整理等情况，容易造成有用信息的隐匿，不利于后续制度研究的开展。此外，通过文献检索可知，"替代性纠纷解决机制"这一概念自提出以后，已成为现代法律研究中的热门话题，但是理论界的探究将其放置在民商事争议领域内，具体限定在知识产权领域研究替代性纠纷解决机制的较少。而在有限的关于知识产权替代性纠纷解决机制的理论研究中，其又大多以知识产权仲裁和调解为对象，缺乏针对新型替代性纠纷解决机制的理论研究。

（三）我国知识产权新型替代性纠纷解决机制建设的重点任务与具体措施

尽管仲裁、调解构成知识产权替代性纠纷解决机制的重要内容，但新型解决方式的效用绝不能被忽视。知识产权新型替代性纠纷解决机制的优化，不仅需要充分发挥主体的自治意识、调动民间力量的积极性，还应当立足科技前沿，不断提升知识产权纠纷解决的科学性与效率性。是故,我国知识产权新型替代性纠纷解决机制建设应当从以下几个方面进行完善。

第一,总结地方先进经验,统一规划纠纷解决资源。为了形成科学、系统的指导,首先,立法机关应当提炼地方实践经验中具有理念性、普遍性和互通性的经验,尽快启动省级层面的立法进程,将地方改革成果制度化、法律化,保障替代性纠纷解决机制在法治轨道上的健康发展。其次,应当以地方先进经验为基础,整合现有的零散法律规范,通过科学分析、复制推广地方经验,制定一部关于知识产权替代性纠纷解决机制的综合性法律。最后,由于新型替代性纠纷解决机制涉及的社会主体众多,需要给予平台建设以人、财、物的充足保障,并将考评督导严格落实到实处。

第二,增强民众信赖,发挥当事人纠纷主导地位。与仲裁、调解等传统替代性纠纷解决手段不同,新型替代性纠纷解决手段更加提倡民众自治,因此应当提升民众对非诉讼机制的信赖,增强当事人在知识产权纠纷中的主导意识。主要思路是通过官方渠道扩大宣传,以权威平台的公信力带动知识产权新型替代性纠纷解决机制的宣传效果,鼓励当事人优先通过自力救济的方式解决争议,实现知识产权纠纷解决方式的多元发展。

第三,确定行业规范标准,积极探索行业商会自律模式。行业自律作为一种重要的行业自主治理与约束手段,难以直接通过市场治理自发形成,主要通过建立规章制度、制定行业标准实现。因此,行业商会应当加强自身组织建设,明确奖惩措施,激发会员企业工作的主动性,树立行业商会的权威性。为推动行业发展自律规范,行业商会还应当结合行业特点和发展需要等确定相关的行业规则,将行业应当遵守的基本规则如商业道德和相关的技术标准等转化为具有一定约束力的行业自律规则。另外,还可以积极探索行业商会作为会员企业处理知识产权纠纷中间平台的知识产权争议处理模式。

第四,重视行业信用信息管理,深化建设知识产权信用机制。行业商会掌握着会员企业甚至上下游企业的信用信息,应当积极响应国家政策号召,深入推进行业商会知识产权信用机制建设。从正面意义出发,行业商会应当结合行业特点,制定行业信用评价规范和标准,建立健全行业信用状况评价制度,并制定行业信用承诺书(诚信自律公约),组织会员企业普遍签署,再将该信用承诺公开在"信用中国"网站和行业网站上。从负面意义思考,行业商会可以通过纠纷处理情况对相关企业的信用状况予以评分,并将"知识产权信用情况"纳入对会员企业的评估,最后通过定期发布行业规划和总结的形式,深化行业层面的知识产权信用机制建设。

第五,立足科技前沿,创新替代性纠纷解决机制。相较于现有制度规范而言,技术调控具有前瞻性、稳定性与科学性等优势。互联网、大数据与区块链等技术能够较好地适用于知识产权纠纷的解决,在事前预防、事中化解和事后救济方面都具有广阔的应用前景,值得就此进一步研究并深度开发。具体说来,融合了信息与通信技术、替代性纠纷解决机制程序的在线争议解决机制(ODR)可用以化解知识产权纠纷;具备洞察、分析与预测功能的大数据技术可用以预防知识产权纠纷的产生或指引纠纷的化解;具有去中心化、透明性、可追溯性和不可篡改性等特点的区块链技术则可用以实现证据的固定、知识产权纠纷的事前预防与解决等。

结　语

在司法资源有限而知识产权争议解决愈发专业和复杂的今天,知识产权替代性纠纷解决机制因其专业性、保密性、灵活性和高效性的特点日渐受到社会青睐。作为知识产权替代性纠纷解决机制的重要组成部分,知识产权调解、仲裁与其他新型方式不仅能够保障当事人的合法权益,还能够引导当事人达成合作协议,将侵权关系转化为市场合作关系,更有利于知识产权有效运用的实现,推动知识产权市场化、产业化和资本化发展。然而,由于相关制度支持缺乏、机构设置过于零散、宣传推广力度不够等原因,知识产权替代性纠纷解决机制的发展并不如预期,因此需要对其进行研究、分析,从而进行完善。知识产权新型替代性纠纷解决机制的优化,一方面需要在法律制度内部进行修葺整合,另一方面还需要借助科学技术的力量,使得法律制度的理性之光和科学技术的智慧之光在当今时代交相辉映。❶ 唯有如此,统一领导、衔接顺畅、快速高效的知识产权协同保护格局才得以更好地健全,知识产权强国才得以更快建设。

---

❶ 吴汉东. 人工智能时代的制度安排与法律规制[J]. 法律科学(西北政法大学学报),2017,35(5):128-136.

知识产权鉴定制度构建与管理规范研究*

随着我国经济科技的发展，知识产权在市场竞争中发挥了愈来愈重要的作用。司法实践上，近年来，知识产权案件呈现出数量持续增长、人案矛盾加剧和疑难案件增多等特点。❶ 相比其他类型的案件，由于知识产权本身所具有的特性，以及侵犯知识产权行为所表现侵害形式的特殊性、侵害行为的高度技术性、侵害范围的广泛性及侵害类型的多样性等独有的基本特征❷，知识产权案件常常涉及数量多、领域宽、复杂程度高、易成为案件事实认定的争议点的专业技术问题，关乎案件定性，法官往往需要借助外部力量才能查清事实。司法实践中，专利案件、植物新品种案件、技术秘密案件、技术合同案件、集成电路布图设计案件经常会使用到鉴定，部分著作权案件和一些不正当竞争案件亦不时有鉴定之需。❸ 作为一种重要的证据种类，知识产权鉴定❹有助于法官辨明案件事实，明确争议焦点，其程序和结果的公正、合法是推动诉讼顺利进行的重要保障。根据2005年2月28日第十届全国人民代表大会常务委员会第十四次会议通过的《全国人民代表大会常务委员会关

---

* 本文系国家知识产权战略实施研究基地2018年度专项研究项目"知识产权司法鉴定制度构建与管理规范研究"成果。课题组负责人：马曙辉；课题组成员：李夜兰、李一玮、焦文慧；执笔人：李夜兰、李一玮。

❶ 根据2022年2月28日发布的《最高人民法院知识产权法庭年度报告（2021）》，2021年，知识产权法庭共受理技术类知识产权和垄断案件5238件（新收4335件），审结3460件，结收比为79.8%。知识产权法庭受理案件占全院的17.8%，新收占16.4%，审结占13.5%。与2020年同期相比，新收案件数量增加1158件，增长率为36.4%；结案数量增加673件，增长率为24.1%。反垄断问题与知识产权问题交织情形增多，案件既涉及滥用与专利权有关的市场支配地位行为问题，又涉及药品专利反向支付协议、划分市场、限制销售等横向垄断协议。

❷ 吴汉东. 知识产权法学［M］. 7版. 北京：北京大学出版社，2019：23.

❸ 奉晓政. 论知识产权鉴定制度的完善［J］. 社会科学家，2021（1）：106.

❹ 本文所指的诉讼中的"知识产权鉴定"，曾经也被称为"知识产权司法鉴定"，二者在概念上无本质区别。历史上，我国的知识产权司法鉴定工作是司法鉴定的一个分支，然而目前，"知识产权司法鉴定"已改称为"知识产权鉴定"。实践中，根据司法部《关于严格依法做好司法鉴定人和司法鉴定机构登记工作的通知》等文件要求，知识产权司法鉴定被行业协会所属鉴定机构或社会中介机构作出的非司法鉴定取代，不得出具"知识产权司法鉴定意见书"，而只能出具专业性的"知识产权鉴定意见书"，"司法"两字予以删除。

于司法鉴定管理问题的决定》（以下简称《鉴定决定》）规定："司法鉴定是指在诉讼活动中鉴定人运用科学技术或者专门知识对诉讼涉及的专门性问题进行鉴别和判断并提供鉴定意见的活动。"本文所指的知识产权鉴定，是在涉及知识产权问题的诉讼中，鉴定人运用科学技术或者专门知识对诉讼涉及的有关知识产权问题进行鉴别和判断并提供鉴定意见的活动。目前，知识产权鉴定在司法实践中还存在一些问题，需要在制度层面加快建设、加强规范，完善知识产权侵权纠纷检验鉴定工作体系，加强知识产权鉴定机构专业化、规范化建设。本文拟探讨民事诉讼中知识产权鉴定的制度构建和规范相关问题，为知识产权强国建设提供参考。

一、知识产权鉴定的问题分析

历史上，我国的知识产权鉴定工作是司法鉴定的一个分支，起源于20世纪90年代中期，但随着经济社会的发展，我国开始将知识产权鉴定由行政管理模式向行业管理模式转变，知识产权鉴定不再实行统一的司法监管，而是采用了市场化运作的方式，鉴定机构和鉴定人的准入也完全放开。行业管理模式有其高效的优势，但考虑到知识产权鉴定对事实判定的关键作用，且常常不可替代，这种管理模式非常值得商榷。总体来看，现有制度框架下，我国知识产权鉴定存在以下问题。

（一）鉴定监管尚不健全

目前，我国知识产权鉴定机构无统一司法监管。《鉴定决定》规定了"国务院司法行政部门主管全国鉴定人和鉴定机构的登记管理工作。省级人民政府司法行政部门依照本决定的规定，负责对鉴定人和鉴定机构的登记、名册编制和公告"，确定了国务院和省级司法行政部门分别按权限分工负责鉴定人和鉴定机构的管理和登记，明确了司法鉴定机构和人员的统一管理。然而，《鉴定决定》第二条同时规定，司法行政部门仅仅对以下类型的司法鉴定业务进行登记管理："（一）法医类鉴定；（二）物证类鉴定；（三）声像资料鉴定；（四）根据诉讼需要由国务院司法行政部门商最高人民法院、最高人民检察院确定的其他应当对鉴定人和鉴定机构实行登记管理的鉴定事项"。2015年12月21日，最高人民法院、最高人民检察院、司法部联合印发《关于将环境损害司法鉴定纳入统一登记管理范围的通知》，司法部和环境保护部同日共同印发《关于规范环境损害司法鉴定管理工作的通知》，将环境损害司法鉴定纳入国家统一登记管理。2020年11月2日司法部出台的《关于进一步深化改革强化监管提高司法鉴定质量和公信力的意见》明确规定："开展'四大类'外机构清理工作，没有法律依据的，一律不得准入登记"。地方上，2015年颁布的《黑龙江司法鉴定管理条例》第七条第二款规定："对从事会计、道路交通事故、资产评估、产品质量、建设工程、食品、药品、知识产权等诉讼活动中经常使用的司法鉴定业务的司法鉴定机构和司法鉴定人实行备案管理制度"，将知识产权鉴定纳入地方司法鉴定管理体系，但由于没有上层法律依据，该条例在2020年的修法中删除了上述条款。而其他地方近期出台或修订的司法鉴定管理条例也将知识产权鉴定排除在外，如北京、上海等。

因此，截至目前，实行司法部门统一登记管理和行政许可的只有法医类鉴定、物证类鉴定、声像资料鉴定和环境损害鉴定四类，即不属于此四类的"四类外"鉴定机构无须统一登记，根据"行业资质"即可接受办案机关委托进行鉴定，实行市场化运作。由于没有出台任何管理规范，知识产权鉴定无需我国司法行政部门登记管理和许可，处于无法可依的状态。对于业已登记的知识产权鉴定机构，司法部《关于严格依法做好司法鉴定人和司法鉴定机构登记工作的通知》明确要求："对明确属于从事'四类外'鉴定业务的鉴定人和鉴定机构，要依法坚决注销登记。"根据司法部上述规定，有的地方司法行政部门开展了清理整改工作，江苏等省"四类外"司法鉴定机构已全部注销登记；但考虑到现实需要，有的地方在一段时间内对知识产权鉴定机构采取了保留的措施。综上，我国过去实行的知识产权鉴定统一管理制度失去了法律依据，现今主要依赖行业协会自律管理、市场化运作的方式，一定程度上形成了职责不清、监管薄弱的局面。

《鉴定决定》将法医类鉴定、物证类鉴定、声像资料鉴定纳入司法部门统一管理是基于当时我国经济社会对这三类鉴定规范性发展的需要，有其合理性。随着经济社会的发展，环境损害类鉴定也被纳入了司法部门的统一管理。可见，是否纳入统一管理不是一成不变的，而应当随着经济社会发展的变化而变化。随着我国开启知识产权强国建设的新征程，知识产权事业不断发展壮大，知识产权诉讼中涉及鉴定的情况无疑也会越来越多。笔者认为，由于知识产权鉴定的规范化、权威化对知识产权诉讼中的定纷止争往往具有决定性作用，完全依靠行业自律和市场化运作可能导致较大的道德风险和冤假错案，综合考虑节约司法成本、提高司法效率、提升司法公信度等价值考量，知识产权鉴定在适度边界的行政管理之下才能更好地发挥其制度优势，因此，知识产权鉴定应得到更多重视而被纳入司法部门统一管理。

（二）鉴定意见质量不高

鉴定质量不高是长期存在的遭到民众诟病的一个老大难问题，金钱鉴定、人情鉴定、虚假鉴定无法杜绝，由此又引发出多头鉴定、重复鉴定、任意撤销鉴定等问题。❶ 例如，在浙江鑫富药业股份有限公司状告山东新发药业有限公司的商业秘密侵权一案中，参与鉴定的三位专家中，一位专家声明自己只是法律专家，在鉴定中未对技术问题发表意见；一位声称由于自己对其中的微生物发酵不熟知，因此撤回个人鉴定意见；最后一位则称自己不是微生物专家，对涉案中的技术是否属非公知技术不具准确判断力，也决定撤回其在该次鉴定中的意见。❷ 此外，鉴定质量不高还体现在鉴定结果不明，不具备事实针对性。为解决该问题，司法方面，2019年10月14日最高人民法院审判委员会通过的《关于修改〈民事诉讼证据的若干规定〉的决定》加强了对司法过程中的虚假鉴定、鉴而不定、任意撤销鉴定等行为的处罚力度，如第四十二条规定："鉴定意见被采信后，鉴定人无正当理由撤销鉴定意见的，人民法院应当责令其退还鉴定费用，并可以根据情节，依照民事诉讼法第一百一十一条的规定对鉴定人进行处罚。当事人主张鉴定人负担由此增加的合理费用的，人民法院应予支持。人民法院采信鉴定意见后准许鉴定人撤销的，应当责令其退还鉴定费用。"行政方面，2020年，司法部出台了《关于进一步深化改革强化监管提高司法鉴定质量和公信力的意见》，提出了加强司法鉴定行业党的建设、鉴定机构建设、队伍建设等若干改革措施，以期提升司法鉴定质量和公信力，但该意见只适用于四类司法鉴定，而不适用于知识产权鉴定。

知识产权鉴定质量不高主要是由于以下三方面原因：一是鉴定人员素质不高；二是鉴定实施过程不规范；三是鉴定机构质量管理缺乏。

鉴定人员素质不高是鉴定质量不高的主要原因。专业素质方面，由于知识产权鉴定具有多样性、专业性和复杂性的特点，要求鉴定人在知识产权理论、技术知识、操作方法、鉴定经验等方面具有较高水平；基本素质方面，要求鉴定人具备符合鉴定工作的职业素养和道德水平，避免操作不严、虚假鉴定等风险。鉴定人员素质不高的深层次原因，是对鉴定人的准入要求不严、考核培养不足和职业监管不够。在2016年停止向知识产权司法鉴定人发放执业资格证之前，各地知识产权司

---

❶ 奉晓政. 论知识产权鉴定制度的完善[J]. 社会科学家，2021（1）：107.
❷ 朱晋峰. 环境损害司法鉴定管理及鉴定意见的形成、采信研究[D]. 南京：南京师范大学，2019.

法鉴定人的准入标准就不统一。有些地区仅需到省级司法行政机关登记即可，有些地区审查标准较为严格，如北京，除满足《司法鉴定人登记管理办法》第三章"执业登记"中的相关要求外，还要进行笔试，考试通过才会授予执业资格证。随着《司法鉴定人登记管理办法》等司法鉴定相关管理规定不再适用于知识产权鉴定，特别是2016年后，司法行政机关不再向知识产权鉴定人发放执业许可证，鉴定人的准入、职业监管等基本缺位。调研发现，鉴定机构聘用兼职知识产权鉴定人的现象非常普遍。另外，知识产权鉴定人的考核培养主要依赖鉴定机构内部开展，考核较为宽松，培养方式比较单一，技术和实务训练较少，而面对新技术、新手段层出不穷的局面，这种模式很难满足知识产权诉讼中出现的新要求。

鉴定实施过程不规范是鉴定质量不高的客观原因。知识产权鉴定如同法官判案，具有一定的主观性，为了减少主观原因导致的鉴定误差，统一的鉴定实施规范或标准就非常必要，特别是涉及专利、商业秘密等的鉴定。我国知识产权司法鉴定的历史较短，在《司法鉴定程序通则》不再适用于知识产权鉴定的情况下，目前，知识产权鉴定尚未形成国家统一规范或行业标准，实践中各鉴定机构各行其是。

鉴定机构质量管理缺乏是鉴定质量不高的直接原因。这一方面是因为前文提到的知识产权鉴定机构缺乏政府监管和认证标准等原因，另一方面是因为对知识产权鉴定意见的质量监管制度的缺失。

（三）采信程序标准缺乏

目前，知识产权鉴定意见在法庭上作为证据出具后，法官对鉴定意见的采信缺乏具体规定或标准。《最高人民法院关于知识产权民事诉讼证据的若干规定》第二十三条规定："人民法院应当结合下列因素对鉴定意见进行审查：（一）鉴定人是否具备相应资格；（二）鉴定人是否具备解决相关专门性问题应有的知识、经验及技能；（三）鉴定方法和鉴定程序是否规范，技术手段是否可靠；（四）送检材料是否经过当事人质证且符合鉴定条件；（五）鉴定意见的依据是否充分；（六）鉴定人有无应当回避的法定事由；（七）鉴定人在鉴定过程中有无徇私舞弊或者其他影响公正鉴定的情形。"该条明确了人民法院对鉴定意见的审核内容。可以看出，这种审核包括了形式上和实质上的审核，形式上包括对鉴定人资格、有无应当回避等情况的审核，实质上包括对技术手段是否可靠、鉴定意见的依据是否充分的审核。但是，人民法院在审核时到底应遵循怎样的判定程序和标准，并没有具体规定。比如，法官如何审查鉴定人是否具备解决相关专门性问题应有的知识、经验及技能？是以身份来判断，如大学教授、高级工程师，还是以工作年限长短来判断？再比如，如果一份鉴定意见的依据引用的是团体标准，法官是否应当认可其依据充分？

客观上来说，知识产权鉴定往往涉及艰深的技术问题，直接关乎关键事实认定，难以被其他证据取代，且具有成本高、周期长等特点。司法实践中，鉴定意见出具后，双方当事人经常就此形成争议。而法官很难具备相应的专业知识，在审判期限严格的情况下，如果没有统一的采信程序标准，在司法实践中就会导致做法不一，很可能出现判决公信力不足或审判权让渡的现象，甚至于裁判文书成了鉴定意见的翻版，将专门性事实的认定权完全转移给了鉴定人，❶ 出现鉴定意见直接绑架案件结论的现象，❷ 甚至可能出现冤假错案。

二、知识产权鉴定制度与管理规范的完善

知识产权民事诉讼实践中，技术事实的查明一直是个难题，在很大程度上能够影响案件审判质量和进程，是法官公正审判的前提。知识产权鉴定作为查明技术事实的主要手段，其制度的完善规范已成现实所需，对保障司法公平公正意义巨大。根据新修改的《中华人民共和国民事诉讼法》第六十六条规定，鉴定意见是法定证据之一。因此，知识产权鉴定制度的构建应该基于证据的客观真实、合法性等法律价值。同时，由于知识产权鉴定与其他类型鉴定意见有着不同的特征，后者多为证明其他证据的真伪，及揭示证据与案件事实之间的关系及事情发生的原因，而前者常常发挥确定关键事实的案件定性功能，因此，知识产权鉴定的制度构建理应更加规范。基于上述分析及我国知识产权鉴定现状，提出以下建议。

（一）完善知识产权鉴定法规制度

第一，制定知识产权鉴定法规。《最高人民法院知识产权法庭年度报告（2021）》提出，要不断完善以技术调查官制度为基础，以专家辅助、专家陪审、技术咨询、技术鉴定为重要组成部分的多元化技术事实查明机制。可见，知识产权鉴定在司法实践中需求很大。考虑到知识产权鉴定对案件裁判的重要性，完全依赖市

---

❶ 张宏伟. 浅析知识产权司法鉴定 [J]. 家电科技，2011（12）：36-37.
❷ 李旭颖. 专利技术类案件司法鉴定问题及解决路径分析：基于最高院34份判决的实证考察 [J]. 广西政法管理干部学院学报，2016，31（6）：91-99.

场化运作的知识产权鉴定管理模式非常值得商榷。当前，缺乏国家层面的关于知识产权鉴定的法规政策，《鉴定决定》是我国效力最高、内容最全的鉴定管理规定，但不适用于知识产权鉴定，而只适用于前文提到的法医类鉴定等四类鉴定。如前所述，目前，各地的司法鉴定管理条例也普遍将知识产权鉴定排除在外。此外，《司法鉴定程序通则》等鉴定规则也不适用于知识产权鉴定。综上，从事知识产权鉴定，既无需进行司法部门统一的许可和管理，没有准入和资质相关要求，也没有可遵循的操作标准或规则，还可能面临地方相关部门的清退，其发展处于无序状态。因此，建议加快制定知识产权鉴定法规，可以专门法或部门规章形式，不区分"四类"内外，对包括知识产权鉴定在内的各类鉴定统一立法，为知识产权鉴定的开展提供最低限度的准则，将知识产权鉴定工作基本要求、鉴定机构和鉴定人的管理要求、实施程序要求、监督管理和相应的法律责任等内容进行明确，实行统一的市场准入、职业监督、技能评判及奖惩标准，规范知识产权鉴定机构和鉴定人的鉴定活动。一方面避免各地对知识产权鉴定的标准宽严不一，另一方面使知识产权鉴定工作的开展有法可依。

第二，出台知识产权鉴定国家或行业系列标准。知识产权鉴定一般需要运用某一学科或几个学科的相关理论，设计分析研究方法，建立科学模型，并借助设备、仪器等获得相关的数据资料，有时候还要开展实验，加以综合研究才能得出鉴定结论。❶ 鉴定结论受到鉴定人自身能力、鉴定设施、鉴定材料以及操作程序等多方面的影响，具有一定的不确定性。知识产权鉴定涉及专利、著作权、商业秘密、集成电路布图设计等多种类型。每种类型的知识产权鉴定都各有特点、方法不同，甚至对于相同的类型，不同的鉴定对象，也可能需要采取不同的操作方法和判断准则，如著作权中的文学作品和计算机软件。操作如果不统一、不规范，可能导致截然不同的鉴定结论。当前，我国没有出台知识产权鉴定的国家或行业标准，知识产权鉴定的原则性标准和操作指南缺失。虽然有的团体编制了知识产权鉴定的团体标准，如中国知识产权研究会知识产权鉴定专业委员会牵头编制的《知识产权鉴定管理规范》《专利鉴定规范》及《商标鉴定规范》，但考虑到适用的知识产权类型不全和团体标准的适用范围问题，为了降低不确定性和不规范操作导致的鉴定结论质量和公信力问题，有必要在充分考虑不同类型的知识产权鉴定差异性的基础上，制定国家或行业层面的统一知识产权鉴定系列标准。国家系列标准可由司法行政机关牵

---

❶ 奉晓政. 论知识产权鉴定制度的完善[J]. 社会科学家，2021（1）：110.

头,联合相关知识产权行政管理部门、最高人民法院等联合制定。行业系列标准可由知识产权行政管理部门牵头制定,内容上须涵盖专利、著作权、商标、商业秘密、集成电路布图设计等主要知识产权类型。

第三,明确鉴定意见的采信规则。知识产权民事诉讼中,面对疑难的技术事实认定问题,法官很难准确判定。近几年,我国引入了技术调查官制度,对解决这类问题有所帮助,但是,由于技术调查官提出的技术调查意见只是合议庭认定技术事实的参考,技术事实认定的责任还是由合议庭承担,因此,法官仍然要依据案件审理情况和自身专业技能作出最终技术事实的判定。通常情况下,法官审核认定知识产权鉴定意见是一个无法绕开的问题。这种审核既包括程序上的审核,主要是对鉴定机构资质、鉴定人资质、鉴定材料、鉴定程序等的合法性审核,也包括实体上的审核,主要是对鉴定意见内容的可靠性审核。程序上的审核涉及前文提到的鉴定机构和鉴定人的资质认定问题。目前,判断鉴定机构是否具备资质,在司法实践中常常有不同的做法,有的以司法行政部门的登记、名册公告为依据,有的以《人民法院报》公布过的鉴定机构名册为依据,有的通过具体争议事项来判定,并没有明确的标准。实体上,《最高人民法院关于知识产权民事诉讼证据的若干规定》第二十三条规定了人民法院对鉴定意见依据的充分性和技术手段的可靠性进行审查的义务,但对具体审查流程和内容并没有相应要求。综上,建议明确鉴定意见的采信规则,列明程序和实体上的标准,细化完善采信流程,特别是针对鉴定机构资质认可和鉴定意见可靠性判断。考虑到专业技术知识的限制,法官很难在鉴定意见的可靠性上独立作出判断,可以赋予技术调查官对鉴定意见的判断权重,配以相应责任,并要求法官充分开展鉴定意见的质证,在判决书中充分体现对鉴定意见的采信情况。

(二)规范知识产权鉴定机构运行

第一,建立知识产权鉴定机构的监管机制。如前所述,随着由行政管理转向行业自律管理,知识产权鉴定不再纳入统一的司法鉴定管理之中,《司法鉴定机构登记管理办法》等制度不再适用于知识产权鉴定,知识产权鉴定机构的准入、运行和监督基本缺失。但由于知识产权鉴定的重要性和特殊性,合理边界的行政监管是避免"一放就乱"的重要保障,是非常必要的。具体而言,首先,要确定知识产权鉴定的主管部门。虽然我国知识产权行政管理部门较多,但其主要职责是相关领域知识产权政策制定和执法,知识产权鉴定并没有纳入其中管理。如果前文提及的知识产权鉴定的法规能够顺利出台，可从立法上解决这个问题；在现有制度框架下，可考虑依据《鉴定决定》的要求，由国务院司法行政部门商最高人民法院、最高人民检察院确定，将知识产权鉴定纳入司法鉴定统一管理，规范知识产权鉴定机构运行。建议参考法医等四类鉴定管理，由国务院司法行政部门进行统管。其次，建立知识产权鉴定行业自律制度。以行业协会负责"科技性管理"的原则，成立全国知识产权鉴定行业协会，下设专利、商标、商业秘密、集成电路布图设计等不同知识产权类型分会，并配备相应的鉴定专家组，负责开展行业自律管理、行业规范制定、专业能力培养和行业监督。再次，建立知识产权鉴定部门联合管理制度。由于知识产权鉴定的启动及实施涉及人民法院、知识产权行政管理部门等多部门，因此，可在司法行政机关统一管理前提下，建立联合管理机制，包括联合发文、联合办案、联合通报、联合执法、信息共享等方式，促进知识产权鉴定行业有效监管。最后，完善知识产权鉴定的全过程系统监督制度，建立行政、行业和社会三级监督体系，覆盖知识产权鉴定的"事前、事中、事后"各个阶段。

第二，健全知识产权鉴定机构的考评机制。为了提升鉴定意见的质量和公信力，知识产权鉴定机构的考评尤为必要。首先，应研究制定科学、合理且具有操作性的知识产权鉴定机构考核指标体系，综合考虑鉴定机构的案件处理情况、操作合规情况、鉴定结论采信率、内部管理情况、质量控制措施、被投诉及处理情况等，明确考核目标、考核内容和具体指标。考核指标体系应定期进行动态调整，以便适应经济社会发展。其次，要依据考核指标体系，建立知识产权鉴定机构年度考核制度，考核结果与机构资质的保留、分支机构设立和机构评级等事项的确定挂钩。最后，加强考评后的违规行为纠正和机构建设。考评的目的之一应该是敦促鉴定机构提升业务水平和管理水平，应通过考评，及时获得反馈信息，加强违规行为的纠正，指引鉴定机构发展建设。

第三，建立知识产权鉴定机构的质量监管制度。知识产权鉴定的质量关乎司法的公信力，专门的质量监管制度尤为必要。具体做法可以采用以下几种方式。一是年度现场质量检查。由知识产权鉴定行政管理部门或其授权机构，每年度不定期派驻检查组进驻鉴定机构，按照规范程序，对机构从事知识产权鉴定的合法合规情况进行检测。二是不定期能力盲测。由知识产权鉴定行政管理部门或其授权机构，根据收集整理的真实案例制作盲测案例，以普通客户的身份，按照正常鉴定案件的形式，委托知识产权鉴定机构鉴定，其目的是测试鉴定机构及其鉴定人员的知识产权鉴定能力，相关机构和人员在不知情的情况下进行鉴定，最后对鉴定结果进行评价，如果不合格须责令整改。三是同业质量检查。这种方式是由知识产权鉴定行业协会组织，由同行进行质量的抽查评价，是一种个案质量监管手段。具体做法是在待查的知识产权鉴定机构随机抽取若干已完成的知识产权鉴定案件卷宗，匿名移送另外一家知识产权鉴定机构进行质量检查，最后由行业协会相关专家组对检查结果进行评价。为了有效控制知识产权鉴定意见的质量，建议在不定期能力盲测和同业质量检查中，对出现质量问题的鉴定人，其所有操作过的案件都需要重新检查。

第四，加强知识产权鉴定行业信息化建设。知识产权鉴定既面向行政、司法部门，又面向公众，具有公共服务性质。知识产权鉴定行业信息化工作关系到相关部门和公众对信息的准确获取和高效交流，关系到知识产权鉴定知识的普及，是监督鉴定机构的重要手段。因此，建议开展知识产权鉴定信息平台和相关信息系统的开发，通过信息化手段公开知识产权鉴定机构资质等级、人员技术专长、费用标准、常规鉴定方法、鉴定流程、技术手段和指导案例等，形成公众、鉴定机构及相关监管部门能充分有效互动的交流渠道，为知识产权鉴定行业的良性发展打好基础。

（三）提升知识产权鉴定人素养

第一，严格知识产权鉴定人的准入和管理。知识产权鉴定工作对鉴定人的专业要求很高，从事知识产权鉴定工作必须具备相应的技能知识和工作经验。因此，必须从源头严格筛选知识产权鉴定从业人员。首先，如前所述，在法规层面需要有对知识产权鉴定人的基本准入要求，如专业技能、工作经验等。其次，对知识产权鉴定人的准入，建议参考律师等法律职业从业人员的相关要求，采用职业资格结合执业资格的双重认定模式，加强对法律法规知识、专业技能和鉴定能力的考察，并组织统一的、达到一定时间量的岗前实习培训。再次，建立知识产权鉴定人的分级管理制度。知识和经验积累不同的知识产权鉴定人的鉴定能力是有区别的，对法官和当事人而言，其可信度也不同。可考虑借鉴德国将鉴定人划分等级的管理方法，将不同能力水平的鉴定人划分等级进行管理，设立如初级鉴定人、中级鉴定人和高级鉴定人等不同级别，一方面为知识产权鉴定人提供职业提升路径，有利于知识产权鉴定工作的专业化、专职化发展，另一方面为法院或当事人选任鉴定人提供参考。最后，实行知识产权鉴定人年度考核制度，考核内容包括检案数量、出庭情况、意见采信率、投诉情况、培训情况等，考核结果与鉴定人资质延续与否挂钩，实行知识产权鉴定人的"有进有出"的动态管理。

第二，建立系统的知识产权鉴定人持续培养机制。知识产权鉴定是一项涉猎领域宽泛的实务工作，需要扎实的理论知识结合大量的实践经验才能高质量完成，而且鉴定涉及的相关技术不断发展，依据的相关法律法规也可能出现制修订的情况，因此，需要对知识产权鉴定人开展系统的持续培养才能满足司法需要。建议由知识产权鉴定主管部门牵头，研究制定知识产权鉴定人才的培养规划，明确培养目标、主要任务、重点措施和保障机制。相关行业协会依据规划，制定每年度的培养计划和技能水平鉴定计划，并组织实施。培养内容要涵盖相关法律法规、相关技术知识、鉴定方法、实务操作技能、出庭能力、职业道德教育等。由于知识产权鉴定对实务经验的要求较高，主管部门或行业协会可与高校、科研院所或企业合作，建设一批知识产权鉴定人实践基地，积极利用来自一线的实践经验开展鉴定人才培养。

结　语

随着我国迈入知识产权强国建设新征程，加强知识产权保护成为新趋势，知识产权民事诉讼不可避免地会呈现出多发态势，而知识产权鉴定对解决知识产权民事诉讼中的关键事实认定有着举足轻重的作用，是司法实践中较常使用的事实查明手段，其需求越发旺盛。当前，我国的知识产权鉴定在顶层法规上处于无法可依的无序状态，在管理模式上完全依靠行业自律，在实施操作中缺乏规范标准，不利于知识产权鉴定工作的开展和良性发展，也不利于司法资源的节约、司法效率的提高和司法公信力的建立，在一定程度上影响到知识产权大保护格局的构建。完善知识产权鉴定法规制度，规范鉴定机构的运行，多措并举提升鉴定人的素养，加快知识产权鉴定制度构建与管理规范，对推进我国知识产权鉴定事业高质量发展，充分发挥知识产权鉴定制度的司法价值，保障我国知识产权强国建设，具有重要作用，是一项亟须开展的工作。

第四篇 市场运行篇

知识产权创造运用机制研究*

2008年《国家知识产权战略纲要》颁布至今,"激励创造、有效运用、依法保护、科学管理"十六字方针日益深入人心,由此带动的我国知识产权事业取得的成就举世瞩目。我国科技人力资源不断增强,知识产权产出不断提升、投入持续增加、产出结构逐步优化。目前,我国正处于知识产权事业发展的重要战略机遇期,知识产权制度建设与国家创新体系密切相连,实施知识产权强国战略,是在国际国内形势下,构筑我国新比较竞争优势、推动我国从经济大国迈向经济强国的必由之路,也是打造我国经济升级版、在21世纪中叶实现伟大复兴中国梦的必然选择。❶如果说2008年的《国家知识产权战略纲要》是我国知识产权事业全局起航的号角,那么制定实施《知识产权强国建设纲要(2021—2035年)》(以下简称《纲要》)就是把这项事业推向新航程的冲锋号。新《纲要》需体现我国知识产权事业的阶段性特点,也需反映新时期我国经济社会发展对知识产权高质量创造运用的新需求。❷

一、知识产权创造运用机制对《纲要》的支撑作用

(一)知识产权创造与《纲要》的关系及对《纲要》的支撑作用

首先,知识创造活动是知识产权制度诞生并得以延续的"源",知识产权创造质量是知识产权制度保持其强大生命力的"生命线"。❸制定和实施《纲要》的根

---

* 本文基于知识产权强国建设纲要制定研究项目"知识产权综合运用专题研究"形成。课题负责人:丁堃;课题组成员:谷丽、费艳颖、杨中楷、王海龙、姜春林、林德明、孙晓玲、林原、王越、张世玉;执笔人:谷丽。

❶ 王亚华,陶梛,康静宁. 知识产权强国建设的现实国情研究 [J]. 知识产权, 2015 (12): 17-23.
❷ 易继明. 知识产权强国建设的基本思路和主要任务 [J]. 知识产权, 2021 (10): 13-40.
❸ 吴汉东. 新时代中国知识产权制度建设的思想纲领和行动指南:试论习近平关于知识产权的重要论述 [J]. 法律科学(西北政法大学学报), 2019, 37 (4): 31-39.

本目的就是让知识产权制度在未来15年发挥更加强大的作用，使其成为我国实现强国梦、实现创新驱动发展的加速器。因此，针对一段时间以来我国在知识产权创造中存在的突出问题，以及未来15年知识产权创造的发展趋势，对知识产权创造进行战略部署不仅十分必要而且是重要的，它直接关乎两个100年的长远目标和中国梦是否能够实现。这个部署在《纲要》中应居于核心的基础性地位。

其次，从各个点位的关系看，优化重点领域知识产权创造质量是提高整体知识产权创造质量的"试金石"，优势资源知识产权培育是提高知识产权质量的"蓄水池"，是为未来争夺知识产权制高点积蓄能量；建立知识产权评价体系是"风向标"；提高知识产权审查质量是提高知识产权创造质量的"助推器"。

（二）知识产权运用与《纲要》的关系及对《纲要》的支撑作用

知识产权创造的一个非常重要的目的就是实现其使用价值或者说根本目的就是运用。[1] 知识产权制度的诞生既是为维护创造者的利益，也是为使用者提供合法使用的保障。2008年《国家知识产权战略纲要》发布以来，我国在知识产权创造方面已经取得举世瞩目的成就，但是其运用方面还存在很多不足。知识产权运用效益存在的问题不仅在当前是我国知识产权运用方面诸多问题的根源所在，而且在未来也是我国提高知识产权经济效益、社会效益、生态效益的战略要点。因此，提高知识产权运用效益是本次制定《纲要》的重要目的，我们认为这次对知识产权运用的定位与以往的提法相比，应该导向性和针对性更强。

知识产权运用机制需要从其点位内容进行理解和认识，点位内容的设置要强调"纵、横全覆盖（产业和区域全覆盖），破解一个突出问题（知识产权运用机制），强化一条血脉（发展知识产权金融）"的战略布局。把"知识产权推动产业发展"作为一个重点，有其学理上的根据和现实必要性。从学理上看，知识产权能够从三个层面推动产业发展，一是源于基础科学研究的战略性前沿科技产业的诞生必然需要"知识产权"保驾护航；二是知识产权的密集运用必然改变现有产业的面貌，使知识产权密集型产业领域不断拓展；三是知识产权的运用能够促进产业转型升级（知识产权向传统产业的全面渗透）。从我国现实知识产权的发展状况看，其运用效果不理想，产业化、商业化潜能还远远没有被挖掘出来。[2] 对于"知识产权促进区

---

[1] 刘春田. 跨越世纪的伟大觉醒：发现创造和知识产权［J］. 知识产权，2019（8）：3-14.
[2] 董涛. 知识产权强国的历史面向与时代蕴涵［J］. 知识产权，2021（10）：102-120.

域发展"这一点位,我们认为,"知识产权客体"作为一个重要的生产力要素,只要能够合理有效运用,一定能够在促进区域发展、调整区域产业结构等方面发挥重要作用,这一点位的设计旨在强化将知识产权运用于消除区域发展的不平衡、实现共同发展。"完善知识产权运用机制"的内容是针对我国科技体制中企业、大学、科研机构科技成果创造和运用存在壁垒的突出问题而设立的,具有一定的科学性和合理性。"发展知识产权金融"的内容设计,是由于"金融"这一经济活动的特定功能,和我国在科技成果及知识产权转移转化中普遍存在的资金困境而设立,同样具有一定的科学性和合理性。

二、我国目前知识产权创造运用机制存在的问题及挑战

(一)知识产权创造运用机制存在的主要问题

1. 企业方面的问题

企业没有成为知识产权创造运用强有力的主体,基础性、原创性、高价值知识产权严重不足。[1] 产业核心技术知识产权对外依存度高,产业核心新技术和核心知识产权受制于人,高技术产品进出口长期逆差。产业核心知识产权主要从美国等发达国家进口,部分高端核心技术替代性小。[2] 这个问题不仅在传统领域存在,而且在人工智能等新兴领域仍未改变。虽然我国企业在知识产权申请授权数量的主体结构中已经占据绝大部分,但是企业知识产权创造能力仍不能满足竞争要求,主要是创新人才素质不高、能力不强,转化能力弱,转化资金不足。

2. 高校、科研机构方面的问题

一是高校、研究机构的科技成果披露方式缺乏制度设计,研发人员的科研成果多以论文形式公之于众,使其丧失了以专利或者专有技术的形式而得到法律保护的机会。[3] 一些有价值的应用基础型研究成果或选择公开发表,或即使申请专利其也并非以转化使用为目标。在追求数量的"指挥棒"下,相当多的科技成果形成碎片化的专利,这样的专利即使被授权,也达不到得到保护的目的。另外,在高校、科

---

[1] 冯晓青. 我国知识产权制度实施的战略布局:关于《知识产权强国建设纲要(2021—2035年)》的理论思考 [J]. 知识产权, 2021 (10): 55 – 81.
[2] 马一德. 全球治理大局下的知识产权强国建设 [J]. 知识产权, 2021 (10): 41 – 54.
[3] 牛士华. 加快推进高校知识产权转化运用 [J]. 中国高校科技, 2018 (10): 61 – 64.

研机构知识产权意识逐步提高的状况下,普遍存在对知识产权"显制度"的盲目依赖,除涉及国防的科技成果以外,普遍忽视建立技术保密这一可采用的"隐制度"。二是高校知识产权创造与企业需求不匹配,科技成果专利化程度低,大量有转移价值的知识产权因信息不对称、定价等原因仍存在转移障碍。三是高校、科研机构的知识产权创造价值取向多元化,导致知识产权运用价值异化(如报奖、评职称等),也是科技成果专利化程度偏低的主要影响因素。四是高校、科研机构知识产权管理部门作用发挥不到位。

3. 知识产权服务中介机构方面的问题

广义的知识产权服务应包括三个层面的服务:一是由政府、行业协会提供的具有公共性、公益性特征的服务;二是由市场化、商业化服务机构提供的代理、法律、信息、咨询、培训等个性化、专业化服务;三是各类社会组织自身建立的知识产权管理与服务机构。在此提到的问题只是针对第二类知识产权中介机构的问题。

知识产权服务产品功能单一,以提供最基础的申请代理为主。很多中介机构无暇在专利申请服务中从保护申请人权益的角度提供相应服务,而以是否能获得授权为导向,使得申请人可能因服务不当丧失权利要求,不能从服务中获得价值的增值。

知识产权中介服务机构在学术论文造假、发表、专利转移转让中存在大量不良行为,获取巨额利润。如,一些中介机构充当高新技术企业申报所需专利买卖的桥梁,而非充当生产需要专利转移转化的桥梁,这种不良行为深深地毒害着我国知识产权事业,影响其健康发展。

知识产权中介机构发展的自主性、独立性偏差,参与市场竞争能力不足,建设模式和运行机制单一,中介作用发挥偏弱。

4. 政府管理方面的问题

知识产权多头管理,条块分割,政府各个部门在科技成果转化中的定位不清楚、部门职能重叠。❶

政府有关知识产权的政策工具结构不够合理,供给面政策、需求面和环境面工具不协同,如专利申请供给面激励政策工具使用过多、过强,而需求面、环境面政策不足。植物新品种中,供给面政策工具对关乎中医药健康持续发展的药材的植物育种供给明显不足。

---

❶ 闻雁锋. 当前高新科技领域知识产权保护问题及对策建议 [J]. 法制博览, 2021 (25): 173–174.

知识产权运营和治理服务体系不完善，截至2020年，全国知识产权运营服务体系建设重点城市37个，批复支持建设的知识产权运营平台（中心）16家，但仍不能满足知识产权高质量发展的需求，知识产权运营存在服务能力基础不够扎实、发展缓慢、重复建设，高校和科研机构运营基础薄弱，并且与已有服务体系不衔接等问题，导致运营服务体系运行效率不高，效果不理想。

5. 政府知识产权创造运用主体间协同不足

供给与需求不匹配，科技与经济两张皮这一全局问题，在知识产权创造运用中同样存在。尽管这些年来政府不断推动体制机制改革，但是企业、高校、科研机构各自为战，军民之间存在壁垒这些老生常谈的问题仍然存在，知识产权不能有效流动。

（二）知识产权创造运用机制面临的挑战

1. 知识产权新主体的出现

以人工智能机器人为代表的新技术、新业态的发展直接挑战知识产权制度。[1] 研究显示，人工智能与知识产权信息的关联研究能够被有效应用在专利权、商标权、著作权领域的申请审核、分类检索、创新性比对等方面，有效提高了知识产权管理的质量和效率，为知识产权的管理提供了新机遇。然而人工智能所具有的独立自主性、理性智力、自我进化等技术特性，给知识产权制度带来优势的同时，也在知识产权领域掀起了巨大的舆论风暴，正在改变着社会对于知识产权"创造、运用、管理、保护"的认知，关于人工智能生成物对知识产权主体、客体、内容影响的讨论，都深刻影响着知识产权理论与实践，给现有知识产权制度带来了一定的挑战。[2] 人工智能技术范式对知识产权制度的挑战主要体现在三个方面：

①版权制度。现阶段关于人工智能版权制度问题的探索研究主要集中在以下两个方面：一是人工智能生成物能否被认定为作品，即可版权性问题；二是人工智能生成物版权权利归属问题。

②专利制度。目前世界范围内尚未有明确的、针对人工智能领域的专利制度法

---

[1] 余翔，张润哲，张奔，等. 适应人工智能快速发展的知识产权制度研究［J］. 科研管理，2021，42（8）：176-183.

[2] 杨曦，刘鑫. 人工智能视角下创新管理研究综述与未来展望［J］. 科技进步与对策，2018，35（22）：153-160.

规、判例与政策说明。❶ 与版权制度相类似,学者们对于人工智能技术范式下专利制度挑战的研究主要集中在三个方面:一是人工智能生成成果能否被纳入专利法保护客体范围;二是人工智能发明成果归属;三是人工智能技术在专利检索、专利撰写和专利审查领域对现有专利制度的挑战。

③商标制度。人工智能强大的智能搜索、文本识别、图像视频识别能力能够帮助侵权人设计与他人注册商标标识相同或极为相似的图案,造成侵权行为,给商标管理制度带来冲击。

2. 知识成果特别是科技成果产业化周期缩短成为发展趋势

随着新科技革命引发的知识爆炸和未来人工智能、生物、新能源、新材料等前沿科技发展带来的科技成果爆炸式增长,会出现一些新的知识领域或类型的变化,新兴科技领域的迅速涌现和知识创造——产业化周期缩短。❷ 产业化周期缩短即技术创新的生命周期在缩短,从重要领域科学研究的基础性突破到产业化应用,周期越来越短。如,新型冠状病毒肺炎疫情发生以来,我国科研人员全力投入疫情防控科研攻关,从发现病毒基因序列到研制试剂、疫苗再到量产使用,其中的技术创新及转化非常迅速。此外,科教融合的发展带来了新的创新发展态势,特别是高校基础性研究的突破,很快就会催生出科研机构的技术突破、高技术产业界形成新的经济增长点。❸ 科技成果产业化呈现出的周期缩短特点,给知识产权审查、评估等管理工作等带来挑战。这就要求我们把成果转化的关注点往创新链前端转移。一些技术研发成果虽然还处于原型、样品、样机阶段,但只要转化资金到位,配置专业人才,选择好应用场景,做好产业赋能,就可以把这些实验室成果变成高技术的产品或服务,形成实实在在的产业。

3. 国际知识产权竞争加剧

自20世纪90年代以来,随着知识经济的高速发展和经济全球化进程的加快,知识产权已成为决定一个国家和地区发展高科技、实现产业化生产、在国际竞争中获得竞争优势的重要因素。进入新发展阶段,推动高质量发展是保持经济持续健康发展的必然要求。创新是引领发展的第一动力,知识产权作为国家发展战略性资源

---

❶ HATTENBACH B, GLUCOFT J. Patents in an era of infinite monkeys and artificial intelligence [J]. Stanford Technology Law Review, 2015, 32 (19): 44 – 50.
❷ 张鹏. 知识产权强国建设思想形成、理论构成与实践证成研究 [J]. 知识产权, 2021 (10): 121 – 135.
❸ 吴高, 韦楠华. 高校知识产权信息服务现状、困境及体系构建 [J]. 图书馆, 2021 (12): 1 – 9.

和国际竞争力核心要素的作用更加凸显。近年来,许多国家纷纷将知识产权事业的发展作为提升综合竞争力的主要发力点,把知识产权提升到国家战略层面,加紧国际知识产权布局,不断调整法律制度,扩大保护范围,加强政策激励,以强化创新优势,使得国际知识产权竞争异常激烈。[1] 国际知识产权竞争、逆全球化的趋势,将加剧创新要素流动不畅,对在关键重点领域获得自主知识产权带来挑战。

三、知识产权创造运用机制的战略部署

(一) 提高知识产权创造质量

1. 提高知识产权审查质量和效率

提升知识产权审查能力,加快建设世界一流知识产权审查机构。完善知识产权审查协作机制,建立健全重点优势产业知识产权申请的集中审查制度和涉及产业安全的知识产权审查工作机制。[2] 合理扩大知识产权确权程序中的依职权审查范围,完善授权后知识产权文件修改制度。健全知识产权审查质量保障和业务指导体系,完善"双监督、双评价"质量管理。拓展"知识产权审查高速路"国际合作网络。开展小微企业知识产权审查高速路推广帮扶项目,支持小微企业在海外快速获得知识产权。

2. 优化重点领域知识产权创造质量

出台《国家高价值知识产权培育工作计划》,支持创新主体加强关键核心技术知识产权创造,形成一批战略性、前瞻性、能够引领产业高端发展的高价值核心知识产权及其组合。整合科技创新与知识产权运营优质资源,打造"龙头企业+优势学科+高端服务"三位一体、强强联合的实施机制。

优化知识产权的空间产业布局,尤其是海外布局,引导和鼓励企业"走出去",积极参与国际竞争。[3] 全面提升企业的自主品牌意识,创造和培育高价值知识产权,通过自主知识产权的创造与应用打造知名品牌企业,提升知名品牌的价值。建立健

---

[1] 易继明. 中美关系背景下的国家知识产权战略 [J]. 知识产权,2020 (9):3-20.
[2] 余力熔. 专利审查协作模式创新与路径优化:审查效率与审查质量导向下的制度演变 [J]. 科技管理研究,2020,40 (22):183-189.
[3] 马忠法,王悦玥. "一带一路"倡议下的知识产权国际协调法律制度 [J]. 上海财经大学学报,2022,24 (2):122-136.

全企业的知识产权管理制度。

3. 加强优势资源知识产权培育

积极协调知识产权战略与科技政策、产业政策、贸易政策等的有效衔接。积极参与国际知识产权的秩序构建，开拓国际合作渠道。指导市场主体利用知识产权信息服务，防范知识产权风险。严格知识产权的认定与保护。加大对涉农知识产权注册和运用的支持力度。深入挖掘文创资源，在人工智能和数字领域超前培育高价值知识产权。❶

4. 建立以质量为核心的知识产权创造评价体系

建立知识产权价值评估体系，推进统一的知识产权价值计量标准和方法研究，建立知识产权价值在线分析平台系统，打造"一站式""菜单式"知识产权价值分析评价服务模式，改进知识产权相关奖项推荐评选制度。

（二）提高知识产权运用效益

1. 知识产权推动产业发展

积极推动知识产权向新兴产业领域和传统产业领域的全面渗透，对涉及对产业发展起到关键核心作用的知识产权在审查、确权、转化等环节给予制度化的保障。❷强化对产业基础技术研究的稳定支持，建立完善知识产权导向的绩效考评体系，实施知识产权密集型产业示范区工程，培育产业知识产权联盟，加强知识产权人才培育体系建设。支持制造业、服务业等实施行业商标战略，支持建立健全重大经济活动知识产权审议制度。提高核心版权在产业增加值中的比重，提升版权对文化、旅游、软件等产业发展的带动作用。

2. 知识产权促进区域发展

区域知识产权战略不仅关系到区域产业能否顺利升级、经济能否健康发展、科技创新能力能否有质的飞跃，还对知识产权强国战略目标的实现具有直接的操作价值和重大实践意义。❸

①建立区域知识产权战略与区域科技产业发展规划的协同关系。区域知识产权战略一定要从系统的角度关注区域内部科技与产业活动之间的运行关联。知识产权

---

❶ 董涛. 知识产权数据治理研究［J］. 管理世界，2022，38（4）：109-124.
❷ 邱柳. 金融发展、知识产权保护与技术创新产业化［J］. 科技管理研究，2021，41（21）：156-166.
❸ 程德理，王术. 知识产权引导区域创新资源优化配置研究［J］. 学术界，2021（7）：149-157.

资源聚集如何与科技、产业、经济聚集产生互动协同至关重要。每个区域应该在对静态知识产权资源布局的基础上,强化知识产权资源与科技产业经济资源的运行关联,提升知识产权在区域发展中的引领作用。

②构建区域知识产权战略与区域发展政策的联动关系。将制度因素摆在突出的位置加以考虑,强调制度因素和治理安排对于知识产权的形成、利用和扩散的重要作用。政府在制度建设方面可以发挥积极的作用,推动形成合理的区域知识产权战略。建立区域知识产权战略调整机制,调节、优化区域知识产权战略的市场机制、供求机制、价格机制、竞争机制和聚集机制。建立区域知识产权战略的行政机制,巩固完善区域知识产权战略的行政决策机制、行政激励机制以及行政协调机制。

③形成区域知识产权战略与区域创新资源的匹配关系。战略推进过程中注重创新资源在区域层面的集聚和分散,注重识别区域知识产权创造和运用活动中"向心力"和"离心力"的形成和作用结果。建立知识产权能力的区域内耦合关系,促进区域知识产权系统的有效运行,提升区域知识产权能力与竞争力。

3. 完善知识产权运用机制

推进有利于知识产权转化运用的体制机制创新,激发企业知识产权运用的主动性、创造性,建立多元知识产权创造与运用主体间有效互动的机制,形成产学研协同创造—运用体系。引导高校、科研院所与小微企业开展知识产权合作互助,建立订单式专利技术研发体系,帮助小微企业进行专利创业和专利二次开发。

建立知识产权创造—转化运用多元主体间的有效衔接机制,以对标产业需求为导向,发展面向不同产业类型、不同产业领域的知识产权转化运用的公共服务,构建政府主导型、官助民办、民营等多种类型的知识产权公共服务平台,形成知识产权公共服务的长效机制。

积极打造市场化的知识产权运营平台,培育专利、版权、商标等知识产权交易中心,推动建立知识产权联盟,促进产业和区域的商标品牌建设。健全科技成果处置与分配机制,鼓励科技成果结合产业需求,推动科技成果转化。

优化知识产权市场环境,探索知识产权定价议价机制,健全知识产权对外转化制度。研究制定知识产权转化运用引导的政策,推动知识产权的产业化进程,尤其是商标、植物新品种等在农业产业化中的运用。[1] 促进商业秘密、地理标志、遗传资源等其他知识产权的转化与运用。

---

[1] 戚建刚. 优化营商环境与知识产权保护法研究 [J]. 理论探索, 2021 (2): 108-119.

4. 发展知识产权金融

深化拓展知识产权风险投资工作。优化政策和制度环境，建立完善多层次的资本市场体系，建立健全社会中介机构和风险投资网络，在全面创新改革试验区引导创业投资基金、股权投资基金加强对知识产权领域的投资，完善风险资金退出机制。

积极推进知识产权质押融资工作。加强对企业知识产权质押融资的指导和服务，创新知识产权投融资产品，拓展知识产权质押融资试点内容和工作范围，优化知识产权质押融资服务机制，完善信用担保机制和质物处置机制，推动发展投贷联动、投保联动、投债联动等新模式。❶

探索开展知识产权证券化和信托业务。加强对知识产权信托的顶层设计和政策引导，建立健全知识产权信托机制的制度体系，建立知识产权证券化保障体系，成立专门的知识产权证券化主管机构，大力扶持机构投资者。

建立健全评估交易机制，促进知识产权高效流转。完善知识产权评估体系，加强专利价值分析与应用效果评价工作，加快专利价值分析标准化建设，建设知识产权公共交易平台，丰富知识产权交易模式。

加快培育和规范知识产权保险市场。鼓励和支持保险机构加强运营模式创新，增强知识产权保险品种，支持保险机构深入开展专利保险业务，扩大知识产权保险试点范围，鼓励有条件的地区建立知识产权保险奖补机制，研究推进知识产权海外侵权责任保险工作。

建立信贷风险补偿基金，完善风险管理以及补偿机制。健全知识产权质押风险补偿机制，深入开展知识产权质押融资风险补偿基金试点，推动开发符合小微企业创新特点的知识产权金融产品，引导和鼓励地方政府、社会资本建立小微企业信贷风险补偿基金，对知识产权质押贷款提供重点支持，引导基金对科技成果转化贷款给予风险补偿。❷

四、知识产权转化运用机制的重点任务

根据专利、版权、植物新品种和集成电路布图设计等不同高价值知识产权形成

---

❶ 王永萍，王琦，杨迎，等. 科技型中小企业创新能力与知识产权质押融资意愿 [J]. 中国软科学，2021（S01）：399－405.

❷ 胡成，朱雪忠. 基于专利信号的质押融资模式、困境与对策 [J]. 科研管理，2021，42（3）：109－119.

的规律，以服务于知识产权型产业、知识产权密集型产业和传统产业深度渗透等的三类运用为导向，逐步形成有利于创造主体与运用转化主体间高效、顺畅衔接的知识产权综合运用机制，使知识产权能够在服务创新驱动发展中发挥排头兵的作用。❶重点任务如下。

（一）专利领域重点任务

第一，重点支持面向制造业"卡脖子"问题开展的高价值核心专利培育，在无线通信、高端芯片、航空航天、海洋工程、数控机床、机器人、生物技术、新能源技术、人工智能等前沿技术领域掌握一批高价值核心专利组合。第二，以市场导向为主建立高价值专利的资助引导政策和绩效考核机制，实现高校、科研院所技术研发与市场的有机对接，引导科研人员围绕市场需求开展专利订单式研发、投放式创新。第三，建立专利申请预审机制，制定高价值专利优先审查的实施办法，压缩高价值专利审查周期。第四，推动企业、高校和科研院所、专利服务机构协同合作建立高价值专利培育中心。❷

（二）商标领域重点任务

加强商标法制建设，完善商标创造与运用的法律法规体系；大力发展商标审查的基础建设，提升商标注册的审查质量与审查效率；努力提高商标创造水平，培育具有国际影响力的高价值商标；增强企业的商标创造水平与管理能力，提升企业的品牌竞争力；促进商标的有效运用，提高商标对产品附加值的加持作用；推动地区和行业的商标创造与运用战略，鼓励地方和行业发展品牌特色经济；积极扩大商标的国际影响力，提高中国品牌的国际竞争力。

（三）版权领域重点任务

第一，加快版权法制建设，提高版权保护执法水平。加强和完善版权立法工作，依法处置侵权盗版行为，实现版权的有效保护与合理使用之间的平衡。第二，

---

❶ 毛克盾. 打通知识产权成果转化"最后一公里"[J]. 人民论坛，2020（2）：118-119.
❷ 高健，许佳，葛子豪. 高校科技成果转化关键路径的思考：基于国内4所大学知识产权管理的实践[J]. 中国高校科技，2022（1）：120-124.

强调版权的经济价值和市场化。[1] 完善与版权相关的文化政策、产业政策和贸易政策，进一步提高核心版权在国内生产总值增加值中的比重。第三，健全版权管理体制。深化版权行政管理体制改革，形成权责一致、分工合理、决策科学、执行顺畅、监督有力的版权行政管理体制。第四，应对新型版权对版权保护的挑战。对与数字技术和人工智能技术等相关的新型版权发展既要大力鼓励创造和运用，又要依法合理界定版权保护范围和强度，促进文化信息的利用和传播。

（四）地理标志领域重点任务

建立地理标志联合认定机制；健全地理标志的法律制度，完善地理标志的管理制度，克服由不同管理制度造成的地理标志权利冲突，完善地理标志制度中的地理标志审批程序，明确地理标志质量监督的法律责任[2]；完善地理标志技术标准体系、质量保证体系、检验检测体系，建立追溯体系，加强地理标志产品技术标准体系建设；完善地理标志保护制度，强化行政保护，加大力度打击地理标志的侵权行为；加强国内外知名地理标志产品的保护合作，促进地理标志产品国际化发展；加强行业协会对地理标志的服务和管理力度；加大对地理标志主体的政策和经费扶持。

（五）植物新品种领域重点任务

加快推进《植物新品种保护条例》及其实施细则的修订；推动加入国际植物品种保护联盟（UPOV）1991年文本；构建植物新品种培育激励机制，加强对植物新品种培育的财政经费支持力度[3]；建立科学有效的植物新品种评审机制；构建产学研政结合的育种创新体系，设立优良品种科研联合攻关项目；加快建设国际一流的植物新品种保护审查测试中心；推进植物新品种大数据平台建设。

（六）新兴领域知识产权重点任务（集成电路布图设计）

实施高质量集成电路布图设计创造工程；建设高价值集成电路布图设计培育基地；构建高价值集成电路布图设计培育平台；推进集成电路布图设计的法律制度建

---

[1] 丛立先，谢轶. 知识产权强国建设中的版权国际合作机制推进与完善［J］. 中国出版，2022（3）：21-26.

[2] 曾艳. 经济法视野下我国农产品地理标志品牌建设研究［J］. 东南大学学报（哲学社会科学版），2020，22（S02）：90-93.

[3] 董银果，张琳琛，王悦. 种业知识产权保护制度与植物育种创新的协同演化：基于历史回顾和文献综述视角［J］. 中国科技论坛，2022（3）：91-100.

设,尤其是针对集成电路布图设计的保护范围、侵权判断标准、侵权行为规制、证据保全规定等方面的法律制度进行完善;推动建立集成电路布图设计成果转化收益分配制度;加强产学研合作中的集成电路布图设计管理工作;促进集成电路布图设计知识产权密集型产业发展。

五、完善知识产权创造运用机制的对策建议

第一,构建面向知识产权创造运用新需求的知识产权制度体系,以应对新时期知识产权发展面临的新挑战。规划制定地理标志、外观设计等专门法律法规,制定修改强化商业秘密保护方面的法律法规,完善规制知识产权滥用行为的法律制度以及与知识产权相关的反垄断、反不正当竞争等领域立法。研究建立健全符合知识产权审判规律的特别程序法律制度,加快大数据、人工智能、基因技术等新领域新业态知识产权立法。建立知识产权公共政策评估机制。研究构建数据知识产权保护规则。建立中医药专利特别审查和保护机制。

第二,建设激励创新的知识产权市场运行新机制,为知识产权创造运用提供制度保障。优化知识产权产业化、商品化、资本化运用的市场环境。以市场化方式构建知识产权质物流转市场,建立知识产权质物处置和价值动态评估机制,改革和完善中央级事业单位科技成果处置和收益分配制度,构建产学研各方主体利益分配机制,构建客观公正的知识产权评价、定价、议价机制,建立知识产权对外转移转化机制,完善知识产权国内外双向转移转化机制。加强知识产权市场监管。在国家层面,市场监管主要体现为对知识产权发展环境建设的政策支持和有效引导。在相关国家政策不断出台的基础上,全国各级市场监管部门进一步发挥职能作用,陆续出台有关知识产权的支持政策,着眼于知识产权的创造、运用、保护、服务四个环节,积极推进知识产权强国战略实施,逐步增强知识产权保护意识并及时推进有效的市场监管。鼓励支持市场主体。鼓励和支持市场主体健全技术资料与商业秘密管理制度,建立知识产权价值评估、统计和财务核算制度,制订知识产权信息检索和重大事项预警等制度,完善对外合作知识产权管理制度。鼓励市场主体依法应对涉及知识产权的侵权行为和法律诉讼,提高应对知识产权纠纷能力。

第三,建设新型知识产权公共服务体系,为提高知识产权创造运用转化效率提供有力支撑。建立知识产权创造—转化运用多元主体间的有效衔接机制,构建政府主导型、官助民办、民营等多种类型的知识产权公共服务平台,形成知识产权公共

服务的长效机制。构建知识产权公共服务平台，开展精细化、标准化的知识产权公共服务。针对知识产权运用的不同产业特征和需求，在提供一般性的知识产权服务的基础上，创建面向产业（如知识产权型新兴产业、知识产权密集型产业和传统产业）和特殊企业提供精细化、标准化的知识产权服务，提高公共知识产权服务的针对性、及时性和有效性。完善知识产权中介服务，鼓励创建知识产权服务机构，搭建知识产权服务平台，培育专利、版权、商标等知识产权交易中心。构建具有专业性、综合性、集成性特征的市场化知识产权服务体系：该体系应充分发挥知识产权各类主体的主观能动性，按照市场规则，形成形式多样的，如民办、官助民办、外商投资、合资等多种形式的知识产权服务平台。鼓励各类主体构建知识产权运营台，创建有利于知识产权创造与运用有效衔接和转化运用的微观机制。[1]

---

[1] 丁堃. 为知识产权创造运用领航[N]. 经济日报，2021-10-21 (5).

专利密集型产业培育研究*

中国改革开放 40 余年以来取得了举世瞩目的经济成果,但传统创新系统发展效益较低、国家整体创新能力不强等问题日益突出,经济高质量发展面临诸多挑战。习近平总书记强调"创新是引领发展的第一动力",产业创新是建设现代化经济体系的战略支撑。目前,中国亟须从"要素驱动""投资驱动"向"创新驱动""知识产权驱动"转变,让创新和知识产权成为经济增长的新驱动力。

本文基于产业结构、创新理论、比较优势等经典理论分析专利密集型产业的理论基础,从生产要素视角剖析专利密集型产业的基本概念和特征,对国内外专利密集型产业的相关研究进行遴选和分析,从国家、地方和产业三个层面梳理专利密集型产业的培育政策现状,从理论、实践等各个方面提出专利密集型产业的政策展望,立足专利密集型产业相关的知识产权制度完善,以充分发挥知识产权法律制度和政策对专利密集型产业的激励作用,从而促进我国专利密集型产业的发展,促进我国产业结构升级,提高国家创新能力和国际竞争力,促使经济持续高质量发展。

一、专利密集型产业概念界定

作为知识产权密集型产业的重要组成部分,专利密集型产业一般是指发明专利密度高于所有产业整体平均水平的产业。专利密集型产业的定义虽然最早从美国起源,并经欧盟进一步发展,中、韩等国亦有学者进行研究,然而专利密集型产业的概念和边界、理论基础仍有不清晰之处,这限制了专利密集型产业进一步的发展和培育。本文对专利密集型产业相关理论进行分析,以明确专利密集型产业的内涵和外延。

---

* 本文系国家知识产权战略实施研究基地 2018 年同济大学研究基地专项研究项目"专利密集型产业培育研究"成果。课题负责人:姜南;课题组主要成员:徐明、蒋莉、马艺闻、刘星、韩琦;执笔人:姜南、韩琦。

（一）专利密集型产业相关理论分析

1. 生产要素理论

生产要素是进行社会生产经营活动时所需要的各种社会资源，是维系国民经济运行及市场主体生产经营过程中所必须具备的基本因素。生产要素一般包括以土地为代表的自然资源、资本、劳动力、技术、管理和信息。其中，管理、技术和信息要素都具有高智力、高知识含量的特点，可以被归类为知识要素。目前，知识产权生产要素不仅间接参与了生产环节，而且也初步直接参与生产、流通和分配的全过程，这体现在：

一是知识产权生产要素在现代社会中越来越居于中心地位，已成为一种基础战略资源。很多发达国家已经发布了支持知识产权发展的国家战略和计划，而国家知识产权战略实质上反映的是本国产业利益的诉求。

二是知识产权生产要素已被纳入价值创造过程中。一方面，专利、商标、版权成为生产价值创造过程中的重要元素和要素市场的重要目标，专利转化以及包含专利在内的技术转让已经形成了不断完善的产业链和产业集群。另一方面，知识产权要素已经融入产业创新和升级的各个方面，帮助且主导了新价值的创造。

三是传统生产要素很难代表知识产权。知识（技术）虽与知识产权有近似之处，但也不能完全涵盖知识产权，因此有必要对知识产权要素单独进行分析。

2. 比较优势理论

生产要素理论虽然澄清了知识产权要素的特殊性，但未能与产业概念联系在一起。因此，还必须探讨生产要素与产业概念的结合。比较优势各种理论和分析方法都与要素禀赋理论密切相关，并从相对优势和劣势的角度分析了要素、产品、产业、市场和其他决定因素以及影响因素对比较优势的贡献。[1] 随着经济发展，各国比较优势并非一成不变，要素禀赋从最初发展中国家的自然资源逐渐演化为发达国家的技术创新进步，比较优势理论不断发展。因此，一个国家必须不断改善其要素禀赋特征，以实现产业升级、国际竞争力提高并最终增强国家的整体比较优势。

3. 产业升级理论

经济发展的永恒主题是产业升级。产业升级是指产业从低水平、低劳动生产率

---

[1] BALASSA B. Trade liberalization and "revealed" comparative advantage [J]. Manchester School of Economic and Social Studies, 1965, (33): 99–123.

和低附加值经济状态向高水平、高劳动生产率和高附加值经济状态的发展过程。国际产业链、价值链和分工链以及全球竞争的新格局要求发展中国家以开放自主创新体系为主导,广泛使用技术、知识、信息等先进要素,根据经济发展水平不断提高在国际上的竞争地位,从比较优势向竞争优势和先发优势转化,带动劳动力、资本密集型产业向技术、知识、信息、知识产权密集型产业转变,最终使国家或地区的产业处于世界上的领先地位。

4. 熊彼特增长理论

熊彼特增长理论强调创新、研究与开发以及知识积累在促进技术进步和经济增长中的重要作用。熊彼特增长理论为研究创新、模仿和保护知识产权对经济的影响提供了重要的分析框架。新熊彼特增长理论是在熊彼特增长理论的基础上发展起来的,该理论将进化经济学、复杂性科学、系统理论等结合在一起,是跨学科交叉的理论体系。❶ 在新熊彼特增长理论中,知识是一种重要的资源,学习则是一种重要的经济变量,而经济可以通过知识积累和学习实现持续增长。❷ 新熊彼特增长理论强调了企业家作为经济增长微观基础的重要作用。企业家的创新精神带来创新动力,这使得企业家敢于将新发明引入经济组织。因此,企业家和企业家精神是重构新创新驱动发展体系的人为动机。❸

(二) 专利密集型产业的内涵和外延

1. 专利密集型产业的内涵

基于前面的理论分析和生产要素的视角,本文认为,专利密集型产业应当是以专利为主要组成部分的知识产权生产要素充分结合土地、资本、劳动力、知识等其他生产要素,借助经济、技术、社会网络等辅助要素,在产业升级中逐步发挥作用直至主导产业发展,创造并提升产业经济效益,从而使产业在国际竞争和全球价值链中居于优势地位的产业。专利密集型产业的外在表现为产业知识产权要素密集度较高,内在体现为产业结构优化和经济收益率提高。以我国为代表的发展中国家在知识产权培育过程中对内应当注重培育本土高质量的知识产权要素,对外应当注重

---

❶ 颜鹏飞,汤正仁. 新熊彼特理论述评 [J]. 当代财经,2009 (7):116 – 122.

❷ LUNDVALL B, JOHNSON B. The learning economy [J]. Journal of Industry Studies, 1994 (1): 23 – 24.

❸ DRUCKER P F. Innovation and entrepreneurship: practice and principles [M]. Oxford: Butterworth – Heinemann, 1985: 23 – 25.

获得其他国家的知识产权高级要素,并借助市场经济运作将知识产权生产要素配置到最合适的位置,促使价值最大化实现。

2. 专利密集型产业的外延

从专利密集型产业与制度的关系来看,知识产权制度是专利密集型产业赖以生存的基础,能够激励创新、维护市场竞争秩序,通过协调创造者和使用者之间的关系,有效利用资源和优化资源分配。知识产权制度对产业创新的影响作用不是绝对正向或负向的,只有通过合理的设计和引导,知识产权制度对产业创新的激励作用才能最大限度地体现出来。专利密集型产业的发展是检验知识产权制度的重要标准,专利制度的设计使得部分技术领域专利密度不断扩增,这种高密度的专利形态很容易形成专利丛林与专利滥用[1]。因此,应结合产业专利密度指标的变化,对产业专利丛林的出现作出正确预判,及时调整专利审查的标准,使专利制度对产业经济的刺激作用始终朝着良好的方向发展。在司法实践中,应结合司法判例进行产业层面的统计,重点观察引起社会关注的重大专利侵权诉讼或判例,特别是最高人民法院、最高人民检察院、国家知识产权局发布的指导性案例,建立产业专利案件的案例库,定期对产业中的龙头企业以及有代表性的中小企业进行调研,以从中体察产业创新对专利制度的真实诉求,作为专利制度和政策调整的重要依据。

二、专利密集型产业理论及创新发展

知识产权制度被视为对产业创新活动的重要保障,知识产权密集型产业对经济发展和贸易均衡的重要作用也开始受到世界各国的关注。2012年美国商务部、2013年欧洲专利局(EPO)与内部市场协调办公室(OHIM)均对外发布了知识产权与经济的实证研究报告[2],报告指出知识产权密集型产业已经成为美国和欧盟经济增

---

[1] 金泳锋,黄钰. 专利丛林困境的解决之道 [J]. 知识产权, 2013 (11): 83-88.
[2] U. S. Department of Commerce. Intellectual property and the U. S. economy: industries in focus [EB/OL]. (2012-04-13) [2022-08-04]. https://www.uspto.gov/sites/default/files/news/publications/IP_Report_March_2012.pdf; European Patent Office, the Office for Harmonization in the Internal Market. Intellectual property rights intensive industries: contribution to economic performance and employment in the European Union [EB/OL]. (2013-09-30) [2022-08-04]. http://keionline.org/sites/default/files/ip_intensive_industries_en.pdf.

长最重要的推动力。其后，2016 年美国专利商标局和欧洲专利局更新了上述报告。❶ 2021 年 5 月 28 日，欧盟知识产权局（EUIPO）发布了《新型冠状病毒肺炎疫情对知识产权密集型产业的经济影响》，深入分析了新型冠状病毒肺炎疫情对知识产权（商标、外观设计、专利和版权）密集型产业的经济影响。在国内，2015 年发布的《国务院关于新形势下加快知识产权强国建设的若干意见》中提出应培育知识产权密集型产业，2016 年国家知识产权局印发了《专利密集型产业目录（2016）》（试行），2019 年国家统计局发布了《知识产权（专利）密集型产业统计分类（2019）》。

现有国内外专利密集型产业的研究文献大致可以分为两类：第一类是专利密集型产业的内涵和衡量标准；第二类是专利密集型产业的评价研究，大多从影响因素、创新效率以及经济贡献等角度展开。

（1）专利密集型产业的内涵和衡量标准

在一些较早的研究中，Braga 和 Fink 等将国际贸易中的高新技术产品统计为知识产权密集型产品❷，Hu 和 Png 通过单位产值产生的专利授权数对知识产权密集型产业进行衡量❸，经济合作和发展组织（OECD）在《科学技术和工业记分牌》系列报告中采用研发专利密度来衡量专利强度❹。自 2012 年美国率先发布知识产权密集型产业的相关报告以来，发达国家及主要发展中国家都非常关注对该领域的探索，我国学者也对该领域进行了富有成果的研究。部分学者将知识产权密集型产业与高新技术产业进行类比分析，如毛昊（2017 年）认为专利密集型产业应当在国家总体产业发展中形成独特定位，并与战略新兴产业和高技术产业等产业方向实现有效补充。❺ 张亭、刘林青（2018 年）认为中美两国知识产权密集型产业的产品复

---

❶ United States Patent and Trademark Office. Intellectual property and the U. S. economy：2016 update［EB/OL］.（2016 - 10 - 26）［2022 - 08 - 04］. https：//www. uspto. gov/sites/default/files/documents/IPandtheUSEconomySept2016. pdf；European Patent Office. Intellectual property rights intensive industries and economic performance in the European Union［EB/OL］.（2016 - 10 - 24）［2022 - 08 - 04］. http：//documents. epo. org/projects/babylon/eponet. nsf/0/419858BEA3CFDD08C 12580560035B7B0/ $ File/ipr _ intensive _ industries _ report _ en. pdf.

❷ BRAGA C P P, FINK C. How stronger protection of intellectual property rights affects international trade flows［J］. Available at SSRN 569254, 1999.

❸ HU A G Z, PNG I P L. Patent rights and economic growth：evidence from cross - country panels of manufacturing industries［J］. Oxford Economic Papers, 2013, 65（3）：675 - 698.

❹ OECD. Science technology and industries scoreboard 2011：innovation and growth in knowledge economics［EB/OL］.（2011 - 06 - 11）［2022 - 08 - 04］. https：//www. oecd - ilibrary. org/science - and - technology/oecd - science - technology - and - industry - scoreboard - 2011_sti_scoreboard - 2011 - en.

❺ 毛昊. 专利密集型产业发展的本土路径［J］. 电子知识产权, 2017（7）：65 - 75.

杂性有利于潜在优势产品竞争优势的获取和市场退出。学者们普遍认为专利密集型产业的内涵与高新技术产业、战略性新兴产业的内涵有交融之处，但要重点考虑其知识产权要素密集性和对知识产权制度的依赖性的特征。❶

(2) 专利密集型产业的评价研究

专利密集型产业的评价研究包括经济贡献分析、创新及效率评价、产业异质性研究和影响因素研究，分述如下：

①经济贡献分析。对早期知识产权密集型产业与经济的研究如美国报告（USDOC，2012年）、欧盟报告（EPO和OHIM，2013年）及国内学者等多关注其对经济、工业产值的直接贡献度。❷ 近年的研究多关注知识产权密集型产业与数字经济❸、绿色技术绩效❹以及国际竞争力❺等方面的关系。

②创新及效率评价。我国专利密集型产业产出效率总体处于一般水平，仍有可提升空间❻。专利密集型产业技术创新协调耦合度总体偏低，且逐年下降❼，不仅如此，专利密集型产业知识产权管理能力协同度发展水平也较低❽。

③产业异质性研究。技术宽度与知识转移、技术深度与知识转移之间均存在倒U形关系，专利密集型产业会弱化这种倒U形关系，更有利于较复杂技术的知识转移。❾ 专利司法保护强度对专利密集型产业的影响较之对非专利密集型产业的影响更大❿

---

❶ 张亭，刘林青. 中美知识产权密集型产业发展形态与路径选择的比较研究：基于产品空间理论的实证分析 [J]. 宏观质量研究，2018，6 (1)：95 – 108.

❷ 赵文. 中国专利密集型产业2030增长预测及高质量发展思路 [J]. 北京工业大学学报（社会科学版），2019，19 (2)：9 – 17.

❸ 姜南，李鹏媛，欧忠辉. 知识产权保护、数字经济与区域创业活跃度 [J]. 中国软科学，2021 (10)：171 – 181.

❹ 侯建，陈恒. 中国高专利密集度制造业技术创新绿色转型绩效及驱动因素研究 [J]. 管理评论，2018，30 (4)：59 – 69.

❺ 王博雅. 知识产权密集型产业国际竞争力问题研究及政策建议 [J]. 知识产权，2019 (11)：79 – 86.

❻ 李柏洲，王丹. 我国专利密集型产业动态效率测度及时空演化 [J]. 科学学研究，2020，38 (11)：1987 – 1997.

❼ 杨大飞，杨武，苏屹，等. 专利密集型产业技术创新系统耦合性测度研究 [J]. 中国科技论坛，2020 (9)：96 – 103.

❽ 陈恒，李明秋，李金秋，等. 专利密集型产业知识产权管理能力协同及演变 [J]. 科学学研究，2022，40 (4)：652 – 664.

❾ 姜南，李济宇，顾文君. 技术宽度、技术深度和知识转移 [J]. 科学学研究，2020，38 (9)：1638 – 1646.

❿ 贺宁馨，董哲林. 专利司法保护强度的量化模型及实证研究 [J]. 科研管理，2020，41 (2)：115 – 122.

④国际对比研究。我国专利密集型产业产品空间在中心层的集聚度与德国和美国相比存在差距,尚未形成高端化模式。❶ 较之国外,我国专利密集型产业在参与国际竞争方面还面临着要素投入不足、中间要素积累和国际布局不足等问题。❷

⑤影响因素研究。知识产权司法保护和行政保护等对知识产权密集型产业的经济贡献有重要作用。❸ 政府资助的影响作用有待进一步明晰,政府资金有可能对产业创新效率产生消极影响❹,而有的实证研究则表明知识产权制度对研发投资的回报需要得到外部融资和资金的支持❺。总的来说,研发、人才的作用机制比较明确。产业的研发投入强度、研发外部经费、竞争强度对专利密度具有显著的促进作用❻,专利密集型产业的发展依赖于高强度的研发投入❼,人员投入和研发机构数量对技术创新绩效也存在正向影响,其中,人力资本是专利密集型产业专利密度的核心影响因素❽。

三、专利密集型产业培育政策现状分析

本文从国家层面、地方层面和产业层面三个角度,展开对专利密集型产业培育政策的现状分析。

1. 国家层面

我国专利密集型产业尚处于发展阶段,对内存在对专利积极作用的边际递减效应,对外存在涉及高价值专利的国际贸易摩擦和国际知识产权纠纷频发,需要不断探索有关法律或政策等制度保障。❾

---

❶ 谭畅,刘林青. 中国知识产权密集型优势产业组合的动态演进与升级路径 [J]. 科研管理,2020,41 (11):35-43.

❷ 王博雅. 知识产权密集型产业国际竞争力问题研究及政策建议 [J]. 知识产权,2019 (11):79-86.

❸ 李黎明,陈明媛. 专利密集型产业、专利制度与经济增长 [J]. 中国软科学,2017 (4):152-168.

❹ 王黎萤,虞微佳,王佳敏,等. 影响知识产权密集型产业创新效率的因素差异分析 [J]. 科学学研究,2018,36 (4):662-672.

❺ MASKUS K E, MILANI S, NEUMANN R. The impact of patent protection and financial development on industrial R&D [J]. Research Policy, 2019, 48 (1): 355-370.

❻ 李柏洲,王丹. 我国专利密集型产业动态效率测度及时空演化 [J]. 科学学研究,2020,38 (11):1987-1997.

❼ 张莉. 专利密集型产业的比较优势及地理分布 [J]. 管理现代化,2021,41 (1):81-84.

❽ 单晓光,徐骁枫,常旭华,等. 基于行业中类的专利密集型产业测度及其影响因素 [J]. 同济大学学报(自然科学版),2018,46 (5):701-708,714.

❾ 黎文,梅雅妮,周霞. 贸易摩擦、企业附加值和研发投入对知识产权(专利)密集型产业专利申请的影响:基于中国 2013—2018 年上市公司数据的分析 [J]. 科技管理研究,2020,40 (7):180-189.

国家知识产权局印发的《关于开展知识产权快速协同保护工作的通知》提出，为切实解决知识产权维权举证难、周期长、成本高等问题，要求快速维权、审查和确权，推进知识产权保护多方协作，发挥专利导航的作用，完善知识产权运营方面的工作，拟选取地方上优势产业聚集的城市或地区，设立知识产权保护中心，从而促进知识产权产业创新与保护相结合，进一步鼓励和支持产业结构调整和产业升级，至2021年6月8日，全国在建和已运行的知识产权保护中心数量达到50家。在帮助国家专利密集型产业布局方面，我国从2013年4月起首次进行专利导航试点工程，已陆续在移动互联网、超硬材料、微纳制造等产业实施规划。❶ 所谓专利导航是指运用专利制度的信息功能和专利分析技术系统导引产业发展的有效工具。专利导航为发展相应产业提供了重要的决策支撑，通过把握产业技术关键环节，集中优势资源开展专利运用，形成竞争优势突出的产业集群、创新集群和专利集群，整合各类优势资源，激发专利密集型产业技术创新的活力。

在资金投入政策方面，直接的财政科技拨款和间接的财税政策是国家激励企业研发与创新的普遍做法。此外，还有为企业的创新投入提供信用担保、实施科技产业引导性投资、对自主创新型企业减税或返税、实行特许权使用费免征或减征、建立高增值产品的增值税补偿机制、帮助中小企业增加在政府采购合同中所占比重等相关政策。专利资助政策的出台极大地刺激了专利申请量、授权量的攀升，目前基本上各地都规定了地方专利条例以及制订了各种激励措施，但很多企业为了拿到补助，进行了大量的非正常专利申请。因此，国家相关部门出台了《关于开展专利申请相关政策专项督查的通知》《关于提升高等学校专利质量促进转化运用的若干意见》《关于规范专利申请行为的若干规定》《关于持续严格规范专利申请行为的通知》等政策文件，帮助企业形成保护高质量知识产权的意识，筛掉一些企业或高校通过知识产权套利、囤积行为等非正常申请；规范知识产权代理机构和服务行业，实现知识产权代理机构的优胜劣汰。

2. 地方层面

在我国，以广东、江苏、浙江为代表的东部沿海地区省份和北京、上海等特大发达城市在综合创新实力上遥遥领先，并且在创新的多个过程和阶段中均表现良好；武汉、成都、重庆、西安辐射带动中部、西南和西北三大创新城市群不断提升

---

❶ 国家知识产权局. 移动互联网产业专利导航分析成果发布会在沪召开 [EB/OL]. [2020-07-12]. http://gov.eastday.com/zscq/mtjj/n2512/u1ai15345.html.

区域内创新能力，缩小与沿海省份的差距。总的来说，我国创新建设依然需要协调发展，应针对不同创新发展能力的地区，出台适合本地区的制度和政策。当前我国已经出现多个创新集聚区，例如京津冀、长三角和珠三角创新集聚区以及成渝经济带等，这些地域性的集聚区各具特点，充分发挥了本地区的独特优势，建立了地区性的创新体系。参考不同地区的创新发展程度和特色，可以为我国专利密集型产业制度建设指引因地制宜的大方向，参见表1。

表1 我国创新集聚区的特点和优势

创新集聚地区	地区特点	显现优势
京津冀地区	科研机构和高校云集	知识创造能力较强
长三角地区	外贸经济发达，城市群基础和产业体系完善	知识获取能力和制造能力较强
珠三角地区	电子信息产业基础雄厚，产业链齐全	产业技术创新能力强
成渝经济带	人口密集，用户群体活跃	国防科技工业和装备制造业集聚发展

本节对目前培育专利密集型产业的部分地方政策进行了梳理，参见表2。从专利密集型产业培育主体来看，泉州市的培育主体主要聚焦企业层面，应当是以往知识产权示范企业、优势企业政策的延续；有些省份将培育主体拓展至产业园区、产业集聚区、产业知识产权联盟，如湖南省、广西壮族自治区；还有些省市将培育主体延伸至科研院所、知识产权服务机构，如江苏省、西安市、成都市，总的来说，支持政策主要从扶持主体上可以被综述为以企业为中心，产业园区、产业集聚区、产业集群、产业知识产权联盟、产业技术研究院为外围，知识产权服务机构、知识产权交易服务中心、高校和科研院所为支撑的全方位支撑体系。从主要政策措施导向上来看，主要有三个层面：第一个层面是推进专利密集型产业的细化目录研究，进一步统一专利密集型产业的基本标准和细分标准，探索以市场为主导的培育模式；第二个层面是完善制定专利密集型产业的政策支撑，目前主要的政策为财政支撑，包括产业知识产权运营基金、专利（知识产权）密集型产业（企业）培育基金等，应进一步评估这些政策及基金数额对专利密集型产业创新的影响，进行动态调整；第三个层面是推出包含知识产权（专利、版权和商标）密集型产业全部在内的普惠性知识产权政策，着力提升知识产权创造能力、运用能力和保护能力。

表2 主要地区专利密集型产业培育一览表

区域	主要产业	要素创造	要素运用	要素管理	要素服务	涉及培育主体	主要措施
陕西省	2017年培育新能源汽车、光电信息等12个产业；2018年新增4个产业，达到16个产业；2021年遴选8个产业	推进企业、高等学校、科研机构知识产权"贯标"	引导产业创新成果产权化、知识产权产业化	制订产业知识产权发展战略	知识产权评议、专利导航和预测，开展专利信息推送服务	产业	陕西省知识产权密集型产业服务联盟
湖南省	到2020年，培育专利年申请量超过100件的企业达到100家，建设3~5个知识产权密集型产业集聚区	推动知识产权密集型企业和科研院所园区，通过大力培育知识产权密集型企业，推动企业向价值链中高端延伸，形成一批高价值专利和行业标准	促进成果转移转化，打造知识产权密集型产业联盟	制定促进省知识产权密集型产业培育的管理办法，建立健全组织实施、评估考核、跟踪问效的工作推进机制，研究确立知识产权密集型产业的统计指标、统计方法、数据来源和统计口径，探索知识产权密集型产业聚集区监测评价制度，结合湖南省产业发展现状和专利数质量情况，对重点培育领域进行动态调整	以高新区、经济开发区为依托，通过建立专利导航产业发展工作机制，运用专利信息资源和专利分析手段，掌握产业竞争格局，引导产业园区产业发展方向	企业、产业集聚区、科研院所、产业知识产权联盟	2017年印发《湖南省知识产权密集型产业培育工作方案》；每年遴选20家左右的企业以项目形式予以引导及支持，对培育质量好的专利密集型重点专利发明人或将纳入专利库，予以专利年费资助

续表

区域	主要产业	要素创造	要素运用	要素管理	要素服务	涉及培育主体	主要措施
广西壮族自治区	到2020年,全自治区工业行业发明专利密度达每千人7件,专利密集型产业达到10个以上,专利密集型产业总产值占全自治区工业总产值比重达30%以上	建设高价值专利培育示范中心	对企业拥有自主知识产权、市场前景好的核心专利给予支持,实施转化和产业化	由自治区知识产权办公会议统筹协调,加强组织领导	加强专利信息分析应用示范,推进产业专利联盟建设,强化产业专利人才	专利密集型企业、专利密集型产业园区	2016年印发《关于加快发展广西专利密集型产业(制造业)实施方案》
江苏省	统计江苏省知识产权密集型产业(含专利密集型产业)及其产业贡献度、全员劳动生产率、R&D经费内部支出比重等	实施高价值专利培育计划,重点围绕战略性新兴产业,以企业、工程(技术)中心、重点实验室等重大创新载体为主体,支持建设一批高价值专利培育示范中心,创造一批支撑产业发展的高价值专利	积极推进面向企业的知识产权保险、托管、质押贷款等工作。苏州、镇江等多个城市列入国家知识产权局相关试点	推行企业知识产权管理规范,推动企业实施知识产权战略	知识产权导航、预警	知识产权产业集群、企业、高校、服务机构和行业协会、知识产权产业技术研究院、交易服务平台	发布年度《江苏省知识产权密集型产业统计分析报告》,省市两级财政累计投入扶持资金近2亿元,推进1000余家企业实施知识产权战略推进计划等

续表

区域	主要产业	要素创造	要素运用	要素管理	要素服务	涉及培育主体	主要措施
西安市	2017年,以能源与节能环保装备为试点,选择八大重点产业开展知识产权密集型产业培育工作,首批优选61家重点企业进行培育	开展产业发展状况调查,明确产业技术竞争焦点、机遇和风险,帮助骨干企业改善知识产权管理,推动企业技术进步	对西安大专院校、科研院所拥有的专利进行盘点、分类和分级,助力一批有商业前景和市场价值的专利转移转化。根据专利价值评估模型,鼓励知识产权服务机构与企业探索技术交易、专利质押和专利运营模式	帮助骨干企业改善知识产权管理	各服务机构的工作要满足三个主体的需求,即通过专利、产业数据的挖掘和国内外产业的比较性分析,为政府、项目专家、企业提出政策性建议	开发区、产业基地、特色园区、企业、知识产权服务机构	采取政府财政支持的方式,专利云托管模式
成都市	到2020年打造10个以上千亿级知识产权密集型产业	以两年为培育期,打造15个以上高价值专利培育中心	引导银行、保险公司等金融机构设立知识产权信贷和风险资金池,投放知识产权质押贷款,深化国家知识产权和专利保险融资双示范城市建设	推进专利、商标、版权的管理、执法、服务"三合一",持续推进全国首创触及高校和科研院所知识产权所有权的改革实践	建设知识产权大数据服务云平台,实现区(市)县、工业园区、高校和科研院所、产业集聚区知识产权公共服务全覆盖	新型产业技术研究院、骨干龙头企业、知识产权服务机构	将利用中央财政和地方财政3亿元引导资金,设立20亿元知识产权运营基金

续表

区域	主要产业	要素创造	要素运用	要素管理	要素服务	涉及培育主体	主要措施
长沙市	"十四五"期间以电子信息、数控机床、精密机床、集成电路工业等行业为重点，着力培育具有长沙特色的知识产权密集型产业	针对核心基础零部件、关键基础材料、先进基础工艺、基础工业软件等薄弱环节，着力突破一批关键核心技术与共性技术	深化知识产权运营服务体系建设，加快驻长高校、科研组织知识产权就地转化	建立知识产权密集型产业调查和定期发布机制，编制知识产权密集型产业目录，加大政府采购对知识产权密集型产品的支持力度，大力开展知识产权密集型产业项目培育		企业、产业集群	提出专利密集型产业培育工程
泉州市	打造以新材料制造业、新一代信息技术、智能制造战略性新兴产业为核心的专利密集型产业集群	实施专利提质工程，培育高价值专利	通过专利产业化、转让、许可、质押、保险等方式实现专利市场价值，有效地提升运用专利优势参与市场竞争的能力，促进专利产品销售额、专利技术运营收入占企业年度销售额的比例年每年增长	具有明确的知识产权发展战略以及较为完备的知识产权管理体制，积极贯彻《企业知识产权管理规范》		纺织鞋服、石油化工、机械装备、建材家居、食品产业、新一代信息技术、新能源、新材料、生物与新医药等领域的龙头企业	制定《泉州市专利密集型企业管理办法（暂行）》

目前，我国各地现有专利密集型产业政策仍存在不足，部分制度较为原则性和一般化，对具体情境下不同地区和不同产业的针对性不足；大部分政策和部门工作文件的效力较低，应从更高效力制度的角度进行完善；不同地方的专利密集型产业统计监测和评价选取的统计标准选择仍存在差异。同时，专利密集型产业不能仅仅局限于优势企业或产业上，还应当以带动全产业、知识产权公共政策、知识产权行政管理、知识产权服务业共同发展为目标，从而形成以知识产权政策促进产业发展，以产业进步带动知识产权事业的综合生态体系构建。

3. 产业层面

本节主要通过对高铁产业和汽车产业两个代表性产业案例的研究来描述在我国的具体情境下典型产业发展历史和创新能力进展，归纳我国产业从非专利密集型产业演进成专利密集型产业的规律。

中国的高铁发展之初就提出了首先引进国外先进技术，再由国内企业的自主创新提升创新水平，发展本国高铁的设想。以技术引进为先导、国内吸收为支撑的高铁规划初步形成。2010 年底，中国政府将高铁列为战略性新兴产业。中国高铁产业走的是资本密集型产业—技术密集型产业—专利密集型产业的先购买技术、再自主创新的道路。发展中国家的后发优势就体现在能够通过向发达国家学习和引进技术缩短技术创新的时间。通过并购，中国高铁产业实现了核心技术从进口向自主的转变，从资本密集型产业转为技术密集型产业。经过十余年的发展，中国高铁已成为我国优势产业，是知识产权要素主导产业升级的一个经典案例。

汽车产业也是资本密集型和技术密集型产业。尽管中国是世界最大的汽车消费国和生产国，但"大而不强"，在技术创新方面，与国外存在较大差距。中国的汽车产业没有国际领先的核心技术，缺乏国际知名品牌。中国先行发展的汽车产业在产业优势上并没有显著提升，关键在于没有使知识产权生产要素演变为主导产业发展的要素，忽视了本土知识产权要素的培育；注重合资合作，忽视本土品牌的培养；重视市场体系建设，忽视创新体系的建立。当前，国际新能源汽车产业专利博弈异常激烈，我国涉足新能源汽车领域的企业不断加强研发投入，专利申请量成倍增长，新能源汽车产业的优势日益显现。因此，在有能力进行突破的分产业领域，需要抢抓全球产业变革机遇，积极开展专利国际战略和核心技术专利布局，使细分产业真正转变成为专利密集型产业。

四、专利密集型产业政策发展建议

从专利密集型产业培育目前主要政策来看,主要有三个层面:

①推进专利密集型产业的目录研究,统一专利密集型产业的界定标准。各地出台相关办法,探索以市场为主导的培育模式,为专利密集型产业发展提供支撑。这可以细分为三个方面:一是专利密集型产业的理论和概念界定;二是专项统计制度,研究专利密集型产业的统计指标、数据来源和统计方法,建立统计监测动态评价制度,定期进行调整;三是分类指导,针对专利密集型产业的特点制定发展重点。

②专门针对专利密集型产业制定有关的财政政策支撑。据不完全统计,第一种是产业知识产权运营基金,如北京市、上海市重点产业知识产权运营基金,但产业知识产权运营基金不是仅仅依靠一家机构来开展工作的,还需要整合一些有共同目标的金融机构、担保机构、评估机构、企业来共同运营;第二种是专利(知识产权)密集型产业/企业培育基金,入选产业或企业可以得到政府的扶持基金。

③包含专利(知识产权)密集型产业在内的普惠性知识产权政策。这包括五个方面。一是着力提升知识产权创造能力,提升高价值知识产权要素密度。大力推动创新要素向企业集聚,支持企业加强知识产权信息利用,建立知识产权管理全程参与的创新机制,促进高质量专利产出。鼓励企业完善职务发明奖励和报酬制度,采取多种方式激发研发人员创新积极性。实施高价值专利培育计划,重点围绕战略性新兴产业,支持建设一批高价值专利培育示范中心,创造一批支撑产业发展的高价值专利。二是着力提升知识产权运用能力,加快实现创新价值。积极发展知识产权市场,完善市场机制,丰富市场载体,建设区域知识产权交易服务中心,打造以知识产权展示交易为核心、线上与线下相结合的一站式交易服务平台,促进知识产权流动转化。探索以交易服务平台为支撑、多个社会化运营机构并行发展的知识产权运营体系,加快实现知识产权市场价值,积极拓展知识产权投融资渠道。三是着力提升知识产权保护能力,营造良好社会环境。健全知识产权保护体制机制,探索建立集中统一高效的知识产权执法机制。持续深入开展知识产权执法维权护航行动,形成尊重和保护知识产权的社会氛围。四是着力提升知识产权服务能力,形成有力支撑。积极完善公共服务,大力发展社会化服务。五是加强知识产权人才培养能力,大力提供人才支持。强化人才培养载体建设,扎实推进地方高校、知识产权学

院等人才培养基地建设，鼓励高校建设知识产权学院、设立知识产权专业、推进知识产权学历教育，努力建设高水平的知识产权研究和人才培养基地，造就具有国际视野的知识产权领军人才。

在如上政策基础上，本文提出对专利密集型产业进一步发展的建议如下。

1. 因地制宜培育专利密集型产业

一是强化评价监督机制。根据各地具体情况培育专利密集型产业，动态更新专利密集型产业培育目录，强化专利密集型产业统计监测评价体系。二是健全专利密集型产业增加值核算与发布机制。制订2025年、2030年及2035年专利密集型产业增加值占GDP比重的目标，定期发布年度地方专利密集型产业培育报告。三是主动对接产业发展需求。加强专利审查与产业发展政策协同和业务联动，针对重点优势产业或关键领域创新审查服务模式，支持重点产业专利进入优先审查通道。四是加强统筹管理。建立健全组织实施、评估考核、跟踪问效的工作推进机制，根据培育工作方案的需要，制订年度计划，突出重点，集中力量支持知识产权密集型产业培育。五是加强全链条培育。在现有基础上促进壮大专利密集型产业供应链、产业链和创新链联动，各地根据实际情况结合产业发展特色，开展各产业关键技术领域知识产权攻关，以高质量引领、突出重点为原则，加强重点产业知识产权全链条工作。

2. 完善知识产权赋能产业机制

一是推广专利导航机制。绘制重点专利密集型产业、未来专利密集型产业知识产权图谱，实施区域重大产业规划、政府重大投资项目知识产权评议制度。根据各地传统优势产业、战略性新兴产业、未来产业发展需求公布专利优先审查产业目录，引导对接人才资源、研发资源、信息资源、金融资源等服务资源。二是建立公共服务平台。引导专利密集型产业集聚区设立公共知识产权服务平台，指导专利密集型产业园区攻关公共关键技术，推动创新城市群及经济圈扩散共享。三是推动高价值专利形成。聚焦当地标志性产业链，实施高价值专利工程，培育一批高价值核心专利、基础专利以及专利组合，组建一批知识产权联盟，建设一批对标国际、面向未来的高价值知识产权运营中心，打通从高质量专利到专利密集型产品、专利密集型产业的转化通道。四是打造知识产权强企工程。大力推行企业知识产权管理国家标准，实施知识产权强企工程，鼓励企业积极争创国家知识产权示范优势企业。

3. 提升专利密集型产业国际话语权

一是积极参与国际标准制定。参与国际标准化战略规划、政策和规则的制定，以国际标准提案为核心，推动我国更多产业领域标准成为国际标准，加快转化我国产业发展急需的国际先进标准，推动国际国内标准接轨。二是强化全球精准合作。推动产业国际合作，加强重点产业核心技术及关键部件研究，加强关键领域知识产权攻关和国际布局，推进重点专利密集型产业关键技术产品创新。三是构建全球产业专利池。打造产业链上下游企业共同体，在重点领域提前布局一批国际专利。四是引导开展国际专利布局。聚焦5G、人工智能、新材料、生命健康等重点领域，打造一批标准必要专利、基础研发专利和高价值专利组合，引导和鼓励创新主体开展国际专利布局，构建国际竞争新优势。五是提升国际影响力。以专利密集型产业集群为中心，实施商标品牌发展战略，提升产业链整体质量水平，加强知识产权和公共服务平台建设，强化商标品牌宣传与营销，打造一批具有国际影响力的专利密集型产业集群区域品牌。

4. 强化专利密集型产业链安全

一是夯实产业发展基础。适度超前进行专利全球布局，提升技术攻关和市场培育能力，发挥标准引领作用，筑牢产业发展根基。支持有条件的企业通过兼并重组、股权投资等方式，开展产业链上下游垂直整合和跨领域价值链横向拓展，提升价值创造能力和核心竞争力。二是打造繁荣有序产业生态。发挥龙头企业引领支撑、中小企业创新发源地作用，推动大中小企业融通发展，提升协同研发、成果转化、评测咨询、供需对接、创业孵化、人才培训等公共服务水平，加快产业集群化发展，打造资源、主体和区域相协同的产业生态。三是筑牢产业安全保障防线。坚持安全与发展并重，加强产业安全管理，加大对重要信息、跨境数据安全的保护力度，提升产业安全风险防范和处置能力。四是突出引领示范作用。充分发挥专利密集型产业的引领带动作用，重点推动专利密集型企业、园区和科研院所专利的增量提质，促进成果转移转化，打造专利密集型产业联盟，加快推进区域专利密集型产业及相关产业发展。五是鼓励组建产业知识产权联盟。建立知识产权联合创造、协同运用、共同保护和风险分担的机制，研究制定重点领域知识产权运营策略，健全运营服务体系，促进知识产权的收储、许可和转让，支持引导行业组织、产业联盟加强知识产权分析评议，防控知识产权风险。

5. 汇集产业创新要素

一是优化扶持政策。地方政府应优化完善相关扶持政策，提高专利保护强度，鼓励各地区确定自身优势产业，发挥科学测度对经济增长的作用，形成相应的知识产权运用体系和区域性产业集聚。二是促进要素融合。强调高质量发展策略，加速优质知识产权要素在地方产业上的聚集,加大对知识产权密集型产业的专利审查、专利保护力度,评估本地知识产权要素禀赋,确定区域知识产权重点支持产业目录,研究加强人才激励政策,丰富从业人员培养渠道。三是完善金融财税支撑体系。充分运用税收等政策的扶持和引导作用,将优惠政策向相关企业和服务机构倾斜,优化知识产权服务环境,推动行业协会自律工作建设;加大相关金融、财税政策配套,完善知识产权投融资政策,切实落地相关标准保障。四是提供高质量和便利的知识产权信息公共服务,构建区域内信息共享平台和优势体系建设,发挥知识产权服务行业协会在行业发展中的作用。五是构建"大保护"格局。通过行政保护和司法保护实现知识产权保护各个环节的有机衔接,完善知识产权惩罚性赔偿制度,实现对专利密集型产业的多重保护手段优势互补,加强重点产业的海外布局和防控,搭建企业知识产权海外维权平台,加强知识产权海外维权指导和援助服务。

五、结 语

在经济增长从"要素驱动""投资驱动"向"创新驱动"转变过程中,知识产权制度及受知识产权制度保护的知识产权要素在产业创新中发挥着越来越重要的作用,完善的制度保障将有助于提高专利密集型产业相关研发人员和从业人员的创新积极性,激励产业创新。鉴于中美经贸摩擦等国际贸易摩擦对我国专利密集型产业发展影响较大,我国有必要采取积极的产业政策和财政政策以消除外部环境剧烈变化带来的冲击。专利密集型产业作为创新资源集聚、创新动能突出的典型产业代表,在知识产权要素、技术要素、标准要素密度上较其他产业具有比较优势,已成为经济高质量发展的重要支撑。从统计数据来看,专利密集型产业具有对国民经济增长拉动作用强、抗风险能力强、发展韧性大、创新能力强、知识产权要素储备快速增长等特点。因此,继续推进专利密集型产业培育工作,推动知识产权、科技自立自强与产业和经济的深度融合,是促进知识产权制度真正成为激励产业创新发展的保障,是培育壮大经济和科技高质量发展新动能的重要基础。

高校专利技术转移风险研究*

"坚持创新在我国现代化建设全局中的核心地位,把科技自强自立作为国家发展的战略支撑",这是我国科技事业发展的主旋律。高校作为建设创新型国家的排头兵,创新资源的聚集地,面对百年未有之大变局,前所未有之机遇与挑战,理应承担更多的责任与担当。从国际的通用概念以及典型案例来看,专利技术转移是高校科技成果转化最有效、最普遍的方式,技术以专利的形式通过转让、许可、作价入股的形式在技术供给方和受让方之间进行转移。❶ 自2015年《中华人民共和国促进科技成果转化法》颁布以来,在取消报备报批程序、充分下放自主权、放宽科研人员职务科技成果的使用权、提高成果完成人收益等一系列举措的推动下,科技成果转化的良好氛围基本形成,体制壁垒基本破解,政策效果基本显现。然而,我国高校专利技术转移的效果仍不理想,以下问题依旧突出:其一,高校专利技术转移的统计数据主要以技术转移合同为主,整体的转移效率仍不高;其二,科技中介服务并没有在技术转移中发挥应有的作用;其三,企业的主体作用不明显,社会资本参与不积极。这些问题并不完全是由制度因素决定的,更多的是由专利技术转移的风险特点决定的。高校在管理制度上缺少风险的防火墙,高校和发明人在进行专利技术转移时无法确定有效边界,即使被赋予了更多的自主权也放不开手脚,例如调查问卷显示高校教师对亲自创办和经营企业都有较大顾虑。❷ 此外,企业、社会资本和中介机构也要承担巨大的风险,没有有效的风险防控措施,很难调动它们参与的积极性。例如,从所在单位合同额500万元以上的专利技术转移来看,基本都是在专利技术转移之前就已经与企业有了深入地合作,在风险水平比较低的情况下成功的。

---

* 本文系国家知识产权战略实施研究基地专项项目"高校专利技术转移风险研究"成果,课题负责人:林德明;课题组成员:韩瑛瑛、董伶俐、郝涛、贾旭;执笔人:林德明、韩瑛瑛。本文部分成果已投稿相关期刊。

❶ 贺德方. 对科技成果及科技成果转化若干基本概念的辨析与思考[J]. 中国软科学,2011(11):1-7.

❷ 高锡荣,张钟昱. 高校教师的成果转化意识及其结构效应分析[J]. 科学学研究,2009,27(12):1877-1884.

目前，高校专利技术转移越来越受到各界的广泛关注，破解高校专利技术转移过程中的诸多问题也逐渐成为学术界的关注热点和研究前沿。周凤华、朱雪忠（2007年）认为研发人员的质量是高校专利技术转移的主要决定性因素。❶ Feng H I、Chen C S 等（2012年）认为技术转移办公室的社会关系资本越大，转移效率越高。❷ 概括来看，国内的研究普遍将高校专利技术转移的制约因素归结为政策限制、激励政策不足、专利申请质量不高等因素，国外学者普遍关注与产业界的联系、技术转移办公室、市场激励措施、技术转移具体阶段、技术转移服务团队等市场因素。此外，通过对国内外文献的大量检索发现，关于高校专利技术转移的风险识别和风险评估的研究并不多，主要是从指标体系出发展开研究，缺少对风险的形成机理和风险扩散的动力学机制等内在机理的探讨。李攀艺、蒲勇健（2007年）揭示出道德风险可能导致高校专利转化的低效❸；王立英、董兴林等（2008年）结合风险评价方法建立专利技术转移的模糊综合评价量化模型❹；Dechenaux、Thursby 等（2011年）认为道德风险、风险共享以及逆向选择都会对大学的发明许可产生影响❺。总的来看，国内外以高校专利技术转移为主题的文献并不多，对于高校专利技术转移风险的研究更是凤毛麟角，研究成果比较分散，总体没有形成系统的体系。在研究方法的选择上，实证研究是采用最多的方式，以高校为视角的理论研究明显不足，缺少对高校技术转移基本规律的理论研究作支撑。

总的来看，随着高校专利技术转移制度障碍的逐渐破解，风险带来的制约被日益凸显出来，成为亟须解决的瓶颈问题。针对这一问题，本文在高校专利技术转移风险系统分析的基础上，运用扎根理论识别出高校专利技术转移过程中的法律风险、技术风险和经济风险，明确不同类别下的风险内容及其作用机理，进一步采取层次分析法对风险因素进行定量评估，最后针对不同风险提出相应的风险防控举措建议，从而进一步深化高校专利技术转移的理论认识，反哺高校专利技术转移的管理实践，为促进高校的科技成果转化提供有益的参考。

---

❶ 周凤华，朱雪忠. 资源因素与大学技术转移绩效研究 [J]. 研究与发展管理，2007（5）：87-94.
❷ FENG H I, CHEN C S, WANG C H, et al. The role of intellectual capital and university technology transfer offices in university – based technology transfer [J]. Service Industries Journal, 2012, 32 (6): 899-917.
❸ 李攀艺，蒲勇健. 基于道德风险的高校专利许可契约研究 [J]. 科研管理，2007（5）：150-155, 177.
❹ 王立英，董兴林，马媛，等. 高校科技成果转化过程中的风险识别与度量 [J]. 科技管理研究，2008（6）：186-188.
❺ DECHENAUX E, THURSBY J, THURSBY M. Inventor moral hazard in university licensing: the role of contracts [J]. Research Policy, 2011, 40 (1): 94-104.

一、高校专利技术转移风险

专利技术的自身特点以及多元主体的参与决定了高校的专利技术转移是一项收益与风险并存的复杂系统工程，最集中的体现是高校专利技术转移的涌现性、复杂性与不确定性。

首先，涌现性体现在高校专利技术转移由出让方（高校）、受让方（企业）、发明人（科研人员）、中间方（风险投资、中介机构等）等多元主体参与协作，由知识、市场、资金等各个系统要素聚集交互完成，主体行为通过要素聚集达到技术转移的目标。系统中主体的行为，要素的变化都会对技术转移结果产生非常大的影响。

其次，复杂性体现在高校专利技术转移的各个参与者和要素之间存在典型的非线性关系。专利技术不同于普通商品，其作为一种无形资产很难通过人为的介绍或直接的观察对其实现全面了解，专利技术的交易双方因此往往存在交易标的信息上的不对称性。参与技术转移的个体具有多样性，其价值取向、行为准则、工作目标都有所区别，需要在技术转移的管理机制上协调控制。

最后，不确定性体现在高校专利技术转移面对着众多不确定性因素的影响，无论是政策、科研团队，还是市场环境、技术条件、资金投入等。这些因素都可能导致技术转移的中断、失败，从而达不到预期转移目标，而且一项专利技术从试制、中试、产品到产业化将经历一段艰辛而漫长的历程，在各个转移的环节中也存在诸多不确定性。

因此，涌现性、复杂性与不确定性这些基本属性决定了高校专利技术转移具有非常高的风险。例如高校承担着定价不准确、关联交易、国有资产流失等管理方面的风险，发明人承担着技术不成熟、疏忽引起的职务过失等研发方面的风险，企业承担着实施成本高、配套技术不完善等实施方面的风险。这些风险都严重制约着高校的专利技术转移。也就是说，高校专利技术转移风险是由专利技术自身特点和技术转移活动规律决定的。

将高校专利技术转移过程看成是围绕专利技术，高校（出让方）、企业（受让方）以及相关利益主体相互联系、相互作用的系统，基于系统的视角从元素到整体的涌现性出发，梳理高校专利技术转移过程中的各个主体、客体以及相关利益者的价值标准、行为准则以及它们之间的内在联系。鉴于此，对高校专利技术转移风险给出以下定义：在专利技术转移过程中，由高校、发明人、受让方、实施条件、资金投入等内外部因素存在的不确定性所导致的技术转移中止、撤销、失败，或达不到预期的经济技术指标的可能性及其潜在损失的大小。

概括来看，高校专利技术转移能否达到转移目标受到内部因素、外部环境等多方面因素的影响（参见图1）。这些风险源来自于高校、中介机构、企业等各类专利技术转移的主体，以及专利、资金等客体，而且渗透在技术转移的全过程中，例如转移发生前的技术新颖性、技术伦理等风险所诱发的转移撤回，转移过程中的关联交易风险、契约风险、道德风险等所引起的转移终止，转化完成后的投资规模、实施成本、收益分配等所导致的后续转移价值实现的中断。这些风险既存在于出让方的政策、法律、文化等外部环境，也存在于管理制度、科研人员、科研平台等内部机制，以及受让方的技术吸收能力、风险投资等方面。此外，高校专利技术转移的风险源又与专利技术的自身特点密不可分，涉及法律、技术和经济。

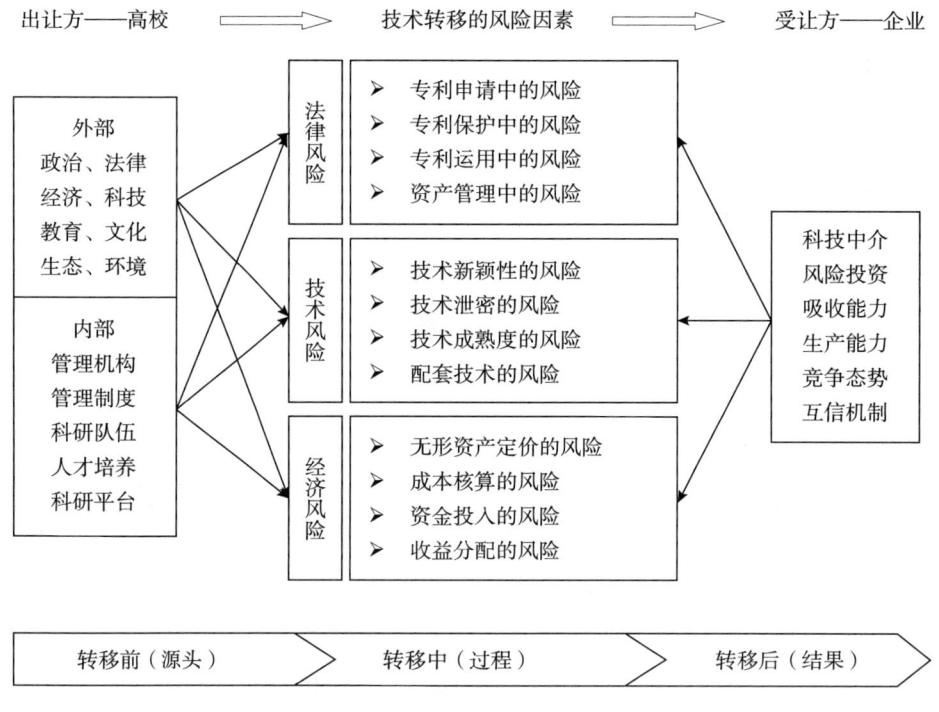

图1　高校专利技术转移风险的影响因素

综合以上分析，本文从理论分析入手，全面认识高校专利技术转移风险的规律与特性，系统分析高校专利技术转移的风险因素，主要是从高校专利技术转移风险中的法律风险如专利申请中的风险、专利保护中的风险等，技术风险如技术新颖性、技术泄密及技术成熟度风险,经济风险如无形资产定价、成本核算和资金投入等风险这三个方面进行分析,分别构建风险识别的方法体系与管理机制、风险评估的方法体系与管理机制,以及风险防控的方法体系与管理机制,从而形成高校专利技术转移的风险管理方案。

二、高校专利技术转移的风险识别

(一)研究方法

目前国内外关于高校管理技术转移的研究多采用实证分析方法,缺少对高校的实地调研、问卷调查与专家访谈。本文从理论分析入手,深入高校开展调查研究,采用扎根理论方法系统地分析识别高校专利技术转移的风险。

扎根理论方法从经验资料的基础上建立理论,可以直接从实际观察入手,从原始资料中归纳出经验概括,然后上升到系统的理论。[1] 按照扎根理论的操作程序,遵循理论抽样、反复检验等扎根研究准则,直接从相关人员的访谈获取观点,以人工编码为主,通过对访谈资料进行开放式编码、主轴式编码和选择性编码分析,完成产生概念、生成理论、构建理论的过程,识别出高校专利技术转移的风险,具体操作流程如图2所示。

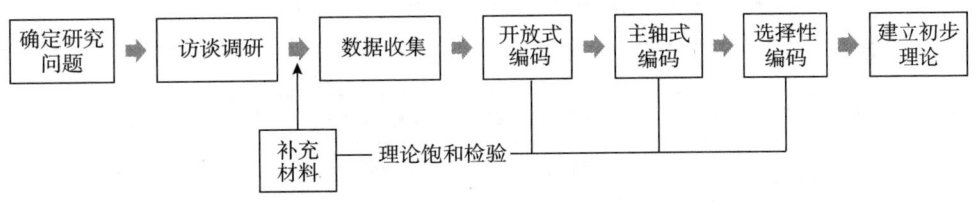

图2 扎根理论操作流程图

(二)样本选择

受访者来自于"双一流"高校的专利技术转移参与人员(管理部门、科研团队、受让企业),共选取了35位受访者为样本,包括管理部门5人,科研人员20人,其他专利代理和服务机构5人,企业管理人员5人。样本受访者都是硕士以上

---

[1] 科宾,施特劳斯. 质性研究的基础:形成扎根理论的程序与技术:第3版[M]. 朱光明,译. 重庆:重庆大学出版社,2015:4-8.

学历,从事专利技术转移相关工作年限从几年到十几年不等。访谈的内容主要集中于受访者认为在高校专利技术转移过程中可能存在风险的因素,主要的问题涉及:所在单位相关科技成果转化制度是否完善?如何评估专利的价值?是否在转移过程中邀请专门的评估机构?等等。访谈前告知对方具体的访谈内容。访谈时,不仅要了解受访者对所提问题的直接回答,而且要根据访谈进度、效果与访谈重点进一步追踪提问,在访谈结束时记录好访谈者所述内容,有效排除不诚实回答及冲动作答。

(三)访谈资料三级编码

通过深入访谈,我们获得了 35 份访谈记录。在第一轮访谈结束之后,对访谈记录进行了核查,以确保选择的访谈对象反映高校专利技术转移的真实性。以 30 份访谈记录作为原始编码分析材料,运用扎根理论识别高校专利技术转移风险。其余 5 份访谈记录作为扎根理论鉴定结果的理论饱和测试材料,并作为鉴定和汇总结果重新验证的依据。

首先,对访谈原始资料进行开放式编码,对访谈原始内容进行分析、提取、编码、标注、逐句登录,确定概念类别。访谈结束后,我们整理了 1000 多个原创句子和相应的初始概念。从数据中抽象出 21 个概念类别(a1~a21)(参见表1)。为了避免理解偏差,尽量使用受访者原话提炼范畴。

表 1 通过开放式编码导出的概念和类别

编号	类别	概　念
a1 级	专利有效期的风险	在专利的剩余有效期内无法获得足够多的收益
a2 级	无效的风险	可能由于专利本身的实质条件不足,专利权的部分或全部无效
a3 级	技术成熟度的风险	由于环境变化,难以对科技成果的创新作出完全的预测
a4 级	技术新颖性的风险	市场对新事物有一个适应过程,技术诞生初期并不容易被市场接纳
a5 级	技术可转移价值的风险	技术从实验室走向市场中转移价值的可实现性,新产品可能不被客户接受
a6 级	学术道德失范的风险	科学研究中存在道德规范的问题,例如数据造假、抄袭等
a7 级	成果归属的风险	科技人员以研发专利为由将转移所得占为己有

续表

编号	类别	概念
a8 级	国有资产保值增值的风险	评估不当,科技成果发生了贬值;负责人滥用职权或者玩忽职守
a9 级	无形资产定价的风险	科研技术人员对市场的把握不足,可能导致低价转让;尚无政策明确严格的资产评估手续
a10 级	成本核算的风险	难以对转移过程中的实际支出进行准确计算
a11 级	资金投入的风险	资金不足导致转化受阻,比如大多数高校没有足够资金组织中间试验,而企业投入不足,后续配套服务不到位
a12 级	合同中的道德风险	信息不对称可能导致一方利用信息优势进行欺诈
a13 级	技术泄密的风险	转移过程中技术可能被泄密且被盗用
a14 级	配套技术的风险	配套技术的滞后会影响技术转移效果
a15 级	关联交易的风险	关联交易方有可能使交易的价格、方式等在非竞争的条件下出现不公正情况
a16 级	竞争情报获取的风险	企业及时准确掌握市场信息的能力不够
a17 级	中介业务能力不足的风险	中介服务不够严谨,不够专业
a18 级	被侵权的风险	侵权界定困难
a19 级	净收益分配的风险	对技术转移奖励分配标准的把握是否严格,团队内部分配有争议
a20 级	证据保存的风险	专利权人前期证据资料保全不足可能在侵犯专利权纠纷案件中引发严重的法律后果
a21 级	技术吸收能力的风险	受让方自身能力不足导致技术吸收效果不好

其次,进行主轴式编码,主要任务就是发现和建立概念类属之间的各种联系。这些联系可以是因果关系、时间先后关系、语义关系等,在开放式编码的基础上可以得到更严格的主分类。根据不同范畴之间的内在联系,我们将它们重新分类,从而得到"法律风险""技术风险""经济风险"三大类风险。

最后,进行选择性编码,在所有已发现的概念类属中经过系统的分析以后选择一个"核心类属",该核心类属必须在与其他类属的比较中一再被证明具有统领性,通过分析各主范畴之间的关系,对范畴之间的反复比对可概括高校专利技术转移风险内容的法律、技术、经济三个方面(参见表2)。在编码过程中,我们与专家讨论了理论和实践情况,以避免主观偏见和预先确定的结论。

表2 通过选择性编码导出的类别

编号	主要类别	类别	频率/次	百分比/%
A1级	法律风险	a1 专利有效期的风险、a2 无效的风险、a6 学术道德失范的风险、a7 成果归属的风险、a12 合同中的道德风险、a18 被侵权的风险、a20 证据保存的风险	101	34%
A2级	技术风险	a3 技术成熟度的风险、a4 技术新颖性的风险、a5 技术可转移价值的风险、a13 技术泄密的风险、a14 配套技术的风险、a21 技术吸收能力的风险	131	51%
A3级	经济风险	a8 国有资产保值增值的风险、a9 无形资产定价的风险、a10 成本核算的风险、a11 资金投入的风险、a15 关联交易的风险、a16 竞争情报获取的风险、a17 中介业务能力不足的风险、a19 净收益分配的风险	78	16%

在完成上面编码之后,再进行理论饱和性检验。随机选择高校未参加访谈的5名教师继续进行深入访谈,并对谈话内容依次进行开放式编码、主轴式编码、选择性编码,该过程没有引入新的类别,表明模型饱和。

(四) 风险识别结果和模型解释

通过对访谈数据的开放式编码、主轴式编码、选择性编码和理论饱和检验,一共可以识别出高校技术转移的21个风险内容。按照"法律风险—技术风险—经济风险"(y轴),技术转移的过程(x轴)构建了高校专利技术转移风险的二维模型,如图3所示,其中的一些风险可能贯穿于技术转移的整个过程。具体的高校专利技术转移风险包括以下三点。

1. 高校专利技术转移的法律风险

法律风险贯穿于高校专利技术转移的整个过程中,具体包括:专利转移发生前的专利有效期的风险、无效的风险、学术道德失范的风险、专利成果归属的风险,以及转移过程中签署合同的道德风险,转移完成后专利被侵权的风险、证据保存的风险。根据2020年修正的《中华人民共和国专利法》规定,发明专利权的期限为20年,实用新型专利权为10年,外观设计专利权为15年,超过这些期限,发明和

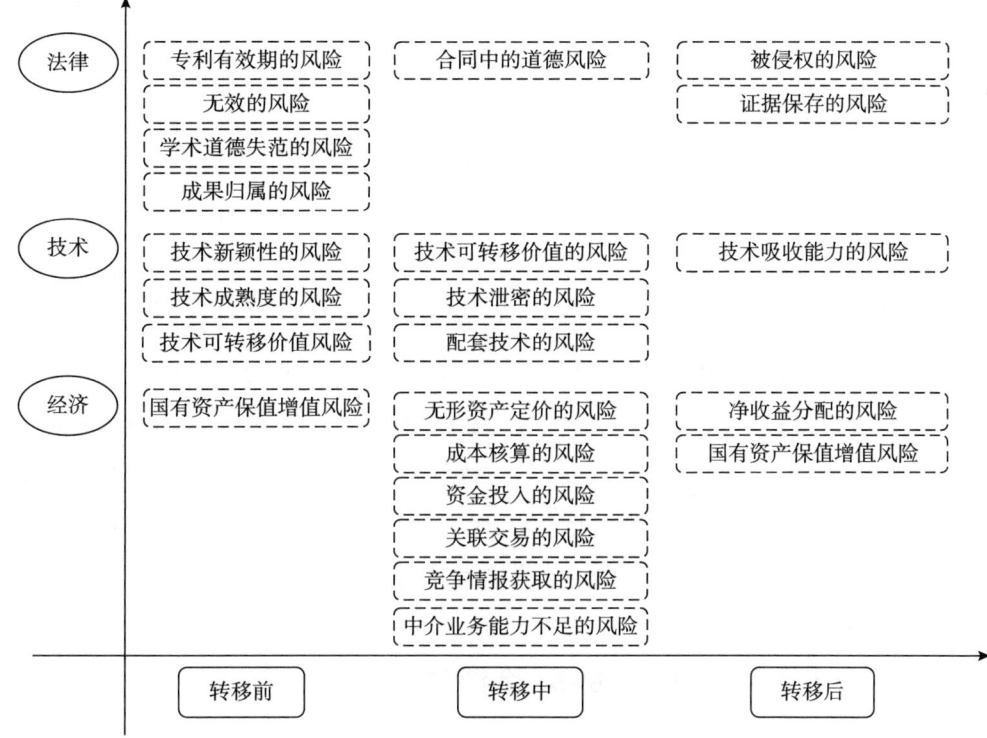

图 3　高校专利技术转移风险模型

技术创新将被置于公众领域，在剩余有效期内未必能够获得足够多的收益，并且技术转移需考虑专利被授权后在行使权利的过程中被无效的可能性。此外，在专利技术转移完成后，一项专利有可能被别的专利侵权，能否较容易地判断出该专利被侵权，直接关系受让人的权益，而且出让方可能存在的学术道德失范对专利技术转移也可能产生巨大的负面影响。

2. 高校专利技术转移的技术风险

高校专利技术转移的技术风险是专利转移过程中由技术本身的特点所导致的转移风险，具体包括：专利转移发生前的技术成熟度风险、技术新颖性的风险、技术可转移价值的风险，转移过程中技术可转移价值的风险、技术泄密的风险、配套技术的风险，转移完成后技术吸收能力的风险。在技术成果的构思和产生阶段很难对成果中技术的适应性、先进性和收益性作出准确的预测。具备新颖性的专利在技术转化过程中处于绝对优势地位，但同样也会受到一定的阻碍。市场对新事物有一个适应过程，技术在诞生初期并不容易被市场接纳。加上技术受让方可能因为管理制度不完善、资金支持力度不足、技术条件尚未成形等因素导致技术吸收能力不足，不能很好地吸收专利技术。此外，专利技术转移往往需要其他相关技术或工艺过程的支持，企业是否拥有必要的配套技术将新技术成功整合到现有系统中，这也是影响技术转移成败的一个关键因素。

3. 高校专利技术转移的经济风险

高校专利技术转移的经济风险是能否完成的关键核心因素，具体包括：转移前的国有资产保值增值风险，转移中的无形资产定价风险、成本核算风险、资金投入风险、关联交易风险、竞争情报获取风险、中介业务能力不足风险等，转移后的净收益分配风险等。科研人员往往多专注于专业领域的科学技术研究，对市场的把握明显不足，加上高校作为出让方难以对知识产权的实际支出进行准确计算，可能导致低价转让。在转移过程中，可能面临资金投入不足导致转化失败的投入风险，中介服务不够严谨、不够专业，导致转让双方无法充分、及时掌握市场信息。在转移完成之后，对成果奖励分配标准的把握不严格、评估不当可能使技术成果发生贬值，甚至引起科研团队内部的矛盾，导致技术转移失败。

三、高校专利技术转移的风险评估

（一）风险评估的指标

结合前面风险因素的分析，从法律风险、技术风险、经济风险三个方面对所有的二级指标和三级指标进行了系统全面的分析梳理，构建了评价指标体系。其主要分为三个层次，一级指标为法律风险、技术风险和经济风险，二级指标为各个专利技术转移的风险因素，三级指标为表达这些风险因素的、可以获取数据并进行打分评价的具体指标。

从定性与定量相结合的角度，分析适合高校专利技术转移风险的分级分类的各个指标。针对法律风险指标的评估，对专利有效期的风险用专利技术的剩余有效时间衡量，对无效风险从专利技术的法律稳定性方面进行分析，对被侵权的风险以专利的侵权可判定性进行评估分析，对合同中的道德风险主要看合同的规范性，对成果归属的风险以发明人是否流动进行研究分析，对证据保存的风险主要看数据方案的完整性，对学术道德失范的风险则从发明人学术信誉进行考量。技术风险指标的衡量，考虑到技术转移的专利多为授权专利，从替代技术进行研究分析技术新颖性的风险，对可转移价值的风险通过技术实用性来判断，通过分析技术生命周期来考量技术成熟度的风险，对技术吸收能力的风险则主要考察受让方的能力水平，对技术泄密的风险需要看转移过程中双方保密措施的实施,对技术配套的风险则需要评估配套技术的状况。针对经济风险指标的评价,从定价程序入手分析无形资产定价的风险,对关联交易的风险需要审视尽职调查程序和受让方股权结构,对成本核算风险主要看经费的来源渠道,对国有资产保值增值的风险重点考量市场预期情况,从投入资金的规模和持续性分析资金投入风险,通过衡量发明人结构来评价净收益分配风险,对竞争情报获取风险根据行业竞争分析进行研究,对中介业务能力不足的风险则需通过资质、能力、以往的案例等方面进行综合评价。

(二) 指标权重的计算

基于以上考虑及已有研究结果,评议小组筛选召集从事专利技术转移相关工作的人员等共计 25 人形成。为了避免上下游关系、等级关系、盲目跟随等影响评价客观性的情况发生,按照层次分析法的步骤和要求,根据实际的建设目标、建设准则以及实现目标的措施,从上至下地将每一种因素之间存在的直接关系排列在不同的层次,设计专家打分表。建立高校专利技术转移风险因素目标树,总计分为 3 层,其中目标层为高校专利技术转移风险因素评估,项目层为法律风险因素、技术风险因素、经济风险因素。

层次分析法要求在模型初步建立之后,针对两两元素重要性的程度来对其进行一定的赋值处理,通过这样的方式来创建出相应的判定矩阵,每种元素的赋值需要由从事高校专利技术转移工作的人员以及行业内的专家来确定。选取 1、3、5、7、9 作为两两比较的度量,分别表示同等重要、稍微重要、明显重要、强烈重要、极端重要,通过专家访谈对各指标之间的重要性打分,进而形成判断矩阵。利用判断矩阵按照下面的方法计算各二级指标权重,以及法律风险、技术风险、经济风险三个一级指标的权重,基于此计算高校专利技术转移项目的总得分。

层次分析法常用的权重确定方法有和积法、方根法等。本文使用方根法确定,第 i 个因素的特征向量为:

$$W_i = \frac{\left(\prod_{j=1}^{n} a_{ij}\right)^{\frac{1}{n}}}{\sum_{k=1}^{n}\left(\prod_{j=1}^{n} a_{kj}\right)^{\frac{1}{n}}}$$

矩阵 A 的特征向量: $\overline{W} = (w_1, w_2, \ldots, w_n)^T$,即为各指标的权重。

其中的最大特征根: $\lambda_m = \frac{1}{n} \sum_{i=1}^{n} \frac{(A\overline{W})_i}{W_i}$。

通过计算，得出一级指标法律风险因素、技术风险因素、经济风险因素的权重值；同理，将二级指标的权重计算出来，最后得出二级指标的组合权重（参见表3）。

表3 高校专利技术转移风险因素各级指标权重

一级指标	权重	二级指标	评分依据	权重	组合权重
法律风险	0.171	专利有效期的风险	剩余有效时间	0.173	0.030
		无效的风险	专利的法律稳定性	0.277	0.047
		被侵权的风险	专利的侵权可判定性	0.074	0.013
		合同中的道德风险	合同的规范性	0.074	0.013
		成果归属的风险	发明人是否流动	0.129	0.022
		证据保存的风险	数据方案完整性	0.04	0.007
		学术道德失范的风险	发明人学术信誉	0.233	0.040
技术风险	0.516	技术新颖性的风险	替代技术	0.249	0.128
		技术可转移价值的风险	技术实用性	0.007	0.004
		技术成熟度的风险	技术生命周期	0.104	0.054
		技术吸收能力的风险	受让方技术能力	0.382	0.197
		技术泄密的风险	保密措施	0.038	0.020
		技术配套的风险	配套技术情况	0.22	0.114
经济风险	0.313	无形资产定价的风险	定价程序	0.095	0.030
		关联交易的风险	受让方股权结构	0.236	0.074
		成本核算风险	经费来源	0.004	0.001
		国有资产保值增值的风险	市场预期	0.147	0.046
		资金投入的风险	资金规模与持续性	0.332	0.104
		净收益分配的风险	发明人结构	0.141	0.044
		竞争情报获取的风险	行业竞争态势	0.039	0.012
		中介业务能力不足的风险	中介机构评价	0.006	0.002

注：表中数字均由四舍五入产生，由此产生的误差未作配平处理。

指标初步建立之后，为了防止 A＞B，B＞C，而 C＞A 的逻辑错误出现，需要进行一致性检验，主要通过检测一致性比率（CR）来看。一致性比率主要用来衡量随机因素的影响大小，具体公式为：CR = CI/RI。一般来讲，当 CR＜0.1 时通过一致性检验，权重有效。依次对高校专利技术转移风险矩阵进行一致性分析，均小于0.1，因此，以上三个维度的指标权重是科学合理的，可以应用以上模型对高校专利技术转移项目进行风险评估，风险系数的具体计算公式为：

$$R = \sum_{i=1}^{3} \sum_{j=1}^{n} \alpha_i w_{ij} x_{ij}$$

式中，R 为某一个技术转移项目的风险系数，w_{ij} 为表中所示的权重，x_{ij} 为指标得分。同时，根据权重可以得出结论，在三类一级风险中，技术风险所占的比重最大。在法律风险中，专利无效的风险和学术道德失范的风险最为重要；在技术风险中，技术新颖性的风险和技术吸收能力的风险比重最大；在经济风险中，资金投入的风险和关联交易的风险重要性远高于其他指标，在高校专利技术转移的风险防控工作中应重点关注这些风险。

四、高校专利技术转移的风险防控

深入分析高校专利技术转移所面临的风险，采取相应的策略对其实施有效控制，即适当化解、转移、分散、防范这些风险对于提高专利技术转移成功率有着十分重要的意义。本文针对高校专利技术转移中存在的风险，分别从法律、技术、经济三个维度提出风险防控的措施。

（一）法律方面的风险防控

权属风险的防控。做好专利技术转移前的权属调查工作，包括专利有无权利转移、质押、保全、实施许可或强制许可等，做好高校专利使用权、收益权、处置权的权利治理，理清科技成果的归属，约定清晰成果转化后的收益分配。

合同风险的防控。设计发布高校专利技术转移的合同工具包，为高校专利技术转移合同的订立提供参考和指导。建立事前合同审查机制，对双方是否具有主体资格、代理权限、履约能力、资产状况、内部管理、信用情况等进行全面调查。

技术转移的法律支持。针对高校专利技术转移，构建完善从技术研发、专利申请、技术转移到事后维权的全流程法律支持体系，围绕许可、转让、作价投资、收益分配、兼职和离岗创业等方面细化操作流程和异议处理程序。

尽职调查。针对交易方案合法性、合理性、程序合规性等内容，制定并逐步完善尽职调查报告模板。从技术情况调查、受让方情况调查、价格合理性分析、项目规范性调查等方面开展尽职调查，通过专利信息检索确定标的技术情况，充分运用专利信息服务科技成果处置尽职调查工作。

（二）技术方面的风险防控

技术选题中的风险防控。提高高校教师的问题导向意识，鼓励开展面向产业化的应用研究，大力扶持高校的产学研合作，强化专利导航在技术选题中的运用。

专利技术转移的中试。加强校企合作，组建企业与高校的横向中试平台，以帮助高校更快速地了解市场需求，科研团队更便捷地开展针对性研究。

加强专利信息服务。在高校专利技术转移的全过程中，全面推进专利信息利用。在技术转移之前，做好知识产权评议、专利布局；在技术转移中，做好专利价值分析，做到事前识别风险，事后有效运用，鼓励高校建设专利信息服务系统。

（三）经济方面的风险防控

专利的合理定价。高校专利定价应重点关注定价方式、定价过程、专利成果价格及其计算方式三方面，把握专利交易价格的形成机制。

经营管理的风险防控。有效规范高校教师参与企业经营的行为，既要保证专利技术转移的有序进行，又要保障高校和科研人员等各参与主体的合法权益。

财务管理的风险防控。严格规范财务流程，在登记入账、转移转化、收益分配、审计清查环节实施精细化财务管理，开展对技术买方的违约风险评估，对专利技术转移的支出进行弹性约束，加强对专利技术转移收入的独立管理。

推进专利技术转移的中介服务。扩大高校科技成果转化机构和知识产权运营部门的自主性，完善行业的人才培育机制，进一步提高高校科技成果转化机构以及服务机构的中介服务能力，促进中介服务的差异化、国际化和规范化，加强对中介服务体系运行的规范管理。

结　论

高校专利技术转移的风险已经成为制约科技成果转化效率的瓶颈问题。在深入全面调研访谈的基础上，运用扎根理论的质性研究方法，通过开放式编码、主轴式编码和选择性编码过程，归纳演绎出高校专利技术转移的风险。其中法律风险包括专利剩余有效期的风险、无效的风险、学术道德失范的风险、成果归属的风险、合同中的道德风险、被侵权的风险、证据保存的风险；技术风险包括技术成熟度的风险、技术新颖性的风险、技术可转移价值的风险、技术泄密的风险、配套技术的风险、技术吸收能力的风险；经济风险包括国有资产保值增值的风险、无形资产定价的风险、成本核算的风险、资金投入的风险、关联交易的风险、竞争情报获取的风险、中介业务能力不足的风险、净收益分配的风险。

在归纳高校专利技术转移风险因素的质性研究基础上，进一步利用层次分析法构建高校专利技术转移的风险评估模型，根据权重可以得出三类风险中技术风险占比最大，其中技术新颖性的风险和技术吸收能力的风险比重最大，而在经济风险中，资金投入的风险和关联交易的风险的重要性远高于其他指标。基于此，建议分别从法律、技术、经济三个维度进行风险防控，针对法律风险建立健全高校的专利披露制度，做好专利技术转移前的权属调查，建立全面合同审查机制，构建完善技术转移全流程管理支持体系等；针对技术风险鼓励科研团队以需求为牵引进行技术选题，完善中试平台建设，加强专利信息服务等；针对经济风险，高校应重点关注转移的定价方式，规范高校教师参与企业经营行为，加强精细化财务管理等。

标准中的知识产权问题与对策研究：
世界标准组织政策变化与启示*

习近平总书记在中央政治局第二十五次集体学习时强调"深度参与世界知识产权组织框架下的全球知识产权治理，推动完善知识产权及相关国际规则和标准"。在5G和物联网时代，通信领域、音视频领域产品互联互通成为发展趋势，标准成为业内各大企业争夺的重要战场。近年来全球的标准必要专利许可纠纷频发，我国企业不仅参与其中，甚至屡屡被卷入国际平行诉讼，如华为诉康文森案、小米诉IDC案、无线星球诉华为案、西电捷通诉索尼案等。标准必要专利许可纠纷已经成为各国法院共同面对、互相学习借鉴的热点领域。其中标准必要专利许可费率的计算、禁令救济的条件、许可声明的属性、禁诉令的适用边界等焦点问题不断涌现。本文拟就域内外重要标准组织的相关政策加以梳理，助力推动标准与知识产权相关工作。

一、标准的重要性

国际标准化组织（ISO）在其官网上详细列出了标准带来的三方面益处：第一，企业可以借由标准提高消费者满意度、降低成本、进入新的产品市场等；第二，消费者可以依托标准识别产品或服务的质量、安全程度等；第三，政府部门可以凭借标准拓展全球贸易、获得更多的专家意见等。[1] 考虑到标准在促进经济贸易发展、增进消费者的福祉、便捷政府间的交流与管理等方面有着重要而积极的作用，标准化已经成为产品、服务发展过程中不可避免的趋势。为了提高标准质量，标准的技

---

* 本文基于"重点领域知识产权问题研究"报告之第五章"标准中的知识产权问题与对策研究"形成。子课题负责人：杨正宇；课题组成员：郭壬癸、王轩；执笔人：杨正宇。

[1] ISO. Benefits of standards [EB/OL]. [2022-03-21]. https://www.iso.org/benefits-of-standards.html.

术方案中不可避免地会纳入诸多专利。专利权具有排他属性，标准具有开放性、普适性的特征，两者结合极易引发专利劫持、专利反劫持等行为。近年来，标准必要专利问题在全球引起广泛关注，如小米诉 IDC 案、无线星球诉华为案，西电捷通诉索尼案，苹果诉三星案、华为诉 IDC 案、高通垄断案、爱立信小米专利侵权案、华为诉中兴案等，均展现了标准必要专利的"威力"和许可规则的重要性。

技术标准对产业竞争优势有重要意义，其主要体现在三个方面：

第一，提高技术创新与推广的速度，增强产业市场竞争力。现代产业竞争优势的彰显，很大程度上依赖于核心技术的创新与进步速度。但是技术进步又与技术标准密切相关。技术标准能够促进技术的外溢与普及推广，提升产业的技术水平，使得产业技术与结构能够得以升级，增强产业整体的竞争力。另外，技术标准在加快技术的创新与推广过程中，也影响着企业的盈利能力，并进一步影响企业能够升级的产业链和提升规模，最终影响其产业竞争力。[1] 因为如果某一个企业的产品在设计、采购、实验、生产、销售与服务整个价值链中，都有技术标准予以引导与支撑，那么其产品或服务将能够实现质量的提升和规模效应的达成，从而最大限度满足消费者的需求，进而影响整个产业的技术创新水平。

第二，降低产品成本，促成规模效益。采用技术标准化，一方面，可以促使企业按照技术标准生产产品或者提供服务，使其有着成熟的技术规范作为基础，而技术标准又遵循简化原则和最优原则，因此其产品的生产效率与合格率得到提升，节省了不必要的原材料浪费与其他成本开销，因此可以有效降低产品成本；另一方面，使得技术的后续研发有着成熟的技术基础作为支撑，并且该技术基础信息都已经公开披露，因此技术研发人员节省了查询已有技术方案信息的成本，使得技术开发成本大大降低。另外，技术标准的公开性与指引性，使得企业从事生产时的不确定性大大降低。在生产成本降低的基础上，其生产规模的扩大便有资本支撑，从而形成规模经济。

第三，技术标准可以创造新型生产要素，促进相关产业发展。技术标准化过程就是优化相关产业技术指标、防止产业无序竞争与盲目发展的过程。技术标准制定后，企业在技术标准的指引下，可以有效降低技术研发以及产品或服务的提供成本，使得产业得以有资金投入进行产业结构和技术水平的升级，这个过程又会影响

---

[1] 王博，刘则渊，丁堃，等. 产业技术标准和产业技术发展关系研究：基于专利内容分析的视角[J]. 科学学研究，2016（2）：194-202.

其他相关产业不断创作与升级其企业生产要素，从而能够与之联动发展，进而使得新型生产要素的产生成为可能。[1] 一旦产业出现新型生产要素，如第一次工业革命的蒸汽机、第二次工业革命的电机等，会促使产业生产效率大大提高、产业结构迅速升级，从而使得相关产业得以发展。

二、典型标准组织专利许可政策现状

全球标准制定组织众多，既有如 ISO 般的国际标准制定组织，也有诸如我国的数字音视频编解码技术标准工作组、美国的电信产业联盟等意在服务各国国内的标准制定组织。本文在有限范围内无法罗列、汇总所有标准制定组织的相关政策，因此只能选择其中重要的或具有代表性的标准制定组织的专利许可政策加以总结，进行对比解读。本文选取世界主要标准制定组织的依据主要包括以下五个方面：第一，国际标准制定组织为主，兼顾国内标准制定组织；第二，产业领域集中于通信产业；第三，自发性标准制定组织为主，兼顾监管型标准制定组织；第四，注重有特殊专利许可政策的标准制定组织；第五，在遵照以上四个选择标准的基础上，本部分还关注了一些有特殊政策的标准制定组织，如 USB 3.0 协议要求参与者必须作出免费许可，电信产业联盟要求其成员不得转让标准必要专利等。

（一）专利政策目标

各标准制定组织在制定标准的过程中主要考量技术层面因素，其技术委员会或下设委员会组建的团队的人员不具备解决法律问题的能力，制定过程中也没有专门的环节解决专利入标引发的复杂问题，所以专利许可政策就成为指导标准制定组织解决相关问题的重要文件。各标准制定组织的专利许可政策表现形式多样，包括内部章程（bylaw）、指南（guideline）、流程（procedure）、操作手册（handbook）、知识产权政策（IP policy）等。

标准制定组织发布专门的专利政策，意在指导技术部门解决专利入标引起的复杂纠纷。同时，专利政策需要在促进标准广泛传播与保护专利权人合法权益之间求得平衡[2]，甚至需要在专利权人的权利、实施标准者的收益、技术专家的提议、标

---

[1] 赵志强，胡培战. 技术标准战略、技术贸易壁垒与出口竞争力的关系：基于浙江出口美日欧的实证研究 [J]. 国际贸易问题，2009（10）：79 – 86.

[2] 参见 ETSI Intellectual Property Rights Policy 2017 第 3.1 条。

准制定组织自身发展、消费者福利等多重利益之间作出选择与权衡。❶ 本节选取的标准制定组织及其专利政策的基本信息如表 1 所示。

表 1 24 家标准制定组织及其知识产权政策概况

标准制定组织简称	标准制定组织全称	专利政策文件	专利政策发布年份
ITU/ISO/IEC	国际电信联盟/国际标准制定组织/国际电工委员会	Guidelines for Implementation of the Common Patent Policy for ITU – T/ITU – R/ISO/IEC	2015
IEEE	电气和电子工程师协会	IEEE – SA Standards Board By-laws	2017
ETSI	欧洲电信标准化协会	ETSI Intellectual Property Rights Policy（附件形式）	2017
CEN – CENELEC	欧洲标准化委员会 – 欧洲电工委员会	CEN – CENELEC Guidelines for Implementation of the Common Policy on Patents	2015
ARIB	日本无线工业及商贸联合会	Guidelines for Treatment of Industrial Property Rights in connection with the ARIB Standard	2012
AVS 工作组	中国数字音视频编解码技术标准工作组	《数字音视频编解码技术标准工作组知识产权政策》	2008
DMTF	分布式管理工作组	DMTF Patent and Technology Policy	2001
ECMA	欧洲计算机制造商协会	ECMA Code of Conduct in Patent Matters	2009
PICMG	工业计算机制造集团	The Intellectual Property Policy	
Global Platform	全球平台组织	GLOBALPLATFORM, INC. IPR Policy	2014
IETF	国际互联网工程任务组	Intellectual Property Rights in IETF Technology	2017

---

❶ 参见 ANSI Contribution to Global Standards Collaboration 15 May 2013 GSC17 – IPR WG – 10，网址 www. tta. or. kr/include/Download. jsp? filename = externalDocument/GSC17 – IPR – 10 + ANSI + Activities + Related + to + IPR + and + Standards. doc.

续表

标准制定组织简称	标准制定组织全称	专利政策文件	专利政策发布年份
JEDEC	固态技术协会	JEDEC Manual of Organization and Procedure	2017
OASIS	结构化信息标准促进组织	OASIS Intellectual Property Rights (IPR) Policy	2014
OMA	开放移动联盟	Open Mobile Alliance IPR Procedural Guidelines For OMA Members	2004
Open Group	开放群组	The Open Group Standards Process	2012
SCTE	有线电视工程师协会	Manual of Operating Procedures of the SCTE Standards Program	2016
OSGi Alliance	开放服务网关协议联盟	OSGi Alliance Inc. Intellectual Property Rights Policy	2011
TIA	电信产业联盟	Guidelines to the Telecommunications Industry Association Intellectual Property Rights Policy	2014
TTC	电信技术委员会	Operation Procedures for the Handling of Industrial Property Rights	2007
USB Implementers Forum	USB 实施者论坛	USB 3.0 Adopters Agreement	2015
WiMAX FORUM	WiMAX 论坛	WiMAX FORUM INTELLECTUAL PROPERTY RIGHTS POLICY	2006

（二）标准必要专利定义

如表 2 所示，在统计的 24 家标准制定组织的知识产权政策文件中，除 ECMA、IETF、SCTE 外（TIA 虽没在其指南中直接定义，但其是美国国家标准学会（ANSI）认证的标准制定组织，ANSI 的相关政策中有所规定）均规定了标准必要专利（标准必要知识产权）的基本含义。各标准制定组织在定义标准必要专利时主要采取三种方式，第一种是如 ISO、ARIB、JEDEC 采取的笼统定义基本概念的方式。这几个标准制定组织虽然采取了"属+种差"的常见定义方法，但是认为标准必要专利的特征在于"不可避免被侵权"[1]，没有给出评判"不可避免"的考量因素。第二

---

[1] 参见 Guidelines for Implementation of the Common Patent Policy for ITU–T/ITU–R/ISO/IEC 2015 第 1.2 条、Guidelines for Treatment of Industrial Property Rights in connection with the ARIB Standard 前言部分和 JEDEC Manual of Organization and Procedure 第 8.2.1 条。

种是如 IEEE、ETSI、CEN – CENNELEC 等多数标准制定组织采用的"基本概念+考量因素"的定义方法。各标准制定组织在陈述标准必要专利"不可避免被侵权"这一基本特征的基础上，主要从技术因素或（和）商业因素两方面加以考量。其中，ETSI、OMA 明示其仅考量技术因素而不考虑商业因素（on technical but not commercial grounds）❶；CEN – CENNELEC、AVS 工作组、DMTF、Globle Platform 等标准制定组织虽然明确规定应考量技术因素或"可替代的技术方案"❷，但是并没有明确排除商业因素的影响；TTC、USB Implementers Forum 两家标准制定组织明确表示仅考量商业因素❸；IEEE 则同时考量"商业和技术上的可行性替代方案"（commercially and technically feasible non – infringing alternative implementation method）❹。第三种是如 AVS 工作组、WIMAX FORUM 等采取的"基本概念+考量因素+消极要件"的更为完整的定义方式。如 AVS 工作组的《数字音视频编解码技术标准工作组知识产权政策》在规定了"不可避免侵权+技术因素"之后，又列举了三种不是标准必要权利要求的情形❺；也在"基本概念+仅考量商业因素"后，再增加了四种不构成标准必要权利要求的情形❻。在定义标准必要专利概念方面，各标准制定组织的专利政策还呈现了以下发展趋势。

---

❶ 参见 *ETSI Intellectual Property Rights Policy ANNEX* 6.15 和 *Open Mobile Alliance Application Form*。
❷ 参见 *GLOBALPLATFORM，INC. IPR Policy*。
❸ *Operation Procedures for the Handling of Industrial Property Rights* 中表述为"it is technically avoidable but the choice for that purpose cannot practically be made in terms of cost, performance, etc."；*USB* 3.0 *Adopters Agreement* 中表述为"only when it is not possible to avoid infringing it because there is no commercially plausible non – infringing alternative"；*WiMAX FORUM INTELLECTUAL PROPERTY RIGHTS POLICY* 中表述为"only when there is no commercially practicable way"。
❹ 参见 *IEEE – SA Standards Board Bylaws* 第6.1条。
❺ 这三种情形分别为："（1）不符合上文规定（基本概念）的其他权利要求，即使该权利要求包含在同一件专利中；（2）在最终的 AVS 标准文档中引用或以参考方式包括在内的其他标准中涉及的权利要求；（3）制造或使用符合最终 AVS 标准文档的任何产品、服务及其部分时可能必要，但没有明确地在该标准文档中描述的实现技术。"
❻ 这四种情形分别是："(i) other than those set forth above even if contained in the same patent or patent application as Necessary Claims; or (ii) that are necessarily infringed only by practicing any reference or informational portions of the specification, including any elements that are required only for conformance with any such reference or informational portions; or (iii) covering any enabling technologies that may be necessary to make or use any product or portion thereof that complies with a specification, but are not themselves expressly set forth in a specification (e.g., semiconductor manufacturing technology, basic semiconductor technology, microprocessors, compiler technology, object oriented technology, basic operating system technology, basic network operating system technology, memory chip technology, or the like); or (iv) covering only the implementation of other published specifications not developed by or for the WiMAX Forum, but referred to in the body of a specification, without being required for implementation of any portion of the specification itself."

表2 24家标准制定组织知识产权政策中标准必要专利的定义

标准制定组织简称	是否定义SEP	是否侧重权利要求	是否考量技术要素	是否考量商业要素	判断时间点	备注
ITU/ISO/IEC	是	是	是	未明确	标准通过时	结合指南规定
IEEE	是	是	是	是	标准通过时	规定了消极条件
ETSI	是	未明确	是	否	制定标准时	规定了替代技术的认定
CEN-CENELEC	是	未明确	是	否	制定标准时	
ARIB	是	未明确	是	未明确	未明确	
AVS工作组	是	是	是	是	标准最终发布时	规定了消极条件
DMTF	是	未明确	是	未明确	制定标准时	
ECMA	否					
PICMG	是	未明确	未明确	未明确	未明确	定义为necessary IP
Global Platform	是	是	是	未明确	未明确	
IETF	否					
JEDEC	是	是	未明确	未明确	未明确	规定了消极条件
OASIS	是	是	是	否	标准通过时	豁免完善、测试标准的实施行为
OMA	是	未明确	是	否	未明确	
Open Group	是	未明确	未明确	未明确	未明确	
SCTE	否					
OSGi Alliance	是	是	未明确	未明确	未明确	规定了消极条件
TIA	否					属ANSI认证的标准管理机构
TTC	是	未明确	是	是	未明确	
USB Implementers Forum	是	是	是	未明确	标准完成时	规定了消极条件
WiMAX FORUM	是	是	未明确	是	未明确	规定了消极条件

"权利要求"取代"专利"。在各标准制定组织的最新版知识产权政策中，越来越突出权利要求（claims）而淡化专利（patents）。在本文统计的24家标准制定组织中有10家均采用了"essential claims"或"necessary claims"的表述，替代了

原有的"essential patent"表述，JEDEC 等标准制定组织甚至分别定义了的"essential claims"与"patent"。如此做法可以有效排除掉同一专利下其他非必要的权利要求，精确纳入标准的技术特征与技术要素，也可以使许可费率的计算等问题更加精确。因此，标准必要权利要求应取代标准必要专利，成为研究这一领域问题更为精确的主题表述方式。

细化标准的范围与类型。在定义标准必要专利概念时，既往的专利政策和学术研究主要着眼于"必要性"的认定，鲜有清晰界定"标准"范畴的表述。一个标准制定组织发布的与标准有关的文献包括多种类别，如 ISO 就依据标准提案的表决情况等因素将其分为国际标准、技术说明、公开说明、技术报告四个类别。一些标准制定组织在标准必要专利的定义中明确了标准的范围，如 PICMG 将其细化为标准（standard）和说明（specification）❶，JEDEC 将示例（example）、非规范表述（non-normative）也纳入标准范围内❷，SCTE 更是将标准的范围扩至贡献（contribution）、审查说明（review specification）和最终说明（final specification）等❸。可以说，将更多与制定标准过程中涉及的技术文献纳入其中，已经成为定义标准必要专利概念中"标准"范围的基本趋势。在"标准"的类型方面，各标准制定组织定义的差异性主要体现在对选择性标准的态度方面。如 IEEE 允许将选择性规范纳入概念之中（mandatory or optional portion of a normative clause），Global Platform 则明确将选择性标准排除在其概念之外。❹ 本质来看，标准范围和类别的定义权并不在标准制定组织手中，而是在标准的实施者手中。即无论标准文本是草案还是终本、类别是选择性的还是强制性的，只要实施者采用了这一标准文本，这一文本就成了实施者角度上的确定的标准文本，其中涉及的专利就应当被定义为标准必要专利。而标准制定组织的做法应当是为专利的权利人和实施者提供更多的选择空间，拓展供选的专利文本范围，为标准实施者选择标准规范提供更多可能。如此做法也有利于标准的推广和实施工作，符合标准制定组织的知识产权政策的目标。

拓展"非技术性"考量因素。在统计的 24 家标准制定组织中，其考量标准必要专利"必要性"的因素主要包括技术因素和商业因素，即技术的可实施性、商业

---

❶ PICMG. FAQs [EB/OL]. [2018-04-09]. https://www.picmg.org/about-picmg/frequently-asked-questions/.

❷ 参见 JEDEC Manual of Organization and Procedure 第 8.2.1 条。

❸ 参见 Manual of Operating Procedures of the SCTE Standards Program 第 7.7.1 条。

❹ 原文表述为 "Required Element means any element of a draft Specification or Specification that has not been identified as Optional."

的可行性以及两者的可替代性等方面。除此之外，一些标准制定组织在制定标准过程中还可能考量技术、商业之外的因素，比如 AVS 工作组在知识产权政策中就表示要将积极披露的或许可条件优惠的技术列入优先考虑范畴。❶ 某些标准制定组织的这一做法，将越来越多的非技术要素纳入必要性的考量范围，可以提高专利权人的参与度，本质上也利于标准的推广工作。其实从标准的制定流程来看，技术性要素本就不是各成员表决的唯一考量因素。由于各成员要顾忌自身在未来"贯标"过程中的技术可行性和实施成本，往往需要在技术先进性和成本可控性之间达成平衡，因此最终表决通过的标准文本很难在所有技术层面达到最先进水平，这也成就了海尔等企业"超标准"的产品。如此看来，将越来越多的非技术性因素作为衡量"必要性"的参考要素，可能成为更多标准制定组织在未来的主动选择。

明确判定的时间节点。标准文本处于一个动态变化过程中。以 ISO 为例，其国际标准至少每隔 6 年也要修订一次，故一成不变（once and for all）的认定方式不能反映标准必要专利的动态特征。明确判定的时间节点理应成为认定标准必要专利"必要性"的前提条件。标准的制定需经过准备、提案、表决、公布等诸多环节。统计的标准制定组织中，判定的时间节点有"标准制定时""标准表决时""标准完成时"等不同表述，但本质上的判定时间节点集中于标准表决时，这一点也标志着标准版本的成型。因此，"标注表决时"应当成为判定标准专利必要性的时间节点。值得疑问的是，从标准表决至实施者采用标准仍有一段时间差，考虑到技术的变动性，司法裁判过程中是否应以标准实施时作为考量的时间节点？

（三）标准必要专利披露要求

专利披露条款是各标准制定组织知识产权政策中重要的条款之一。专利入标事项之所以会引发复杂的法律问题，是因为标准的广泛性与专利权私权属性之间的矛盾，以及由此可能引发的专利劫持（hold-up）、反向劫持等问题。及时披露标准文本中可能涉及的专利信息可以尽早明晰标准中可能涉及的专利情况，对于标准制定组织评估标准文本、技术人员研发周边技术、潜在实施人评估实施成本等方面均具有重大意义。与此同时，专利披露条款和专利许可条款又是紧密相关的，标准制

---

❶ 《数字音视频编解码技术标准工作组知识产权政策》第九条规定："专题组在权衡技术性能和实施成本实质性相同的竞争性提案时将采用以下规则：1. 在相关的专利披露中没有包含潜在的必要权利要求的提案，或者有关潜在的必要权利要求适用 RAND-RF 的缺省许可义务的提案一般通常应当得到优先考虑；2. 当每个提案都有专利被披露时，专题组将优先考虑承诺提供更优惠许可条件的提案。"

定组织也常要求权利人在披露专利信息的同时明确许可条件。可以说，专利披露的及时性和真实性事关标准制定组织能否高效地在诸多技术方案之间作出选择，甚至关系到未来围绕标准的许可和实施问题产生的相关纠纷。❶ 如果标准披露机制缺位，将导致标准的实施陷入资源利用状态低下的反公有状态，专利运营面临诸多专利埋伏的窘境。❷

在统计的 24 家标准制定组织中，除了 OSGi Alliance、USB Implementers Forum 两家标准制定组织要求参与者必须免费许可其专利而无需专利披露之外❸，其余的 22 家标准制定组织均在其知识产权政策中首先规定了专利披露政策，而且许多标准制定组织的专利披露政策和专利许可政策是一起规定的。诸如 IETF 等标准制定组织还在其知识产权政策中规定了非常详尽的披露程序与披露要求。本部分总结的专利披露政策主要包括披露主体、披露要求、违反披露要求的惩罚等问题，如表 3 所示。

表 3 24 家标准制定组织知识产权政策中的披露要求

标准制定组织简称	是否区分披露主体	成员/参与者披露要求	非组织成员披露要求	披露格式要求	违反披露义务/要求的惩罚	备注
ITU/ISO/IEC	是	应当尽早披露	鼓励尽早披露	Declaration Form	未明确	标准表决后也可披露
IEEE	未明确	权利人应尽早合理披露	未明确	Letter of Assurance（LOA）	未明确	表决前披露；表决后可以提交 LOA
ETSI	未明确	合理、善意、及时披露	未明确	Written Statement	违约责任	
CEN - CENELEC	是	应当善意、尽力尽早披露	鼓励及时披露	Declaration Form		标准通过后也可披露
ARIB	是	权利人应当披露	未明确	Confirmation Forms	未明确	
AVS 工作组	是	应当诚信、及时披露	未明确	Licensing Statement	未明确	披露情况与许可条件相关

---

❶ 赵启杉，黄良才．技术标准中的事先披露原则：VITA 新专利政策介评［J］．电子知识产权，2007（6）：23 - 27.

❷ 张平，张小林，何怀文．技术标准化中知识产权披露机制研究：以 3G 产业为背景［M］//张平．网络法律评论：第 9 卷．北京：北京大学出版社，2008：3 - 20.

❸ 参见 *OSGi Alliance Inc. Intellectual Property Rights Policy* 第 2 条和 *USB 3.0 Adopters Agreement* 第 2 条。

续表

标准制定组织简称	是否区分披露主体	成员/参与者披露要求	非组织成员披露要求	披露格式要求	违反披露义务/要求的惩罚	备注
DMTF	是	应当在提交草案前披露	未明确	Statement	未明确	
ECMA	是	应当披露	鼓励披露	Patent Statement and Licensing Declaration Form	未明确	成员应在表决2周前披露
PICMG	是	应当披露	鼓励披露			披露成员所知范围即可
Global Platform	是	应当披露	非成员可提案，未明确披露问题	Response Form	视为作出免费许可承诺	区分参与的成员和未参与成员
IETF	是	应当披露	鼓励非成员披露	Information Form	违反政策，实施者可以主张救济，该组织也会作出处罚	未披露后果针对贡献者和实施者；未参与者可在未来披露
JEDEC	是	制定标准委员会成员和参与方有披露义务；鼓励其他成员或代表披露	未明确	声明表或拒绝通知	不提交视为同意RAND条件许可；违反政策将受到组织处罚	披露是以专利为单位，而非权利要求；政策也适用于事后披露
OASIS	是	技术组成员有披露义务；鼓励其他成员披露	未明确	书面署名	未明确	
OMA	是	成员有及时披露义务	鼓励非成员披露	Declaration（区分成员与否）	未明确	

续表

标准制定组织简称	是否区分披露主体	成员/参与者披露要求	非组织成员披露要求	披露格式要求	违反披露义务/要求的惩罚	备注
Open Group	是	贡献者和参与个人必须合理、尽早披露	鼓励第三人尽早披露	包括电子和口头在内的任何形式	贡献者和参与者视为违约	
SCTE	是	成员有披露义务	未明确	Patent Statement	未明确	收到的声明需转发给ANSI
OSGi Alliance	未明确					贡献者须免费许可,不需披露
TIA	未明确					鼓励尽早、自愿披露;三步披露法
TTC	是	成员和工作组成员应当尽早披露	组织外权利人在接到通知后当披露	Licensing Statement	未明确	
USB Implementers Forum	否					参与者须免费许可
WiMAX FORUM	是	强烈鼓励尽早披露	未明确	Written Statement	未明确	

(四)标准必要专利许可声明

在明确了披露专利信息义务之后,标准制定组织知识产权政策的另一个重要内容就是促进标准必要专利贯彻实施,尽早明确许可条件就是其中最重要的部分,也是整个知识产权政策中最核心的部分。在统计的 24 家标准制定组织的知识产权政策中,除 IETF、TIA 对权利人明确专利许可条件持鼓励态度外,其余各家标准制定组织均要求权利人提交许可声明,及时明确其许可条件,如表 4 所示。如上文所述,很多标准制定组织的专利披露声明和许可声明是一起提交的。

表4 24家标准制定组织知识产权政策中有关许可声明规定

标准制定组织简称	是否提交声明	声明性质	声明是否可撤销	其他条件
ITU/ISO/IEC	是	要约邀请（许可意愿）	否	可附加专利确认信息
IEEE	是	要约邀请（许可意愿）	否	不超过定额费率承诺、许可模板、具体许可条件
ETSI	是	未明确	否	可调查许可条件
CEN – CENELEC	是	要约邀请（许可意愿）	否	
ARIB	是	未明确	未明确	
AVS工作组	是	承诺（达成协议明确缺省许可义务）	否	许可条件与参与度相关，可增加其他条件
DMTF	是	要约邀请（许可意愿）	未明确	
ECMA	是	要约邀请（FRAND为缺省许可）	未明确	不可附加或修改声明之外的条件，标准通过后也可承诺
PICMG	是	承诺（产生许可义务）	未明确	同意加入组织即代表同意RAND许可
Global Platform	是	要约邀请（许可意愿）	否	四种许可模式
IETF	鼓励但不强制	要约邀请（许可意愿）	否	
JEDEC	是	承诺（委员会成员的参与条件是RAND许可）	会员资格终止后不适用新标准	
OASIS	是	承诺（参加技术委员会表明同意RAND许可）	否	受益人可以不是组织成员
OMA	是	承诺（产生许可义务）	否	不同意许可需及时通知
Open Group	是	未明确	未明确	不强制要求披露许可信息
SCTE	是	要约邀请（许可意愿）	未明确	
OSGi Alliance	是	承诺（现有标准）& 要约（同意适用于未来标准版本）	终止成员资格前不可	贡献者和参与者必须免费许可

续表

标准制定组织简称	是否提交声明	声明性质	声明是否可撤销	其他条件
TIA	不要求权利人主动声明；但被TIA员工或第三人发现的，权利人当作出声明	要约邀请（许可意愿）	否	许可条件由双方谈判，法院裁定
TTC	是	要约邀请（许可意愿）	未明确	与其他权利人对等许可
USB Implementers Forum	是	承诺（参加协议即视为同意免费许可）	提前21天通知可撤销	协议外无许可、诚信交易等规定
WiMAX FORUM	是	承诺（成为组织成员条件）	未明确	非成员获得许可需同意互惠条件

（五）许可声明的性质

因为本部分统计的标准制定组织多为自发形成的通信产业标准制定组织，与权利人之间不具有行政法律关系，所以对于许可声明性质的讨论也主要存在于合同法中的要约邀请、要约、承诺三个方面。

从表4中的统计可以看出，24家标准制定组织中有12家的知识产权政策中认为许可声明应当被定性为要约邀请，即提交许可声明本身仅表明权利人许可专利的意图，并不能以此作为最终的许可条件。如ITU的知识产权政策规定：专利权人通过提交声明，表明了许可相关专利的意愿（willingness）；❶ DMTF的知识产权政策规定：提交许可声明表明权利人愿意给予（be willing to grant）免费或符合FRAND规则的许可；❷ SCTE的知识产权政策规定：提交声明表达依据FRAND规则许可专利的意愿（willingness to grant）；❸ 等等。要约邀请正是表达当事人达成合约意图的行为，其对应预约合同，因此对要约邀请的接受无法成立本约合同。可以看出，多数标准制定组织要求权利人尽早明确许可条件的意图在于为许可双方的谈判工作作

---

❶ 参见 *Guidelines for Implementation of the Common Patent Policy for ITU-T/ITU-R/ISO/IEC* 第4.1条。
❷ 参见 *DMTF Patent and Technology Policy*。
❸ 参见 *Manual of Operating Procedures of the SCTE Standards Program* 第7.7.1.1条。

出铺垫，为促成实质许可条件的达成设定框架。同时，这样的规定也表明标准制定组织并不希望具体介入到权利人与实施者具体的谈判之中，而是将市场的部分交由市场决定，这也与多数标准制定组织的免责声明相契合。

但是，还是有 8 家标准制定组织的知识产权政策对专利许可声明作了进一步规定，将许可条件由意愿推进至要约甚至承诺，许可声明的性质也就从预约合同推进到本约合同。其中，OSGI 的知识产权政策要求应当对现有标准版本的贡献者作出免费许可（each contributor grants…royalty – free licence）❶，但是该声明的许可条件还将适用于将来版本的标准（the same commitment also applies to each future version of the FINAL SPECIFICATION）。可以说，OSGI 组织中权利人作出的声明在对应现有标准和未来标准时，分别具有承诺和要约两种法律属性。即针对现有确定的标准草案，权利人（贡献者）必须依据知识产权政策作出免费许可承诺才能加入该组织，知识产权政策可被视为要约，权利人的许可声明被视为承诺。而因为未来的标准还未制定，对于未来标准的声明仅能视为要约，待未来标准制定时可视为承诺。所以 OSGI 知识产政策中有关许可声明的规定较为特殊，需要区分现有标准和未来标准，分别具有承诺、要约两种法律性质。

除此之外，还有 7 家标准制定组织的知识产权政策中将许可声明的法律性质定性为承诺，即将知识产权政策或组织章程视为要约，将权利人加入组织时同意章程的行为视为承诺。FRAND 规则下许可专利仅是知识产权政策或组织章程中的一个条款，以 FRAND 规则许可专利也就成了各权利人基于加入章程的承诺而产生的义务。如 AVS 工作组的《数字音视频编解码技术标准工作组知识产权政策》第十一条规定："在签署会员协议时，每个会员应该对最终 AVS 标准中采用的任何技术所涉及的该会员及其关联者的必要权利要求确定缺省许可义务"，即以高于缺省许可条件标准许可标准必要专利，应当成为 AVS 工作组成员加入组织承诺时引发的义务之一。尽管该政策第十二条为成员履行缺省许可义务提供了选择，但权利人的许可声明本身实质与其同意知识产权政策的行为合二为一，许可专利只是其履行由此产生的义务而已。再如 JEDEC 的知识产权政策规定，同意以 FRAND 规则许可专利是专利权人获得其成员资格的前提条件❷，加入 JEDEC 这一行为同时也代表着对该

---

❶ 参见 *OSGi Alliance Inc. Intellectual Property Rights Policy* 第 1.2 条。

❷ 原文表述为 "All Committee Members, as a condition of committee membership and participation, agree to Disclose Potentially Essential Patents, as set forth more fully in 8.2.3, and to offer to license their Essential Patent Claims to all Potential Licensees on RAND terms and conditions."

组织知识产权政策的承诺，FRAND 条件的许可同样是基于承诺行为而生的义务。由此可见，在这 7 家标准制定组织中，加入标准制定组织的行为与许可专利的承诺行为是合二为一的，以 FRAND 条件许可专利行为不过是具备成员资格须履行的多重义务之一。

（六）许可规则的具体含义

在统计的 24 家标准制定组织之中，所有标准制定组织的专利政策均明确规定应以 FRAND/RAND 规则许可标准必要专利，多数标准制定组织允许权利人在符合 FRAND 规则的免费许可、支付许可费许可和拒绝许可之间作出选择，但是鲜有标准制定组织明确合理、公平、非歧视三原则的具体含义，Open Group、SCTE 等标准制定组织甚至明确表示不对 FRAND 规则提供具体解释，具体条件交由许可双方协商。❶ 在涉及 FRAND 规则意涵的几个标准制定组织的知识产权政策中，有以下几个问题值得关注，如表 5 所示。

表5　24 家标准制定组织知识产权政策中有关 FRAND 规则内涵的规定

标准制定组织简称	是否明确许可条件	声明中的许可条件	对 FRAND 规则的具体解释
ITU/ISO/IEC	是	FRAND 免费/许可费/拒绝许可	未明确
IEEE	是	RAND 免费/许可费许可	明确了合理的含义
ETSI	是	FRAND 免费/许可费/拒绝许可	未明确
CEN – CENELEC	是	FRAND 免费/许可费/拒绝许可	未明确
ARIB	是	免费许可	无
AVS 工作组	是	FRAND 免费/许可费/拒绝许可	未明确
DMTF	是	FRAND 免费/许可费许可	未明确
ECMA	是	FRAND 免费/许可费/拒绝许可	未明确
PICMG	是	RAND 许可	要求无许可费
Global Platform	是	RAND FREE/OSS/ROYALTY/拒绝许可	未明确

---

❶ 分别参见 *The Open Group Standards Process* 和 *Manual of Operating Procedures of the SCTE Standards Program*。

续表

标准制定组织简称	是否明确许可条件	声明中的许可条件	对 FRAND 规则的具体解释
IETF	是	列举了 FRAND 免费/许可费/拒绝许可	未明确
JEDEC	是	FRAND 免费/许可费/拒绝许可	规定了不必许可的两种情形
OASIS	是	FRAND 免费/许可费/拒绝许可	规定了免除、延期许可的涉诉情形
OMA	是	RAND 许可	未明确
Open Group	是	未明确 RAND 许可之外情形	明确表示不提供具体解释
SCTE	是	未明确 RAND 许可之外情形	明确表示具体条件由许可双方协商
OSGi Alliance	是	贡献者和参与者必须免费许可	实施者起诉可暂停许可义务
TIA	是	许可双方协商的条件应符合 RAND 规则	明确了非歧视规则的含义
TTC	是	RAND 免费/许可费/拒绝许可	明确了权利人之间的对等许可规则
USB Implementers Forum	是	RAND 规则下的免费许可	要求免费许可
WiMAX FORUM	是	RAND 免费/许可费/拒绝许可	未明确

IEEE 规定了"合理"原则的含义。在统计的 24 家标准制定组织中，仅有 IEEE 一家明确了"合理"原则的具体含义。IEEE - SA 委员会的章程中明确了合理费率的衡量原则和考量因素。[1] 该章程的定义中明确规定，合理费率是指能够对专利权人给予实施其标准必要专利的合理补偿，同时排除因专利技术纳入标准而增加的额外价值（appropriate compensation to the patent holder for the practice of an Essential Patent Claim excluding the value, if any, resulting from the inclusion of that Essential Patent Claim's technology in the IEEE Standard）。紧随其后，该定义还给出了考量合理费率的三方面因素，包括：第一，标准必要权利要求所在专利或技术特征的实施价值在其最小可售单元（smallest saleable Compliant Implementation）中的占比；第二，最小可售实施涉案标准必要权利要求的价值在实施所有标准必要权利要求价值

---

[1] 参见 *IEEE - SA Standards Board Bylaws* 第 6.1 条。

中的占比;第三,涵盖涉案标准必要权利要求、对权利人进行充分补偿的现有对比许可,且该许可未受到明示或默示的禁令威胁。可以看出,IEEE 章程中对合理原则与考量因素的阐释是标准制定组织知识产权政策的重大突破,所列的考量因素也借鉴于比较法、top-down 法等计算许可费率的重要方法。

TIA(ANSI)明确"非歧视"原则的含义。TIA 是 ANSI 认可的标准制定组织,其知识产权政策还受到 ANSI 相关政策影响。根据 TIA 2014 年的知识产权政策规定[1],RAND 许可条件的达成交由许可双方自行协商,最终由法院裁定。但是 TIA 的知识产权政策对非歧视原则的含义加以简要明确:"非歧视原则并不表明或暗示应当给予所有实施者相同的许可条件,歧视有别于差异性条件。两个谈判过程和考量因素可能差异很大但都公平。有违非歧视原则的典型例子是权利人拒绝给予竞争者许可,却许可给其他实施者。"TIA 知识产权政策中对非歧视原则的表述并没有从正面回答非歧视原则的基本含义与考量因素,而是重点强调了非歧视原则与差异性许可条件的不同。考量 ANSI 的知识产权政策演进过程可知,非歧视原则是其最早提出的唯一的专利许可原则,其制度原意在于防止专利被垄断性使用,这也应和了 TIA 定义中列举的范例。

TTC 明确了权利人间的"对等"许可原则。标准制定组织的知识产权政策中鲜有对"公平"原则的相关定义,TTC 的知识产权许可声明中明确的对等许可原则可以提供有益借鉴。该许可声明第 3 条在明确符合 FRAND 规则的许可费率后增加了一条对等许可原则,即"如果有其他权利人对许可其标准必要专利提出超出 FRAND 规则的要求,签署本声明的权利人也可以提出不符合 FRAND 规则的许可条件"。[2] 这一对等许可条款与互惠许可类似,强调标准必要专利权利人之间在互相许可时应当彼此遵守公平、平等的原则,且 TTC 的该条款并非像其他标准制定组织的互惠条款那样存在于附加条款之中,属于在公平原则领域的积极尝试。

三、标准组织政策变化趋势及其启示

(一)标准的制定流程"重技术、轻法律"

标准的制定流程是紧密围绕解决技术问题的主题展开的。标准制定过程的提

---

[1] 参见 Guidelines to the Telecommunications Industry Association Intellectual Property Rights Policy 第 5 条。
[2] 参见 Operation Procedures for the Handling of Industrial Property Rights 附件第 3 条。

议、准备、委员会草案、问询草案、通过等多个阶段均会进行阶段文案的传阅与表决工作。这些工作均是围绕标准的技术问题开展的，说明技术原因的否定意见在表决中居于重要地位，不仅要求各方努力消除异议，还会将不同意见的评论编辑成册，充分体现了各方在技术问题上交锋与妥协的过程。但是，标准制定组织在制定标准过程中也充分意识到了纳入专利可能引发的法律纠纷。标准制定组织在标准制定的初始阶段就提倡解决专利入标带来的复杂问题，并贯穿标准制定过程。早在标准制定的提议阶段，《ISO/IEC 共同指南 第一部分》就要求各方尽早提出专利入标可能带来的复杂问题，并在随后的草案环节继续要求解决专利问题。可见标准制定组织是对专利入标带来的复杂问题早有觉察的，也一直提倡各方尽早提出问题。如此也与鼓励专利尽早披露等政策相一致。与之相似，《中华人民共和国标准化法》以一章的内容规定了标准制定的相关问题❶，但是该章内容未涉及专利入标的相关问题。我国立法层面和国际标准制定组织政策在此方面的缺失促使我国司法机关对此积极回应，不仅 2016 年的《最高人民法院关于审理侵犯专利权纠纷案件应用法律若干问题的解释（二）》第二十四条引入了"公平、合理、非歧视"原则，而且北京市高级人民法院、广东省高级人民法院还先后于 2017 年 4 月、2018 年 4 月发布了审理标准必要专利案件的《专利侵权判定指南》和《广东省高级人民法院关于审理标准必要专利纠纷案件的工作指引（试行）》，指引我国法院审判标准必要专利纠纷。

（二）标准制定组织不是裁判专利许可费率的适宜场所

标准制定人员不具备审视标准必要专利法律问题的能力。从预准备阶段和提议阶段的标准制定人员构成可以看出，由技术代表和项目领导负责组建的工作小组中，技术人员居于核心地位，也是构成人员的多数，而没有专门规定纳入法务人员。纵览标准制定的整个流程，专利入标带来的法律问题并非制定标准的核心问题，制定标准的人员不具备解决相关法律问题的能力，标准制定流程也没有设置解决法律问题的专门环节。因此，不能因为标准制定组织制定了相关标准，就理所当然认定其为解决标准专利法律问题的最佳裁判者。技术委员会或下属委员会组建的工作小组是判定专利必要性的技术权威，可以为标准必要专利许可费率的裁判提供专业意见。标准制定组织虽然不一定是裁判标准专利法律问题的最佳场所，但是其

---

❶ 参见《中华人民共和国标准化法》第 10~24 条。

人员确实是标准相关技术问题的权威专家。尤其是技术委员会或下属委员会组建的工作小组，不仅是拟定草案的推动者，而且还参与历次草案传阅和表决流程，熟知技术问题涉及的多方意见。因此，标准制定过程中的技术人员仍然可以参与到有关标准必要专利的诉讼活动之中。

（三）FRAND 解读应立足于反垄断视角

无论是 ANSI 在 1932 年的最初政策，还是 Alcoa 案中 FRAND 规则与专利的初次融合，均处于 Hovenkamp 教授提出的"交替循环"规律中反垄断法居于优势地位的时期。在规则形成之初，FRAND 规则并不着眼于费率计算、禁令救济条件等具体问题，而是标准必要专利许可过程中诚信行为、公平合理交易的"理念图腾"。FRAND 规则的制度初衷在于应对专利等"关键资源"被限制使用而引发的垄断问题，其解释也当应和反垄断背景，符合规制垄断和开放许可的制度目的。回到本文最初提及的解读视域选取问题，FRAND 规则解释的首要理论视域应是反垄断法，随后才是传统民法、知识产权法等。

（四）我国政企各方应当积极参与国际标准的制定工作

在标准制定过程中，参与各方依据参与程度的差异而具备 P 成员、O 成员、L 成员等不同身份。其中，P 成员还具有投票权、提案权、启动系统检查权等多项重要权利，对推进标准的制定与完善工作影响重大。因此我国国家标准化管理委员会的相关人员应当利用好这一机会，积极参与并影响最终的标准文本；企业、学者等群体也可以争取以成员、工作人员、专家等不同身份加入到标准制定过程中，使得最终标准利于我国企业发展、增进我国消费者福祉。

知识产权证券化运行的实践观察、问题反思与前景展望*

在知识经济浪潮下，知识产权的运用与管理已逐渐由应用化、商品化阶段向资本化阶段发展。在应用化与商品化阶段，权利人主要在生产经营中自行使用知识产权以及对外许可，而在资本化阶段，则将知识产权视为一种资本符号，除了与其他生产要素一起直接参与生产经营活动外，知识产权还发挥融资功能，并遵循资本规律增值。在当前不确定的经济时代，知识产权融资的经济重要性与日俱增。❶ 标准普尔500指数中企业知识产权与无形财产价值占比已达90%。❷ 在高收入国家，无形资产投资超过有形资产投资，在经济能力层面作出了重要贡献。❸ 加快以知识产权资本化为核心的知识产权金融发展符合知识产权经济的特点，满足创新型市场主体的融资诉求。知识产权证券化（IPS）是新兴的金融领域❹，兼具拓宽中小企业融资渠道与增加公众投资机会的作用。推动知识产权证券化的发展备受主要经济体和国际组织的关注，世界知识产权组织（WIPO）和联合国国际贸易法委员会等自2002年以来持续推广知识产权证券化。党中央、国务院及相关部委于创新改革、知识产权制度建设等的诸多文件❺中明确加快探索知识产权证券化的规划安排。基于

---

* 本文基于"知识产权金融机制研究"报告形成。课题组负责人：林秀芹；课题组成员：陈俊凯、苏泽儒、罗春阳；执笔人：林秀芹、陈俊凯。

❶ 参见世界知识产权组织于2009年3月10日举办的会议 Information Meeting ON Intellectual Property Financing。

❷ 参见 Ocean Tomo 2021年的无形资产市值研究。

❸ 世界知识产权组织.2013世界知识产权报告：品牌——全球市场上的声誉和形象［R］.日内瓦：世界知识产权组织，2013.

❹ 参见世界知识产权组织、世界中小企业协会（WASME）2003年的中级培训课 Role of IP in Raising Finance。

❺ 包括《中共中央　国务院关于深化体制机制改革加快实施创新驱动发展战略的若干意见》《国务院关于新形势下加快知识产权强国建设的若干意见》《"十三五"国家知识产权保护和运用规划》《国家技术转移体系建设方案》《中共中央　国务院关于支持海南全面深化改革开放的指导意见》《粤港澳大湾区发展规划纲要》《中共中央　国务院关于支持深圳建设中国特色社会主义先行示范区的意见》《2019年深入实施国家知识产权战略 加快建设知识产权强国推进计划》等文件。

中央的政策指引，各地陆续出台了对知识产权证券化开展的激励政策，鼓励首单知识产权证券化项目落地。截至 2021 年 12 月 31 日，全国已发行 66 单知识产权证券化产品，累计发行规模达 182.49 亿元❶，项目所在地区包括北京、广州、深圳、上海、佛山、温州、苏州、烟台、南京、合肥、杭州、台州等城市。目前我国知识产权证券化项目的开展已逐渐由"探索"向"依法依规推进"阶段过渡。

作为科技金融的重要探索领域，知识产权证券化实践至今，项目规模快速扩大，运行模式逐渐成熟，管理体系不断完善，已形成了知识产权售后回租应收租金、知识产权许可应收账款、知识产权二次许可应收许可费、知识产权质押贷款应收本息四种主要运行模式。知识产权证券化作为我国知识产权金融发展的新方向，是加快知识产权强国建设的重要领域。本文将着重关注现阶段我国知识产权证券化运行成效，反思现行发展模式的不足，厘清知识产权证券化的隐含风险，并在借鉴域外知识产权证券化经验的基础上，为我国知识产权证券化的法律保障体系的建设与实践机制的完善提供相关建议。

一、知识产权证券化运行模式的实践考察

知识产权支持证券基础资产为价值波动较大的知识产权及其相关权利，相较于传统资产支持证券而言，知识产权支持证券基础资产的特殊性进一步提高了证券化风险性。整体审视知识产权证券化的运行模式，具体阐述知识产权证券化的运行逻辑，明确不同类型的知识产权证券化模式差异性，对于进一步分析知识产权证券化隐含的法律风险具有重要意义。

（一）知识产权证券化的运行逻辑

1. 知识产权证券化的实践原理

证券化作为一种运用特定等级的资产，以产生可确认、可预测的现金流量作为担保，进行资金筹措的方法❷，受到资本市场的追捧。证券化在基础资产的选定方面较为灵活，任何可预测的收入来源，"无论是来自房屋等有形资产支持的抵押贷

---

❶ 参见北京智慧财富知识产权金融研究院等发布的《全国知识产权证券化项目发行情况分析报告（2021）》。

❷ 谢福源. 智慧财产证券化之创新意义与发展趋势［J］. 智慧财产季刊，2005（54）：42.

款,还是由知识产权等无形资产支持的特许权使用费,都可以证券化"。❶ 知识产权证券化作为资产证券化的一种,以知识产权许可费等特定化的、数额以及支付时间业已确定的现金流作为融资的担保。在操作形式上,由原始权益人将知识产权基础资产通过相应的结构安排对收益与风险要素进行重组、分离,转移给一个特殊目的机构(SPV),而后者基于该底层资产所产生的现金流,发行一种可以出售和流通的权利凭证,从而实现融资的目的。❷ 一般而言,知识产权证券化的构成要件:一是形式上符合资产证券化设计要求;二是基础资产是知识产权及其相关资产;三是该产品能产生可预期的现金流。

2. 知识产权证券化的流程阐述

目前已发行的证券化项目涵盖了著作权、专利权、商标权等主要知识产权类型,其中专利证券化项目数量居多,纯专利证券化项目达到28单,以专利为主同时包含计算机软件著作权的项目为24单。❸ 不同类型知识产权证券化的差异主要为基础资产标的物的差异,从运作流程来看,均与资产证券化类似。具体包括以下五个流程:第一步是构建IPS资产池。实践中,主要以售后回租、二次许可、应收账款、质押贷款等不同的模式产生的许可费为基础,构建资产池。第二步是设计SPV,即通过设置SPV的方式,保证知识产权证券化产品风险与原始权益人风险相隔离,从而规避原始权益人的破产风险。第三步是将基础资产"真实出售"(true sales)给SPV。由知识产权证券化的原始权益人将基础资产转让给特殊目的机构,从而实现资产风险与原始权益人风险分离的目的,并且该转让必须符合法律层面以及会计层面上的"真实出售"要求。第四步是对产品进行信用评级和信用增级。在发行前由信用评级机构对该产品进行内部信用评级,并根据评级结果,兼顾原始权益人需求,采用相应的增级手段,提高该产品的信用级别。第五步是发行知识产权证券化产品以及做好发行后的产品管理。SPV向投资者发行该产品,并将发行所得收入作为向原始权益人购买知识产权资产的对价。

---

❶ RIVETTE K G, KLINE D. Rembrandts in the attic: unlocking the hidden value of patents [M]. Boston: Harvard Business School Press, 2000: 13.
❷ 李建伟教授通过对知识产权证券化实质、过程进行分析,对知识产权证券化定义作出界定。参见:李建伟. 知识产权证券化:理论分析与应用研究 [J]. 知识产权, 2006 (1): 33-39.
❸ 参见北京智慧财富知识产权金融研究院等发布的《全国知识产权证券化项目发行情况分析报告(2021)》。

（二）知识产权证券化的模式比较

1. 知识产权融资租赁模式

知识产权融资租赁模式主要包括售后回租以及二次许可两种模式。融资租赁模式主要围绕知识产权权利人与原始权益人之间的知识产权许可法律关系展开，由权利人采用特定方式将相关权利转让给原始权益人，再由原始权益人许可权利人继续使用相关知识产权。但两种模式的差别在于权利人向原始权益人转让相关权利的操作方式。知识产权售后回租模式采用民法领域常见的售后回租作为知识产权证券化基础资产的来源。知识产权售后回租包括两份合同，即知识产权转让合同与售后回租合同。在转让合同中，知识产权权利人将其名下知识产权转让给融资租赁机构，并获得相应的知识产权转让价款，融资租赁机构依据售后回租合同，许可原知识产权权利人继续使用相关知识产权，而原知识产权权利人则分期支付许可费，并可以在许可使用期结束后回购该知识产权。在二次许可模式中，知识产权权利人与原始权益人主要采用独占许可合同满足现金流的特定化要求，由知识产权权利人将知识产权许可原始权益人使用，原始权益人则一次性支付许可使用费；同时，原始权益人反向许可知识产权权利人使用，并将知识产权权利人分期支付的许可费作为现金流基础发行产品。

2. 知识产权应收账款模式

应收账款模式的核心法律关系是"供应商—保理商"间的保理融资关系：知识产权权利人将相关知识产权应收账款债权让予保理商，申请保理融资，保理商支付相关转让款即可将该债权"真实出售"给专项计划，该计划募集资金后向保理商支付价款。保理的主要功能包括付款担保、应收账款管理与催收、资金融通。[1] 作为现代商业贸易的重要合同形式，《中华人民共和国民法典》（以下简称《民法典》）已实现了保理合同的有名化，同时保理合同作为一种具有担保功能的其他合同，可以纳入动产和权利担保体系。应收账款模式与融资租赁模式虽均以特定化、数额以及支付时间业已确定的知识产权许可费作为基础资产，但应收账款模式涉及知识产权被许可人、知识产权权利人以及原始权益人三个主体。应收账款模式中的现金流来自权利人对外许可，权利人向原始权益人转让该应收账款债权。而在融资租赁模式中，知识产权被许可人即为原知识产权权利人，并未对外许可。

---

[1] 魏冉. 保理的概念及其法律性质之明晰 [J]. 华东政法大学学报，2021 (6)：181.

3. 质押贷款模式

知识产权质押贷款模式的核心法律关系是"知识产权权利人—原始权益人"间的债权债务关系。在质押贷款模式中，知识产权权利人以知识产权作为质押物，从原始权益人处获得对应资金，而原始权益人则将相关债权"真实出售"给SPV，并发行资产证券化产品。知识产权质押贷款模式可以视为传统知识产权质押融资的后续融资渠道，通过知识产权质押证券化，相关借贷机构可以进一步拓宽融资渠道，进一步降低融资风险，例如"平安证券－高新投知识产权1～10号资产支持专项计划"即通过知识产权质押模式发行产品。知识产权权利人作为借款人，以知识产权作为质押担保向高新投小额贷款有限公司借款，高新投小额贷款有限公司以相关质押债权作为基础资产，并将基础资产转让予专项计划，从而获得相应对价。

4. 典型案例

知识产权证券化模式的典型案例如表1所示。

表1 知识产权证券化模式典型案例

模式	现金流来源	典型案例
知识产权应收账款模式	现金流为知识产权被许可人应付许可费	奇艺世纪知识产权供应链金融资产支持专项计划
知识产权售后回租模式	现金流为原知识产权权利人分期支付的许可费	第一创业－文科租赁第一期资产支持专项计划
知识产权二次许可模式	现金流为知识产权权利人分期支付的许可费	南方资本－华泰联合－浦东科创1期知识产权资产支持专项计划（疫情防控ABS）
知识产权质押贷款模式	现金流为知识产权权利人应付借款本息	平安证券－高新投知识产权1～10号资产支持专项计划

注：ABS即资产支持证券。

二、知识产权证券化实践的隐含风险探析

我国知识产权证券化规模不断扩大。基于"积极稳妥发展知识产权金融"的要求，未来知识产权证券化关注点将由量的追求向质的提升转变。通过对我国知识产权证券化运行模式的梳理，发现现阶段我国知识产权证券化主要存在相关运行模式法律风险较大、信息披露机制不完善，以及基础资产违约处置机制不健全等隐含风险。

（一）基础资产构建：部分运作模式存在法律风险

1. 知识产权售后回租模式合法性模糊

知识产权售后回租模式的核心在于依托"知识产权权利人—原始权益人"间的融资租赁关系。知识产权权利人将其名下知识产权转让予原始权益人，并获得转让价款，而原始权益人许可原知识产权权利人使用知识产权，原知识产权权利人分期支付许可使用费，许可使用期结束回购知识产权。这种模式所依托的售后回租合同不论在法律层面还是实务操作上均存在较大风险。在法律层面上，售后回租属于我国融资租赁合同的一种❶，但《民法典》并未将知识产权在内的无形资产作为融资租赁物，并且从相关条款的表述上看，甚至限制了无形资产作为融资租赁物的空间❷。司法实践中，部分司法判决直接否定存在知识产权融资租赁关系。❸ 相关规范性文件也并未将无形资产作为融资租赁物。2005 年出台的《外商投资租赁业管理办法》❹ 首次明确有关无形资产可作为融资租赁标的物，但同时强调附带的无形资产价值不得超过租赁财产价值的 1/2。各地相关融资租赁促进办法虽尝试将无形资产作为融资租赁物❺，但中国银行保险监督管理委员会（以下简称"银保监会"）出台的《融资租赁公司监督管理暂行办法》将融资租赁交易的租赁物确定为固定资产，排除了无形资产作为租赁物的空间，进一步限制了各地对于无形资产融资租赁

---

❶ 《民法典（草案）》第 735 条第 2 款曾就"售后回租"作出了具体规定："承租人将其自有物出卖给出租人，再通过融资租赁合同将租赁物从出租人处租回的，承租人和出卖人系同一人不影响融资租赁合同的成立。"《民法典》正式文本已将该款删除。《最高人民法院关于审理融资租赁合同纠纷案件适用法律问题的解释》（2020 年修正）对"售后回租"模式予以认可。该解释第 2 条规定："承租人将其自有物出卖给出租人，再通过融资租赁合同将租赁物从出租人处租回的，人民法院不应仅以承租人和出卖人系同一人为由认定不构成融资租赁法律关系。"

❷ 《民法典》第 750 条第 2 款："承租人应当履行占有租赁物期间的维修义务。"

❸ 在浩瀚（上海）融资租赁有限公司与上海皆悦文化影视传媒股份有限公司、程某融资租赁合同纠纷一审民事判决书 [（2019）沪 0115 民初 13365 号] 中，法院认为以著作权为租赁物的"融资租赁合同"不构成融资租赁合同关系："本案中，原告与被告皆悦文化传媒公司签订的《售后回租合同》的性质应属于借贷合同，原告已履行其出借资金义务，被告皆悦文化传媒公司未归还原告借款，显属违约，应承担相应还款责任。"

❹ 该办法于 2015 年修正，但现已失效。

❺ 如《北京市服务业扩大开放综合试点实施方案》提出"试点著作权、专利权、商标权等无形文化资产的融资租赁"。《广州市构建现代金融服务体系三年行动计划（2016—2018 年）》提出"推动文化融资担保、文化融资租赁、文化小额贷款、文化投资基金、文化信托、文化保险等集聚发展"。《厦门市融资租赁公司监督管理指引（试行）》第 15 条规定："融资租赁公司开展融资租赁业务应当以权属清晰、真实存在且能够产生收益的租赁物（包括固定资产和无形资产）为载体。融资租赁公司不得接受已设置抵押、权属存在争议、已被司法机关查封、扣押的财产或所有权存在瑕疵的财产作为租赁物。"

探索的开展。在此情况下，采用售后回租模式作为知识产权证券化基础资产来源方式存在较大法律风险。

2. 二次许可模式中二次许可备案渠道不完善

知识产权证券化二次许可模式的核心在于依托"知识产权权利人—原始权益人"间的知识产权许可关系，知识产权权利人将知识产权许可原始权益人使用，原始权益人一次性支付许可使用费，而原始权益人反向许可知识产权权利人使用。实践中，第一次许可与第二次许可一般均为独占许可。但知识产权许可模式需要进行相关备案，其中专利、商标应当备案❶，而著作权则是可以备案❷。以专利实施许可为例，现有备案模式仅能对专利权人向原始权益人许可进行备案，却忽略了原始权益人向原专利权人反向许可这一二次许可行为备案的渠道建设。尽管在实践中，未对二次许可进行登记并不影响知识产权证券化的发行，并且专利实施许可备案效力仍存在较大争议，但由于知识产权证券化融资规模较大，涉及范围较广，必须考虑到其基础资产的安全性。无法对二次许可进行备案除了使基础资产法律状态不透明外，还可能使得该行为无法对抗善意第三人，进一步提高基础资产风险。

（二）项目发行：信息披露制度不健全

相较于传统资产证券化的基础资产而言，知识产权证券化的基础资产由于知识产权价值不确定性、现金流不稳定性、权利不稳定性而面临更多风险。传统资产证券化的基础资产可通过市场定价机制，确定其价值与价格，但是知识产权的内在属性决定了其价值波动幅度大且难以评估。在实践中，知识产权由专家或者专业评估机构分析其估值。❸ 但是由于知识产权价值评估模型复杂，且考虑复杂要素较多，而无论专家还是专业评估机构都只能得出一个静态、主观的定价结论，对于知识产权底层资产的高波动性而言，这种结论可谓实践性不足。知识产权资产价值的不确定性如果无法完全、准确地反映给投资者，可能会导致产品运作的失败，且损害相关投资者的利益，因此，知识产权证券化信息披露制度的建设十分重要。我国知识产权证券化信息披露制度主要规定在《中华人民共和国证券法》（以下简称《证券法》）、《证券公司及基金管理公司子公司资产证券化业务管理规定》（以下简称《业务规定（二）》）、《证券公司及基金管理公司子公司资产证券化业务信息披露指

---

❶ 参见《中华人民共和国商标法》第43条第3款、《中华人民共和国专利法实施细则》第14条第2款。
❷ 参见《中华人民共和国著作权法实施条例》第25条。
❸ 赵腾宇. 专利证券化中的信息披露制度法律完善［J］. 金融理论与实践，2019（5）：56–63.

引》(以下简称《信息披露指引》)中,特别是《信息披露指引》系统性规定了资产证券化信息披露流程、内容,并将信息披露行为按产品生命周期进行划分,分为发行环节信息披露、存续期间信息披露。

当前的信息披露制度没有规定基础资产的风险点披露,具体包括价值波动风险及其原因披露、现金流波动风险及其原因披露、权利不稳定风险及其原因披露,以及各个新型知识产权证券化产品的特有风险披露。以"第一创业-文科租赁一期资产支持专项计划"为例,该产品的《计划说明书》中,有关基础资产风险的部分披露了现金流预测风险、基础资产地区集中度风险、无形资产评估及处置变现风险、特定软件著作权未能及时完成变更登记风险等。但是相关风险的形成原因在计划书中并没有详细论述。例如对现金流预测风险的论述,《计划说明书》中只谈到了影响现金流因素的因素,包括基础资产报酬率、基础资产违约率、早偿率等,而没有论述知识产权与现金流预测风险间的关系,实质上信息量不足,不足以支撑投资者做出决策判断。同时,由于产品运作期间的信息不对称,产品发行人、管理人相较于投资者对市场风险、运营风险信息把握更全面,在风险较大但风险事件尚未发生时,融资方可能利用信息差为自身牟利,损害投资者的利益,当前的信息披露制度无法规制这种行为。

(三)违约处置:债券违约处置路径不畅

知识产权证券化属于资产支持证券范畴,是债券类产品,因此并不存在类似股票市场的退市制度。债券类产品的"退市"主要有两种情形:一是债券到期,融资主体兑付本息后退出市场;二是债券违约。2019年5月,上海证券交易所(以下简称"上交所")、深圳证券交易所(以下简称"深交所")分别联合中国证券登记结算有限责任公司,出台《关于为上市期间特定债券提供转让结算服务有关事项的通知》《关于为挂牌期间特定债券提供转让结算服务有关事项的通知》,为兑付风险较大的债券以及未按契约约定履行偿付义务的债券交易转让作出相应安排;2020年6月,中国人民银行、国家发展和改革委员会、中国证券监督管理委员会(以下简称"证监会")联合发布了《关于公司信用类债券违约处置有关事宜的通知》,从基本原则、投资者保护、多元化违约处置机制等方面为债券违约处置提供过渡性制度安排;2020年7月,最高人民法院出台《全国法院审理债券纠纷案件座谈会纪要》,为妥善审理债券纠纷案件提供指引。然而,一方面由于当前制度法律位阶较低,实践落实难免乏力;另一方面通过司法文件进行后端倒逼,统合的法律依据尚付阙如。因此，当前债券违约处置制度仍然存在缺失，有待补进。❶另外，在制度设计过程中，当前违约处置制度除了未考虑到债券违约的内涵以及债券的本质、特性外，也未考虑到不同类别的债券的特殊性和其之间差异性。因此，无法在建立统一的债券违约处置制度的基础上，对于特殊的债券种类设计精细化处置机制，以实现债券违约处置制度普遍性与知识产权资产支持证券差异性的统一。

三、知识产权证券化的域外经验借鉴

比较法的第一功能是认识，能够扩充并充实"解决办法的仓库"。❷部分国家知识产权证券化实践较早，探察域外知识产权证券化实践的制度保障及其强化举措有利于我国知识产权证券化的精细化运作。

（一）美国知识产权证券化的实践经验

1. 立法模式：典型的分散性立法

美国证券化市场非常活跃。根据美国证券业和金融市场协会（SIFMA）发布的数据，2020年在证券化交易中发行的证券本金约为4.335万亿美元，未偿付金额超过10万亿美元。❸美国作为世界上最早开展知识产权证券化的国家，其知识产权证券化规模及发展经验对于其他国家知识产权证券化业务的开展具有较大借鉴意义。知识产权证券化在美国实现良好运行，知识产权资产支持证券法律制度的灵活性起到了重要作用。以"真实出售"法律判定为例，由于美国是判例法国家，"真实销售"虽然缺乏成文法的规定，但大量判例的出现实现了"法官造法"，形成了法律意义上的"真实销售"判定标准。❹相反，在中国，由于相关制度的缺失，法官在

---

❶ 冯果，张阳. 债券违约处置的法治逻辑［J］. 中国金融，2020（23）：44-46.
❷ 威茨格特，克茨. 比较法总论［M］. 潘汉典，米健，高鸿钧，等译. 北京：中国法制出版社，2016：27-28.
❸ 2020年发行的绝大多数新债券（3.98万亿美元）是由房地美、房利美和金妮梅发行的抵押贷款相关证券。2020年余下证券化包括非机构抵押贷款支持（1354亿美元）、汽车（1097亿美元）、CDO/CLO（336亿美元）、设备（180亿美元）、信用卡（29亿美元）、学生贷款（178亿美元）和其他资产（373亿美元）。参见 Shearman & Sterling：The Legal 500 Country Comparative Guides United States SECURITISATION。
❹ 例如 Garth 法官在梅杰家具市场公司诉卡斯特尔公司一案中，提出了"必须考察相关方的交易文件以及记录来认定转让的本质"，该观点被其他案件大量采用。参见 Cofacredit, S. A. v. Windsor Plumbing Supply Co., 187 F. 3d 229 (1999), Paloian, supra note 57; In re Dryden Advisory Group, LLC, 534 B. R. 612 (2015); In re Spiech Farms, LLC, 592 B. R. 152 (2018)。这些案件都采用了 Garth 法官的观点。

具体案件裁判中自由裁量权过大。❶ 由于知识产权资产支持证券是资产支持证券的下位产品，因此知识产权资产支持证券在美国适用资产支持证券的法律制度。美国资产❷支持证券法律制度并没有进行专门立法，与资产支持证券相关的法律分布在各个法案、准则中。因此，美国资产支持证券立法模式是分散式立法模式。例如，美国在20世纪30年代就将资产支持证券（ABS）产品界定为"证券"❸，之后又颁布新法对原始权益人的登记义务与信息披露作出规定❹；《美国1940年投资公司法》针对公司制SPV的规制作出规定；1953年《美国统一商法典》（UCC）对应收账款的优先权相关法律制度作出了规范。此外，《萨班斯法案》、州蓝天法、《美国破产法》等制度亦有相关条款。❺

2. 基础资产保障：动产担保一体化模式

知识产权证券化的本质是提前预支未来可获得的现金流，在证券化项目设置过程中，将向SPV"真实出售"的知识产权或相关权利与原始权益人相隔离，而SPV所拥有的知识产权或相关权利则作为未来可持续获得现金流的担保。在知识产权融资担保方面，《美国统一商法典》第9编提供了较为系统的保障。第9编关于动产担保交易的适用对象十分广泛，适用于任何形式的、依合同在动产或不动产附着物之上创设的任何担保债务履行的权利，涉及的担保物包括有体动产、投资财产、其他准无体财产权以及其他无体财产权。❻ 在制度设计上，美国关于动产担保的规定打破了传统的担保法分别调整的形式主义思路，针对担保物权的成立、公示、优先顺位规则、第三人权利、担保物权人的义务、执行等关涉动产担保的一般性规则进行统一规定。在知识产权融资中，可以通过登记公示方式取得优先于其他担保物权人的效力。例如在知识产权售后回租模式中，融资租赁机构等原始权益人依据价金担保物权规则取得"超优先权"，所谓的价金担保物权是指在价金担保物上的担保

---

❶ 刘瑛，刘思海. 中美知识产权证券化的基本情况及特殊目的机构对比：以中国首两例知识产权证券化案例为视角［J］. 河南师范大学学报（哲学社会科学版），2021（1）：55-66.

❷ 李玫，戴月. 资产证券化中真实销售立法的比较与借鉴：以美国证券化法为例［J］. 证券市场导报，2015（12）：66.

❸ 《美国1933年证券法》界定了"证券"范围，将"资产支持证券"纳入证券法监管。

❹ 《美国1934年证券交易法》对发行人的登记义务与信息披露作出规定。

❺ 许余洁，任少雄，余志斌. 美国资产证券化新规及其对我国市场发展的启示［J］. 金融法苑，2015（1）：133.

❻ 美国法学会，美国统一州法委员会. 美国《统一商法典》及其正式评述［M］. 高圣平，译. 北京：中国人民大学出版社，2006：4-6.

价金偿付义务履行的动产担保物权❶，可以包括传统大陆法系中所有权保留、融资租赁等非典型担保类型。基于价金担保物权，融资租赁机构在采取适当方式公示的情况下，即可优先于其他所有依"先登记规则"而取得优先权的担保物权。

在具体操作层面，尽管《兰汉姆法》及美国专利法未具体涉及商标、专利的担保权益（security interest），但在现有机制下，相关权利人可以向其所在州提交 UCC-1 融资声明（UCC-1 financing statement）❷，从而进一步完善商标、专利的担保权益。此外，相关权利人还会向美国专利和商标局提供关于相关知识产权抵押权益的简短文件。不同于《兰汉姆法》和美国专利法，美国版权法明确提及了担保权益，并且版权登记系统对此也有所体现，因此，针对版权的相关融资行为无须提交 UCC-1 融资声明。但值得注意的是，未登记版权仍然受《美国统一商法典》的约束，权利人需要通过 UCC-1 融资声明来完善相关权益。

3. 市场运作：资产支持证券信息披露制度宽松化

美国资产证券化信息披露经历了由绝对主义向相对主义转变的历程。早期美国资产证券化坚持完全、严格、持续性的信息披露，是绝对主义范式的信息披露模式。美国知识产权证券化业务适用《美国证券法》的信息披露制度。在发行阶段，知识产权资产支持证券的 SPV 需要向美国证监会注册登记，并对产品信息进行信息披露。而《美国 1934 年证券交易法》规定了持续性信息披露制度，即发行主体需要定期制作并报送报表，使投资者可以持续准确地了解产品信息，保障其知情权。2004 年出台的《ABS 和 MBS❸证券信息披露规则》针对资产支持证券业务的信息披露作出专门规定，内容涵盖产品发行人、基础资产、交易结构、信用增级等方面。但总体而言，在 20 世纪 80 年代后美国金融监管转向宽松，相应地，资产证券化信息披露制度也进行了改革，简化了资产证券化信息披露的内容与程序，信息披露模式转向相对主义范式，呈现宽松化监管趋势。尽管完全的信息披露以及持续性的信息披露加重了知识产权证券化产品发行人的信息披露成本与融资成本，但持续性的信息成本降低了交易双方间的总信息成本，促进了产品交易，降低了发行人道德风险，维护了金融公平。早期《美国证券法》所规定的完全、持续性信息披露，

---

❶ 美国法学会，美国统一州法委员会. 美国《统一商法典》及其正式评述 [M]. 高圣平，译. 北京：中国人民大学出版社，2006：18.

❷ UCC-1 声明是《美国统一商法典》的指令，适用于美国的商业交易和活动。该声明是债权人提交的法律通知，用以公开宣布其可能获得拖欠商业贷款的债务人个人财产的权利。

❸ MBS，即抵押贷款支持证券。

正是对 20 世纪 30 年代金融危机背后制度问题的反思、变革。证券法的三个重要原则是公平、公正、公开，其中信息披露制度是贯彻证券法公开原则的制度体现，信息应当准确公开、及时公开、全面公开，以实现保护投资者知情权、促进产品交易的目的。

（二）日本知识产权证券化的实践经验

1. 模式设定：政府主导型发展模式

日本是亚洲最早发展知识产权证券化的国家。与美国市场主导型知识产权证券化模式不同，日本在进行知识产权证券化的过程中主要采用的是政府主导型模式，政府在知识产权证券化过程中起主导作用。日本知识产权证券化的发展不仅得益于相关立法的出台与完善，还得益于日本政府积极的政策引导，为其发展扫清障碍。2002 年 3 月，日本政府发布了"知识产权战略大纲"，把"知识产权立国"定为日本国家战略，提出大力推动知识产权发展。在 2002 年 11 月，日本政府颁布了知识产权领域相关立法❶，并每年制定《创造、保护和利用知识产权的推进计划》（以下简称《推进计划》）。因此，自 2003 年起，日本政府每年制定《推进计划》，大部分计划都提到了推动知识产权证券化发展，促进利用知识产权进行融资，这为知识产权证券化发展提供了优越的政策环境。2003 年 7 月，日本发布了《2003 年推进计划》，提出了 270 项政策措施，其中强调了通过信托制度促进知识产权流通、管理，推动实现知识产权筹集资金方式的多样性。而《2004 年推进计划》指出，要采取必要措施，完善知识产权利用信托制度实现融资的法律制度。2005 年 6 月，日本发布的《2005 年推进计划》鼓励企业根据自身需求加速利用知识产权信托融资。❷《2021 年推进计划》将加强资本和金融市场的功能作为知识产权战略的 7 大重点措施之一。除了在相关推进计划中明确加快知识产权证券化等知识产权金融发展外，日本知识产权主管部门关注金融机构对于知识产权金融的推进反馈，通过调查等方式了解日本金融机构对于知识产权金融的态度、实践以及对知识产权金融政策的认知概况❸，从而为下一步计划完善提供反馈。

2. 立法模式：采用集中立法

相较于英美法系国家，日本作为大陆法系的代表国家，更倾向于通过制定成文

---

❶ 核心立法为《日本知识产权基本法》。
❷ 袁晓东. 日本专利资产证券化研究[J]. 电子知识产权，2006（7）：42.
❸ 参见日本特许厅的关于知识产权金融现状的问卷调查结果（2020 年度）。

法、专门法的形式，对知识产权证券化相关法律问题进行规制。因此，就资产证券化而言，日本立法体系更为完善，发展知识产权证券化的法律指引性、政策指导性更强。而监管层在开展知识产权证券化监管过程中，监管思路更清晰，目标性更强，监管行为可预期性也更强。日本作为大陆法系国家，针对资产证券化进行专项立法，并在立法中将知识产权资产纳入资产证券化基础资产的范围。日本是全亚洲最早开发资产证券化的国家，相关立法可追溯至20世纪30年代。❶ 而现代日本资产证券化法律体系源于1992年日本通过了一系列法律制度❷，在这之中，被誉为资产支持证券"基石法"的是有关《日本特殊目的公司特定资产流动化法》（以下简称《日本特殊目的公司法》）以及《日本资产证券化法》的立法。在《日本资产证券化法》推出前，日本资产证券化业务主要适用《日本特殊目的公司法》，该法主要规制对象是不动产证券化以及信贷资产证券化。《日本资产证券化法》第一次将知识产权资产纳入资产证券化基础资产的范围，同时确立了SPT（利用信托机制设计SPV）的法律地位，丰富了知识产权证券化SPV的形式。

3. 侧重于解决创新型中小企业融资难问题

日本在知识产权证券化的制度建设上与美国存在较大差异。美国知识产权证券化大都集中于大型高新技术企业，以加快知识产权成果转化速率，尽快收回研发成本，加速资本周转。日本开展知识产权证券化的主要目的在于解决创新型企业及中小企业融资难的问题，满足其以自身知识产权作为基础资产进行融资的需求，同时将金融机构的贷款风险通过市场化手段向不特定多数的投资者分散。对此，《2021年推进计划》特别关注知识产权证券化对于初创公司和风险公司的价值，特别是知识产权证券化可以实现创新型企业寻求兼顾知识产权独占性使用与扩大融资选择的目标。日本的知识产权证券化大都采用私募的方式，向投资者或大型投资机构发行，证券的流动性便相应较弱，其产生的直接问题是证券投资者难以在短期内转让，证券的吸引力也随之降低。此外，日本知识产权主管部门还进一步完善知识产权评估的指南及相关辅助工具的制定，为金融机构针对中小企业的知识产权商业性

---

❶ 相关立法包括1931年实施的《日本抵押证券法》及1932年的《日本不动产融资及损失补偿法》。

❷ 1992年，日本通过《日本特定债权事业规制法》（以下简称《日本特债法》），并以《日本特债法》为基础，逐步完善，通过了《日本特殊目的公司法》《日本资产证券化法》《日本抵押证券业规范法》《日本债权让渡特例法》《日本债权管理回收业特别处置法》等法律，修订了《日本银行法》《日本证券交易法》《日本信托法》《日本信托业法》等法律。

评估等提供支持。❶

四、我国知识产权证券化的完善进路

知识产权证券化是我国持续推动创新驱动发展战略的重要支撑，我国知识产权证券化已由"探索"向"依法依规推进"方向转变。基于"积极稳妥发展知识产权金融"的要求，我国知识产权证券化推进过程中，可以通过扩大融资租赁物范围、完善二次许可登记等方式化解知识产权证券化基础资产的法律风险，通过强化发行阶段知识产权特有风险披露与预测性信息披露机制建设，完善知识产权证券化信息披露机制，并基于知识产权的特殊性，构建债券违约处置具体流程。

（一）推动知识产权证券化集中立法

1. 日本集中立法具有一定的借鉴价值

从域外经验来看，知识产权证券化立法模式主要包括以美国为代表的分散立法模式与以日本为代表的集中立法模式。美国选择分散立法模式，与其内在的法系背景以及资产证券化行业发展历程紧密关联。分散立法模式优点是立法形式灵活与多样化，法律体系能快速适应发展要求，降低法律滞后性对社会发展的阻碍。但是，分散立法模式亦使得各个制度间衔接适用成本高，各制度散见于如证券法等各类法律中，各个资产证券化规则兼容存在问题。❷ 尽管在司法过程中，法官可以通过"造法"形式，通过判例厘清法律适用，降低释法难度，弥补实务部门对资产证券化法律制度的理解困境，但我国属于大陆法系国家，法官不具备"造法"能力，若直接移植美国分散立法模式，可能会造成制度的水土不服，阻碍我国知识产权证券化发展。

相较而言，日本知识产权证券化立法及政策制定对我国而言具有较高的经验借鉴价值。第一，知识产权证券化集中立法更适应大陆法系立法惯例。在我国知识产权资产支持证券监管立法可借鉴日本经验，采用集中立法、专门立法形式。该形式具有双重优势。首先，集中立法可以避免分散立法模式所引发的法律条款庞杂冗

---

❶ 参见日本中小企业厅、日本特许厅等的日本中小企业与初创公司知识产权利用行动计划（2021年）。

❷ 贺琪. 知识产权资产证券化立法模式选择：基于国外立法模式考察的思考［J］. 电子知识产权，2019（8）：48-56.

余，相关制度衔接难、协调难、配合难的问题；其次，专门立法有利于克服上位法律规定模糊与缺位问题，该问题将导致产品实践过程中无所适从。在实践中，由于实施细则、制度指引尚未完善，面对法律风险，监管机构与相关行业主管部门宁愿选择消极态度以求自保。这是我国金融监管实践中的一个普遍性问题，集中立法、专门立法能更好解决此问题，抓住知识产权证券化发展的良好时机。❶ 第二，日本知识产权证券化制度的渐进式完善，通过在现存法律体系内进行修改，保证了制度衔接与制度间的融洽，值得我国立法部门借鉴。为降低知识产权资产支持证券产品的交易成本，促进知识产权资产支持证券发展，日本对一系列法律进行修订❷，逐步清除知识产权资产支持证券发展过程中的制度阻碍，构建较为完善的知识产权资产支持证券法律体系。例如，修订了《日本资产证券法》后，将 SPT 作为资产证券化 SPV 合法化；取消了 SPV 基础资产范围限制，使得融资主体可利用知识产权以及知识产权的衍生权利进行融资。渐进式修法，针对知识产权证券化发展过程中出现的法律问题，提供相关的法律指引，在不影响现有法律框架的前提下，降低了立法成本。

2. 知识产权证券化集中立法具体路径

目前，我国知识产权证券化基本做到了"有法可依"，为知识产权证券化的持续开展提供了规范基础，但相关规定呈现碎片化趋向。新修订的《证券法》虽明确了资产支持证券的可行性，但同时强调资产支持证券发行、交易的管理办法另行规定。❸ 除《证券法》外，《中华人民共和国公司法》（以下简称《公司法》）、《中华人民共和国证券投资基金法》《中华人民共和国专利法》《中华人民共和国著作权法》《中华人民共和国商标法》等也为知识产权证券化提供规范性指引。关于知识产权证券化的发行、信息披露、监管等事项则分布在诸多规定之中，不利于知识产权证券化的推行。证监会于 2013 年 3 月颁布了《证券公司资产证券化业务管理规定》（以下简称《业务规定（一）》），并在 2014 年 11 月颁布了《业务规定（二）》《证券公司及基金管理子公司资产证券化业务尽职调查工作指引》（以下简称《尽调指引》）、《信息披露指引》，其中《业务规定（二）》对 2013 年颁布的部门规章进行了细化与修订，进一步为知识产权证券化的开展提供了规范基础。此外，银保监会在 2020 年 3 月、5 月、6 月颁布了《保险资产管理产品管理暂行办法》《信托

---

❶ 贺琪. 知识产权资产证券化立法模式选择：基于国外立法模式考察的思考 [J]. 电子知识产权，2019（8）：48-56.

❷ 如对《日本资产证券化法》《日本破产法》《日本证券交易法》《日本信托法》等法律进行修订。

❸ 参见《证券法》第 2 条第 3 款。

公司资金信托管理暂行办法》《融资租赁公司监督管理暂行办法》，对保险公司、信托公司以及融资租赁公司投资资产支持证券业务作出规定。从自律监管制度上看，上交所与深交所分别对资产证券化业务规范、各个类型的资产证券化（如企业应收账款、融资租赁债权）挂牌条件确认、信息披露、存续期信用风险管理等作出了规定。而中国证券投资基金业协会制定了《证券化业务基础资产负面清单指引》《资产支持专项计划备案管理办法》以及《资产证券化业务风险控制指引》，对相关规定作出了进一步细化。

知识产权证券化本质是资产支持证券，未来关于知识产权证券化的专门立法可以依托资产支持证券开展。2019年新修订的《证券法》明确规定"资产支持证券、资产管理产品发行、交易的管理办法，由国务院依照本法的原则规定。"未来，可以制定专门的"资产支持证券条例"，其着重关注包括知识产权证券化在内的资产支持证券的法律性质，SPV的设置条件、信息披露的具体要求、发行与上市交易、违约产品的处置流程，主要监管部门的职责等。针对知识产权证券化的特殊性，可以于"条例"中有针对性地设计知识产权证券化专门条款。目前，我国知识产权证券化以"分业经营与分业监管"为原则，实行机构型监管体制，相关监管部门包括证监会与银保监会。相较于其他资产支持证券而言，知识产权证券化对于发起人、中介机构的专业能力提出了更高的要求，针对知识产权证券化的特殊性，未来可以探索"功能型监管"，即由金融监管层与知识产权部门紧密配合，增进互动，共同构建知识产权证券化功能型监管体制，为此可以于专门性法规中明确知识产权主管部门的支持作用，进一步化解知识产权证券化的风险性。

（二）基础资产法律风险的化解

1. 推动知识产权融资租赁合法化

知识产权证券化采用售后回租模式有赖于基础资产融资租赁的可行性。尽管在证券化项目实务中，尚未因基础资产融资租赁未合法化而出现问题，但在知识产权证券化产品设计及项目推进中应当尽可能化解可能存在的法律风险。如前文所述，不论是在法律层面还是司法判例中，知识产权融资租赁合法性模糊。在此情况下，必须充分认识到知识产权融资租赁模式中基础资产存在的高风险性。《民法典》将具有担保功能的非典型担保纳入法典,体现了体系主义与功能主义的融合。❶ 这种功能主义的转向符合融资租赁合同等非典型担保物权日益增多的需求,满足金融创新的需要。就融资租赁合同而言,其本质仍体现了担保功用。实践中,知识产权售后回租目的在于融资,融资租赁人取得知识产权并非是为了行使该知识产权的相关权能,而是为了担保该债权的实现,因此知识产权售后回租合同的本质与普通售后回租合同并无差异。《民法典》并未明确否定知识产权作为融资租赁物的适格性,并且《民法典》担保制度的修订所体现的功能主义观在一定程度上可以为融资租赁物扩张至知识产权提供一定的空间。未来应于相关法律法规中明确知识产权融资租赁的可行性,为知识产权融资租赁业务的开展提供规则保障。

2. 推动二次许可模式反向许可强制备案

知识产权证券化中二次许可模式需要以两份独占性许可合同支撑,第一份独占性合同为知识产权权利人授予资产公司(知识产权证券化原始权益人)独占许可,而第二份合同则是资产公司反向授予知识产权权利人独占许可,从而为知识产权证券化项目提供现金流。但如前文所述,尽管目前我国知识产权许可合同备案效力仍不明确,但尽快推动知识产权证券化项目中基础资产许可合同强制性备案十分必要。以知识产权证券化实践中较为常见的专利为例,《专利法》明确专利实施许可合同应当备案,但现有备案机制无法为反向许可提供备案的途径,严重影响知识产权证券化项目基础资产法律状态披露的透明性。此外,反向实施许可合同无法备案可能使得相关专利对外再授权,无法真正实现独占性使用,可能影响证券化项目的现金流稳定性。为保障知识产权证券化中基础资产的稳定性,需要明确参与知识产权证券化项目的基础资产应当进行许可合同备案,并为二次许可合同提供畅通的备案渠道。

(三)完善知识产权证券化信息披露机制

1. 于发行阶段完整披露知识产权特有风险

在知识产权金融产品发行阶段,应当要求发行人完整、详细披露知识产权金融产品特有风险,并详细论证知识产权资产特殊性与产品特有风险间的因果关系。由于信息披露对象存在特殊性,格式化论述、模糊式论述不能被称为完整、准确披

---

❶ 最高人民法院民法典贯彻实施工作领导小组.《中华人民共和国民法典物权编》理解与适用:下[M]. 北京:人民法院出版社,2020:995.

露——这与信息披露的要求相距甚远。❶ 应当就其产品特殊性，详细论述风险点以及风险产生原因，使投资者能更好地作出投资决策，降低产品市场的信息不对称。以知识产权证券化为例，"第一创业－文科租赁一期资产支持专项计划"在其《计划说明书》中描述基础资产现金流预测风险时，按"影响因素—面临风险—防范措施"思路阐述现金流预测风险。影响因素包括基础资产报酬率、基础资产违约率、早偿率等，但无论是传统金融产品还是知识产权金融产品，其基础资产报酬率、基础资产违约率都不是一成不变的，该论述信息量较低。应当明确的是，基础资产报酬率、早偿率等是随着知识产权资产市场行情、运营方式的变化而变化的。《计划说明书》应当披露该产品中知识产权基础资产的市场行情、运营模式相关信息，论证不同情形下其是如何影响基础资产违约率、早偿率等要素的，从而影响现金流，造成现金流风险。

2. 完善知识产权金融预测性信息披露机制

预测性信息，指的是信息披露者依据主观判断，对某事项可能产生的结果或者对其期望预测与估计进行的陈述。❷ 知识产权金融预测性信息，是指管理人根据自身经验与市场动向，对产品运营中可能出现的重大事项作出预判。知识产权资产的特殊性决定了投融资双方的信息鸿沟较大。制定预测性信息披露制度，可以降低产品投融资方间的信息不对称，方便发行人、管理人将市场风险、运营风险状况更好地向投资人传达，降低融资方利用道德风险为自身牟利的可能。预测性信息披露监管制度的关键是对现金流预测信息披露的监管。以知识产权证券化为例，在建构投资安全保护同时实现投资者投资利益最大化制度中，有两种构建路径，一是从传统的"真实出售""破产隔离"解释论中寻找答案，二是从预测信息披露制度视角出发，构建现金流预测信息披露制度，实现在保障金融安全的前提下追求金融效率。❸ 立足于我国实际国情，在"真实出售""破产隔离"研究尚且达不到目标的情况下，构建知识产权金融预测性信息披露制度，能更好地指导实践，解决知识产权金融发展中的信息不对称问题。

---

❶ 根据信息披露基本原则，信息披露义务人应当真实、准确、完整、及时、公开披露与投资者投资决策和金融监管部门监管相关的信息。

❷ 黄勇，王艳静，姜媛. 资产证券化预测性信息披露的法理思考 [J]. 理论月刊，2006（4）：73－75.

❸ 赵万一，唐旭. 金融安全视角下企业资产证券化预测信息披露研究：以现金流预测为例 [J]. 内蒙古社会科学（汉文版），2019（5）：85－91，213.

3. 加强虚假陈述行为和欺诈客户行为监管

关于加强虚假陈述行为和欺诈客户行为监管，首先，应当厘清披露主体，明确主体的披露责任。由于知识产权金融产品信息披露主体较多，当前制度并不能厘清各个主体间的披露范围和披露义务，可能造成各个主体推诿责任。因此，主体责任的明确是知识产权信息披露监管的关键。其次，要制定知识产权金融产品语境下虚假陈述行为和欺诈客户行为的认定标准。知识产权金融产品有其特殊性。以知识产权证券化为例，当前虚假陈述行为与欺诈客户行为的认定标准采用股票市场的监管模式，两个市场差距较大，应当订立适用知识产权证券化市场的虚假陈述行为与欺诈客户行为认定标准，方便监管层执法和司法机关适用。最后，应当尽快制定知识产权金融虚假陈述行为与欺诈客户行为的行政责任、民事责任与刑事责任细则，从重处罚知识产权金融产品中的虚假陈述行为与欺诈客户行为。根据新修订的《证券法》精神，应当显著提高证券违法、违规成本，让违法分子不敢犯、不能犯、不想犯。目前，新修订的《证券法》加重了信息披露违法惩罚力度。❶ 然而，知识产权证券化虚假陈述行为和欺诈客户行为的行政责任是否完全适用新修订的《证券法》？虽然资产支持证券被纳入"证券范畴"，但新修订的《证券法》涉及的信息披露违法主体是"上市公司"，知识产权证券化虚假陈述行为和欺诈客户行为能否适用相关责任条款存在争议。因此，监管层应当尽快明确知识产权证券化虚假陈述行为和欺诈客户行为的行政责任，同时会同司法部门，通过释法或是补充立法，尽快确定上述违法行为的民事责任与刑事责任。

（四）知识产权证券化违约处置流程的细化

1. 完善知识产权证券化持有人会议制度

我国知识产权证券化可以借鉴日本金融行业的危机管理经验，设定类似于"金融再生委员会"的产品危机管理与违约处置监管机构，统筹协调，保障产品违约处置效率与市场流通，实现有效监管。在具体违约处置流程上，首先，应根据《证券法》《公司法》《破产法》精神，基于"债"的角度，完善知识产权支持证券持有人会议制度，维护知识产权证券持有人会议制度在产品纾困过程中的法律地位，加强对知识产权证券持有人会议过程中决议事项以及法定程序事项的监管。其次，由

---

❶ 新修订的《证券法》将上市公司信息披露违法行为罚款最高额提高至1000万元，将发行人控股股东等从事虚假陈述行为罚款最高额也提高至1000万元。

于知识产权基础资产的高风险性与信息严重不对称，因此在违约产品纾困过程中，应当要求发行人积极参与债券违约处置，完整提供与资产处置有关的材料、信息，列席证券持有人会议，积极配合受托管理人工作。再次，在知识产权支持证券发行过程中，发行主体应当就证券的特殊性，设计适当的投资者保护条款；同时，要预设证券违约后的处置机制，保障违约救济机制的顺利运行。最后，要推动多元化知识产权支持证券违约处置机制，提升违约资产处置效率。结合我国现有的六种债券违约市场化处置方式❶，知识产权金融产品可借鉴传统债券产品违约处置经验，并根据自身特殊性，探索出适合自身的产品违约处置方式，如特殊目的公司（SPC）型知识产权证券化破产重整与清算、知识产权支持证券债务重组等。

2. 推动不良知识产权支持证券交易市场发展

从"券"性角度分析，产品违约并不意味着产品在二级市场上流通的终止。相反，应当健全不良知识产权支持证券市场管理机制，提升知识产权支持证券交易价格，减少产品持有人的损失。同时，该市场可为投资者安排适当的退出通道，并引入不良资产管理机构，在保障投资者利益的同时促进金融效率。在市场建设方面，第一，监管层应当健全知识产权证券化不良资产的交易制度建设，包括交易模式设计、信息披露制度以及投资者保护条款。特别要加强违约产品信息披露，以防范道德风险。第二，应当鼓励市场主体就不良知识产权支持证券提供更多类型的产品估值服务。要允许更多的市场主体参与不良知识产权支持证券定价，通过市场实践，不断完善产品定价模型，促进市场价值发现功能的实现。第三，应当推动知识产权支持证券信用衍生品市场发展，并加强该市场监管。市场主体可利用衍生品信用风险管理功能，对冲市场风险。应当鼓励市场主体基金参与知识产权支持证券信用衍生品交易，提升该衍生品的流动性，促进相关信用风险实现合理定价。但是由于信用衍生品市场存在高杠杆性，属于高风险市场，因此应当加强对该市场的监管，避免出现风险"一波未平，一波又起"的监管尴尬局面。第四，在投资者适当性制度建设上，由于知识产权金融违约产品的交易专业性、高风险性，投资者应当具备更高的风险承受能力、风险识别能力。因此，应当提高该市场合格投资者门槛。第五，可以放宽外国不良资产处置机构进入市场门槛，如国际资产证券化秃鹫基金、投资违约资产证券化的私募基金、投资不良资产证券化的资产管理公司（AMC）

---

❶ 有学者总结了当前我国债券违约市场化处置方式，即债务人与债权人协商延期兑付、债务重组、处置或变现抵押物与质押物，由第三方代为清偿，通过诉讼途径求偿，破产重整与清算等。参见：应明. 债券违约市场化处置方式［J］. 中国金融，2019（3）：61-62.

等。此举可增强市场买方力量，提升市场交易投资活跃度，提升知识产权支持证券不良资产处置效率，有助于化解风险。

结　语

　　知识产权的价值包括显性价值与隐性价值，其中，显性价值为当前和未来的现金流，而隐性价值则源自知识产权对公司、技术或市场的中心地位或重要性。知识产权证券化可以同时实现知识产权显性价值与隐性价值，兼顾知识产权权利人融资与知识产权独占性使用的需求。知识产权证券化的实践价值促使我国知识产权证券化规模不断扩大，但也必须充分认识到当前知识产权证券化隐含的风险，特别是部分运作模式合法性模糊导致的基础资产法律风险过大、信息披露制度不健全不利于投资者准确了解知识产权支持证券的可能风险，以及债券违约处置路径不畅影响未来知识产权证券化市场稳定运行。就域外视角而言，美国通过分散立法与司法判例模式为知识产权证券化提供法律保障，并通过动产担保一体化模式保障基础资产的稳定性。日本知识产权证券化推进关注中小企业融资，呈现政府主导趋向，并通过集中立法模式加强资产支持证券的安全性。基于"积极稳妥发展知识产权金融"的顶层设计要求，未来我国推动知识产权证券化稳健发展应着力于法律法规的体系化、基础资产法律风险的化解、信息披露机制的完善以及违约处置机制的细化，为我国知识产权证券化行稳致远提供保障。

第五篇　服务篇

提升知识产权公共服务水平研究*

一、核心概念与内容分析

(一) 知识产权服务

知识产权服务是利用场所、设备、工具等条件和信息、人才、技术等软硬基础设施，在知识产权创造、运用、保护、管理各环节，为参与主体提供的有助于知识产权全链条良性运转的一系列促进性或保障性活动。

对知识产权服务的内涵和外延进行细分，可将知识产权服务分为公共服务、公益服务和市场化服务。其中，由政府提供的公共服务，以及由非营利组织和商业部门（企业）提供的公益服务，可以被归为广义的公共服务范畴。这里的公共服务，主要涵盖申请服务、公证服务、诚信体系建设、信息服务、教育及培训服务、聚集区建设、维权及法律服务、咨询服务等服务内容。市场化服务是由商业部门（企业）提供的个性化、有附加值的服务等内容。市场化服务主要涵盖信息服务、教育及培训服务、聚集区建设、维权及法律服务、咨询服务、代理服务、评估与运营服务、金融服务等。在知识产权服务中，可以由政府公共服务与市场化服务共同参与、合作提供的服务内容包括：信息服务、教育及培训服务、聚集区建设、维权及法律服务、咨询服务等。

与知识产权服务相关的一个概念是知识产权服务体系。从本质上来讲，二者是一致的，即都是对"与知识产权有关的服务"这一社会现象的揭示，但严格来讲，二者也有细微的区别。知识产权服务是一种活动，强调从行为的角度对知识产权服

---

* 本文基于知识产权强国建设纲要研究课题报告"提升知识产权服务水平研究"整理而成。课题负责人：傅利平；课题组成员：何兰萍、张俊艳、陈印政、杨祖国、胡业飞；执笔人：何兰萍。

务进行理解。而知识产权服务体系则是从体系构架的角度来揭示知识产权服务的内部构成及各组成部分之间的相互关系，侧重于知识产权服务的内部关系，是以知识产权服务为中心而建立起来的一整套组织架构和相关配套的制度、政策、措施（见图1）。

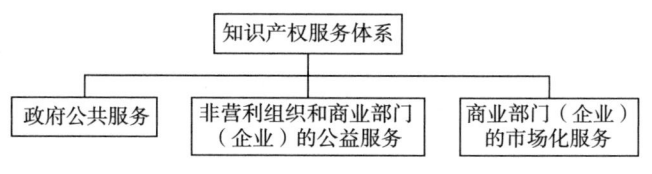

图1　知识产权服务体系

（二）知识产权公共服务

知识产权公共服务，是指政府、非营利组织及商业部门（企业）运用各种公共资源，通过灵活运用多种机制和方式，提供各种物质或非物质形态的，以公共物品为载体，达成知识产权发展，维护公共利益目标的公共行为的总称。

从服务提供主体的不同，可以将知识产权公共服务分为三个层面。一是政府层面。主要指知识产权公共服务机构，这些机构依托国家资源，为全社会提供开放性的公益性的知识产权基础服务。国家层面的这类服务组织机构往往可以弥补市场化运作中被忽视的社会利益，保障全体社会公民平等受益的权利，体现取之于民、用之于民的服务理念，是知识产权公共服务中不可或缺的重要组成部分。二是社会层面。这一层面的知识产权公共服务机构主要指以行业协会等为代表的非营利性中介组织。这类知识产权服务机构可以在国家和市场之间建立有效的沟通机制，弥补政府能力之不足和纠正市场行为之失当。三是市场层面。这一层面主要指商业部门通过政府购买服务等方式参与公共服务的供给，在促进企业知识产权转化运用、转变经济发展方式、调整产业结构中发挥着重要作用。

知识产权公共服务的客体就是公共服务的对象，大体上可分为以下四大类：第一类客体是社会公众。社会公众是知识产权公共服务最广泛的供给对象，目前政府、学校等给社会大众提供了不少的知识产权公共服务，主要集中在知识产权保护宣传、知识产权教育、知识产权咨询、知识产权法律援助、知识产权信息检索、知识产权交易和知识产权投融资等方面。第二类客体是企业。企业在知识产权申请、管理、交易、投融资、维权、布局、战略等方面享有全方位的公共服务。企业对知识产权公共服务的需求正处于由政府引导、企业被动接受向企业根据自身需求主动、积极要求提供公共服务的转变阶段。应了解企业对于知识产权公共服务的需求，为企业提供专业化、常态化和差异化的知识产权公共服务。第三类客体是政府有关部门。为国家发展和改革委员会、工业和信息化部、科学技术部、教育部、文化和旅游部等相关政府部门提供知识产权信息检索、数据查询、战略规划等公共服务。第四类客体是其他组织。一些高校、科研院所等事业单位往往会在某些科学技术领域进行科学研究，创造出科研成果，这些科研成果的保护、确权、管理、交易、许可使用、纠纷处理等都会涉及知识产权专业服务，而这些单位在这方面的经验往往不足，亟须这方面的知识产权公共服务和专业指导。

根据不同的分类原则，可以将知识产权公共服务分为不同类型。从服务提供者提供的服务内容角度，知识产权公共服务包括业务服务、政务服务和信息服务，知识产权公共服务平台也由以上三部分构成。其中，业务服务平台实现商标、专利、地理标志、集成电路布图设计等业务申请事项的统一办理；政务服务平台对接国家统一政务服务平台，以商标、专利登记簿为核心，实现"一网通办"，提高知识产权行政服务质量和效率；信息服务平台实现功能多样化、便利化，与地方和区域信息公共服务平台互联共享，提供查询检索、统计分析、数据开放等各类基础服务，不断扩大基础信息开放范围，实现知识产权基础信息免费或者低成本开放。

根据知识产权创新主体的需求，可以将知识产权公共服务分为信息公共服务、交易综合服务和维权公共服务三大类。第一类，信息公共服务，指企业需要的专利、商标、版权、商业秘密、地理标志、集成电路布图设计以及其他类型的知识产权，以及法律、政策、发展布局等相关信息。狭义的知识产权信息一般仅指体现知识产权主体、客体、法律、经济及技术特征的知识产权信息。广义的知识产权信息是指一切与知识产权相关的信息。第二类，运营公共服务，指企业需要的转移转化、收购托管、交易流转等相关公共服务，聚焦于知识产权确权后的用权过程。第三类，维权公共服务，指对知识产权侵权受害人的法律咨询服务，知识产权纠纷与争端的调解服务、对侵权受害人诉讼过程中直接的法律援助等。

综上，知识产权公共服务主要是以政府为主导、以社会团体和私人机构等为补充的供给主体，出于为公民及其组织提供基本而有保障的公共服务的主要目的而建立的一系列有关服务内容、服务形式、服务机制、服务政策等的制度安排，最主要表现为政府主导、社会参与体制创新。

二、理论基础

(一)公共产品理论

公共产品的提供是政府及其他公共组织存在的主要理由,且市场经济体制下政府的公共支出也主要以公共产品的提供范围为依据。早在1739年,哲学家休谟就给公共物品下了一个直观的定义。他认为,公共物品不会对任何人产生突出的利益,但对整个社会来讲则是必不可少的,因此公共物品的生产必须通过联合行动来实现。奥地利和意大利学者将边际效用价值论运用到财政学科研究上,论证了政府和财政在市场经济运行中的合理性、互补性,形成了公共产品理论。萨缪尔森于1954年、1955年分别发表的《公共支出的纯粹理论》和《公共支出理论的图式探讨》提出并部分地解决了公共产品理论的一些核心问题,如:如何用分析的方法定义集体消费产品?怎样描述生产公共产品所需资源的最佳配置的特征?萨缪尔森在《公共支出的纯粹理论》一书中将公共产品定义为这样一种产品:每一个人对这种产品的消费并不减少任何他人也对这种产品的消费。这一描述成为经济学关于纯粹的公共产品的经典定义。此后,学者也尝试从不同角度阐述公共产品,其中,从经济学的视角看,所谓公共产品,就是那些在消费上同时具有非排他性和非竞争性的产品。

19世纪后半叶以来特别是20世纪30年代资本主义经济大危机以来,对公共产品、公共服务等的研究得到学界高度关注。瓦格纳、萨缪尔森、斯蒂格利茨、世界银行等在《财政学》《1997年世界发展报告:变革世界中的政府》中探讨了公共服务、公共产品的概念界定及其类型,认为公共服务就是由国家财政支付的再生产活动,公共产品就是具有非竞争性和非排他性的产品。尤其是随着新公共管理范式的兴起,公共服务和公共产品领域成为学界的核心研究内容且对公共服务供给产生了市场化与多样化两种研究取向。其中,萨拉蒙提出了小规模政府公共服务采用市场化外包是降低成本、节约开支的有效方式,王浦劬的《政府向社会组织购买公共服务研究》和竺乾威的《社会组织视角下的政府购买公共服务》都涉及了政府向企业或社会组织购买公共服务以改进其质量。与此同时,奥斯特罗姆等在《公共服务的制度建构》中认为政府并不是公共服务的唯一提供者,公共服务可以有多种供给形式。萨瓦斯的《民营化与公私部门的伙伴关系》、史卓顿的《公共物品、公共企业和公共选择》等在反思西方福利国家的基础上，提出了政府与社会组织合作提供公共产品的伙伴机制的观点等。

怎样从公共产品的角度界定公共服务？目前学界有两种视角。第一，从物品特性视角界定公共服务。很多学者用"公共产品"的特征来诠释"公共服务"，认为公共服务也具有消费上的非竞争性和受益上的非排他性特征，因此，公共产品就是公共服务。第二，从经济学消费特性视角把握公共服务。其内容既包括国防、外交、公共安全、市场秩序、环境保护等消费上具有非竞争性且受益上具有非排他性的纯公共产品，也包括基础教育、医疗卫生、广播电视、公共交通、道路桥梁、公共文体设施等具有部分非竞争性和非排他性的准公共产品。因此，公共产品包含于公共服务之中。

知识产权公有领域的概念最早出现在英国的知识产权法律《安娜法令》里。1709年，世界上第一部知识产权法律——英国的《安娜法令》最先设定了一个"文学艺术的公共领域"。1787年美国宪法则提出了"促进知识传播"（the promotion of learning）、"公共秩序保留"（the preservation of public domain）、"保护创造者"（the protection of author）的知识产权"3P"原则。我国学者吴汉东这样定义公共知识产品：不受知识产权保护而由公众自由使用的知识产品和因知识产权保护期满而进入公共领域的知识产品。[1] 这一定义目前被大多数学者所采纳。

综上，公共知识产品包含于广义的公共服务领域之内，既包括由政府提供的公共知识产品，也包括由非营利组织和商业部门（企业）提供的公益知识服务。公共知识产品的供给主体以政府为主，以社会团体和私人机构等为补充；公共知识产品的客体是公民及其组织。总之，公共知识产品是新时代要求下，亟待政府等主体为社会提供的重要公共服务之一。

（二）多元治理理论

在多元治理视角下，参与社会治理的各类主体，它们之间的关系是相互平等的，而非传统管理理念下的管理者、被管理者以及其他参与主体之间的不平等关系。多元治理的特点如下：

第一，治理主体具有多样性。多元意味着在治理中存在多个处理公共事务的单位，包括中央及地方各级政府、非政府组织、社会组织、民间团体、企业机构及公

---

[1] 吴汉东. 论网络服务提供者的著作权侵权责任 [J]. 中国法学, 2011 (2): 38-47.

民个人等。多元治理主体突破了政府全责处理公共事务的权威范围，将治理权威分散于各治理主体手中，在面对需要解决的公共事务时，相关治理主体可通过沟通协调的方式处理问题，以便降低社会治理的成本。

第二，政权主体具有主导性。多元治理具有强烈的"去中心化"色彩，但依然存在具有主导地位的治理主体。多元治理"是一个在利维坦❶与无政府之间的制度权衡和安排。也就是说，多元治理不是政府权力垄断，也并非权力无规则下散。在多元治理中政府依然起主导作用，但主导并非统治，政府必须转变自身角色定位，既要强有力地管制，又要带领和引导参与主体协商共治；既要以法律条文为基础整治不合理参政，又要接受和吸纳多方参与主体都认可的行为约定。

第三，治理方式具有灵活性。多元治理不是一种固定的治理模式，而是动态、多变的结构体系。由于治理主体多元化以及解决问题的方式多以协商为主，因此决定了相关主体在面对同一公共事务时可能产生出多种解决方案，而并非单一解决方法。多元治理是一种治理逻辑，在此基础上会衍生出多样化的治理途径，因此多元治理并不局限于单一模式，而是根据具体情况采取最优解决方案。

三、知识产权公共服务的发展现状

（一）供需维度分析

从供需维度来看，人民获得感、满意度、共享创新成果是需求侧的要求，而建设便民利民的知识产权公共服务体系、提高知识产权公共服务水平是供给侧改革的任务。

1. "供给侧"分析

2018年国务院机构改革后，国家知识产权局增设了公共服务司，从机构上强化了公共服务职能，司内下设信息化处、信息传播利用处、服务体系建设处和综合业务处；公共服务司的主要职能为：组织拟订知识产权领域职能转变及"放管服"相关政策；组织实施全国知识产权信息公共服务体系建设；组织实施知识产权公共服务信息化建设相关工作；承担知识产权信息资源统筹管理工作；承担知识产权信息

---

❶ 《利维坦》是托马斯·霍布斯的政治学著作，1651年首次出版。"利维坦"指一种威力无比的海兽，霍布斯以此比喻君主专制政体的国家。之后"利维坦"多用于代指专制、强政府等。

加工标准制定相关工作；承担知识产权信息的传播利用相关工作等。无论从知识产权作为无形资产的属性来说，还是从公共服务司的主要职能来看，知识产权信息的传播利用都是知识产权公共服务中最为重要的内容。

近年来，知识产权公共服务得到了前所未有的重视和加强，一方面这是习近平新时代中国特色社会主义思想"以人民为中心"的生动体现，另一方面说明创新型国家的建设亟须提高人民获得知识产权信息的可及性和便利性。当前，为了更好地利用知识产权信息，提高知识产权服务便民利民程度，还需要进一步完善知识产权公共服务体系，进一步深化"放管服"改革，通过提高知识产权综合服务水平，助力我们国家科技强国的建设。

2."需求侧"分析

近年来，由于科技创新环境、公民意识觉醒等，人民对知识产权公共服务的要求越来越高，知识普惠、专利布局、战略制定、风险预警等新兴高端知识产权服务业态不断发展，服务内容不断丰富，服务方式不断创新，服务成效初步显现。就新业态的具体形式来看，"互联网+"给知识产权服务业增加了多元的拓客渠道，整合教育、信息、观点交融等多目标的公众服务在前，具体的服务在后，由此形成的多元整合模式，已经取得不错成效。知识产权公共服务要把人民群众的需要作为第一要务，把人民群众的满意作为第一追求。但与传统的知识产权代理服务相比，我国知识产权数据信息加工、知识产权价值评估、知识产权普惠、知识产权咨询等其他各类公共服务处于初级发展阶段。而这些正是知识产权公共服务天平中，"需求侧"的集中诉求。该领域的发展要求知识产权公共服务进一步扩大服务范围，升级服务内容，在新的发展环境中高屋建瓴，提前布局，掌握主动。

以市场需求倒逼知识产权公共服务标准化为例。知识产权公共服务既涉及专利、商标、原产地地理标志等不同类型，又涉及知识产权的创造、运用、保护和管理各个环节，服务对象既包括个人、中小企业、大企业，还包括高校和科研院所等不同创新主体，既面向国内，也面向国际。因此，必须加强知识产权公共服务的标准化。标准化是提高知识产权公共服务供给质量，实现便民利民的重要条件。需求侧的要求因时而变，市场需要明晰的公共服务事项和范围，需要明晰的事项清单和服务标准，这些都是市场高质量、规范化发展的必备条件。同时，由于知识产权公共服务对象广泛，其中不乏涉及国际事务，这就需要知识产权公共服务具备全球包容性。为实现知识产权公共服务标准化、多元整合发展，可依托各级各类知识产权公共服务平台提供智能便捷的服务，实现线上线下优势互补、融合发展新局面。最终通过提高知识产权公共服务效率,畅通沟通渠道,切实提高社会满意度和人民获得感。

事业的发展成果要由人民检验和评判,知识产权信息的开放共享是为了更好地服务大众创业、万众创新,服务人民群众知识产权素养的提升,服务人民的健康幸福生活。因此,只有"供给侧"与"需求侧"统一,才能做到高效配置资源,促进知识产权公共服务发展。

(二)"宏观—中观—微观"层面分析

1. 宏观层面:知识产权公共服务定位不清

目前,知识产权公共服务缺乏明确的界定。在实践操作之中,知识产权公共服务的范围不清晰。如,知识产权价值评估、鉴定评估之类的服务是否应当被纳入知识产权公共服务的范畴,这样的问题并没有统一的答案。许多以知识产权公共服务名义出现的内容,实际上并不符合"公共服务"的内涵,无法体现所谓的"公共",即无法体现面向所有公众、使所有公众都能够普遍受益的要求,又或者部分知识产权公共服务实际上远未达到使所有公众都能受益的效果。

知识产权公共服务缺乏明确详细的参考标准。目前国家层面已经推出了公共服务事项清单等,接下来需要以现有界定为基础,推出更详细准确的知识产权公共服务标准,以便各地各部门在工作执行中,能有统一的参考标准或考核目录。

2. 中观层面:缺乏系统构建与制度安排

目前我国建立了知识产权公共服务的相关服务平台,通过对省级知识产权服务平台的观察,发现地方平台建设各有特点,各有特色,但也存在共性问题。这主要表现为对综合、信息、运营三类平台的内涵理解不清晰。这些平台的名称、定位不确定,服务内容不够全面系统,且存在交叉。从侧面看出地方政府对于各类知识产权服务平台的理解缺乏统一性,这对于全国范围内的协同发展不利。一方面,很多综合平台只提供专利检索等简单的信息和政策查询服务,对知识产权领域全范围的辐射比较有限;另一方面,一些地方存在数据库和平台的重复建设,资源利用不经济。此外,一些事业单位在提供知识产权公共服务方面的主动性、积极性、创新性比较缺乏。

与此同时,由于政府机构改革,部分地方知识产权局与地方科学技术厅合署,知识产权局官网停用,但信息发布等内容却没有合并到新网站中,相关服务平台入口不显眼,难以被公众检索使用。社会和媒体对知识产权公共服务体系的理解也存

在一定的误区，有的把公共服务平台等同于公共服务体系。❶

3. 微观层面：精细化服务不到位

对知识产权相关管理部门网站等进行整理分析，截至 2022 年 5 月，微观层面的主要问题表现在以下方面。

首先，对服务需求的回应不够及时以及缺乏科学性。虽然网站开设在线咨询等模块，但这项服务还没有落实到位，存在回复时间过长、答案不明确等现象，甚至存在个别的"踢皮球"的现象。网站信息链接以及信息更新方面存在较大的问题。有些地方知识产权局官网所提供的信息公开目录中，尚不可以通过文件目录链接到相关的文件，给使用者造成不便。对于某项草案、条例等文件修改征求意见的通知，后期意见以及文件的修改情况公开不充分。定期浏览各地知识产权局的官网的人数较少，存在样本容量过小的问题。

其次，知识产权交易公共服务不够配套，主要体现在知识产权网上成交数量少。截止到 2022 年 5 月，七弦琴国家知识产权运营平台官方可查数据显示仅有 31 条挂牌公告信息、10 条结果公示、1 条变更公告。网站资料更新不及时一方面会影响知识产权公共服务的社会公信力，另一方面也会造成严重的资源浪费，甚至会为投机取巧的不法分子提供侵害他人利益的信息漏洞。

（三）发展现状总结

第四次工业革命的到来为我国建设科技强国、知识产权强国带来了前所未有的战略机遇期。习近平总书记强调"保护知识产权就是保护创新"，建设知识产权强国，将为我国实现科技自立自强、原始创新源头突破、科技成果有效转化，从知识产权的视角提供了前瞻设计、方向引领和制度保障。

截至 2021 年底，新一代地方专利检索及分析系统累计为 27000 余个创新创业主体提供专利检索服务 51 万次，专利分析 10 万余次；专利著录项目下载量达 3314 万条，累计自建库数量达 2164 个。从"需求侧"角度来看，"便民利民的知识产权公共服务体系"已初具使用规模。截至 2021 年底，全国已有知识产权信息公共服务主干网络节点 58 家，主要分布在东部沿海地区。国家布局建设 101 家技术与创新支持中心（TISC），实现省级行政区域全覆盖。国家建设的高校国家知识产权信息服务中心达到 80 家，备案首批国家知识产权信息公共服务网点 88 家，全国重要

---

❶ 参见：http://www.tyzl.com/companynews/201902/642.html。

服务网点达到269家。从"供给侧"角度来看,"便民利民的知识产权公共服务体系"已搭建得初具规模。未来,知识产权信息服务网络还要越织越密、越织越紧、越织越好,使知识产权信息服务可得、便利,使社会公众的满意度不断提升。

当前我国正在从知识产权引进大国向知识产权创造大国转变,知识产权工作正在从追求数量向提高质量转变,但知识产权工作"大而不强、多而不优"的问题仍然存在,知识产权保护不够严格、侵权易发、有效的知识产权公共服务供给不足、应对海外知识产权纠纷能力不足等严重影响着创新创业的发展。在这样的时间节点谋划出台知识产权强国建设纲要,将为推动知识产权领域治理水平和治理能力现代化提供行动纲领。

四、国际经验比较借鉴

(一)美国一站式平台建设管理模式

美国是世界上最早建立知识产权制度的国家之一,其专利制度已有200多年历史。目前,美国的知识产权公共服务平台采用的是以政府为中心的一站式管理模式,由美国专利商标局(USPTO)为主负责知识产权公共服务平台的日常业务和维护。在此模式下,所有的企业和其他相关组织机构对于知识产权公共服务平台的应用都将以政府部门为中心而展开。政府部门既承担着管理者的角色也承担着中介的角色,并且掌握了足够的主动性和灵活性,能够适应国内和国际环境的变换而适当调整知识产权公共服务平台的应用战略和策略。但这种管理模式可能过于集权,会影响企业和其他相关方的主动权和积极性。

美国的知识产权公共服务的主体主要有美国专利商标局、联邦调查局(FBI)、食品药品监督管理局(FDA)、国家知识产权协调中心、知识产权办公室(OIPR)、美国贸易代表办公室(USTR)、美国商务部(USDC)、美国消费品安全委员会、美国版权办公室、美国海关与边境保护局、美国国际贸易委员会(USITC)。2011年,美国颁布《莱希—史密斯美国发明法案》,该法案对美国专利体系中多处进行了重大改革,涉及美国专利商标局规费和财政改革、专利法律诉讼改革、审查程序改革、先发明制改革为先申请制等,标志着美国专利法的新时代。另外,通过开展公益服务项目和无专利律师/代理人援助项目,帮助中小企业和独立发明人,为它们在专利审批过程中提供全方位服务,并努力在全国范围内与当地的律师协会和非营

利组织合作，为财政困难的发明人提供无偿服务，让有价值的发明都得到有效的保护。❶

当前，美国一站式平台建设的知识产权管理模式进一步发展，具体举措包括：重新设计并重新构建当前专利IT系统，稳定专利申请定位监测（PALM）和其他现有系统，增加数据的标准化和结构化，更新检索系统，在网站上建立美国专利商标局数据可视化中心提高信息的认知度和透明度，确保给用户提供最佳的IT服务等。此外，美国专利商标局正加强对利益相关方和公众的宣传推广，例如利用"众包"模式检索现有技术、开展与联合专利分类（CPC）相关的推广以及与知识产权团体包括技术团体开展圆桌讨论等。综上可见，美国专利商标局非常注重与利益相关方和公众之间的沟通，积极加强国际合作与工作成果共享，推动知识产权制度全球一体化。

（二）日本以政府为中心的宏观协调式管理模式

日本是国际上知识产权战略运用较成功的国家。日本的知识产权战略与国家的科技、产业、文化以及教育等方面的政策达到完美结合，形成良好的知识产权生态体系，有效促进知识创新的良性循环。日本的知识产权公共服务平台采用的是以政府为中心的宏观协调式管理模式。日本政府通过设立由首相任部长的知识产权战略本部，建立了最高规格的沟通与协调大平台，其中最重要的子平台之一就是基于网络通信的知识产权公共服务平台。虽然这种模式大致与美国相同，但与美国相比，日本政府的角色不再是绝对的集权管理者，而是宏观调控者。日本知识产权制度采用的是产学官制度，"产"是企业，"学"是大学（包括高职院校）和科研机构，"官"是政府、还包括公共研究机构，社会团体组织等。

日本知识产权公共服务的主体是政府机构，主要包括日本特许厅（JPO）、文部科学省（MEXT）、警察厅、海上保安厅（JCG）、海关及关税局、各地方经济产业局等。日本特许厅还开设了"政府仿制、盗版对策综合窗口"，专门接受举报，下设"知识产权侵害对策室"，建立针对知识产权侵权问题的官民合作机制。日本政府十分提倡鼓励促进大学和公共研究机构知识产权的转让和流通，鼓励大学、公共研究机构创办风险企业，直接实现科研成果产业化。为支援大学、研究机构的知

---

❶ 柴爱军. 近年来国外知识产权公共服务的改革及其对我国的启示［J］. 河南科技，2017（20）：44-46.

识产权活动，日本特许厅制定覆盖发明创造、专利利用和商业化的综合性支援措施，包括向大学、研究机构派遣知识产权顾问促进大学与产业界合作，减免专利申请费用，以及促进知识产权研究、发展和人才培养等，能够协调并平衡好产学研之间的关系。

行业协会利用专利信息分析行业在国内外的发展趋势，为行业内的企业提供尽可能多的培训、研讨和市场情报信息。如日本发明协会主要提供信息公共服务与激励创新，鼓励发明、促进创新设想，推动并支持科学研究，其下设支部知识产权中心，提供专利信息的阅览，并配合工业所有权情报研修馆网站上的专利信息转化和转让的信息，进行免费的咨询帮助。

日本知识产权信息服务主要参与者包括日本特许厅、专利信息服务商、企业和高校协办的科研机构。这四者之间是齿轮式互相影响和支持的关系，各司其职。政府机构作为知识产权信息服务的承担者和引领者，提供资金并由工业所有权综合情报馆进行项目委托，与日本信息服务商共同作为知识产权信息服务的主体，形成了国家与社会企业的最佳组合（BestMix）。通过国家和社会的最佳组合，日本专利信息服务市场呈现产品和服务分为两层的倒金字塔结构。第一层（上层）是日本特许厅以及其下属法人团体、协会等提供的基础数据和基本性产品服务。第二层（下层）是专利信息服务商提供的商业性数据和商业化产品服务。日本的知识产权维权公共服务体现在制定"知识产权基本法案"，该基本法案把创造、保护、运用知识产权作为国家知识产权战略目标，健全知识产权相关法律体系，完善《日本专利法》和《日本外观设计法》，为实施知识产权战略提供法律保障。

（三）英国非官方组织活跃的公共服务提供模式

英国是最早实行知识产权保护的国家。英国领先的科技及知识产权保护先例对世界的技术进步作出了重要贡献。英国知识产权局主要负责知识产权的管理，提供的知识产权公共服务以信息公共服务为主，主要是相关信息的公开和合作提供的咨询服务，并提供部分有限的维权公共服务。2015年英国发布了《知识产权局五年战略（2015—2020）》和《知识产权局2015—2018年行动计划》，目的是使英国的知识产权环境能够适应21世纪企业和创新主体的需要。

除英国知识产权局外，供给知识产权公共服务的主要主体是为数众多的非官方组织。其中最主要的是英国特许专利律师协会和商标律师协会。英国特许专利律师协会是英国的专利代理人行业协会，以前被称作英国特许专利代理人协会，是1882

年依据英国皇家特许令成立的自律协会。英国政府 1888 年制定法律，赋予该协会负责专利律师注册、为专利律师提供培训和教育、向政府和国际组织提供政策建议等职能。1889 年，该协会首次登记注册专利律师。2006 年，经英国枢密院批准，英国特许专利代理人协会更名为特许专利律师协会。2010 年，英国特许专利律师协会与英国商标律师协会合作，共同组建成立了知识产权管理委员会。知识产权管理委员会是英国法律服务委员会的组成部分，主要职责是提供专利律师和商标律师的从业资格教育服务，也为专利律师、商标律师提供更高水准的专业培训。另外，它对专利律师和商标律师的执业实施监管，受理委托人对专利律师、商标律师的投诉，以及实施相关的惩戒。

（四）德国单国家部门主导的合作式公共服务提供模式

德国涉及知识产权保护的相关部门有联邦司法部、联邦经济和劳动部、德国专利商标局（DPMA）、纽伦堡高级财政管理委员会、监察机关和法院、专利律师协会等。德国的知识产权创新体制由国家主导，其知识产权公共服务的提供模式也是以国家为主导、非官方组织合作的方式。在德国，提供知识产权公共服务的主体主要是德国专利商标局，负责在工商业产权保护方面的日常管理与公共服务。以德国专利商标局为主导，同专利律师协会、德国工业产权保护和著作权联合会等非官方组织展开合作。

德国专利商标局提供的知识产权公共服务类型以知识产权信息公共服务为主，通过与专利律师协会合作提供维权公共服务。其信息公共服务大体分为线上服务和线下服务两类。线上服务围绕其搭建的 DEPATISnet 系统和 DPMAregister 系统展开。DPMAregister 是德国针对专利、实用新型、商标和工业外观设计的官方注册系统。此系统提供以下知识产权相关信息：①申请人或所有人；②当前申请或知识产权的法律地位；③知识产权的注册时间；④知识产权是否依旧有效；⑤下个缴费期限；⑥更多信息。DEPATISnet 系统提供由专利局专员自行整理的全球有关技术性知识产权的专利发布文件。该系统包括以下几类检索：新颖性检索、概况检索、监督检索、相关机构和个人委托的检索、侵权范围检索以及历史检索。该系统提供的信息可以帮助信息索取人估量新想法获得专利保护的可能性。除此之外，德国专利商标局还对外提供专利局图书馆的搜索引擎，其中涵盖了各类科技、设计相关的数以百万计的数据记录。

德国专利商标局的线下公共服务主要是以专利信息搜索室、查询单位和发明人初步咨询的方式进行的。德国专利商标局在慕尼黑和柏林的两个信息服务中心设置了知识产权搜索室，其可访问内容包括记录最新的法律和程序状态信息、材料和程序的德国知识产权信息的官方登记册；专利审查员检索文件的 DEPATIS 工作站和 CD-ROM 光盘工作站；国内外知识产权公报、商标数据库、百科全书、设计和指数和国际标准集合等。知识产权搜索室的特点是有专门工作人员针对搜索工具进行指导帮助，但室内文件不得带出。此外，德国专利商标局在慕尼黑、柏林和耶拿设置了三个德国专利商标局查询单位作为服务需求方与德国专利商标局针对知识产权问题进行讨论的首选联系点，需求方可在指定的开放时间内向工作人员咨询除法律意见以外的有关专利、实用新型、注册设计以及商标申请的问题。

五、提升知识产权公共服务水平的战略举措

近些年，前文提到的四国在知识产权方面的重要改革和举措各有亮点，都基于对本国的经济发展和国家全球视角定位而相应作出。其中，一些共同措施对于我国也有一定的借鉴意义。接下来，本文基于上述分析，提出提升知识产权公共服务水平的战略举措。

（一）"平台搭建"：构建互联网综合服务平台

加强覆盖全面、服务规范、智能高效的公共服务供给。当前，我国正从知识产权引进大国向知识产权创造大国转变，知识产权工作正从追求数量向提高质量转变，各级各类创新主体对知识产权公共服务的需求不断增长，经济高质量发展对知识产权保护的迫切需求与知识产权信息公共服务支撑不足之间的矛盾日益突出。

各国都非常重视信息系统的建设。德国目前主要将互联网作为信息公共服务中查询服务的主要平台，通过 DPMAregister、DEPATISnet 两大系统提供多类型的数据与检索服务，与线下平台互为补充与支撑。其线下平台主要是各地的专利信息中心等，通过与工商会、律师协会等合作的方式提供有针对性的检索与咨询服务。英国非官方组织较为活跃，其传统服务形式是以线上基础检索与相对更为丰富的线下服务相结合，在此基础上进一步实施知识产权数字化工程并推出外观设计在线申请服务，初步构建互联网多样化服务平台。相对而言，美国和日本在利用互联网综合服务平台实现知识产权公共服务的供给方面更为成熟。

我国面对日益增长的多样化知识产权公共服务需求，需要加强覆盖全面、服务

规范、智能高效的公共服务供给：一是实施知识产权公共服务智能化建设工程，完善国家知识产权大数据中心和公共服务平台，鼓励地方建设特色化、专业化知识产权数据库和公共服务平台，实现各类数据资源的共享和互通，拓展增加各类知识产权基础信息开放的广度、深度，实现知识产权信息与经济、科技、金融、法律等信息的共享融合，实现从知识创造到驱动发展的全链条信息贯通和覆盖；二是充分利用人工智能、大数据、云计算等新技术，深入推进"互联网＋"政务服务，建设智能化专利商标审查和管理系统，优化审查流程，实现专利、商标等各类知识产权业务"一网通办""一站式"服务，做到让群众"最多跑一次"；三是完善主干服务网络，扩大技术与创新支持中心等服务网点，构建政府引导、多元参与、互联共享的知识产权公共服务体系，为创新主体提供优质、高效、便民、均等的公共服务，满足其多样化的创新需求。

（二）"三管齐下"：加强知识产权公共服务标准化、规范化、网络化

知识产权公共服务既涉及专利、商标、原产地地理标志、集成电路布图设计等不同类型，又涉及知识产权的创造、运用、保护和管理各个环节。服务对象包括高校、科研院所、大企业、中小企业、个人等不同的知识创新主体。因此，为满足各个知识创新主体的需求，知识产权公共服务需要具备包容性和统筹性，这就意味着知识产权公共服务只有向着标准化、规范化的方向发展，才能全面提高知识产权公共服务的便利化水平。

这就需要我国加强知识产权公共服务标准化、规范化、网络化建设。一是要通过明晰知识产权公共服务事项和范围，制定事项清单和公开透明的服务标准，通过高标准、规范化推动服务能力不断提升。二是要统筹推进分级分类的知识产权公共服务机构建设，综合运用线下、线上手段，线下通过不断优化办事流程，保障知识产权公共服务资源供给，实现供需合理匹配；线上充分运用新技术，依托各级各类知识产权公共服务平台提供智能便捷的服务，同时要做好知识产权数据采集加工、信息利用、信息服务等的标准化、规范化工作，保障各类信息资源和平台的互联互通，实现线上线下优势互补、融合发展。通过提高公共服务效率，畅通沟通渠道，切实提高社会满意度和人民获得感。

（三）"效能提升"：建立资源整合、利用高效的信息服务模式

知识产权事业的高质量发展，离不开对知识产权信息的充分把握和利用。当前

知识产权信息利用能力不强，知识产权转化率不高，服务转化能力不足的现状亟待改善。能否用好知识产权信息这座金矿，提高知识产权信息传播利用效能，是知识产权公共服务高水平发展的关键。这就需要建立数据标准、资源整合、利用高效的信息服务模式。

具体而言，一是要加强知识产权数据标准制定，增加数据资源供给，充分发挥市场在数据要素配置中的作用，建立市场化、社会化的信息加工和服务机制。二是要处理好数据开放与数据隐私保护之间的关系，规范知识产权数据交易市场，推动知识产权信息开放共享，提高信息传播利用效率，充分实现知识产权数据资源的市场价值。三是要推动知识产权信息公共服务和市场化服务协调发展，科学界定知识产权公共服务的边界，充分发挥市场在资源配置中的作用，更好地发挥政府作用，实现有效市场和有为政府的结合，充分培育高附加值知识产权服务业，通过高水平的公共服务推动高水平知识产权服务业的发展。四是在保障国家安全的前提下，加强国家知识产权数据交换，提升运用全球知识产权信息的能力和水平。通过高效信息服务，有效回应新形势下不同类型创新主体的多层次、个性化需求，让更多优质的知识产权信息资源更好地惠及人民，有效激励创新创业，推动经济高质量发展。

（四）"监管有道"：利用大数据、人工智能等新技术加强监管体制创新

知识产权交易过程涉及价值评估、谈判、合同起草等一系列的问题，需要交易参与主体包括交易平台工作人员对知识产权本身及相关应用领域都要有深入的了解，因此各国都十分重视加强监管体制的建设。在新一代信息技术蓬勃发展的背景下，我国需要将互联网、大数据、人工智能等新一代信息技术运用于知识产权领域的监管，将其作为推动知识产权改革的重要手段。在原有基础上深化技术运用，继续完善知识产权侵权假冒线索智能检测系统等，推动知识产权监管电子化、智能化发展。此外，还需加强知识产权立法方面的国际交流，提高知识产权国际规则制定的参与度，借鉴发达国家经验，以法律体系为基础，对进口贸易中侵犯知识产权的行为进行快捷调查并采取制裁措施。完善顶层设计，将创新驱动发展战略规划与知识产权法的制定相结合，紧紧围绕大数据、互联网、人工智能等新技术发展进程，在全国人大层面与国外立法机构沟通协调完善知识产权相关法律的衔接，在政府层面协调知识产权行政执法和产业发展规划，在司法机关层面主导知识产权法律法规的适用。

提升知识产权市场化服务水平研究*

一、基本概念界定

(一) 知识产权服务

在现有研究成果中,对于"知识产权服务"这一基本概念的内涵及外延有四种不同的认识。第一种是将知识产权服务等同于政府知识产权行政主管部门和非营利性组织或事业单位对社会无偿提供的公共性(公益性)知识产权服务。第二种是将其视为由社会知识产权中介组织所提供的市场化商业性服务。如杨建锋(2015年)认为,知识产权服务贯穿于知识产权创造、运用、保护和管理的各个环节,是集法律、技术、经营管理于一体的复杂的、专业性的服务活动。❶ 第三种是将其界定为既包含政府或事业单位、公益性组织提供的公共性(公益性)知识产权服务,也包括社会中介服务机构提供的市场化商业性的知识产权服务。第四种是将知识产权立法、执法、法律实施等宏观环境,以及企业其他部门提供的知识产权协助活动也纳入到知识产权服务范畴中。如王锐(2006年)指出,知识产权服务体系有广义和狭义之分,前者包括立法、执法和法律实施等知识产权宏观环境的建设,后者则是指知识产权的社会中介服务体系。❷

上述四种认识从不同角度揭示了知识产权服务的含义。本文认为无论是政府或非营利组织提供的公共性(公益性)知识产权服务,还是中介机构提供的市场化知

---

* 本文基于知识产权强国建设纲要制定研究课题"提升知识产权服务水平研究"形成。课题负责人:傅利平;课题组成员:许恒周、刘大勇、张慧颖;执笔人:许恒周。

❶ 杨建锋. 上海自贸区知识产权服务业问题探索 [J]. WTO 经济导刊, 2015 (8): 86 – 87.

❷ 王锐. 完善区域知识产权服务体系与东北老工业基地技术创新研究 [J]. 白城师范学院学报, 2006 (1): 52 – 54.

识产权服务,都是发展我国知识产权事业的重要组成部分,二者缺一不可,相互支撑。其应该同时包括政府或非营利组织提供的公共性(公益性)服务和中介服务机构提供的市场化的商业性服务,推动知识产权服务与经济社会发展有机结合,提升知识产权创造、运用、保护和管理水平,构建基本公共服务与市场化服务协同发展的知识产权服务体系。

(二) 知识产权市场化服务

知识产权市场化服务是指由知识产权服务的各种要素根据一定的原则而组成的以市场为主导、充分发挥市场配置资源的决定性作用、鼓励企业参与增值性知识产权开发利用以满足不同层次的知识产权需求为主要目标的服务体系。[1] 知识产权市场化服务是新经济时代提高国家竞争力的要求,也是当代中国发展的需要。知识产权市场化服务是发展中介服务的重要手段。要培育和发展市场化知识产权服务,满足市场对于不同层次知识产权服务的需求,鼓励社会资金投资知识产权建设和企业参与增值性知识产权开发利用。

知识产权市场化服务具体包括中介层面和企业内部层面。在中介层面的知识产权市场化服务中,各商业性知识产权服务机构作为服务主体,根据服务方式的不同,可以分为知识产权专业服务机构、综合商业数据库等。知识产权专业服务机构可能根据业务侧重点的不同专注于知识产权综合性服务、某一领域(如专利或商标等)的服务、知识产权平台或系统的技术开发服务。在企业内部层面的知识产权市场化服务中,企业作为知识产权市场化服务的主要对象,是市场化知识产权产品的主要消费者,也是知识产权的重要生产者,更是专利权、商标权甚至版权等知识产权的主要拥有者。从内部管理视角来看,企业承担着内部知识产权管理、开发和保护的重要职责,决定了知识产权市场化服务体系能否正常运行。知识产权市场化服务需要一定的渠道才能运营,各主体要素(如技术开发者、企业家、风险投资者和技术持有者)均市场化,才能在市场自由配置中实现效用最大化。

二、知识产权市场化服务现状

国家重视知识产权服务业发展,出台了《关于促进和规范知识产权运营工作的

---

[1] 李喜蕊. 我国市场化知识产权信息服务体系的构建与完善 [J]. 武陵学刊, 2014, 39 (2): 56-62.

通知》等政策文件，不断完善知识产权市场化运营体制机制，使得知识产权市场化服务业得到了快速发展，这主要表现在五个方面。

（一）知识产权市场服务主体发展迅速

近年来，我国知识产权服务机构数量持续增长（见图1）。根据《2021年全国知识产权服务业统计调查报告》，从事知识产权服务的各类机构总数量从2015年约3.7万家增长至2020年约7.3万家，其中，专利代理机构3253家，商标代理机构55572家，知识产权信息服务机构超过6200家，知识产权运营服务机构超过3200家。2020年仅新注册的知识产权服务机构就超过9500家。在迅速发展的知识产权服务业务中，知识产权代理服务是知识产权服务机构最主要的业务形态，专利和商标是最主要的服务范围。

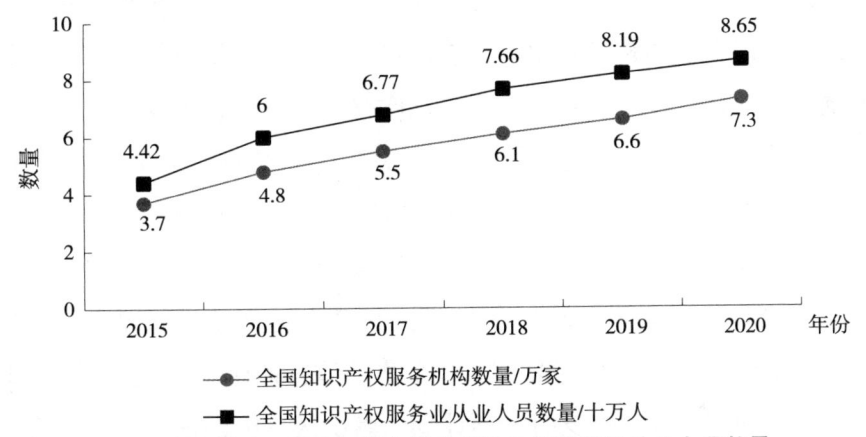

图1 我国从事知识产权服务的各类机构总数量和从业人员数量

数据来源于《2021年全国知识产权服务业统计调查报告》

与此同时，知识产权市场规模不断扩大。2020年知识产权服务机构共创造营业收入约为2250亿元，机构平均营业收入316.8万元。知识产权代理业务依然是知识产权服务机构最主要投入和获益的服务形态。此外，知识产权服务业从业人员数量和质量也有所提升。截至2020年底，我国知识产权服务业从业人员约为86.5万人，较2019年底增长5.6%。其中，大学本科以上学历比例为75.4%，40%的从业人员从事知识产权服务行业超过5年。

从上述数据中可以看出，知识产权市场主体发展迅速，市场化规模不断扩大。与此同时，该行业以相对较少的从业人口，创造了较大的经济价值，属于高附加值、高智力需求的行业，在信息化的时代将会逐渐成为具有巨大竞争力和发展前景的新兴领域。

（二）知识产权市场化服务呈现新模式新业态

与传统的知识产权代理服务相比，知识产权数据信息加工、知识产权价值评估、知识产权交易、知识产权咨询、知识产权质押融资等其他各类服务处于初级发展阶段。就新业态的具体形式来看，"互联网＋"给知识产权服务业增加了多元拓客渠道，已经取得不错成效。

知识产权服务与金融资本融合是知识产权研究开发企业和人员及时转让知识产权、获得经济效益的重要渠道，亦是加快知识产权市场化服务的重要体现。2014年发布的《深入实施国家知识产权战略行动计划（2014—2020年）》指出：支持金融机构广泛参与知识产权金融服务，鼓励商业银行开发知识产权融资服务产品。此后，我国知识产权服务与金融资本逐步有效融合发展，进一步拓宽了知识产权服务范围，促进了知识产权的转移转化。目前，我国主要的知识产权融资模式包括知识产权质押融资和知识产权证券化。对于知识产权质押融资，2021年，全国专利商标质押融资金额达3098亿元，融资项目达1.7万项，惠及企业1.5万家。❶ 针对知识产权证券化，国内2018年和2019年分别成功发行的三项知识产权证券化产品，标志着我国知识产权证券化业务进入新的发展阶段。❷ 2019~2021年知识产权证券化产品发行金额共117.47亿元，2021年知识产权证券化产品出现爆发式增长，发行金额和发行数量同比增长384.05%和300%。❸ 相关知识产权证券化产品如2020年的浦东科创一期知识产权资产支持专项计划、南山区－中山证券－高新投知识产权一期资产支持计划分别发行。❹

数字技术与传统生产要素重构，推动商业服务模式加速创新，知识产权市场化服务模式也发生了从"线下服务"到"线上运营，线下辅助"的变革。数字技术不仅通过缩小知识产权市场主体间的地理距离，降低了知识产权市场供需壁垒和服务的交易壁垒，还利用人工智能与区块链技术对版权、专利等知识产权信息的保

---

❶ 数据来源：https：//www.thepaper.cn/newsDetail_forward_16251551。
❷ 鲍新中，陈柏彤，徐鲲. 中国情境下的知识产权证券化：政策背景、国际比较及模式探究［J］. 中国科技论坛，2021（11）：176－188.
❸ 数据来源：https：//xueqiu.com/1141447699/208437656。
❹ 鲍新中，陈柏彤. 中国情境下知识产权证券化模式及关键要素设计：基于多案例的比较分析［J］. 经济体制改革，2021（5）：136－143.

护，逐渐降低了运营的信用壁垒。❶《2021年全国知识产权服务业统计调查报告》显示，我国2020年代理商标申请注册量前10的商标代理机构全部为互联网平台型服务机构。近年来，不少服务机构借助互联网和大数据等技术，融合知识产权产业链，创新知识产权运营服务模式，实现满足用户需求。例如，中细软、汇桔网、上海新净信以较高的信息化程度构建知识产权一站式服务平台；知了网利用大数据技术提供知识产权代理、专利申请、专利代理服务等。❷

（三）知识产权服务业集聚发展试验区不断扩容

2012年，国家知识产权局出台《国家知识产权服务业集聚发展试验区工作实施办法（试行）》，指出引导知识产权服务集中、集约和集聚发展。此后，苏州、上海、北京、杭州等各地相继积极申建知识产权服务业集聚发展试验区，相继出台了相关政策文件，并积极开展知识产权服务业集聚发展试验区与知识产权服务业集聚发展示范区建设。这有利于促进知识产权服务业企业集聚，激发区域优势资源活力，支持知识产权服务机构做大做强，推动知识产权服务业向专业化、高端化、国际化方向发展，促进科技成果实现转化，保障和激励"双创"活动，进而推动科技创新和产业发展。

以浙江省为例，浙江省知识产权服务业集聚区形成了由政府牵头，学校、科研院所、国有企业、协会协作的多元社会共创格局，实现政府、企业、知识产权服务机构优势互补、彼此依存，整体提升服务集聚区内产业竞争力。依托互联网，该省多个集聚区构建线上服务平台，集聚各类资源，以满足用户需求，推动科技成果转化。例如，温州知识产权大港湾以线上方式销售专利产品，打造"互联网+专利产品加速器"的运营模式；杭州良渚新城采用线上集聚服务机构，线下设置服务窗口的运营模式。❸

（四）知识产权市场化服务区域发展特征明显

由于各地经济社会发展水平存在较大差异，我国知识产权市场化服务水平也具

---

❶ 马蕾，梁凯桐，王阳，等. 数字技术驱动下中国知识产权运营平台发展历程及演化趋势［J］. 中国科技论坛，2021（10）：153-161.
❷ 许玲."互联网+"知识产权运营平台构建研究［J］. 科技促进发展，2018，14（7）：678-682.
❸ 浙江省知识产权局知识产权发展处课题组. 知识产权服务业集聚区模式分析及对策建议［J］. 中国市场监管研究，2021（5）：32-37.

有明显的地域异质性。《2021年全国知识产权服务业统计调查报告》显示，全国7.3万家知识产权服务机构中，超过六成分布在京津冀、长三角、粤港澳大湾区、成渝地区等区域，发展态势呈现从东到西下降的特征。东部地区、中部地区、西部地区和东北地区的知识产权服务机构数量分别占全国知识产权服务机构数量的66.8%、14.8%、14.5%和3.8%。从省份分布看，知识产权服务机构主要集中在广东、北京、江苏、浙江、山东和上海，占全国知识产权服务机构比例约为55%。同时，知识产权服务业人员也主要集中在京津冀、长三角、成渝地区和粤港澳大湾区，总数量达到70万人，占全国知识产权服务业从业人员的80.9%。

以专利代理行业发展为例，根据《全国专利代理行业发展状况（2020年）》，专利代理机构主要分布在北京、广东、江苏、浙江及上海五地，其数量分别为734家、538家、325家、228家、214家。2020年，全国新设专利代理机构615家，其中北京、广东、江苏分别新设98家、97家、93家，位列前三，一共占全国新设专利代理机构的46.8%。专利代理师同样集中分布在北京、广东、江苏和上海，四个地区的执业专利代理师分别有8744人、3160人、1666人、1495人，这从一定程度上反映了知识产权市场化发展与各地经济发展密切相关。

（五）知识产权市场化服务监管体系日益完善

知识产权服务的相关监管举措主要集中于专利和商标领域。其中，与专利服务业相关的监管体系制度建设较为完善。2018年，国家发展和改革委员会、人民银行等38个部门和单位建设知识产权诚信体系，针对知识产权（专利）领域严重失信主体开展联合惩戒。国家知识产权局启动了2019年至2020年的代理行业"蓝天"专项整治行动，进行集中整治，2022年持续深化该项行动，在持续加大打击力度、加强平台型知识产权服务机构治理、加强从业人员监管等方面提出了大量举措，以促进知识产权服务业健康发展。在行业协会自律方面，中华全国专利代理师协会开展年度会员考核工作，2021年会员考核不合格人数为1798人，考核合格率达到93.1%。在机构自治方面，多个机构公布相关违规操作数据、案例并发布行业自律行为规范。例如，猪八戒网于2017年携手服务商发起"诚信服务联盟"，定期发布诚信服务大数据报告；知呱呱在2019年发布《知呱呱知识产权服务自律行为规范》。在知识产权市场主体的多方努力下，针对知识产权代理行业的监管取得明显成效，市场秩序持续好转。

针对商标服务业的监管举措，国家市场监督管理总局负责出台《规范商标申请注册行为的若干规定》和《商标代理监管暂行办法》等规章，对商标代理机构实施"双随机、一公开"监管，严厉打击商标囤积、恶意注册等行为，依法依规予以处理。《国家知识产权局2021年工作要点》指出，要推进修改《商标代理管理办法》和《商标审查及审理标准》。

三、知识产权市场化服务存在问题分析

总的来说，我国知识产权服务市场起步较晚，行业发展仍处于初级阶段，市场化服务的总体水平有待提升。当前，我国知识产权市场化服务主要存在如下问题。

（一）知识产权服务业运行环境仍有改善空间

"有效市场"不仅包括产品生产、分配、交换和消费过程的市场，还包括以技术作为要素进行创造、交易、定价和使用的市场环境，更加强调环境的重要性。要素在市场中流动，知识产权交易壁垒和成本均会降低，通过对技术创新的有效激励、管理与保护，有效形成知识产权创造、运用、转化的价值链条，与巨大的市场需求潜力相结合，可以促进科技成果转化市场机制的良性运转。❶ 地方政府通过完善在科技创新领域的投入及相关服务，不断提高市场的活力，提升本地的资源配置效率，对于长期经济发展具有重要影响。❷ 总体而言，我国知识产权服务业发展处于起步阶段，知识产权服务的市场环境仍存在可改善的空间，无论是政府层面政策文件的规范与引导，还是行业内部的市场运行机制都难以满足行业高质量发展的需求。

1. 缺乏政策文件的规范与引导

当前，虽然我国近年来出台了一些促进知识产权创造、运用、保护和管理方面的政策和法律法规，但是直接针对知识产权服务方面的法律体系仍不够完善。例如，关于知识产权服务的规定分散在《专利法》《商标法》等法律中，缺乏专门的知识产权服务业促进法。在现有的政策文件中，多数内容偏向原则和宏观层面，指导性多于操作性，缺乏专门针对知识产权服务业的金融、财税等政策。当前，知识产权服务业尚处于"政府主导、市场培育"的阶段，市场规模较小，服务能力不

---

❶ 刘大勇，洪雅兰，吕奇. 科技成果转化的市场机制与市场成熟度评价 [J]. 产业经济评论，2017（3）：61-69.

❷ LIU D Y, XU C F, YU Y Z, et al. Economic growth target, distortion of public expenditure and business cycle in China [J]. China Economic Review, 2020, 63: 101373.

强，还未形成良好的创新文化氛围。

2. 市场运行机制不健全

一方面，知识产权市场化服务的价格机制不健全，尚未形成合理的价格体系。知识产权服务的价格体系是通过知识产权服务的供给与需求和服务内容之间的相互联系、相互制约和相互作用来实现的。当前，我国知识产权服务的总体价格体系处于不合理状态，尚未形成针对不同知识产权服务难易程度、领域、复杂程度等的差异化定价机制，这既不利于调动知识产权服务供给方投入的积极性，也不利于保障服务需求方获得的服务质量。另一方面，知识产权服务的供求机制有待完善。知识产权服务的质量与执业人员的知识结构、实务能力和执业经验密切相关。由于知识产权服务是一个知识密集型、知识依赖型行业，因此我国知识产权服务业各领域均存在人才短缺的问题。同时，从业人员还存在专业能力、市场观念、实战能力和服务经验不足等问题。

（二）知识产权服务企业综合运营能力需与时俱进

1. 企业创新意识不强，缺乏核心竞争力

知识产权服务业的企业创新、动态发展意识不强，运营效率有待提升。我国知识产权服务企业规模的扩大主要受益于政策支持，服务类型大多停留在专利代理等服务，且同类企业服务供给不精准，对提升自身能力、培育市场核心竞争力缺乏支撑。整体来看，知识产权服务业利用系统集成、大数据等先进管理手段和信息技术提升服务效能的能力仍然不足。企业缺乏宏观的发展格局和先进的管理理念；在上下游服务之间的协调与合作，资源配置优化，服务产品设计，充分利用当下的理论、案例、咨询意见打造强健的动态发展组织等方面仍需要加强。

2. 知识产权服务业管理机制有待完善

科学、合理、高效的知识产权服务业管理体制对于激发服务业主体的创新活力，支撑创新驱动发展具有重大意义。对于著作权、植物新品种权等知识产权的服务涉及多个部门，这种分散管理、职能交叉的局面容易造成政策之间相互冲突、重叠的现象，导致信息获取成本高，信息利用效率低。

（三）难以满足多样化服务需求，服务领域有待拓展

1. 服务内容不全面，尚未打通知识产权服务全链条

近几年，我国知识产权服务新业态发展迅猛，特别是在知识产权运营、贯标、

质押融资等方面展现了良好势头，同时"互联网＋"也催生了知识产权电子商务的蓬勃发展。然而，大多数知识产权服务机构仍停留在传统单一的服务模式和初级的知识产权代理服务阶段，有关知识产权服务的抵押、融资等商业化服务的供给还相对不足，一些市场急需的高附加值的服务，如知识产权运营、评估、交易等业务的供给度有待提高。此外，评估难和处置难是知识产权质押融资业务面临的两大难题，但一直没有得到妥善解决，这也直接导致了我国知识产权服务机构与国外同行相比竞争力低、行业整体利润不高的现象。

2. 高端服务的供给能力弱，结构性矛盾冲突

当前，我国知识产权市场化服务的业态结构不合理，行业同质化严重，存在"低端业态聚集、高端业态供给能力弱"的发展困境。在许多地区，能够提供高端服务的知识产权服务机构较少，资深的代理人凤毛麟角，难以满足大型企业与高端用户对知识产权服务的需求。一方面，机构之间同质化程度较高，缺乏高附加值服务的知识产权服务企业。另一方面，缺乏高精尖知识产权服务人才。例如，在专利申请代理机构中，代理人员整体素质有待提升，缺乏对专利申请的筛选和精加工能力，存在关注数量忽视质量的现象。这也是导致我国知识产权虽然受理数量多，却未实现"由量变产生质变"的一项重要原因。对于知识产权服务企业来说，缺乏技术、人力资本、品牌等优势，难以获得持续的发展。

3. 知识产权服务业网络层次和深度尚有不足

现阶段我国知识产权服务业网络规模逐渐扩大，但是知识产权服务企业的关键节点位置和网络协同发展深度尚有不足，服务层次整体不高。行业规范和市场规则仍然留有空白，对于知识产权服务业的支持和协同效果尚未显现。当前，我国知识产权维权成本高、赔偿低、周期长。❶ 政府部门联合知识产权维权执法还有待实现，知识产权服务网络的协同发展需要各利益相关主体的共同努力。

（四）知识产权服务业发展存在较大不平衡

1. 知识产权服务机构之间发展不平衡，两极分化严重

从事高端服务的中型代理机构已经建立了稳定的客户群，发展状况良好，专注于规模化和品牌化发展；一些小型尤其是新成立的代理机构生存压力尤其大。迫于生存的压力，某些小型代理机构采用低价竞争的方式求得生存，这种做法既

---

❶ 周适. 面向2035年的高标准市场体系建设研究［J］. 价格理论与实践, 2022 (1)：22-27.

影响小型代理机构自身的发展,也严重破坏了行业生态,不利于行业的长远发展。

2. 知识产权服务高层次人才分布不均衡

当前我国知识产权服务高层次人才存在地区间分布和行业内部分布不均衡问题。一方面,高层次人才集中分布于经济发展水平较高的东部城市,而在中西部城市数量较少。另一方面,知识产权服务行业内政治素质高、具有交叉学科背景、业务能力强的专业化高水平知识产权服务人才,尤其是拥有国际视野和处理国际事务能力的知识产权国际化人才相对稀少。因此,建设知识产权强国,仍需不断提高知识产权高水平服务人才培养的数量和质量。

(五)知识产权服务业监管亟须进一步加强

自《国家知识产权战略纲要》颁布实施以来,我国知识产权大国地位日益巩固,知识产权服务业监管意识日益加强。然而,由于缺乏完善的法律法规和多样化的监管主体,我国对知识产权服务业的监管力度薄弱,因此违规违法事件屡禁不止,需进一步加强对知识产权服务业的监管。

1. 缺乏完善的法律法规和多样化的监管主体

当前,我国知识产权市场化服务相关的法律法规尚不完善。第一,我国知识产权服务业监管的相关法律法规较少,尤其关于监管版权、地理标志权、商业秘密权、植物新品种权等知识产权服务的法律法规亟须出台;第二,现有知识产权法律赋予行政机关的执法措施有限,尚未针对知识产权服务行为设置刑事处罚;第三,我国法律禁止执业人员以个人名义进入知识产权服务市场承揽业务,导致了企业"挂靠"、个人"挂证"等违规行为;第四,我国未推行执业责任保险机制,知识产权服务业的执业风险高,进而诱发职业道德问题。

同时,我国知识产权市场化服务存在监管主体单一问题。具体而言,监管主体以政府监管为主,而行业协会数量少、监管权力和能力有限,无法承担较多的监管责任;同时,现有的知识产权服务机构更多关注自身经济效益,内部自我管理意识不强。此外,当前社会对知识产权服务业的发展现状和现存问题关注较少,难以发挥社会舆论的监督力量。

2. 监管力度薄弱,违法违规行为屡禁不止

行业中违法违规行为众多。专利代理行业是我国知识产权服务业中目前发展最成熟、监管最严格的产业,并成立了专利代理惩戒委员会进行监管,但无资质专利

代理、代理非正常专利申请、"挂证"、申请专利时弄虚作假等违法违规行为仍屡禁不止。相对而言，我国对商标权、版权、地理标志权等知识产权服务未设立惩戒委员会，法律法规较少，监管力度薄弱，难以有效规制违法违规行为。现阶段，我国知识产权服务业以发育为主，知识产权服务标准缺乏、对执业道德重视程度低，故在一定程度上降低了监管力度。此外，我国惩戒措施单一，主要依靠行政处罚，较少涉及法律惩处和社会舆论惩处。

3. 企业信息透明度不够

企业的执业信息透明度低。首先，虽然我国建立了年度报告制度，但制度落实不完全，部分企业未按要求上交年度报告；其次，服务机构相关的执业信息未及时公布，不利于快速、精准发现违法违规行为线索；最后，监管信息与全国信用信息不对接，无法实现举报投诉数据、行政审批数据、监管案件数据和信用信息数据的共享互通，进而制约了知识产权服务监管工作的实施效率。因此，企业信息不透明成为对知识产权市场化服务进行监管的重要阻碍。

四、提升知识产权市场化服务水平举措建议

提升知识产权市场化服务的整体水平，方能更好地推进知识产权强国的建设。本文基于知识产权市场化服务现状，针对知识产权市场化服务所存在的问题，从外部环境、自身能力、服务领域、发展导向和服务监管五个方面提出进一步提升知识产权市场化服务水平的举措，构建知识产权市场化服务体系，具体如图2所示。

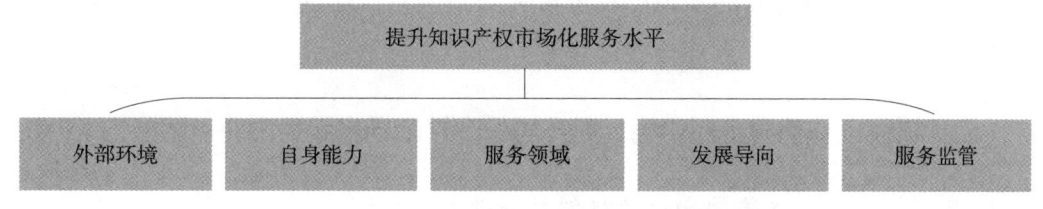

图2 提升知识产权市场化服务水平的举措

（一）改善知识产权市场化服务环境，引导知识产权服务业健康发展

1. 规范引导政策文件的颁布

营造良好的知识产权运营环境需要完善的知识产权服务政策体系，制定促进知

识产权服务业集聚发展的政策成为保障知识产权服务业稳步发展的首要举措。❶ 国家在宏观层面已有顶层设计，自 2008 年至今，知识产权服务业发展的政策保障体系已趋完善，关键在于中微观政策保障体系配套是否落实，需要根据市场不断调整和改进公共政策和立法以适合知识产权服务业发展。同时，建立健全知识产权服务业发展工作机制，实现功能相向协同，加强知识产权服务与科技、贸易等相关产业发展政策的有效衔接，激发知识产权服务的市场需求。发展知识产权服务业的核心价值，在于促进知识产权在经济社会发展中的创新驱动作用有效发挥。例如，制定促进知识产权服务业发展的财税政策，降低知识产权服务业的纳税压力；提高知识产权服务机构在政策制定和规划方面的参与度；探索在知识产权服务公共设施建设和专利商用化平台搭建方面的优惠政策。

2. 建立健全市场机制

知识产权服务业的有序高效运行，不仅需要国家宏观层面的支持和规范，也需要行业内部制定一套完善的行业规范以加强对知识产权服务市场的规范管理，营造公平公正、高效有序、良性互动的市场竞争环境。首先，行业要加强自治自律，思想上增加行业协会及服务机构开展知识产权服务业的理论研究；实施上推动建立知识产权服务行业规范，营造公平有序的市场竞争环境。其次，知识产权服务机构要确立合法、诚信、守规的发展理念，承担更多的社会责任，树立知识产权服务从业人员的职业规范和道德。再次，推行知识产权服务标准，建立知识产权服务评价体系。最后，建立强化政策反馈机制，通过分析调整政策供给，优化服务。由政府牵头搭建知识产权交易平台，针对不同的知识产权服务类型，形成明码标价、按需收费、公平合理、售后完善的知识产权定价和交易体系，促进知识产权服务行业的繁荣发展。

（二）增强企业自身造血功能，提升知识产权市场化服务企业运营能力

1. 实现以企业为主体的知识产权创新创造

企业是重要的科技创新主体，推动高质量发展需要充分激发企业创新能力。❷ 具体可以从以下几方面着手：一是以创新和价值为导向，引导市场主体发挥专利权、商标权和版权等多种类型知识产权的组合效应，推动企业知识产权服务体系向

---

❶ 刘介明，杨祝顺. 我国知识产权服务业发展的法律环境分析及其完善建议 [J]. 知识产权, 2016 (4)：96 - 101.

❷ 许骏. 科技企业自主创新能力提升机理及途径研究 [D]. 长春：吉林大学, 2010.

高层次、纵深化、融合性发展;二是优化国家科技计划项目的知识产权管理,打通知识创造与价值转化过程中的机制阻碍,创新促进科技项目成果转化机制;三是深化实施中小企业知识产权战略推进工程,全面提升中小企业知识产权的认知水平、重视创新程度和综合能力,增强企业自身造血功能,为知识产权市场化服务建设奠定坚实的基础,并以此为契机,进一步推动我国知识产权市场化服务的保护与开发运用。

2. 建立以规范有序为主项的知识产权运营机制

建立规范有序、充满活力的知识产权运营机制。提高知识产权代理、法律、信息、咨询等的服务水平。作为知识产权服务企业,首先要建立健全管理规章制度,做到有法可依、有章可循;其次要重视过程管理,开展各种工作要开始有计划、执行有规范、做完要检查、有问题要改进;再次要保留工作记录,建立监督检查机制,改善工作流程、提升工作质量、优化管理效能;最后要统一服务质量,消除个体能力差异。构建体现中国特色、具备中国优势、助推中国创新的知识产权市场运营机制,需要完善知识产权行业生态,深化"放管服"改革,实施知识产权运营体系建设工程,打造综合性知识产权运营服务枢纽平台。在具有产业特色和竞争优势的企业集聚区,充分调研市场主体的知识产权服务需求,依托地方知识产权信息公共服务平台,培育国际化、市场化、专业化知识产权服务机构,服务科技创新与成果转化。

(三)化解结构性矛盾冲突,拓展知识产权市场多样化服务领域

1. 培育市场多元主体,增加知识产权服务内容

为了满足科技创新与经济增长对知识产权服务的需求,要大力培育知识产权服务机构,培育市场多元主体,从数量上扩大规模、从质量上加强品牌建设与服务能力提升,从而满足市场需求和企业跨出国门所需的高端知识产权服务。在建立服务机构方面,鼓励非代理类新兴服务业态发展,支持知识产权服务机构做大做强,鼓励各类服务机构开展多种形式的综合性服务,实现专业化、规模化、规范化发展。在强化品牌建设方面,注重服务能力的提升,强化政策导向,重点培育区域性知识产权服务品牌机构,发挥示范效应和标杆作用。指导企业意识到知识产权对于其长远发展的重要性,保护现有产权,强化品牌意识,对企业未来的专利布局、商标注册与保护以及版权等的创造与保护进行全方位规划。

2. 增强高端服务供给能力，解决结构性矛盾冲突

知识产权有效供给是区域经济实力和竞争力的重要体现。随着新一轮科技和产业革命的深入推进，国际科技创新竞争日趋激烈，知识产权市场化服务供给能力在知识产权整体工作中的重要性日益凸显。优化当前知识产权市场化服务机构，开发差异化产品，强化丰富多元的知识产权市场化服务供给能力。聚焦重点行业和关键领域，坚持需求导向，培育一批高价值专利；加强国际商标注册，培育知名品牌，提升知识产权创造力。此外，优化拓展知识产权市场化服务资源，培养精尖知识产权服务人才，建立健全知识产权市场化服务标准规范，提升知识产权市场化服务信息传播能力。

3. 优化知识产权服务平台，拓展服务的网络层次及深度

建设国家知识产权服务业聚集发展区和国家技术转移中部中心，推动形成知识产权服务业集群发展。整合优化知识产权代理、咨询、确权、维权、展示、交易和法律援助等服务平台，拓展整体服务的网络层次和深度，优化配置各类服务资源。具体举措：一是强化政府公共服务职能，加强知识产权信息资源的收集、加工，建设综合性知识产权信息公共服务平台与数据库，扩大信息共享范围；二是充分利用移动互联网、大数据、云计算等技术促进知识产权信息服务快速发展，推动知识产权电子商务服务发展；三是依据合伙企业法、合同法等法律法规积极探索以知识产权服务作价参股的新型商业合作模式，促进服务业与高新技术产业及高附加值产业的融合，拓展服务业态，为知识产权服务行业集聚融合发展开辟新领域。与此同时，建设国家重点发展产业专利信息服务平台，自主研发知识产权分析与管理软件，鼓励知识产权服务业集聚，助力知识产权市场化服务水平的提升。

（四）强化地区互联互通，治理知识产权市场化服务不平衡

1. 深化国际学习交流，缓解知识产权服务机构两极分化

以"一带一路"为纽带，突出全球视野，谋划知识产权发展，以互联互通为抓手，深化国际学习与交流，实现知识产权服务业国内国际良性互动，统筹共享海外资源，支持企业参与国际竞争。通过"走出去、请进来"模式加强与国外知名服务机构的交流学习，鼓励知识产权服务机构"走出去"学习先进经验，同时营造良好的环境，支持知识产权服务机构引进国际高端人才为我所用，提升国内专利、商标等知识产权服务机构的专业服务能力。同时，通过吸纳国外师资、理念和服务模式，平衡各个知识产权服务机构的资源，致力培养具有国际视野、熟练掌握国际游

戏规则的知识产权高端服务人才，推动高规格知识产权国际会议资源共享。

2. 加大人才培养力度，均衡知识产权高层次人才分布

治理知识产权市场化服务发展不平衡，人才是关键。❶ 知识产权服务人员的素质直接决定了服务水平和质量，因此要以知识产权服务业发展所需的人才为导向，有计划地在高校中增设相关专业，培养懂技术、会法律、善管理的专业性复合型人才，为知识产权服务业发展提供智力支撑；加强在职教育和岗位职业培训，建立知识产权服务业职业资格标准体系，建立多渠道竞争的人才培养机制，着重培养知识产权服务业发展所需要的高素质人才，以提高知识产权服务业中人才的专业水平和整体素质。服务机构应增强与合作企业、科研院所及高校之间的交流合作，派出服务人员到服务对象企业生产一线参观学习，增强对技术的认知；选派服务人员到经济发达地区的服务机构进行学习或研修，提高从业人员处理案件的实战水平。

（五）完善多元监管体系，加强知识产权市场化服务业监管

1. 完善法律法规体系，加强规定执行力度

完善相关法律法规体系，保障知识产权服务业的有序发展。❷ 坚持公平对待国内外知识产权服务机构和从业人员，依法保护各类市场主体合法权益，确保立法公平、行政公平、司法公平。在立法上，提高知识产权国际规则制定的参与度，平等对待国内外的知识产权服务主体，打破地方保护主义，营造权利平等、机会平等、规则平等的发展环境，提高国内外同监管的法律可行性。在行政上，坚持深化改革、扩大开放，纠正各种形式限制、歧视和排斥竞争的行为。以市场准入负面清单为核心，建立知识产权服务领域平等规范、公开透明的准入标准。在司法上，对国外知识产权服务机构和从业人员的违法行为开展快捷调查，依法依规进行惩处，避免特殊对待。进一步加大现有知识产权有关规定的执行力度，落实行政执法机关与公安、检察、法院等司法机关的工作衔接，完善联合执法机制，加大对侵权的惩处力度，严厉打击涉及知识产权侵权的犯罪行为。

2. 建立智慧监管体系，优化监管系统效能

依托国家"互联网+监管"等系统，创新监管方式，提升监管能力。有效整合

---

❶ 向征. 中国知识产权服务能力分析：基于14个副省级国家知识产权示范城市情况 [J]. 天津科技，2015，42（9）：4.

❷ 李娇，朱佳，张占江，等. 我国知识产权服务业发展概述及展望 [J]. 中国发明与专利，2015，12（8）：117 – 120.

市场服务信息、投诉举报信息和互联网及第三方相关信息，充分运用大数据、人工智能、区块链等新一代信息技术主动发现和识别违法违规线索，实现服务监管数据可比对、过程可追溯、问题可监测。❶鼓励各地区各部门结合实际，依法依规与大数据机构合作开发信用信息，及时动态掌握市场主体经营情况及其规律特征。此外，打造"互联网＋"知识产权服务监管工作机制和信息化平台，及早发现防范苗头性和跨行业跨区域风险，有效防范危害公共利益和群众生命财产安全的违法违规行为。编制公布经营异常和失信机构名录，及时处罚重大违法违规行为，最大程度减少对正常经营行为的影响。

3. 增加企业信息透明度，创新自律监督方式

知识产权服务业监管应由行政主导监管向依法多元监管转变。❷公开企业信息不再是会计部门的职责，而是企业领导的首要工作之一。增加企业信息透明度是建立具有责任感企业的创新自律监督方式。首先，健全服务质量风险监测机制，完善服务质量随机抽查、安全举报核查与处理制度，公开服务监督检查结果，落实年度报告上报、严重失信服务主体强制退出等制度。其次，强化行业自律作用。继续围绕行业自律职能，发布行业服务质量和信用报告，规范会员行为，发挥行业协会在权益保护、纠纷处理、行业信用建设和信用监管等方面的作用，不断健全行业自律与诚信工作体系。再次，完善激励、约束机制，引导企业加强全程质量控制，建立服务质量自我评估与公开承诺制度，主动发布服务质量标准、质量状况报告。最后，充分发挥社会监督作用。畅通公众投诉举报渠道，对举报严重违法违规行为和重大风险隐患的有功人员予以重奖和严格保护。支持服务质量、信用检验检测认证等服务市场化发展，鼓励第三方调查和评价服务机构和人员的服务质量和信用。

---

❶ 康俊，刁子鹤，杨智，等. 新一代信息技术对营销战略的影响：述评与展望［J］. 经济管理，2021，43（12）：187－202.

❷ 董淳锷. 市场事前监管向事中事后监管转变的经济法阐释［J］. 社会科学文摘，2021（6）：70－72.

第六篇　人文社会环境篇

知识产权强国战略人才保障体系研究[*]

一、知识产权人才保障体系的现状分析

知识产权强国建设的知识产权人才保障体系，是指通过知识产权人才为知识产权战略的实施提供保障，以保证知识产权战略目标得以实现。根据《辞海》的释义，保障有保护、卫护、保证、确保等含义，亦指起保卫作用的事物。知识产权人才保障体系，也即促使知识产权人才不断得以发展、符合知识产权战略需求和目标的一套体制机制。

一般保障体系的构成，从过程角度而言包括从决策、计划、实施、检查到纠偏的良性运转，因此包括决策和计划、组织实施、评估和纠偏几个不同的环节；从内容角度而言，不同的保障体系包含的内容差异巨大，总体而言既包括政策和规划层面的保障，又包括日常组织实施层面的保障。

知识产权人才保障体系，归纳起来主要包括三个方面：一是知识产权人才政策和规划类的保障，二是知识产权人才培养开发的保障，三是知识产权人才的能力发挥机制保障。这三个方面事实上包括了一般人才管理的政策规划及选、育、用、留四个主要方面。此外，考虑到知识产权人才的不同类型，对知识产权人才保障体系可以进一步划分。例如，根据知识产权人才层次的不同，可以分为高端知识产权人才保障体系、骨干知识产权人才保障体系、基础知识产权人才保障体系；根据知识产权人才工作内容的不同，可以分为专利人才保障体系、商标人才保障体系、版权人才保障体系等；根据知识产权人才服务机构的不同，可以分为律师事务所或知识产权服务机构的知识产权人才保障体系、企业的知识产权人才保障体系、政府部门

---

[*] 本文基于知识产权强国建设纲要制定研究项目"知识产权基础保障项目"之子课题"知识产权强国战略纲要实施人才保障体系研究"形成。课题负责人：任声策、杨静；课题组成员：王活涛、孟奇勋、万小丽、尹聪慧等；执笔人：任声策、杨静。

知识产权人才保障体系、高校及研究机构知识产权人才保障体系等；根据知识产权工作的前端和后端的不同，可以分为知识产权创造人才保障体系和知识产权运用和保护人才保障体系。将上述分类维度进一步组合，则可以对知识产权人才保障体系形成更细的分类。

本研究主要从知识产权人才政策和规划、知识产权人才培育和开发、知识产权人才工作机制三个方面研究知识产权人才保障体系的现状。

（一）知识产权人才政策体系现状及特征

下面分析我国知识产权人才保障体系中的政策和规划体系现状，并考察其他政策和规划中知识产权人才相关的政策和规划内容。

1. 国家层面的知识产权人才政策体系现状

首先，国家层面的知识产权规划和政策对知识产权人才工作有安排，如《国家知识产权战略纲要》《深入实施国家知识产权战略行动计划（2014—2020年）》《国务院关于新形势下加快知识产权强国建设的若干意见》《"十三五"国家知识产权保护和运用规划》等文件。例如，《国务院关于新形势下加快知识产权强国建设的若干意见》（三十一）提出："加强知识产权专业人才队伍建设。加强知识产权相关学科建设，完善产学研联合培养模式，在管理学和经济学中增设知识产权专业，加强知识产权专业学位教育。加大对各类创新人才的知识产权培训力度。鼓励我国知识产权人才获得海外相应资格证书。鼓励各地引进高端知识产权人才，并参照有关人才引进计划给予相关待遇。探索建立知识产权国际化人才储备库和利用知识产权发现人才的信息平台。进一步完善知识产权职业水平评价制度，稳定和壮大知识产权专业人才队伍。选拔培训一批知识产权创业导师，加强青年创业指导。"

其次，国家层面还出台了知识产权人才的专门规划，一方面是知识产权人才五年规划，另一方面是知识产权人才的分类建设方案。例如《知识产权人才"十一五"规划》《知识产权人才"十二五"规划》《知识产权人才"十三五"规划》。围绕知识产权"十二五"规划，各项知识产权分类人才建设意见包括：《关于加强知识产权人才体系建设的意见》《"十二五"高水平知识产权师资人才推进计划实施方案》《知识产权服务业人才支撑计划实施方案》《2011—2015年"百千万知识产权人才工程"实施方案》《专利审查人才能力提升计划实施方案（2011—2015年）》《专利代理人实务技能培训工作实施方案（2011—2015年）》《知识产权高层次人才引领计划实施方案（2011—2015年）》《企事业单位知识产权人才开发计划实施方案》《加强知识产权行政管理和执法人才队伍建设实施方案（2011—2015年）》等。

2. 地方层面的知识产权人才政策体系现状

各省（区、市）的知识产权规划是知识产权工作的总体规划，通常将知识产权人才工作作为一项重要任务进行安排。以上海市为例，《上海知识产权战略纲要（2011—2020年）》的主要措施第五部分为加快知识产权人才培养，包括加强知识产权高端人才培养、加强知识产权实务人才培养、加强知识产权人才工作基础建设。广东省的《关于加快建设知识产权强省的决定》提出建设知识产权服务和管理专业队伍。江苏省的《关于加快建设知识产权强省的意见》提出努力构筑知识产权人才高地，完善知识产权人才培养载体，加快知识产权人才培养，促进知识产权人才流动与合理配置。

部分省份专门对知识产权人才进行规划。例如，《江苏省"十三五"知识产权人才发展规划》《湖南省知识产权人才发展规划（2011—2020年）》《重庆市"十三五"知识产权人才规划》等。

我国主要城市在知识产权规划中对知识产权人才工作进行了部署。例如，苏州市发布的《关于加快建设知识产权强市的意见》等，提出的具体目标包括了知识产权人才队伍不断壮大：培养一批知识产权管理、服务、研究、咨询等各类人才，形成一批知识产权领军、拔尖、后备等不同层次的人才队伍；知识产权领军人才达50人、拔尖人才达500人、后备人才达2000人，从事知识产权工作的专业人才达2万人。《深圳市知识产权"十三五"规划》将壮大知识产权人才队伍作为具体目标，规划在"重点工作"中的"（七）壮大知识产权人才"部分，提出打造知识产权行政执法骨干队伍、推进知识产权法官职业化改革、培养不同层级知识产权人才、发展知识产权专业教育、加强知识产权智库建设。《深圳市知识产权运营服务体系建设实施方案（2018—2020年）》在"重点任务"中的"（四）加强知识产权人才培养"部分，提出加强知识产权人才培养载体建设、加强各类型知识产权人才培养。《深圳市关于打造国家知识产权强市推动经济高质量发展的工作方案（2019—2021年）》目标中提出："加大知识产权人才培养力度，打造一支由知识产权基础人才、骨干人才、高层次人才和领军人才组成的人才队伍。每年评审一批知识产权研究员系列专业人才，引进一批知识产权管理人才，培育一批复合型知识产权实务人才。"

3. 其他政策和规划中知识产权人才政策体系相关内容现状

其他国家人才政策和规划中的知识产权人才相关内容也已在多处文件中得以强

调。首先是《国家中长期人才发展规划纲要（2010—2020年）》中多处涉及知识产权相关内容，指出知识产权人才的培养和开发。其次，在《中国制造2025》配套政策《制造业人才发展规划指南》也有部分内容与知识产权人才相关。该指南在主要任务之"（四）打造高素质专业技术人才队伍"中提出："加强复合型专业人才培养。……注重生产性服务业人才培养，围绕研发设计、创业孵化、知识产权……和品牌建设等领域发展需求，加快设置相关专业。"该指南在"（六）建设高水平的经营管理人才队伍"中提出"着力培育具有国际视野的企业家"，并建议"支持开展现代企业经营管理制度、品牌战略、……创新能力建设、知识产权保护以及国际贸易等方面的出国（境）培训"，还提出"提升经营管理人才专业化水平"，建议加快从海外引进品牌建设与管理、知识产权管理等方面的高层次管理人才。

（二）知识产权人才培养体系现状及特征

知识产权人才培养体系是指由培养定位、培养机制、培养模式、课程设置等一系列人才培养环节所组成的对知识产权人才进行教育、培训的系统。目前，我国知识产权人才培养模式主要包括高校培养形式的在学教育（学历教育）与社会培训形式的继续教育（在职培训）两种模式。经过多年的探索与努力，目前我国知识产权人才培养取得了长足的进步，供给人力资源、输出人才力量，为国家知识产权战略的实施打下了坚实的人才基础。

1. 知识产权人才高校培养现状

（1）高校知识产权人才培养概况

高校是我国知识产权人才培养的主要阵地。20世纪七八十年代，伴随着中国对外开放的实行、市场经济的推行、法制建设的发展以及技术进步的需求，知识产权人才的培养开始提上议事日程。1986年高等教育专业目录制定工作会议将知识产权法列为第二学士学位的法学本科专业。1987年9月，中国人民大学开始招收有理、工、农、医专业学士学位的学生攻读知识产权法第二学士学位，拉开了我国知识产权高等教育人才培养的帷幕。此后，华中理工大学（现华中科技大学）、北京大学、华东理工大学和南京理工大学等高校也相继招收知识产权法第二学士学位学生。

加入世界贸易组织（WTO）后，中国知识产权事业日益兴盛，一系列重要政策文件的颁行极大地推动了知识产权学科建设和人才培养。本科培养层面，知识产权本科专业在华东政法大学、华南理工大学、暨南大学、重庆理工大学等多所高校兴办，授予法学学士学位，还有一些学校开办了知识产权的第二学士学位。硕士与博士培养层面，一些具有法学、管理科学与工程、工商管理及公共管理一级学科授权点的高校以自设知识产权二级学科专业的名义招收博士生和硕士生；2006年，中国社会科学院、北京大学、中国人民大学、华中科技大学、中南财经政法大学等五所高校和科研机构经批准单独开办"知识产权方向"法律硕士班。另外，还有部分高校在公共管理硕士、工商管理硕士下招收知识产权方向的学生。

据统计，截至2018年，全国已有88所高校设置了知识产权本科专业，已成立35所知识产权学院，近百所院校招收知识产权相关研究方向的硕士生，近20所院校招收知识产权相关研究方向的博士生。截至2017年，知识产权专业的在校生人数达到1万余人。❶

（2）高校知识产权师资规模与结构

伴随着高校知识产权本科专业以及知识产权学院数量的快速增长，高校知识产权师资队伍也在不断扩充。根据《全国知识产权人才需求分析及人才资源调研报告》的问卷调查结果，截至2018年11月，在全国76所设立知识产权专业本科的高等院校中，知识产权专业所在院系的知识产权教师总编制为2094人，其中讲师级别知识产权人才812人，占比39%，占比最高；副教授级别知识产权人才526人，占比25%；教授级别知识产权人才418人，占比20%；而辅助型人才合计339人，占比16%。

虽然上述统计数据不包括虽没有开设知识产权本科专业，但也在高校从事知识产权教育与研究工作的从业教师，但总体而言，从规模来看，目前高校知识产权师资仍然比较紧缺。根据对2018年全国教育事业的统计，全国普通高等学校共有专任教师167.28万人，76所开设知识产权本科专业的高校的知识产权教师人数仅占比0.13%；从职称结构看，知识产权专职教师以讲师以上职称为主，但副高以上职称教师所占比例偏低。

（3）高校知识产权课程设置与培养模式

根据学者的梳理，我国高校中主要的知识产权人才培养模式包括：①知识产权法学第二学士学位；②知识产权法学本科或管理学本科；③知识产权法或知识产权管理的硕博士培养；④理工本科/知识产权法或管理硕士的"本硕连读"；⑤知识产

---

❶ 陈良伟. 扎实推进知识产权学科建设和专业学位教育［EB/OL］.（2017-03-28）［2017-03-28］. http://ip.people.com.cn/GB/n1/2017/0328/c136655-29173171.html.

权法律硕士；⑥知识产权工商管理硕士（MBA）；⑦知识产权"本带专"；⑧知识产权"双本科"；⑨知识产权交叉学科；⑩知识产权管理高职培养。[1]

伴随着知识产权人才素质需求的不断提升，高校纷纷结合自身优势，探索各具特色的知识产权培养模式，例如重庆理工大学知识产权学院以理工科专业学生"3+2"专升本培养模式和知识产权第二专业（第二学位）培养模式为基础，借助理工科专业学习的背景优势，通过知识产权专业训练，培养具有专利知识并熟悉专利代理业务的专利代理人才；暨南大学知识产权学院探索培养知识产权高级管理人员工商管理硕士（EMBA）；上海大学知识产权学院推出"'理工本科+法学'双学科/知识产权法硕士"的"2+2+3"的本硕连读知识产权人才培养模式；南京理工大学积极探索新工科背景下理工文融合的知识产权复合型人才培养模式改革，其构建的"3+1+2"知识产权复合型人才培养模式成为知识产权人才培养的特色成果。

依据《普通高等学校法学类本科专业教学质量国家标准》，知识产权专业核心课程应当涵盖知识产权总论、著作权法、专利法、商标法、竞争法、知识产权管理以及知识产权文献检索与应用。对于知识产权专业人才而言，最佳知识结构应当包括法学基础知识、知识产权基础知识、理工科基础知识、经济管理学知识，以及知识产权应用实践的能力。课程体系设置要注重知识传授和能力培养的结合，使学生不仅掌握知识产权理论知识，接受知识产权专业思维能力的培养，还具备一定的知识产权管理、应用技能。针对社会上对实务型、复合型知识产权人才与日俱增的需求，在遵循国家标准的前提下，高校知识产权相关课程的种类与内容也日趋丰富。

2. 知识产权人才社会培训现状

以社会培训形式开展的知识产权在职培训、继续教育是复合型、应用型知识产权人才培养的重要路径，是高校知识产权人才系统培养的必要补充。

（1）国家层面关于知识产权人才培训的政策文件

2007年，为贯彻落实《知识产权人才"十一五"规划》，推动知识产权教育培训工作在全社会深入广泛开展，加强知识产权人才队伍建设，增强全社会的知识产权意识，国家知识产权局印发《全国知识产权教育培训指导纲要》，对全国知识产权教育培训工作的开展和协调起到了重要作用。2008年《国家知识产权战略纲要》提出"建设若干国家知识产权人才培养基地"的战略措施，以加强知识产权人才队

---

[1] 陶鑫良，张冬梅. 我国知识产权人才培养与学科建设的沿革回顾与发展建言 [J]. 中国发明与专利，2018，15（4）：13-23.

伍的建设；《关于加强知识产权文化建设的指导意见》也指出要"拓宽知识产权文化教育培训渠道""扩大全国知识产权培训基地培训规模"。党的十八大报告提出实施知识产权战略，加强知识产权保护，这就对知识产权教育培训工作提出了更高的要求。2013年国家知识产权局修订了《全国知识产权教育培训指导纲要》，以建立健全知识产权教育培训体系为目标，以体制机制创新为重点，旨在到2020年，建立健全与国家经济社会发展和知识产权事业发展相适应，与知识产权人才队伍建设要求相符合，更加开放、更具活力、更有实效的知识产权教育培训体系。2013年8月，国家知识产权局发布《国家知识产权培训基地管理办法》（国知办发人字〔2013〕57号）。2015年，国家知识产权局印发《全国知识产权教育培训分类指导大纲（试行）》，旨在进一步加强对知识产权教育培训工作的分类指导，促进知识产权教育培训工作科学化、标准化、规范化发展。一系列政策文件的颁行为全国知识产权培训工作的有序、系统、深入开展打下了良好基础。

（2）建成各类知识产权培训中心、基地以及平台

目前，全国已经建成由中国知识产权培训中心、国家知识产权培训基地、中国知识产权远程教育平台，以及省市级知识产权培训中心、基地组成的多层级、覆盖面与辐射面广泛的知识产权培训网络，初步形成区域布局相对合理、影响辐射面广的培训基地体系。

中国知识产权培训中心于1996年4月1日成立，隶属于国家知识产权局，是世界知识产权组织国际培训合作伙伴，是人力资源和社会保障部批准的国家级专业技术人员继续教育基地，承担全国知识产权领域在职人员的继续教育和知识产权专门人才的培养工作，与国内外有关院校联合培养研究生，与世界各国、地区及组织的知识产权培训机构开展国际交流与合作，按照国家知识产权局统一部署，根据局内外知识产权培训需求，遵循按需办学、按需施教的原则，为知识产权从业人员提供系统、规范、专业的知识产权培训，广泛普及知识产权知识和宣传知识产权文化，形成了覆盖全国的知识产权培训网络和知识产权培训品牌项目，服务知识产权强国建设。

国家知识产权培训基地是经国家知识产权局批准设立、承担知识产权培训和人才培养工作的机构，根据地域特点和经济社会发展需要，按照"统筹规划、合理布局、分类指导、突出特色、整合资源、注重实效"的原则，实行分批建设和分级管理。目前全国已经设立26个"国家知识产权培训基地"（详见表1）。国家知识产权培训基地工作是建立、完善全国知识产权人才培养体制机制、建设知识产权强国

的重要保证。目前，国家知识产权培训基地已经在东北、东部、中部、西部大多数省份建成，建立起资源共享、团结协作的工作格局。

表1 已成立的26家国家知识产权培训基地

序号	名　称
1	国家知识产权培训（湖南）基地（湖南大学）
2	国家知识产权培训（山东）基地（烟台大学）
3	国家知识产权培训（上海）基地（同济大学）
4	国家知识产权培训（湖北）基地（中南财经政法大学）
5	国家知识产权培训（安徽）基地（中国科学技术大学）
6	国家知识产权培训（广东）基地（华南理工大学）
7	国家知识产权培训（重庆）基地（重庆理工大学）
8	国家知识产权培训（江苏）基地（南京理工大学）
9	国家知识产权培训（陕西）基地（西北大学）
10	国家知识产权培训（黑龙江）基地（东北林业大学）
11	国家知识产权培训（新疆）基地（新疆大学）
12	国家知识产权培训（河南）基地（郑州大学）
13	国家知识产权培训（辽宁）基地（大连理工大学）
14	国家知识产权培训（浙江）基地（中国计量大学）
15	国家知识产权培训（福建）基地（厦门大学）
16	国家知识产权培训（吉林）基地（吉林大学）
17	国家知识产权培训（江苏）基地（江苏大学）
18	国家知识产权培训（四川）基地（四川大学）
19	国家知识产权培训（广东）基地（广东省知识产权保护中心）
20	国家知识产权培训（江西）基地（华东交通大学）
21	国家知识产权培训（山西）基地（山西大学）
22	国家中小微企业知识产权培训（南海）基地（广东省佛山市南海区）
23	国家中小微企业知识产权培训（温州）基地（温州知识产权学院）
24	国家中小微企业知识产权培训（苏州）基地（苏州工业园区）
25	国家知识产权培训（深圳）基地（深圳大学）
26	国家知识产权培训（广东）基地（横琴国际知识产权交易中心）

中国知识产权远程教育平台是国家知识产权局开设的三大功能性平台之一，于2002年创立，从建设之初只具备课程播放等基本功能的教学网站，逐步发展成为集

教学、辅导、统计分析、师资信息交互、移动学习等于一体的综合性平台。年培训规模从 2002 年的 1900 人次发展到 2016 年的 80 万人次，年注册人数从 2002 年的不到 1000 人发展到 2016 年的 12 万人。截止到 2017 年 4 月，其远程教育平台的用户数达到 45 万，线上总培训人次超过 200 万。

国家级知识产权培训中心、基地与平台的建设带动各地设立了自己的省级、市级培训基地，形成了区域布局合理、品牌特色鲜明、影响辐射全国的培训基地体系。例如目前四川省已经建成 13 个知识产权培训基地。地方知识产权培训基地的建设强化了各地知识产权人才培养力度，加大了培训覆盖面，并组织知识产权课题研究、教学研究，开展知识产权进校园、进企业等宣传普及活动以及承担知识产权行政管理部门专项任务，形成了"省市共建、政校共赢"的知识产权培训基地建设工作的新局面。

（三）知识产权人才工作机制现状及特征

1. 知识产权人才发展环境和氛围

随着创新型国家建设，知识产权问题在我国得到越来越多的重视，知识产权事业发展环境日益改善，知识产权人才也日益得到重视。总体而言，我国知识产权人才发展环境和氛围变得越来越好。百度搜索显示，过去一年以"知识产权"为标题的网页数量达到 226 万，以"知识产权"为标题的新闻网页文章数量达 23600 篇（2019 年 7 月 20 日检索）。尤其如中兴、华为事件的发生，强化了社会对知识产权及知识产权人才的认知。在法律界，从事知识产权业务的人才也逐渐受到重视。

虽然知识产权人才总体发展环境改善，但仍有待持续提升。知识产权人才发展环境事实上伴随知识产权制度水平、知识产权保护水平、知识产权的社会经济效益而同步发展。知识产权人才的需求逐渐增加。例如，据统计，2019 年 5 月，全国的企业累计发布了 14176 个知识产权相关招聘岗位需求，而 2018 年 1~2 月全国累计发布了 11400 个知识产权相关招聘岗位需求。

2. 知识产权人才的激励和流动机制

首先，当前我国从事知识产权工作的人才的薪酬水平处于中间水平，在收入上无明显优势。有数据显示，2019 年 5 月份我国知识产权人才招聘市场中，6000~7500 元月度薪资范围以 21.4% 的比例占据首位，9000~10500 元月度薪资范围则以 15.3% 的比例排名第二，4500~6000 元月度薪资范围以 14.9% 的比例紧跟其后。考虑到知识产权岗位主要招聘需求来自广东、江苏、北京、上海、浙江等收入水平相对较高地区，这一薪酬水平至多处于中等水平。当然，也存在另外一个原因：目前招聘的知识产权人才学历层次以大专和本科层次为主。

其次，知识产权人才的职位评价和晋升机制正在形成。2015年，知识产权专业人员进入《中华人民共和国职业分类大典》（以下简称《职业分类大典》）。2019年，人力资源和社会保障部发布了关于《经济专业技术资格考试专业设置调整方案（征求意见稿）》公开征求意见的通知，将知识产权作为新增专业，设置知识产权职称系列，解决知识产权从业人员"职称评审难"问题。根据《职业分类大典》，知识产权专业人员属于经济和金融专业人员中类，专业内容可根据职业大典分类包括专利代理、商标代理、专利审查、商标审查、专利管理、商标管理、版权管理和专利信息分析等内容。2018年，广东省出台了《广东省知识产权专利研究人员专业技术资格条件》，包含《广东省知识产权专利研究员资格条件（试行）》《广东省知识产权专利副研究员资格条件（试行）》《广东省知识产权专利助理研究员资格条件（试行）》和《广东省知识产权专利研究实习员资格条件（试行）》四个部分。江苏省则在更早之前发布了《江苏省知识产权专业高级工程师、工程师资格条件（试行）》（苏职称办〔2006〕12号）。

最后，从知识产权人才的职业发展路径来看，知识产权人才的流动机制比较灵活。知识产权人才在实体企业、服务机构、政府机构、研究机构中的分布以前两者为主，法院、研究机构与企业之间知识产权人才的交流机制也相对较为灵活。但职业发展受限、边缘化的形势还在逐渐扭转过程之中。

3. 知识产权人才的选拔和培育机制

国家知识产权局先后开展了"百千万知识产权人才工程"、知识产权领军人才选拔培养工作。一是国家知识产权局于2010年7月组建了国家知识产权专家咨询委员会，来自全国经济、科技、教育、文化、知识产权领域的20位专家成为首批委员。该专家咨询委员会是国家知识产权事业发展的咨询机构，主要任务是根据《国家知识产权战略纲要》，针对我国知识产权事业发展中的战略性、全局性和关键性问题开展调查研究并提供意见建议。二是从2007年开始，国家知识产权局组织实施了"百千万知识产权人才工程"，启动了以高层次人才队伍建设为重点的各类知识产权人才培养工作，取得了显著成效。2011年，国家知识产权局印发了《2011—2015年"百千万知识产权人才工程"实施方案》，继续大力实施"百千万知识产权人才工程"。三是国家知识产权局开展了知识产权领军人才选拔工作。2011年7月，国家知识产权局印发《知识产权高层次人才引领计划实施方案

（2011—2015年）》，根据该实施方案，于2012年启动了首批全国知识产权领军人才的推荐选拔工作。通过推荐评选，2012年底在全国范围内选拔出81名首批全国知识产权领军人才，其中：知识产权行政管理和执法、企业知识产权经营管理、知识产权服务业各20名，高校及科研机构21名。

4. 知识产权人才工作的组织实施

首先，国家知识产权局在知识产权人才工作组织工作方面，成立了国家知识产权局人才工作组。另外，为加强对全国知识产权系统人才工作的组织领导，2013年国家知识产权局成立了知识产权人才工作领导小组，研究制定实施知识产权人才工作规划和政策、知识产权人才工作重大问题和重要决定，全面推进知识产权人才工作，开发国家知识产权人才网络信息平台。

其次，部分省市已成立人才工作领导小组，一般会同知识产权部门组织知识产权人才工作。例如，苏州市人才工作领导小组办公室，在《姑苏知识产权人才计划实施细则（试行）》第四条中明确指出："姑苏知识产权人才计划在苏州市人才工作领导小组办公室指导下，由苏州市知识产权局组织实施。"又如，武汉市委人才工作领导小组办公室组织"黄鹤英才（专项）计划"，武汉市知识产权局承担该计划知识产权人才评选组织工作。

此外，在知识产权人才经费安排上，各地在知识产权工作中均有知识产权人才教育培训费用安排；在智库建设上，我国已建立多家国家知识产权战略实施研究基地。2016年底我国发布《关于开展知识产权综合管理改革试点方案》，2017年确定在厦门、青岛、长沙、深圳、上海徐汇、苏州六地开始知识产权综合管理改革，在国家全面创新改革试验区和自由贸易试验区也推进知识产权管理体制改革。

二、知识产权人才保障体系存在问题与发展需求

《〈国家知识产权战略纲要〉实施十年评估报告》对知识产权人才工作进行了总结：知识产权服务与基础环境存在短板，知识产权人才培养不敷需求，尤其是高端型、复合型、国际化人才缺乏。人才从业能力有待提升；高端人才不足；人才评价体系尚未建立；人才需求待扩容，包括知识产权行政管理和执法人才、企业知识产权高级管理人才、知识产权运用人才、专利信息分析人才、知识产权国际化人才等。知识产权人才保障体系存在的问题与不足是造成上述短板的直接原因。知识产权强国建设的战略任务对我国知识产权人才保障体系提出了更高的需求。

（一）知识产权人才政策体系存在的问题

知识产权人才虽在国家层面受到充分重视，但在地方层面只在少数省市的规划里得到重视。这个问题主要体现在两个方面：一方面是只有少数省市在知识产权战略规划中列出了人才发展目标；另一方面，只有少数省市制定了知识产权人才规划。可见，相对于国家知识产权局制定的一系列知识产权人才规划和知识产权专门人才实施方案，知识产权的重要性在一些地方尚未上升到知识产权战略的顶层目标。

其他非知识产权类战略规划一般会强调创新和知识产权，但对知识产权人才的工作少有提及。一是在国家、地方人才规划里，一般对知识产权人才关注较少。二是在其他非人才、非知识产权规划里，不会涉及知识产权人才的工作。盖因部门之间的协同存在挑战。

各地相关政策一般仅重视知识产权，除了少数地方，在人才政策中对知识产权人才的重视仍然不够。

（二）知识产权人才培养系统存在的问题

1. 高校知识产权人才培养存在的问题

我国高校知识产权人才培养在取得长足进步的同时，在知识产权学科地位、师资队伍、人才产出方面均存在较多的问题，必须花大力气加以改良和强化才能更好地支撑知识产权强国建设纲要的实施。

（1）知识产权学科地位层级低

知识产权学科地位层级低是造成当下知识产权人才培养困境的先天障碍。目前，知识产权学科以部分一级学科项下自主设立的二级学科形式存在，没有明确的学科归属，学科定性不明、定位不清，学科地位层级低。无论将其界定为法学一级学科目录下的"知识产权法学"二级学科，还是管理科学与工程、工商管理、公共管理等一级学科目录下的"知识产权管理学"二级学科，均难以完整、系统地涵盖知识产权学科所覆盖的知识内容。

没有"正式户口"和"国家编制"的知识产权学科只能挂靠在其他学科专业目录下录取、培养学生、授予学位，学科地位尴尬。知识产权学科定位不清引发招生名目混乱，二者又直接导致了知识产权学科乱（专业、学位名称不统一，人才培养与社会需求不匹配）、散（散点式分布于诸多一级学科之下）、弱（无正式编制的边缘化学科，招生人数受限）的负面印象，学科整体评价偏差。2016年3月25日教育部发布学位授权点专项评估处理结果，撤销了以知识产权学科见长的三所高校的法学一级学科、公共管理一级学科博士授权点。这次重创提示我们，依赖传统系科制轨道运行的知识产权学科道路越走越窄，学科发展面临生存性危机，提升学科地位、谋求学科发展空间迫在眉睫。

（2）知识产权师资队伍待强化

知识产权师资队伍不够强大是当下知识产权人才培养困境的现实掣肘。知识产权教育是一个新兴、复杂的跨学科人才培养过程，对知识产权师资的专业背景、知识积累、理论水平和实践能力均有很高的要求，但目前我国高校知识产权师资队伍在规模数量、职称比例、知识结构等方面仍然明显不足，难以适应社会不断上涨的对复合型知识产权专门人才的刚性需求。

在规模数量方面，根据《全国知识产权人才需求分析及人才资源调研报告》的问卷调查结果，目前全国高校知识产权师资队伍数量偏少，在全国高校师资总量中占比偏低，还不能完全满足知识产权专门人才培养的师生比要求。

在专业背景和知识结构方面，目前大部分知识产权本科专业以及知识产权学院依附于法学院设立，师资队伍以法学专业教师队伍为主，科研理论水平较高；部分教师拥有法律职业资格，能够胜任知识产权法相关的知识传授，但在知识产权实务操作、理工科相关课程的授课方面则心有余而力不足。

在师资队伍学历构成与职称结构方面，根据对全国知识产权师资信息平台数据的初步检索，目前全国整体知识产权师资队伍中，硕士及以下学历的师资占比最大，拥有博士学位的师资的比例仍需要进一步提升。在职称结构方面，知识产权专业所在院系中正高职称的比例严重偏低，且难以满足学科建设的硬性要求，对一级学科的申报也会造成不利。

（3）知识产权人才产出不理想

知识产权人才产出情况不理想是当下知识产权人才培养困境的直观反映，也是知识产权学科地位低、师资队伍不够强大的直接结果。目前我国知识产权人才占人口总量和人力资源的比例低于发达国家，特别是复合型人才和高层次人才十分缺乏。知识产权人才的供需矛盾集中体现了当下知识产权人才培养的困境。

目前高校在学培养的知识产权专业学生普遍存在"偏重法律轻管理，偏重理论轻应用，偏重概念轻实务，偏重一律轻特色"的现象。大型企业、外资公司，知识产权高端服务业对知识产权专业人才的要求越来越高，只有少数优秀知识产权人才适格或胜任。而中小企业因其薪资水平和岗位设置的限制，既容纳不了也吸引不了知识产权专业人才。一面是"求贤若渴"，一面是"学难致用"，教育部2014年公布的"十五个最难就业专业"名单中，知识产权赫然在列。对"高不成、低不就"、供需脱节的知识产权在学人才培养的困境急需采取实质性措施加以应对。

2. 知识产权人才社会培训存在的问题

目前我国已经初步建成了区域布局相对合理、影响辐射面广的知识产权人才培训基地体系，但目前还存在下列不足：

（1）国家知识产权培训基地布点需要加大力度

目前全国还有部分省份未进行国家知识产权培训基地的布点。以云南省为例，目前知识产权人才极为匮乏，但尚无国家级知识产权人才培养机构或培训基地，主要依靠短训班、知识产权讲座等形式培训相关工作人员，缺乏知识产权专门人才的系统化培养机制，无法满足提升知识产权人才的知识结构、专业化水平和实践能力的需要，也不利于缩小我国东西部地区之间、经济发达省份与落后省份之间的知识产权差距。

（2）培训体系的系统性与科学性需要切实提升

集中培训在一定程度上能够满足学员对于知识产权专业知识的需求，但是长期系统的培训才是提高知识产权人才培养质量的关键。现有的知识产权社会培训体系在结合各地区域经济和社会发展需求，与高校知识产权学历教育有效衔接，开设品牌特色知识产权专业培训，培训教材规划与设计，创新教育培训方式方法等方面还有待于进一步完善；在培训的系统性、分层性、针对性、定制性、交互性等方面仍有较大提升空间。

（三）知识产权人才工作机制存在的问题

我国知识产权人才的需求和激励水平还在发展之中，因此知识产权相关岗位的薪酬吸引力仍需加强。目前知识产权人才市场需求对人才的层次要求较低，对高素质知识产权人才需求量还较少，说明知识产权工作还没有得到足够的重视，这源于企业对知识产权工作价值的认知仍然需要改善。

我国知识产权人才的职业晋升路径较为受限，因此知识产权岗位的吸引力仍需加强。知识产权人才在职业晋升中存在困难，近年来知识产权人才进入《职业分类大典》，知识产权人才单独作为职称体系，是一个明显进步，但相关的人才评价标准仍然在发展之中。

我国知识产权人才的发展环境和氛围还有待进一步优化。长期以来，知识产权人才在社会上发挥的作用尚未充分体现，因此，知识产权人才在服务机构、企业等中处于非核心地位，发展环境需要改善。

我国知识产权人才培育机制需要进一步完善。国家知识产权局开展了知识产权领军人才、"百千万知识产权人才工程"等人才选拔培养，不仅产生培育作用，也发挥了带动作用。各地也开展了大量知识产权人才培育工作。这些工作在下一阶段中需要与时俱进，不断完善。

（四）未来十五年知识产权人才发展需求

"十三五"末，我国知识产权人才队伍快速壮大，达到69万人。我国知识产权人才"十四五"规划明确：到2025年，知识产权人才队伍规模超过100万人，高层次人才队伍进一步壮大，人才结构进一步优化，全国执业专利代理师数量4万人，全国中级以上（含中级）知识产权师数量2万人。

放眼未来十五年，对知识产权人才的需求必将随着全球经济技术格局的变化和我国知识产权强国的深入建设与日俱增。从外部层面看，未来十五年，以信息技术为代表的新技术革命、大国竞争与博弈加剧、全球经济治理体系快速变革等，将深刻改变国际经济格局。未来十五年也是国际格局大调整时期和中国转换国家比较优势、作为新兴大国崛起的关键时期。外部经济技术发展环境的重大变化，将给中国带来新的机遇和挑战，对知识产权人才的需求将明显上升。从内部层面看，产业转型升级，高技术产业和新兴产业创新发展，人工智能、大数据、生命科学等领域正在颠覆性创新，将催生经济新模式和生产新业态，新兴前沿技术领域正在形成一批核心技术知识产权；京津冀协同发展、长江经济带、粤港澳大湾区等国家发展战略正在加快实施，也将对我国知识产权人才的规模与结构提出新的要求。

结合未来十五年我国科技创新水平、对外开放水平、国际竞争形势等重要环境因素，研判我国知识产权人才需求趋势，总体而言，未来十五年知识产权人才的总体数量需求将大幅增加，总体素质要求将不断提升。突出体现为：对知识产权经营管理人才、新技术领域相关知识产权人才、中高端综合性知识产权人才、国际化知识产权人才的需求数量将不断增加，对人才综合业务素质的要求将不断提升。

（五）知识产权人才保障体系的发展需求

针对2020~2035年快速增长的知识产权人才规模与素质需求，我国知识产权人才保障体系应当作相应的调整与强化,以支撑知识产权强国的建设需要。

1. 知识产权人才政策体系的发展需求

需要进一步强化对知识产权人才的认识,提升知识产权人才的战略意义,在知识产权规划中注重人才目标,加强全国的认知一致性,形成全面推进知识产权人才工作的势头,在知识产权人才紧缺地区、人才组织工作薄弱地区加大工作力度。

需要推动各级政府部门建立健全知识产权人才工作领导小组、人才办公室等组织机构,落实国家层面、区域层面的知识产权人才工作部署,制定实施知识产权人才工作政策,研究知识产权人才工作重大问题和重要决定,全面推进知识产权人才工作。

需要推进各级政府部门统筹规划知识产权人才政策与科技、产业、教育、就业等各项政策的衔接,相互协同,合理配置政策资源,形成政策合力,促进知识产权人才政策功能的整体有效发挥,促进系统、高效的人才政策有机体系的形成。

2. 知识产权人才培养系统的发展需求

需要强化知识产权学科建设,将知识产权学科建成一级学科,获取国家正式、优质的教育资源和社会资源支持,拓宽知识产权人才培养的路径,提升知识产权人才培养的效能。

需要花大力气扩充、强化、优化知识产权师资队伍建设,通过稳定充实、扩充吸纳、优化提高,建立一支年龄、学历、职称与知识结构合理,教学与科研、理论与实际相结合的高水平知识产权师资队伍。

需要进一步提升知识产权社会培训的范围、方式与内容,拓宽知识产权培训的渠道,增加国家知识产权培训基地的布点,创新知识产权社会培训的方式、方法与内容。

3. 知识产权人才工作机制的发展需求

需要进一步优化知识产权人才发展环境和氛围,活跃知识产权人才市场,充分发挥市场机制对知识产权人力资源配置的基础性作用。

需要引导各类机构提升对知识产权人才价值的认知,从而提升对知识产权人才的激励水平和需求层次。

需要逐渐完善知识产权人才分类评价标准,拓宽、增加知识产权人才的职业发展机会。

三、知识产权强国建设纲要实施人才保障体系的总体设计

(一) 指导思想

紧紧围绕知识产权强国建设的战略部署，坚持人才为先，育人为本，以完善知识产权人才政策体系为基础，以提升知识产权人才培养能力为根本，以加强知识产权人才工作机制为保障，以知识产权学科建设、师资队伍建设、培训体系优化为抓手，以夯实人才队伍基础和培育急需紧缺人才为重点，对接知识产权强国建设战略任务和重点领域，健全多层次实务型人才培养体系，扩大人才规模，提升人才素质，增强人才服务能力，进一步提高人才培养的前瞻性、引领性和针对性，不断优化人才发展环境，为实现中国由知识产权大国向知识产权强国转换的战略任务提供坚实的人才支撑。

(二) 发展目标

1. 总体目标

通过完善知识产权人才政策体系，建立健全各类学校知识产权人才培养和培训体系，优化人才工作机制，形成与知识产权强国建设阶段性需求相适应的人才保障体系和人力资源格局，培养和造就一支数量充足、结构合理、素质优良、能力扎实的知识产权人才队伍，确立建设知识产权强国的人才优势，为实现中国由知识产权大国向知识产权强国转换的战略任务奠定坚实的人才基础。

2. 具体目标

人才政策体系不断优化，知识产权人才政策与科技、产业、教育、就业等各项政策有效衔接，相互协同，政策资源配置合理，形成政策合力，使得知识产权人才政策体系的整体功能有效发挥，形成系统、高效、有机整合的人才政策体系。

人才培养系统不断强化，建设知识产权一级学科，高校知识产权人才培养体系与职业培训体系实现融合、协调发展，产业与教育融合培养体系发展更加全面深入，专业教学内容有效对接职业标准，师资队伍进一步提升，课程设置进一步优化，人才培养质量显著增强。

人才工作机制不断完善，多元人才投入机制更加健全，将知识产权人才养成工作作为重大专项、重点工程项目评价、绩效考核的重要指标。不断提高知识产权人

才薪酬待遇。形成科学合理的选人、用人、育人机制。人才市场服务水平全面提高，人才资源基本实现有效配置，人才发展环境明显改善。

重点、紧缺领域人才供给能力明显提高。高层次、复合型、国际化人才基本满足需求。知识产权行政管理和执法人才、企业知识产权高级管理人才、知识产权运营人才、知识产权信息分析人才与知识产权国际化人才数量大幅增加，人才培养与知识产权强国建设事业发展需求更加吻合。

人才资源聚集能力和效应显著增强。支撑国家"一带一路"、长江经济带和京津冀协同发展等战略，聚焦国家战略性新兴产业发展和知识密集型产业发展，打造一批政治素养高、专业性强的知识产权人才队伍，建成一批人才高地，知识产权人才竞争优势明显增强。

（三）建设任务

1. 优化知识产权人才政策体系

坚持系统培养、科学评价、高效使用、激励成长的方针，创新知识产权人才政策制度，构建具有全球竞争力的知识产权人才制度体系，制定、优化有利于知识产权人才成长和发挥作用的人才选拔、评价、激励和流动政策，更好地发挥政府政策引导作用。

在人才选拔政策方面，加强人才选拔工作创新，完善全国知识产权领军人才、高层次人才、骨干人才和基础人才的选拔标准。在全国各省、自治区和直辖市均设立省级知识产权高层次人才选拔项目，带动一批市（县）级高层次人才选拔培养项目的开展。依托海外高层次人才引进计划引进知识产权运营、管理等方面的人才。

知识产权人才政策与科技、产业、教育、就业等各项政策有效衔接，相互协同，政策资源配置合理，形成政策合力，使得知识产权人才政策体系的整体功能有效发挥，形成系统、高效、有机整合的人才政策体系。

2. 强化知识产权人才培养系统

在知识产权人才的学历教育方面，建设知识产权一级学科，设置知识产权专业硕士与专业博士学位。支持知识产权重点示范企业参与双一流建设，在更高、更广的层面上促进知识产权相关学科交叉融合。成立国家知识产权学院与中国知识产权研究院。

扩充师资队伍，提升教师技能，建立并推行企业、知识产权管理部门等机构的实务人才与高校专业课教师相互兼职制度，强化教师知识产权实践能力，将知识产权实务能力、社会服务能力等纳入教师激励评价体系。

精准对接各领域知识产权人才需求，鼓励行业企业参与人才培养，促进知识产权人才培养产教融合联盟的规模化和规范化。以多种形式支持知识产权优势与示范企业建设兼具实践与教学功能的实习实训基地，通过授权委托、购买服务等方式，推动行业企业深度参与知识产权专业教学标准和人才培养方案制定、课程教材等教学资源开发、教学实施等。创新课程体系，更新教材内容。

提高人才培养培训投入，强化高校以及培训机构的基础能力建设，国家知识产权培训基地覆盖全国所有省份。依托国家知识产权培训基地开展学习成果认证、积累与转换试点。打通知识产权教学研究、人才培养与职业培训的渠道，创新培训内容与培训形式，建立政府部门培训中心、企业内部培训和社会组织个性化培训的多元知识产权培训组织模式。深化与世界知识产权组织等国际组织的合作，面向国际市场，以全球化的视角开展知识产权培训工作。

3. 完善知识产权人才工作机制

完善知识产权人才选拔、使用、评价、激励、流动等工作机制。提升人才管理与使用水平。完善知识产权人才管理运行机制，进一步简政放权，清理规范人才事务行政审批。坚持以品德、能力和业绩为导向，准确客观评价知识产权人才的能力和水平，建立和完善符合知识产权各行业特点的科学化、社会化的人才选拔、评价标准，设置知识产权专业职称。提高知识产权人才的经济待遇和社会地位，鼓励全国各地将知识产权人才纳入人才引进计划，并对引进的知识产权高端人才在创业补助、住房、待遇、子女入学等方面给予充足的优惠政策，吸引国外优秀知识产权人才向我国集聚。

充分发挥市场在知识产权人才资源配置中的决定性作用，促进人才合理流动配置。大力发展统一、开放的专业性知识产权人才市场，探索建立全国知识产权人才库。充分运用云计算和大数据等技术，建设创新人才一站式服务平台，建立知识产权人才市场供求信息监测平台，加强各领域人才需求预测，建立用工需求发布和预警机制。建立社会化知识产权人才水平评价体系，完善知识产权人才供求、价格和竞争机制。

构建具有全球竞争力的知识产权人才制度体系，推动知识产权人才跨地区、跨部门、跨国交流，鼓励我国知识产权人才获得海外相应资格证书，探索主要经济体知识产权人才评价标准互认互通。打通知识产权人才成长、应用的国际通道，拓宽、增加知识产权人才的职业发展机会，最大限度激发知识产权人才的活力、创造力和竞争力。

（四）重点工程

1. 知识产权人才信息工程

建立全国知识产权人才信息库。围绕重点领域，委托服务机构、行业协会等第三方机构调研知识产权人才的数量、分布、层次、来源、薪酬等信息，形成人才状况报告并每年向社会发布。在此基础上，根据知识产权事业发展规划，发布知识产权人才需求预测报告，提出各领域需要的人才数量、类型、层次和薪酬范围等。建立知识产权人才需求动态调整和预测机制，引导高校调整和优化人才培养方向与模式，缓解、避免人才结构性过剩与短缺，促进知识产权人才培养供给与知识产权强国建设中市场需求的供需平衡。

2. 知识产权人才标准工程

完善知识产权本科专业教学质量国家标准，制定知识产权专业硕士培养定位、要求，积极与国际标准接轨。推动行业企业深度参与知识产权专业教学标准和人才培养方案制定，鼓励利益相关方以多种方式评价知识产权教育质量，鼓励高校建立毕业生跟踪反馈机制，发布毕业生就业质量与发展状况报告。提升人才培养对产业、行业企业人才需求的适应性和匹配性。推动产教融合联盟共同制定知识产权人员的从业（执业）标准和水平评价标准，建立知识产权师执业资格制度。

面向强国建设的我国知识产权文化治理研究*

一、引　言

知识产权文化是知识型、技术型社会发展的基础性文化构成，它的中国实践是中华文明史上一次重要的文化创新，是文化中国绵延不断的新鲜养分。知识产权文化是知识产权制度运行所必须具备的文化前提，是现代知识产权制度移植并在我国成功本土化的思想基础，是我国知识产权事业健康持续发展的环境条件，是创新型国家建设发展的重要精神资源。知识产权价值共识作为知识产权文化的核心主张更是新发展格局下知识产权强国建设不可或缺的精神力量。我国正致力于国家治理体系和治理能力的现代化，知识产权文化治理是国家知识产权治理的重要构成。我国政府主导的知识产权文化治理实践启动于《国家知识产权战略纲要》实施初期，是纲要确立的五个战略重点之一。新阶段我国的知识产权文化治理面临更为复杂的格局：一是数字技术的迅速发展造就了市场主体及商业模式的日益多元化，且信息及知识产权利益更趋碎片化的泛知识产权竞争成为市场竞争的常态；二是新型冠状病毒肺炎疫情在全球持续肆虐，我国以负责任大国的定位进一步推行人类命运共同体主张并积极践行，在国际知识产权事务上正直面从"逆全球化"回归"再全球化"地缘经济和地缘政治之格局。❶ 新的发展格局下，亟待凝聚共识、强化共同体意识，站在新的历史高度和实践起点推进知识产权文化治理，以获得社会整体对知识产权价值更广泛的认同，这将是我国政府治理面临的重要时代命题。而如何实现我国知识产权文化治理从演进主义到建构主义、实用思维到体系思维之转型，准确把握知

---

* 本文基于知识产权强国建设纲要制定研究项目"知识产权基础保障专题研究"之子课题"知识产权文化建设研究"形成。课题负责人和执笔人：刘华；课题组主要成员：周莹、黄金池、张祥志、姚舜禹。

❶ 易继明. 后疫情时代"再全球化"进程中的知识产权博弈［J］. 环球法理评论，2020（5）：163-177.

识产权文化治理的现实基础和发展需求，以更适宜的观念、理论和方法指导治理实践，实现知识产权文化治理的结构性统合优化，是强国建设中的重要任务。

二、我国知识产权文化治理的现实基础及发展需要

（一）知识产权文化实践及研究回顾

虽然知识产权文化的启蒙可以追溯到几百年前现代知识产权制度的肇始，但知识产权文化作为一种独特的文化范畴被明确提出还不到二十年，在对其实践探索和理论反思尤其是与法治文化、法律移植的本土化以及法律政策、传统文化的现代化转型等问题的结合探讨中，逐步发展成为知识产权法理论体系及政府治理的重要内容，呈现了较丰富的实践积累和学术资源。

世界知识产权组织（WIPO）在21世纪初叶就意识到知识产权文化在有效应对21世纪更加复杂的知识产权问题及缩小在利用和受益于知识产权制度方面地区差距上的关键作用，2003年9月提出了营造一种明达的知识产权文化的工作思路，并提出了在全球推进知识产权文化实践的初步设想：促进每个国家发展适合其需要的知识产权文化，包括各有侧重的国家知识产权战略、最适宜的国家知识产权制度，并在全国范围内（既在政策制定层，也在基层）提高对知识产权是促进经济、社会和文化发展强有力手段的共识。[1] WIPO在其工作计划中的明确倡导，推动了许多国家建立和营造符合自身特点的知识产权文化的生动实践。

日本创新发明协会（JIII）借成立100周年之机，于2004年5月在东京举行了以"知识产权文化的建立和传播"为主题的国际会议，多国政府、国际组织、研究机构、企业的负责人在会议上陈述其主张。时任WIPO总干事卡米尔·伊德里斯（Kamil Idris）博士提出："一个国家知识产权战略和远景的关键是构建知识产权文化的基础部分——国家能力的建设和个人权利的授予。"时任德国马克斯-普朗克知识产权法·竞争法·税法研究所所长约瑟夫·施特劳斯（Joseph Straus）教授强

---

[1] WIPO在其2003年9月通过的《经修订的2004—2005年计划和预算草案》及随后的《世界知识产权组织计划活动的中期计划——世界知识产权组织构想与战略方向》两份文件中确立关于知识产权文化的初步认识和主要工作思路。参见：Medium - term Plan for WIPO Program Activies - vision and Strategic Direction of WIPO, Article 10, 网址http: //www. wipo. int/about - wipo/en/dgo/pub487. htm; Revised Proposal for Program and Budget 2004 - 2005, Article 4 - 5, 网址http: //www. wipo. int/documents/en/document/govbody/budget/2004_05/wo_pbc_7_2. htm。

调:"仅靠制度的引进是不够的,还要加深对知识产权的尊重和理解,让知识产权文化成为保持社会稳定和实现梦想的工具,为此,知识产权文化应代表知识产权价值的全球共识。"本次会议共识形成的《东京宣言》主张:为有效应对全球发展复杂问题带来的挑战,建立一种新型知识产权文化是必要的;整个社会必须理解和尊重知识产权对发展进程的重要性,这就是作为社会基础的知识产权文化;没有知识产权文化的建立,整个人类的长远发展将极其困难。❶《东京宣言》将知识产权文化作为"社会基础"之定位,以及对知识产权文化在解决全球可持续发展中复杂问题的作用预判都是极具前瞻性的创新主张,对后续各国知识产权文化研究的理论共识具有重要启发意义。

我国政府2007年"知识产权文化年"活动启动了政府主导下的知识产权文化治理;2008年国务院印发《国家知识产权战略纲要》确定知识产权文化建设作为五项战略重点之一;2013年国家知识产权局、教育部、原文化部等六部委联合发布的《关于加强知识产权文化建设的若干意见》、2015年国务院发布的《国务院关于新形势下加快知识产权强国建设的若干意见》《2019年深入实施国家知识产权战略加快建设知识产权强国推进计划》等顶层政策均持续重申了知识产权文化政策措施,体现出我国政府在知识产权文化治理问题上一贯的政策立场和持续的治理措施。十余年来政府的大力度推进使我国知识产权文化实践不断向纵深发展,同时也反馈出政策抉择和实践发展对理论支撑的迫切需求。

相关的学术研究以知识产权文化本体论和发展论两条主要路径展开。一是本体论研究,内容涉及知识产权文化的内涵、特征、本土资源、价值取向及功能等。其中,国内学者的代表性工作包括:关于知识产权法律移植的文化解释、法价值及其变迁的基本面向(吴汉东,2007~2018年),对知识产权文化基本范畴及对我国本土资源的分析(刘华、周莹、陆剑等,2004~2009年),知识产权文化与知识产权制度关系(周洪涛、单晓光、王愚珍,2009年、2015年),知识产权文化本体、属性与价值(舒媛、申来津,2017年)。国外学者的代表性工作如:WIPO主张知识产权文化对促进文化多样性及化解不同知识产权冲突的作用(WIPO,2003年)❷,克里斯托弗·齐默曼(Christophe Zimmerman)等从经济分析角度认为知识产权文

---

❶ JIII. The proceedings of the international symposium in commemoration of the 100th anniversary of the establishment of the Japan Institute of Invention and Innovation [R]. Tokyo: JIII, 2004: 3.

❷ 参见: Medium - term Plan for WIPO Program Activies - vision and Strategic Direction of WIPO, Article 10, 网址 http://www.wipo.int/about - wipo/en/dgo/pub487.htm。

化是技术发展和经济增长的主要因素，埃里克·迈克尔·多布鲁西（Eric Michael Dobrusi）主张知识产权文化能够促进市场主体形成价值共识与行为自觉，是一种具有思想传播功能的国家资源❶。二是发展论研究，内容涉及知识产权文化的演进历史、规律、影响因素、政策理念及治理机制等。国内代表性工作如：我国知识产权文化实践机制的结构性优化、针对特定利益相关者意识和能力提升的治理模式（刘华、张祥志、黄金池、姚舜禹等，2009～2020 年），知识产权意识培植、中国实践及愿景（杜荣霞，2010 年；张楚，2011 年；姚远，2015 年；张志刚，2016 年，等），我国知识产权治理实践及检视（马一德，2021 年）等。国外代表性工作如：苏姗·K. 塞尔（Susan K. Sell）认为 WIPO 的协议通过向申请国提出一揽子法律改革方案，从而将美国自身的法律制度（尤其是知识产权法）和理念"包装"成全球方案输出到其他国家❷；孟承焕（Seung - Hwan Mun）通过对中、英等国相关数据的实证及比较分析，证实了历史和文化等因素对国家及地区知识产权制度与社会环境的影响❸；乔恩·皮埃尔（Jon Pierre）、B. 盖伊·彼得斯（B. Guy Peters）在合著的《治理、政治与国家》中强调全球治理多元化下"国家正变得越发依赖社会中的其他行为体"这一社会治理现象。上述研究积累提供了知识产权文化理论发展和治理实践在面向新探索时的重要思想资源和理论启示。

（二）我国知识产权文化治理的现实基础

《国家知识产权战略纲要》实施的十余年中，我国政府主导下的知识产权文化治理取得了阶段性成就，初步完成了知识产权文化治理的理论思想、制度框架和实践机制的构建。在纲要确立的"尊重知识 崇尚创新 诚信守法"的知识产权文化理念引领下，且在纲要五项战略重点之一的知识产权文化建设系列措施推动下，社会整体对知识产权的认知达到较高水平，尤其是创新主体的知识产权意识和能力显著提升，市场的知识产权环境明显增强。

但结构性审视治理机制及其绩效，我国知识产权文化治理尚存在以下问题。一是治理层次亟待深入。调查表明，我国社会公众尚未普遍完成将对知识产权制度的

---

❶ DOBRUSIN E M, KRASNOW R A. Intellectual property culture: strategies to foster successful patent and trade secret practices in everyday business [M]. Oxford: Oxford University Press, 2008.

❷ 塞尔. 私权、公法：知识产权的全球化 [M]. 董刚, 周超, 译. 北京：中国人民大学出版社, 2008: 94 - 117.

❸ MUN S H. Culture - related aspects of intellectual property rights: a cross - cultural analysis of copyright [D]. Austin: The University of Texas, 2008: 191 - 199.

"认知"转化为对知识产权价值的"认同"的过程。持续十多年的调查数据显示了社会公众对知识产权的"认知"提升明显（达到93%），但"认知"与"认同"之趋势未能呈现正相关。[1] 尤其是我国消费市场尚未全面形成对知识产权价值的共识，如消费者愿意为知识产权付费的消费行为在部分知识产权密集商品市场存在洼地现象。[2] 二是治理政策视野未能全面兼顾知识产权利益相关者。知识产权主体立场的知识产权文化政策构成我国知识产权文化治理实践的指引，其政策效应是大幅度提高了创新主体的知识产权意识和能力，但知识产权价值链上除权利主体之外的诸如生产者、经营者、消费者的知识产权意识提升问题未受到应有重视，尤其是经营者中的小微企业成为知识产权侵权人的主要构成。[3] 三是治理主体结构相对单一。各级知识产权政府机构成为知识产权文化治理实践的资源提供者和组织者，市场主体对知识产权文化治理参与度较低，在具体实践中，企业及公众仅仅是文化信息的接受者而非积极主动的实践参与者。

（三）我国知识产权文化治理的发展需要

知识产权文化治理的现有问题是我国相关实践从宏观粗放的初级探索跃升到精细的品质建设阶段所必须解决的结构性和实质性问题，标志着知识产权文化治理进入新面向的发展转折期。前述问题的提示是：遵循法治文化发展的基本规律、确保治理政策对知识产权利益相关者立场的兼顾、实现治理主体构成的多元化，实现知识产权相关竞争及市场环境的完善，都将是新阶段我国知识产权文化治理发展的现实需要，也是治理能力及其绩效提升之重点。

从治理内容及过程视角分析发展需要，"法治文化的认同应该沿着情感认同→价值认同→行为认同的路径而递进式展开，它是一个从感性到理性，从理念到实践逐步发展的过程。"[4] 作为法治文化之子类，知识产权文化认同路径亦然，是一个循序渐进的实践过程，不可能跨越任一层次的递进阶段而直奔"行为认同"的现实目标。改革开放之初，我国基于国际大环境压力和对自身发展需求的预判，迅速实

---

[1] 刘华，韩秀成，张祥志，等. 我国知识产权文化现状调查及对策研究 [M] //国家知识产权局办公室政策研究处. 优秀专利调查研究报告集 Ⅷ. 北京：知识产权出版社，2015：27-69.

[2] 刘华，黄金池. 我国消费者知识产权知行现状及政策应对：基于知识产权文化视角 [J]. 中国软科学，2018（9）：40-53.

[3] 刘华，姚舜禹. 促进小微企业知识产权文化认同的政策机制研究 [J]. 中国软科学，2020（2）：40-48.

[4] 龚廷泰. 法治文化的认同：概念、意义、机理与路径 [J]. 法制与社会发展，2014（4）：40-50.

现了知识产权法律移植并持续推动制度的本土化创新，而知识产权法治赖以持续发展的文化认同的发展却是一个较缓慢的过程，由此也形成了知识产权制度"硬"条件与知识产权价值共识"软"环境发展阶段错位的现实，造成了我国在知识产权文化法治体认和传统文化之现代化转型上较频繁的观念对峙和利益讼争的国情现实，亦反映在国际贸易和文化交流中的知识产权相关冲突上，凸显了我国知识产权法治"软"环境优化中深层次的社会问题，也昭示了知识产权文化治理实践的长期性和艰巨性。从"情感认同"到"价值认同"到"行为认同"是人的知识产权观念形成的自然逻辑和基本规律，据此规律逐步推进知识产权文化进程的生动实践在国际社会是有成例的：诸如在20世纪末WIPO倡导的知识产权去神秘化主张，就是对一些国家和地区在知识产权法治初级阶段的"情感认同"的措施；再如当下一些发达国家和我国正在进行的面向少年儿童的生动的知识产权体验活动和素质教育，即为着眼未来的知识产权情感的启蒙实践。这些活动让人们体验创造的艰辛与满足，为价值观的确立奠定感性基础，并逐步实现对知识产权法律的经济理性、正义观念及其制度正当性的认知认同，实现从客体性法治认同到主体性法治认同的实质性转变，并逐步成就社会整体的知识产权价值共识。

从治理结构视角分析发展需要，合理的治理结构是政府治理能力现代化的基础性保障，提升知识产权文化治理效能的基础性优化目标就是治理主体结构。基于知识产权文化实践的公益性定位，以及治理不以支配为基础而以调和为基础的特点，知识产权文化治理主体结构的完善不仅需要明确政府治理主导地位，也应当注重调动市场主体、相关社会组织以及个人参与治理的能动性，尤其是吸纳知识产权价值链上不同利益相关者的参与。这些利益相关者不应限于知识产权主体，也应包括知识产权价值实现不可或缺的生产者、经营者和消费者等。他们的参与不仅可以聚集更丰富的治理所需资源，提供更生动的治理实践平台，还可以更进一步提升治理的效果：通过治理过程，实现创新激励和利益均衡的具体生动的案例体验，使不同知识产权利益立场的多元治理主体更易达到就知识产权价值"松弛的共识"，并逐步实现知识产权价值的主体性认同——这正是我们主张知识产权文化多元共治之治理结构的基本理性。

三、利益共同体理论在知识产权文化治理中的适用性

"治理所求的终归是创造条件以保证社会秩序和集体行动。"❶ 这个"条件"的核心就是治理所构建的组织框架——它出自政府却并不限于政府;而"集体行动"则是通过治理使相互牵制甚至冲突的利益立场得以调和,使行动者能够在规范之下联合行动并进一步形成共同体的自主自治;而治理所追求的"社会秩序"愿景实质上就是特定价值共识和法律规范之下的良好法治生态。当我们将这些治理理论的共识性结论与知识产权文化治理实践连结时,发现实践中的理论关切几乎都能在这些理论范畴中找到回应,尤其是将其与我国知识产权文化治理的发展需要结合起来梳理时,相关范畴的指向均可汇集于利益共同体理论框架之麾下。利益共同体理论为新发展阶段的知识产权文化治理提供了一个有益的理论工具选择。

(一)利益共同体理论及其实践积淀

1. 利益共同体理论阐释

对"利益共同体"理论的阐释,需要从"共同体"概念溯源。共同体概念的历史建构,可以从古希腊为追求"最高的善"形成的城邦或政治共同体肇始,以及中世纪神学统摄下"神圣共同体"与"尘世共同体"的神性与人性的对立,到"我思"主体性和现代性社会理性战胜神学并通过法的精神寻找一种"最好的共同体"(共和制),直至德国古典哲学对精神世界"自由共同体"的诉求,这个漫长的发展阶段呈现出共同体概念及其解释之构建在意识层面的努力。马克思对共同体理论的贡献体现在从现实感性的生产关系之总和出发,超越虚幻的共同体,提出共产主义社会中"自由人联合体"思想。近现代共同体概念沿着类型化、体系化的进路演变,以阶段标准被划分为"血缘共同体""地缘共同体""精神共同体";以社会分工标准划分为"机械团结共同体""有机团结共同体"。❷ 马克思·韦伯则提炼出共同体的本质,主张:共同体应该称之为一种社会关系,……建立在主观感觉到

---

❶ 斯托克. 作为理论的治理:五个论点 [J]. 华夏风,译. 国际社会科学杂志,1999 (2):13 – 19.
❷ 孔伟. 哲学视域中的共同体理论:兼论马克思的共同体思想及其当代意义 [J]. 中国人民大学学报,2018 (3):88 – 97.

参加者们（情绪上或者传统上）的共同属性上。❶ 纵观共同体概念和相关理论的发展，人们对共同体的认识和感悟经历了从虚幻到现实、从聚焦共同意识到关注社会关系的流变，而从"每一个社会的经济关系首先是作为利益关系的表现"❷ 可以推断，无论对"共同体"冠以何种前缀，其本质上几乎都可以归结为利益共同体。"利益是人类活动的基本动力"❸，为规范人们获得利益的行为，法律提供了基本行为准则，正如西塞罗所言："人们的利益是主要的法律。"故对于"利益共同体"的一个有说服力的解释是："利益共同体实质上是参与者在各种约束下进行博弈实现的利益均衡。"❹

利益共同体的本质属性是共识和共赢。利益共同体之"共识"体现在价值观层面，表明共同体内部具有对特定经济或精神价值的一致认同，并愿意为追求该价值的实现进行创造、生产、经营和消费等活动，在这个活动中完成价值链的构建，并建立起连接共同体的基本社会关系；利益共同体之"共赢"体现在实际利益层面，要求至少在共同体内实现组织及个人利益最大化的机制运行，并使共同体中的各利益主体收益的增量高于前共同体之状况，在此前提下各利益主体对利益分享的规则一致认同并共同遵守。一个兼有"共识"和"共赢"特征的共同体才是可持续发展的利益共同体，故"共识"和"共赢"也可以被解释为利益共同体的存续前提条件，否则它可能只是一个随时可以解体的理想乌托邦或者庞大利益集团。

2. 利益共同体理论适用的实践积累

在现代社会的国家治理及国际交往中，利益共同体理论从实践中积淀了丰富底蕴。20世纪末以降，一些主权国家逐渐淡化意识形态底色和摆脱政治共同体之牵绊，以利益共同体的价值主张调和多边和各方利益之冲突，而与此同时，国家观念及国家利益却被强调并强化，呈现出利益共同体主张下国家利益中心主义之国际关系多元化时期的鲜明特征。但近年来，尤其是新型冠状病毒肺炎疫情加速的"逆全球化"导致发展的不确定性剧增，亦使上述格局被破坏。在近年中国共产党的执政理念中，"人类命运共同体"成为国家治理和维持国际关系的主流价值追求。从党的十八大报告提出"倡导人类命运共同体意识，在追求本国利益时兼顾他国合理关

---

❶ 马克思·韦伯. 经济与社会：上卷 [M]. 林荣远，译. 北京：商务印书馆，1997：382.
❷ 马克思，恩格斯. 马克思恩格斯全集：第18卷 [M]. 北京：人民出版社，1995：70.
❸ 黄瑾. 利益共同体与人类命运共同体 [J]. 学习与探索，2019（10）：94–101.
❹ 张跃. 利益共同体与中国近代茶叶对外贸易衰落：基于上海茶叶市场的考察 [J]. 中国经济史研究，2014（4）：75–88.

切，……增进人类共同利益"，❶ 到习近平总书记在全球治理观下的系列主张❷，深刻展现了人类命运共同体在相互依存程度空前加深的当下社会的理论和实践价值，并揭示了人类命运共同体实际上就是合作共赢的利益共同体之本质。尤其是新型冠状病毒肺炎疫情肆虐全球的一年多来，此起彼伏的疫情以数百万生命和巨大的财产损失的代价正唤醒国家和地区间超越意识形态分歧、聚合人类共识、关注共同福祉的发展观。中国政府与各国分享自身疫情防控经验，助力全球公共卫生治理体系变革，并尽己所能为国际社会提供广泛援助，为构建人类卫生健康共同体贡献力量，亦进一步展现了我国共商共建共享人类命运共同体、实现和平发展的全球治理观。

利益共同体理论对多部门法治实践的启发亦有成例。在国际水法领域就有对利益共同体理论长期的且成熟的应用，基于跨国河流干流以及跨国河流所在流域所导致的共同自然资源及其利益诉求，出现了沿岸国及流域国之利益共同体理论之适用，主张"跨国流域的所有的开发、利用和保护活动的义务和权利，公平合理地分担成本、分享惠益，乃至被认为是'当今世界形势下最有益、最理想的理论'"。❸ 在宪法领域，为应对主权国家内外部存在的分化思潮及其影响下国家统合难度的日益加大，国家认同之宪法效能在塑造国家意识、公民意识及民族意识上的作用受到强烈关注。❹ 而在国家认同直面纷繁复杂的国内外各种不确定因素之干扰下，要强化并固化"国家统合的社会心理基础"，国家、民族等"想象的共同体"恰好成为公民个体直面全球多元化纷扰亟须的精神寄托的适格载体和缓解不确定性带来的精神焦虑的对症药方，据此连接建立起公民与特定国家间稳定的法律联系，共同体意识的宪法统合不仅为公民个体获得归属感和安全感提供了精神指向，也为现代国家理念下的宪法秩序的维护提供了治理方案。

（二）利益共同体理论对知识产权文化治理的启示

上述对利益共同体理论内涵的阐释及其在不同实践中成功适用的成例考察，亦展现了该理论对知识产权文化治理相关实践问题的解释力和适用性，二者具有高度的工具理性与价值理性之竞合。知识产权文化治理的终极追求就是形成基于知识产

---

❶ 胡锦涛. 胡锦涛在中国共产党第十八次全国代表大会上的报告（2012 年 11 月 8 日）[EB/OL]. (2012 - 11 - 18) [2022 - 08 - 27]. http://cpc.people.com.cn/n/2012/1118/c64094 - 19612151 - 11.html.
❷ 习近平. 论坚持推动构建人类命运共同体 [M]. 北京：中央文献出版社，2018.
❸ 胡德胜. 国际水法上的利益共同体理论：理想与现实之间 [J]. 政法论丛，2018 (5)：34 - 51.
❹ 魏健馨：共同体意识的宪法统合 [J]. 学习与探索，2018 (7)：81 - 92.

权创造、生产、经营、消费的良好生态,它涵盖知识产权利益链上所有行动者的行为及由此构成的社会秩序,故有别于知识产权法的权利主体立场,知识产权文化比法律更凸显其包容多元、兼顾各方利益立场之特性,这与知识产权利益共同体的"共识""共赢"之特征彼此呼应,印证了利益共同体理论在知识产权文化治理实践中的适用性之预判。

其一,知识产权利益共同体具备对知识产权的价值"共识"。知识产权的价值共识是知识产权制度实施的社会思想基础,是知识产权文化的核心理念。文化为制度之母,知识产权利益共同体只有成为这种思想基础的载体,成为知识产权价值主张的倡导者,成为知识产权文化的践行者,知识产权制度才可能在这种基本价值主张下展开其丰富的实践,实现共识到共赢的良性互动和循环。故知识产权文化治理中,鲜明主张共同体的知识产权价值共识既是实践的逻辑起点,也是贯穿始终的价值追求。而充分发挥知识产权文化的包容性功能,推动实现单一创新主体立场的知识产权制度所难以应对的基于知识和技术创新所引发的复杂利益博弈之均衡,恰恰是利益共同体理论给我们的关于知识产权文化治理的方法论启示。

其二,知识产权利益共同体维护基于知识产权的利益"共赢"。知识产权的利益共赢是知识和技术型社会知识产权生态的经济机理和发展要求,要实现知识产权文化治理之共同体共赢目标,政府视野应囊括知识产权价值共同体所有成员,政策立场应兼顾和统合知识产权相关创造者、生产者、经营者、消费者等多元主体价值取向。"知识产权的利益链条不仅存在于权利人对知识产品的静态支配之中,还广泛存在于他人对知识产品的传播、利用等动态过程之中。"[1] 在这个基于知识产权的创新、生产、经营、消费形成的价值链上,各个利益主体间的关系紧密关联,每一个链接点的利益主体都可能是上游主体之知识产权的使用者,还可能在本环节(这里指生产、经营、消费环节)产生新的创新或知识产权。它们间的知识产权利益关联,或彼此成就,或此消彼长,而在创造、生产、经营活动中依次发生的对创新成果、商业信息和标记的依法独占形成了复杂的知识产权权利叠加,这些基于知识产权的财产利益的实现,一部分在生产和经营环节完成,但最终都会在消费环节结算,故消费者事实上是知识产权价值实现的最广泛的、最基础的支撑,是知识产权文化治理绝对不能忽视的群体。在上述多元主体和复杂的利益关联中实现共赢,首先检验的是知识产权制度安排及其适用的水准,更深一层是考验知识产权文化治理的智慧。

---

[1] 杨涛. 知识产权专有性特质的理论阐释 [J]. 法制与社会发展,2020 (3):150-168.

四、利益共同体意识下的我国知识产权文化治理之结构统合

治理是使相互冲突或不同的利益得以调和,并采取联合行动的持续过程。❶ 这个过程需要政府职能部门通过统合管理相同事务的诸多方式调和相关主体的利益立场并促使行动者间的良性互动。调和知识产权利益冲突并达成共识,使知识产权价值链上相关"行动者的互动"成为一个"持续过程",以事实上描绘出知识产权法治生态之理想秩序状态,它事实上也是知识产权文化治理的政策目标。知识产权利益共同体意识的主张,提供了知识产权利益相关者在共同体旗帜下精神满足和价值认同的更大可能性。价值共同体理论启发下的知识产权文化治理,提供了达成知识产权价值共识、调和在互联网及人工智能技术加持下速率倍增的创新活动及相关利益的分配所导致的愈加复杂的知识产权利益冲突的更大可能性。利益共同体理论是我国知识产权文化治理实现价值理性与工具理性统一的有效理论工具,利益共同体意识下的知识产权文化治理是在新的发展阶段实现更普遍的法治文化认同的适宜实践途径。

鉴于从情感认同、价值认同到行为认同之法治文化认同规律,结合我国知识产权文化实践已经具备的社会思想基础、治理实践积累、尚存遗留问题及发展要求,利益共同体意识下的知识产权文化治理应从促进价值共识、兼顾利益立场、优化治理结构、维护公平竞争、完善创新法治生态几个维度结构性统合推进。

(一)促进价值共识

价值共识的重要作用就是保持共同体的自组织(Self – organizing)能力和创造热情。这里的价值共识强调的是公众通过对知识产权的价值判断,能够认可法律规范在维护基于智力活动创造的成果和经营活动使用的商业标记依法生产的相关利益分配时的正义、效率和创新价值,并进一步在观念上认同知识产权这种无形资产的价值,且在行为上尊重价值链上每一次知识产权权利流转的价值实现。基于知识产权文化与我国传统文化既有内在品质一致的部分、又存在价值认同相悖逆的部分之现实,促进知识产权的价值共识在我国客观上会面临较为艰难的实践。由于我国文化传统的形成基础主要体现为农耕文明,缺乏孕育激励创新制度的工业文明,因此

---

❶ 俞可平.治理与善治[M].北京:社会科学文献出版社,2000:16 – 17.

形成了传统文化的价值体系中智力劳动成果的价值认同缺位，也使当代知识产权法律施行的社会思想基础——知识产权价值共识不足，而"如果没有自上而下的法律文化改造活动，没有形成与移植法律相适应的新文化基础，就会使得知识产权这一制度'舶来品'产生'水土不服'的法律异化后果。"[1]

故政府主导我国知识产权文化的品质构建和实践方向时，既要继承中国传统文化的优秀品质，又要对其中与知识产权文化观抵触的部分进行矫正，辨识和扬弃将是治理实践的基本态度，促进价值共识应是治理实践的引领性观念主张。通过将知识产权文化融入法治文化实践特别是中华文明进程，推动实现对中国传统文化的一次进化，进而塑造知识产权强国应有的现代化文化品质。

（二）兼顾利益立场

通过共同愿景凝聚多元利益主体共识且在互利共赢的机制下才能维系利益共同体的持续发展。近年来，我国知识产权文化理论研究与治理实践更关注于启发创新主体的权利意识和能力，但忽视了生产者、经营者以及消费者等其他利益相关主体在知识产权价值实现中的作用和其利益诉求。基于利益共同体是行动者在规范约束下博弈进而实现利益均衡之实质，这种动态均衡维系的前提是每个行为人的立场和利益在利益共同体中能够被关照和一定程度上兑现，否则利益链的断裂及利益共同体的瓦解就指日可待。比如生产者和经营者，他们是知识产权价值链上承上启下的市场主体，其生产和经营行为是否符合知识产权法律规范，直接影响着知识产权相关市场秩序的优劣，并深度影响着我国知识产权文化品质的整体水准，理应获得政府治理的充分关注。知识产权创造者、生产者、经营者和消费者是知识产权价值实现中利益共同体构成的关键主体，只有他们的利益在治理中均获得关照，才能为知识产权利益共同体的共识和共赢奠定基础，才有利于形成知识产权法治及相关市场的环境友好。

上述思路的实现可以下列治理路径展开：一是充分运用现行知识产权文化政策的执行力及惯性，并注重发挥知识产权司法审判案例的教化功能，接续推进针对知识产权主体的知识产权意识及能力提升措施；二是实施面向生产者和经营者的知识产权文化普及措施，生产经营者中尤其是小微企业的知识产权意识和能力相对较弱，填平此类市场主体的知识产权认同洼地，可显著完善我国知识产权生产秩序和

---

[1] 吴汉东. 知识产权法价值的中国语境解读［J］. 中国法学，2013（4）：15 - 26.

市场秩序；三是实施面向消费者的知识产权文化普及措施，根据不同消费者群体特点有针对性地优化治理措施，诸如培育年轻消费者的知识产权时尚消费观，建设消费者创新体验平台并通过消费者参与的价值共创活动来显著提升其对知识产权文化的认同感。

（三）优化治理结构

治理能力现代化必须建立在合理的治理结构之上，"治理的建立不以支配为基础，而以调和为基础；治理同时涉及公、私部门。"❶ 尽管政府在知识产权文化治理中具有主导作用，但治理结构的优化不应拘泥于政府作为唯一治理主体的传统思维。合理的知识产权文化治理结构至少应具备多元性、包容性和协同性。一是多元性，强调的是治理主体的构成多元。政府作为我国知识产权文化实践的主导者，应主动拓展治理主体的范围，使市场主体、司法机关、行业协会、文化和教育机构等共同参与治理，既可增加参与性提升治理效果，亦可聚集更多社会资源降低政府治理成本。二是包容性，强调的是对不同主体利益立场的包容。知识产权文化治理的愿景是构建有利于创造及其市场化的法治文化生态，这是单一权利主体立场的文化治理价值取向很难完成的任务，故必须对知识产权价值链中不同利益诉求及价值取向的利益相关者保持客观、公平的态度，并在治理政策中关照其利益立场。三是协同性，强调的是治理机制的协同，包括知识产权、文化、宣传、教育、科技等相关政府部门间的协同，以及政府与立法、司法机关及其他非政府治理主体间的协同。"传播手段和形式的现代化并不会自动改变传播结构中的固有关系，这需要我们吸取历史的教训，克服固有结构的缺陷，让民意在接受法意中主动起来，变官方单向灌输为官民双向互动。"❷ 尽管这个新机制需要更高的统合水平来支撑，但更可以期待的是一个协同机制中治理主体间崭新的关系和倍增的治理效果。

（四）维护公平竞争

"公平竞争是激发市场活力和创造力的内在动力，是市场力量能否发挥的关键。"❸ 坚定地维护市场公平竞争，秉持权利平等、机会平等、规则平等的竞争观，才利于形成统一、开放、竞争、有序的市场体系，成就利益共同体持续的"共赢"

---

❶ 吴汉东. 知识产权法价值的中国语境解读 [J]. 中国法学, 2013 (4): 15-26.
❷ 张明新. 对当代中国普法活动的反思 [J]. 法学, 2009 (10): 30-36.
❸ 姚雷. 营造促进企业家公平竞争诚信经营的市场环境 [J]. 人民论坛, 2019 (9): 90.

诉求。为进一步优化我国经济社会高质量发展阶段的竞争环境，党的十九届四中全会《中共中央关于坚持和完善中国特色社会主义制度，推进国家治理体系和治理能力现代化若干重大问题的决定》中系统阐述了公平竞争问题：强调了公平竞争作为市场经济的核心地位，强化了竞争政策的基础地位，要求依法平等保护各类产权、落实公平竞争审查制度、完善市场主体一致市场准入制度。

"公平竞争"能够反映知识产权强国建设背景下对知识产权文化品质与时俱进的新要求，彰显高质量发展阶段市场竞争和国家规制竞争活动应恪守的竞争观和秩序共识。知识产权文化治理中的公平竞争目标的实现需要从两条路径展开：一方面要强调知识产权相关市场的创造者、生产者和经营者应秉持公开、平等、公正的市场观，认同创新驱动发展之竞争观，遵守价值规律、恪守竞争行为正当并接受同一市场条件下优胜劣汰的竞争结果；另一方面亦要求政府治理中的知识产权政策措施应确保与竞争政策的一致性，强化知识产权相关市场主体公平竞争权益的保障，并加快知识产权信用体系建设及相关机制的健全。

（五）完善知识产权生态

知识产权文化从观念走向深度实践必然落地于知识产权生态的建构及完善。生态观宣示了一种平衡、理性、安全和可持续的文明发展理念，提示了一种能量传递、螺旋式运行的发展机理，是自然规律对治理的重要启示。"生态是各种环境与人事之间形成的一种共生共益的状态"❶，是一种永续的良性循环状态，良好的知识产权生态恰恰回应了知识产权文化治理的终极追求。知识产权生态的构建及完善不仅要关注政府与法治系统的自我规定之静态要素，诸如法律精神、制度规范及运作规程等要素，而且也要关照它与其他社会系统之间隐性和显性的动态要素，诸如价值共识、资源互动、协同发展等动态要素。在我国经过数十年对知识产权相关单行立法及政策的制定、修订的前提下，制度体系化和治理环境优化成为下一阶段的重点，完善知识产权生态的动态要素必将是接踵而至的工作。

知识产权生态观下的治理实践，第一要确立的就是知识产权利益共同体内外对创新的价值共识，维护创新的价值并以知识产权之形式确立由此形成稳定的法治理念，进而使这种理念成为生态系统运行的精神纽带。第二是促进生态系统的能量流动。生态观下的能量流动在此体现为信息的传播、知识产权的利用及相关资源要素

---

❶ 贾东桥.法治建设的生态学思考［J］.法学，2002（2）：18-20.

的有效配置，它们在系统的输入、传递、转化或丧失的过程，就是知识产权价值链构建的过程，更是创新活动生生不息的延续过程。第三是维持生态系统的动态平衡，也即相对稳定性。知识产权生态的形成过程，是不同政府系统、法治系统及市场、行业支撑系统间相互影响的复杂过程，是治理的主体性、能动性及工具理性的实现过程，它将政府治理系统与立法、执法、司法系统及其他社会系统统合于符合知识产权生态发展的总体目标之下，借此实现由治理推动实现的稳定性向生态系统的自我调节形成的稳定性的转变。有效的治理使这种转变的每一次轮回构成上升的螺旋——这就是创新驱动发展的可持续发展生态。

第七篇　国际合作篇

后疫情时代全球知识产权治理体系博弈与中国的战略选择*

一、引言：新冠肺炎疫情中的"逆全球化"现象

因新冠肺炎疫情导致全球物流、进出口贸易、人员流动的暂时性停滞，刺激了大型经济体建设产业链闭环的意愿，以美国、日本为首的知识产权输出国确认了短时间内重建国内产业链条体系的战略意义，客观上引发了"逆全球化"现象。❶ 而"逆全球化"实则与"全球化"是一体两面的概念。❷ "全球化"的主旋律下始终有"逆全球化"这一插曲相伴，美国前总统特朗普上台、英国脱离欧盟、民粹主义盛行、地缘冲突与宗教冲突不断、世界贸易组织（World Trade Organization，WTO）上诉机构停摆、区域贸易协定的贸易转移效应，无一不是例证。

新冠肺炎疫情对经济、贸易、科技和国际关系的影响，将直接或者间接传导给知识产权，并与之互动，给我国经济社会发展带来重大影响。本文将结合新冠肺炎疫情分析全球化走向及知识产权治理，探讨由此引发的知识产权国际博弈，提出中国的相关国际战略与对策。

二、疫情推动之下的"再全球化"

（一）"再全球化"：谁的全球化？

近年来，部分发达国家通过各种手段架空 WTO 这一多边体系，建立起符合自

---

* 本文基于 2020 年国家知识产权战略实施研究基地信息速递第 19 期"后疫情时代全球治理体系中的知识产权博弈"、第 14 期"中美关系背景下的国家知识产权战略"形成。执笔人：易继明。

❶ 王阳，姚湜，张璇. 疫情"蝴蝶效应"加剧中国应加速全球产业链角色转型 [EB/OL]. (2020-03-27) [2020-04-21]. http://www.cankaoxiaoxi.com/china/20200327/2405933.shtml.

❷ 房乐宪. 全球化的多维政治内涵及思考 [J]. 世界经济与政治论坛，2010 (2)：68-78.

身利益的自由贸易区或自由贸易圈，即"复边"或称"小多边"机制，进行"去全球化"之后的"再全球化"。比如，美国动用各种资源确保其在世界知识产权组织（World Intellectual Property Organization，WIPO）的主导权，压制发展中国家提出的议题，试图通过《跨太平洋伙伴关系协定》（Trans - Pacific Partnership Agreement，TPP）❶ 孤立中国，利用优势地位进行不对称谈判，拿到更高的要价，推动贸易伙伴国知识产权规则的"美国化"。❷ 日本则完成了 TPP 的现实版《全面与进步跨太平洋伙伴关系协定》❸（Comprehensive and Progressive Agreement for Trans - Pacific Partnership，CPTPP），构建了仅次于欧盟、北美自由贸易区之外的第三大自由贸易区，同时又通过与欧盟签署《日欧经济伙伴关系协定》（Japan - EU Economic Partnership Agreement，JEUEPA）❹，建立起了全球最大的自由贸易圈。

以美国为主导的"再全球化"过程有三个重要指向：一是以地缘经济为基础，兼顾地缘政治需求；二是强化知识产权保护，提高知识产权保护水平，建立符合自身要求的更加开放、更加自由的国际贸易体系；三是以"国家安全"为由遏制中国，孤立俄罗斯，重塑西方价值观。

新冠肺炎疫情对"全球化"的局势产生了重要影响。一方面，客观上，新冠肺炎疫情加剧了美国经济压力和社会撕裂，美国政府需要"甩锅"中国减缓国内压力，借助新冠肺炎疫情刺激中国，激化两国矛盾，与中国展开博弈，导致中美贸易冲突复杂化、政治化。但另一方面，疫情也让国际社会意识到加强全球合作的重要性。欧洲自主权的强化有利于推动中欧合作。在"美国优先"的背景下达成的 JEUEPA，也昭示了多数发达国家依然奉行全球化，反对美国孤立主义及贸易保护主义。因此，中国更应该高举"全球化"大旗，所行者乃"大道"也。❺

---

❶ TPP 2016 年 2 月由美国、日本、澳大利亚等 12 个成员方代表在新西兰奥克兰签署。2017 年 1 月时任美国总统特朗普签署行政命令，宣布退出 TPP。

❷ 万勇. 知识产权全球治理体系改革的中国方案 [J]. 知识产权, 2020（2）: 19 - 20.

❸ CPTPP 是美国退出 TPP 后，由日本主导的其他 11 个国家在原 TPP 基础上形成的新自由贸易协定，2018 年 3 月签署，2018 年 12 月 30 日生效。CPTPP 贸易区人口规模达 5.05 亿人，经济规模达 10.57 万亿美元，占世界经济总量的 13.1%。CPTPP 的签署，意味着仅次于欧盟和北美自由贸易区的全球第三大自由贸易体系初步形成。

❹ JEUEPA 是日本与欧盟之间达成的自由贸易协定，2018 年 7 月在东京签署，2019 年 2 月 1 日生效。JEUEPA 影响全球 6 亿人，占全球经济总量 30%，是目前全球最大的自由贸易区。

❺ 这也是特朗普候任总统之际，作者就提出的观点。我们应该与美国采取贸易保护主义不同，坚决地竖立起全球化的大旗，占据道义的制高点。参见：易继明，孙那. 美国知识产权政策走向及其对中国的影响：从美国总统特朗普执政角度的一个初步分析 [J]. 国际贸易, 2017（3）: 57.

（二）后疫情时代中国不可或缺

中国对国内疫情的有效防控赢得了一定的国际声誉。一方面，我国在国际组织框架内进行协调，获得了一定程度的认同；另一方面，我国在新型大国关系之后，提出了"人类命运共同体"的概念，契合了新冠肺炎疫情防控中的人类公共健康要旨。新冠肺炎疫情加剧了"泛知识产权竞争"❶，最直观体现为对药品、治疗方法、个人防护用品等的需求及其紧张关系。中国秉承"以人为本"和"人类命运共同体"理念取得了显著的战疫成果，全球凸显出对于中国制造的商品尤其是医疗产品的依赖。中国在全球疫情防控中对他国提供人道主义援助的做法，与美国"但求自保""美国优先"等主张形成了鲜明对比。

中国已深度融入全球化的浪潮，世界也无法接受中国缺位的格局。全球战疫中，中国政府对社会的统合能力经受住了压力测试。下一步，需要统筹国内外，盘活存量，开拓新的市场，保持经济持续增长，但是仍面临着巨大的挑战。从这个角度看，"再全球化"过程中不可或缺的中国，在后疫情时代的全球治理中更应慎重。

三、"再全球化"与知识产权治理体系的变革

（一）全球化仍是主旋律

经济领域的全球化是现代化发展的必然结果，它是随着贸易、投资、技术进步、跨国公司扩张等因素客观发展起来的。❷ 新冠肺炎疫情引发的危机虽激烈，但本质上并未触动全球经济运行的机理。相反，各个国家或地区重建本土产业链不仅成本高昂也难以实现。而且，随着疫情放缓，国际贸易的优势重新显现，新投入大部分将成为沉没成本（sunk cost）。纵观全球各国的经贸协作，70%以上是针对零部件和半成品，彼此依赖程度非常之深。❸ 因此，各国"制造业回流"的危机虽然

---

❶ "泛知识产权"指知识产权以及与知识产权相关的各种经济社会发展要素；而"泛知识产权竞争"则指知识产权及其相关要素的竞争，包括支配要素的核心资源之争夺。
❷ 霍建国. 经济全球化趋势不可逆转 [J]. 探索与争鸣，2018（1）：41-42.
❸ 施展. 疫情后全球化可能遭遇"精神分裂" [EB/OL].（2020-04-22）[2020-04-23]. http://finance.sina.com.cn/china/hgjj/2020-04-22/doc-iircuyvh9294679.shtml.

存在，但尚不足以撼动经济全球化的基本格局。而"全球化"受到的抨击，并不是人类回归封闭时代的前兆，其归宿乃是升级版的"再全球化"。

疫情全球蔓延，只有国际合作和全球治理才是唯一的出路。根据"木桶效应"，抗疫的成果由控制最差的国家决定。经济相对发达、医疗条件相对优越的国家对经济落后、医疗条件差的国家实施人道主义援助，以补齐全球防控短板，是抗疫的关键。中国对他国开展了人道主义援助，为全球抗疫注入了信心。疫情期间，G20 峰会召开，公共卫生事件成为维系全球化进程的重要纽带。❶ 以美国华人医师会为代表的民间组织就于疫情期间在中美之间牵线搭桥。民间合作和洲际合作彰显了中美之间竞争与合作并存的现实可能。新冠肺炎疫情并未严重影响 2020 年 1 月 15 日签署的中美第一阶段经贸协议❷落地，一定程度上也体现了中美"斗而不破"及"斗而不能破"的基本态势。欧盟在疫情早期出现了短暂的封闭化态势，但并未跟风美国出台"逆全球化"政策。脱欧以后的英国，目前尚未与欧盟达成自由贸易协议，同时面临巨大的疫情压力，加之其对外贸易指数高达 42%，更加依赖全球化。❸

（二）"再全球化"的动力与路径选择

知识产权领域的两大国际框架体系（WTO/TRIPS❹ 体系和 WIPO 体系）不能有效适应国际形势的发展，出现"众口难调"的局面。作为"一揽子"协议的组成部分，TRIPS 并非利益高度一致的产物，而是发展中国家为打开国际农产品市场、吸引国外投资、避免贸易制裁而作出的必要让步。随着发展中国家对知识产权的认识加深，其在 TRIPS 修订谈判进程中的影响力开始显现，导致以美国为首的西方国家在 WTO 框架内进一步推进知识产权话语权的努力屡屡受挫。与此同时，中国与其他发展中国家一道，积极推动 WTO/TRIPS 框架下的公众健康、生物多样性、传统知识、民间文艺及技术转让等议题，取得了一定的成效。对此，美国开始绕开

---

❶ 刘振霞. 疫情之下，坚定践行人类命运共同体理念 [EB/OL]. (2020-04-06) [2020-04-21]. https://theory.gmw.cn/2020-04/06/content_33717247.htm.

❷ "中美第一阶段经贸协议"即指《中华人民共和国政府和美利坚合众国政府经济贸易协议》（Economic and Trade Agreement between the Government of the People's Republic of China and the Government of the United States of America），是在 2017 年美国启动对中国"301 调查"并随后引发双方贸易摩擦的背景下达成的。李克强总理于疫情期间明确表态："共同落实中美第一阶段经贸协议。"参见：李克强. 政府工作报告：2020 年 5 月 22 日在第十三届全国人民代表大会第三次会议上 [M]. 北京：人民出版社，2020：19.

❸ UK Office for National Statistics. UK Gross National Income estimates on a Blue Book 2018 consistent basis [EB/OL]. (2019-12-20) [2020-04-21]. https://www.ons.gov.uk/economy/grossdomesticproductgdp/adhocs/11058ukgrossnationalincomeestimatesonabluebook2018consistentbasis.

❹ 参见《与贸易有关的知识产权协定》（Agreement on Trade-Related Aspects of Intellectual Property Rights）。

WTO 自行其是：一方面通过反对发展中国家提出的发展议题或采取某些手段（如阻止新法官任命），使 WTO 陷入停滞；另一方面，利用双边、复边机制转换国际贸易的平台，甚至直接动用"301 调查"或者"337 调查"，采取单边措施给贸易对象国施压，导致 WTO/TRIPS 框架体系式微，运转失灵，出现了"后 TRIPS"时代。

但这不代表我们应抛弃 WTO/TRIPS 框架体系。WIPO 确定了知识产权的基本内容，而 TRIPS 则将这些内容与贸易捆绑，成为国际贸易中知识产权的基础规范和底线要求。尽管 TRIPS 容易沦为大国博弈的"政策工具"，但坚守并发展这一多边机制，仍然是"再全球化"过程的基本路径。未来 TRIPS 的调整，大体上会循着两个基本方向：一是延续与贸易相关的知识产权基本议题；二是与各种"TRIPS - plus"版本如《美墨加三国协定》（United Staes - Mexico - Canada Agreement, USMCA）、CPTPP、JEUEPA 等保持良性互动，最终在 WTO/TRIPS 框架下达成新的平衡，乃至达成一致。

（三）知识产权全球治理体系的变革

1. 从经济全球化到政治全球化

政治全球化是与经济全球化相伴随的产物，是全球性问题在政治层面上的集中反映，体现为民主价值传播、国际政治格局多极化、政治发展模式多样化、国际政治关系民主化和国际政治组织发展。❶ 疫情之下，精英政治向民主政治的过渡，公平与多元价值的凸显，健康权的兴起，为全球化进程中发展中国家从被动参与到主动塑造的角色转变，提供了契机。一国的国际地位，将在很大程度上受经济以外的因素——内政的透明度、治理能力和引领国际规则走向公平民主化的能力——所影响。

2. 全球健康治理走向规范化

全球健康治理缺乏国际机制保障的突出问题，在疫情之下暴露无遗。其一，缺乏国际安全合作机制，少数国家单方面追求自己的利益，使对全球健康治理的路径选择多次以失败而告终。其二，由于国际社会不同利益集团的持续博弈，覆盖所有领域的有效机制难以形成。其三，缺乏对非国家行为主体参与全球治理的机制安排。非政府组织能否发挥作用，主要取决于捐助者，而一些非政府组织以利益集团形式片面追求功利，进而道德失控，出现了非政府组织失灵的问题。新冠肺炎疫情有望唤起各国民众的危机、安全与健康意识，促使国际健康领域政府间深入合作，

---

❶ 路红亚. 论政治全球化对当代中国政治文明建设的双重效应 [J]. 求实，2007（6）：62 - 63.

构建起相应的问责机制和非政府组织常态化运行机制。

3. 多元力量参与全球治理

伴随着全球化进程,"国家正变得越发依赖社会中的其他行为体"这一"社会治理"现象❶,开始向国际社会蔓延。本次疫情进一步见证了全球治理中专家治理和公众治理的深化:前者集中体现为医学、生物学研究领域的跨国合作,后者则在全球范围内发挥了民营企业的资源调动能力。以企业、社会组织和个人为核心的民间外交力量有效促进了国际关系的缓和,树立了国际合作的新典范。❷ 这预示了一种淡化意识形态和主权的全球化路径,并促使人们重新思考维系国际关系稳定的正当性基础。❸

4. 国际竞争愈发依赖高新技术

数字信息技术为政府治理赋能,并通过数据收集、精准服务和多场景运用来创造新的价值,为疫情防控和维系经济社会发展发挥了重要作用。❹ 这表明数据信息已成为重要的生产要素,并将成为未来国际竞争的重要领域。事实上,疫情期间,知识产权密集型产业以及中高端制造业如医药及医疗器械行业、精密设备机械制造行业、网络服务和设备提供行业、现代医疗服务行业等在发展上逆势上扬❺,凸显了高新技术产业的战略意义,为今后的产业技术布局提供了指引。

四、知识产权国际博弈及其理性回归

(一)与知识产权有关的国际博弈

在新冠肺炎疫情肆虐的这一特殊时期,药品专利的私权保护政策与公众健康和

---

❶ 皮埃尔,彼得斯. 治理、政治与国家[M]. 唐贤兴,马婷,译. 上海:格致出版社,2019:4.

❷ CHEN D X, YU H Y, CAO J H, et al. Working together with one heart: people-to-people diplomacy in the Coronavirus crisis [EB/OL]. [2020-04-24]. http://siis.org.cn/UploadFiles/file/20200403/Working%20Together%20with%20One%20Heart%20People-to-People%20Diplomacy%20in%20the%20Coronavirus%20Crisis.pdf.

❸ 李海东. 疫情如何深刻影响国际关系格局[EB/OL]. (2020-04-20)[2020-04-25]. http://www.rmlt.com.cn/2020/0420/577144.shtml.

❹ 邬贺铨. 数字技术在疫情防控中大有可为[N]. 人民日报,2020-03-03(9).

❺ 上海交通大学安泰经济与管理学院. 疫情倒逼下,这一行业不仅"危中有机",还可能迎来"逆势上扬"[EB/OL]. (2020-03-26)[2020-04-21]. https://www.mbachina.com/html/sjtu/202003/218636.html.

公共卫生涉及人权、公共利益的对抗凸显出来，发达国家和发展中国家在"强保护"与"发展议程"之间的冲突日益加剧。"后 TRIPS"时代，美国在全球范围内推行更高标准的知识产权保护政策，将进一步威胁发展中国家的维护公众健康、保护生物多样性和食品安全、促进技术创新和知识传播等诉求，南北矛盾在自由贸易协议（FTA）领域再次凸显和激化。❶"与此同时，在发展中国家享有优势的遗传资源、传统知识、民间文艺等领域，其无形财产权属性尚未得到国际社会的广泛认可，这也导致发展中国家无法遏制'生物剽窃'等掠夺行为，从而进一步激化南北矛盾。"❷

（二）重新审视知识产权在全球治理体系中的作用

1. 知识产权在国际竞争中的作用更加凸显

本次疫情见证了数字化、智能化的赋能作用，使该领域的领军企业进一步走向全球、引领世界。❸ 而企业的成功离不开知识产权制度提供的激励与保护。产业链顶端的价值往往由品牌、技术和创新赋予，而这也正使企业及其产品具有不可替代性的比较优势。即便是后疫情时代各国开启产业链本土化建设，知识产权形成的比较优势仍具有垄断性和不可替代性，因而知识产权密集型企业面临的冲击要小得多。

2. 知识产权工具论将继续维持

TRIPS 自达成伊始，就是国际贸易平衡的工具。知识产权工具论伴随着中美关系的互动，美国以知识产权为由遏制中国，也不会因疫情改变其知识产权工具主义的认知取向。❹ 随着知识产权意识的提高和经济社会高质量需求的提升，知识产权价值的内在认同感加深，知识产权私权理念及其强保护政策得以贯彻。知识产权强国建设中，创新及知识产权保护是其内在的动力、支撑与运行机理。

---

❶ 杨静. 自由贸易协定中知识产权保护的南北矛盾及其消解 [J]. 知识产权, 2011 (10)：88-89.

❷ 易继明, 初萌. 后 TRIPS 时代知识产权国际保护的新发展及我国的应对 [J]. 知识产权, 2020 (2)：11.

❸ 例如，联合国于 2020 年 3 月 30 日宣布腾讯公司成为其全球合作伙伴，为联合国成立 75 周年活动提供全面技术方案，并将通过腾讯会议、企业微信和腾讯同传在线举办数千场会议活动。参见：杨雪丹. 联合国总部宣布腾讯为全球合作伙伴 75 周年活动用腾讯会议和企业微信举行 [EB/OL]. (2020-03-31) [2020-04-26]. http://news.gmw.cn/2020-03/31/content_33702696.htm.

❹ 夏扬. 法律移植、法律工具主义与制度异化：以近代著作权立法为背景 [J]. 政法论坛, 2013 (4)：172-179.

3. 知识产权壁垒将持续塑造国际贸易关系

新冠肺炎疫情将进一步推动世界的多极化、均衡化发展。中美博弈中，美国即便正式退出世界卫生组织（World Health Organization，WHO），仍将寻求"小圈子"合作模式，而且可能对圈外的其他国家建立更高的知识产权壁垒。从现有的知识产权保护态势和历史经验来看，发达国家将不断推动高标准的知识产权保护规则，塑造新的贸易壁垒，以维护国际竞争优势。注重实用主义的美国必不会弃用知识产权这枚重要棋子；而作为全球创新大国，美国对世界其他国家的持续吸引力并不会因疫情而消退。因此，世界知识产权保护体系向高水平演进的态势不会改变。

4. 国际知识产权制度回归理性

总体上讲，知识产权国际规则呈现出不平衡的态势：从 WIPO 向 WTO 的平台转移，削弱了发展中国家的话语权；以 CPTPP 为代表的超大型自由贸易区在强化执法程序、执法标准的同时，在维持公众健康和营养、公有领域保留、促进公共利益等方面仅作概括性、宣示性规定，无从落实。❶ 而疫情引发的全球公共健康危机有望扭转这一趋势：危及人类生存权的基因保护、关怀公众健康的药品专利强制许可制度等，将在一定程度上重塑国际知识产权保护的发展议程和共享理念。例如，对于加拿大于疫情期间对专利法强制许可制度作出的修改❷，"知识产权公开承诺"项目的发起者就认为，知识产权制度的成本可能远远超过收益，因此倡导知识产权持有人授予免费和临时许可。❸ 无独有偶，企业、科研机构等共享知识产权的实践也不断展开。❹ 横亘在知识产权人和人权组织之间的"知识产权可及性"问题，将知识产权的制度理性唤醒：保护创新和促进信息共享，两者相辅相成，方能彰显制度之理性。

（三）后疫情时代国际知识产权新格局

后疫情时代进一步加深了世界格局的多极化和均衡化趋势。全球健康治理理念

---

❶ 易继明，初萌. 后 TRIPS 时代知识产权国际保护的新发展及我国的应对［J］. 知识产权，2020（2）：6.

❷ 参见：Canadian Patent Act, section 19. 4。

❸ 新冠病毒"承诺"敦促权利所有人分享知识产权. ［EB/OL］.（2020 – 04 – 03）［2020 – 04 – 26］. http://ipr.mofcom.gov.cn/article/gjxw/gbhj/bmz/mg/202004/1949718.html.

❹ Oxford University Innovation. Support to combat and manage COVID – 19 ［EB/OL］.［2020 – 04 – 26］. https://innovation.ox.ac.uk/technologies-available/technology-licensing/expedited-access-covid-19-related-ip/.

的兴起,使得发展中国家获得更多话语权,促进国际合作向更具包容性的方向发展。美国广受诟病的国内治理能力不足、推卸责任、对弱国援助不力、宣布从 WHO 撤资乃至退出 WHO,加深了各国对其全球领导力的质疑。受疫情影响,中美两国本有所缓和的双边关系再度遇冷,间接为其他国家获取国际话语权提供了机会,客观上会推动世界格局的多极化、均衡化和公平化。疫情的全球蔓延进一步催生种族歧视和排外情绪,并为反华政客"污名化"中国提供了机会。各国可能会寻找中国以外的合作伙伴分散风险,这也将影响知识产权资源在中国的聚集和扩散。

五、新时代我国知识产权强国建设的战略选择

我国知识产权领域的国家战略可以分为"从无到有""从有到大""由大到强"三个阶段。第一阶段"从无到有",通过 20 世纪八九十年代知识产权法律制度框架体系的搭建基本实现。其效果主要在于改善了中国缺乏私权观念的状况,确立了将知识财富作为私有产权的基本制度,充分发挥了知识产权制度的激励效果。第二阶段"从有到大",以 2008 年《国家知识产权战略纲要》颁布实施为标志。这一阶段的战略推进为中国社会带来了较大转变,不仅深化了第一层次的制度基础,还完成了知识产权的整体社会认知和体制建构,取得了一系列成就,包括构建起知识产权司法体制、形成了知识产权国际合作新格局、实现了工业产权的集中统一管理等。如今,我国即将迈入第三阶段,即知识产权强国建设的阶段,推动知识产权"由大到强"。

我国知识产权的国家战略发展变化,主要体现在以下五个方面。其一,从公共产品到以私权为基础的知识产权制度构建。从历史文化角度分析,从古代一直到计划经济时期,我国基本上保持着知识产品属于公共领域的观念,直至 1978 年改革开放才开始以私权为基础构建我国知识产权基本制度。其二,从注重知识产权的私权属性到强调制度的公共政策面向。一方面,知识产权制度具有保护智力成果、促进创新、规制知识经济和市场秩序的政策功能。❶另一方面,科技和知识产权位于产业链顶端,对于产业发展产生关键影响。因此,知识产权由私权转向国家战略,也是社会发展的必然要求。其三,知识产权战略经历了由政府推动到企业参与拉动的"上下联动"的转变过程。知识产权制度并非我国经济社会发展的产物,而是一

---

❶ 吴汉东. 试论知识产权制度建设的法治观和发展观 [J]. 知识产权, 2019 (6): 6.

种舶来品，前期制度建设主要由政府推动。近年来，随着知识产权领域产业规模的壮大，其参与和推动政策制定的诉求越来越大，产业与政策的良性互动开始显现。其四，从科技推动转向经济拉动。我国科技和经济长期脱节，"两张皮"现象严重，知识产权主要服务于科技发展而与产业发展需求不密切，导致科技成果难以转化为实际生产力。但知识产权重心应当在于产业经济和商业贸易：与产业互为支撑，与商贸互相交融。这方面，我们意识到了问题，也有所成绩，但仍然在路上。其五，从内部发展到对外开放。《国家知识产权战略纲要》主要侧重国家内部的发展，对知识产权在对外贸易开放中的作用还认识不足。在美国等国家利用知识产权出口维护其垄断优势、打压中国发展的外部环境下，我国亟需战略转型，为企业"走出去"提供知识产权战略保障。因此，知识产权问题已不仅仅是一个私权保护的问题，更是一个与社会经济发展、文化安全、对外交往等密切相关的问题。而知识产权要真正植根于经济社会发展，必须在"科技推动—产业支撑—商贸融合"价值链中实现自身的价值，这才是知识产权战略的要义之所在。

后疫情时代，世界知识产权保护体系向高标准、高水平演进的态势不仅不会改变，而且还会随着第四次工业革命进程加剧而日趋严格，中美之间的结构性冲突也导致中美博弈将长期持续。在这种内外压力作用下，为更好推进我国知识产权强国建设，加快知识产权"由大到强"，提出以下建议：

其一，中美双方通过对话消除分歧，促进互信，增强共识与加强合作，避免零和博弈。事实上，从克林顿到小布什，中美之间在相当广泛的领域建立起了对话和交流机制。我方应该尽量维持两国之间的协商机制并保持沟通与交往，在各种沟通与交往机制中植入知识产权因素。

其二，完善知识产权自身的治理结构，推动知识产权治理能力的现代化。知识产权治理结构取决于知识产权体制，而知识产权体制是现代法治社会和国家治理体系的基本范畴。我国已经对于知识产权体制进行了较为深入的改革，应继续从知识产权决策能力、体制机制和共治体系等方面入手，加强知识产权宏观决策能力，逐步构建现代化知识产权治理体系，促进各界共同参与、全社会分享成果。

其三，重塑知识产权价值链。充分发挥"科技推动—产业支撑—商贸融合"这一知识产权价值链的作用，促进科技成果转化为实际生产力。在科技推动层面，坚持科技规划与知识产权事务协同，重视生命科学、生物技术、信息技术等高新技术对经济社会的影响，扩大知识产权客体范围，发挥市场在产学研合作中的核心作用，同时赋予科研机构以科技成果处置权（或者实施权）。在产业支撑层面，应当建立技术引导机制、关键技术攻关机制以及知识产权预警机制，注重培育知识产权密集型产业，着力构建自主可控、安全高效的产业链供应链。在商贸融合层面，一方面要强调技术性融合，推动企业将知识产权融入商业模式创新，另一方面要推动市场性融合，促进知识产权运营水平的提高，发展知识产权金融服务。同时制定指南性文件，为企业"走出去"提供国际知识产权保护指导；建立长效的国际贸易谈判知识产权评价机制，广泛参与国际贸易协议的谈判与制定。

其四，形成知识产权国际合作"四边联动"机制。后疫情时代，我国应继续高举全球化大旗，倡导自由贸易，在适应知识产权国际规则的同时，积极参与全球知识产权治理体系变革，推动建立更加开放、包容和公平的国际知识产权新秩序，在秩序构建和维护中争取更大的话语权，营造一个有利于自身发展的外部环境。具体而言，应当在倡导自由贸易的同时综合利用多边、小多边、双边及单边"四边联动"机制，包括：①参与 WTO/TRIPS 和 WIPO 框架下知识产权国际规则的制定与完善，进一步加强知识产权保护，让知识产权能够服务于经济社会高质量发展；②以地缘经济、地缘政治为基础，借助多种平台开展各种形式的合作，适时加入 CPTPP 等"小多边"组织，通过平台转换和多元合作机制建立起知识产权外交新途径；③进一步巩固与强化已有的双边成果，积极开展双边贸易谈判；④借鉴美国建立不公平贸易的应对机制，维护本国企业的权益。通过一层一层的经贸关系，抓住嵌入知识产权规则的绝佳机会；通过层层疏导，最终为全球知识产权治理贡献中国智慧和中国力量。

国际贸易纠纷中的知识产权问题*

在世界贸易组织（World Trade Organization，WTO）框架下，货物贸易、服务贸易、与贸易有关的知识产权构成了现代国际贸易的三大支柱。国际上，《与贸易有关的知识产权协定》（Agreement on Trade-Related Aspects of Intellectual Property Rights，TRIPS）生效以来，知识产权问题始终是国际贸易纠纷中国家和企业重点关注的议题；各国据此所达成的共识，成为国际条约、双边或多边国际经贸协议的重要章节。❶ 基于国际贸易环境和国内政策目标，本文从国际贸易纠纷中知识产权问题的表现形式、深层原因、演化路径三方面进行研究，梳理该议题之下的若干逻辑线索，为知识产权强国建设纲要的相关任务部署提供参考。

一、国际贸易纠纷中知识产权问题的表现形式

近年来，国际贸易环境不断变化，知识产权的重要程度日渐提高，已经成为全球贸易规则和基本制度共识，具有天然的国际性、全球性。❷ 不同的国际贸易背景通常聚焦于不同的知识产权议题，贸易关系建立之初侧重于贸易伙伴国家知识产权制度的有无。随着贸易活动的深入，知识产权保护力度较弱的国家，通常能够以较低的模仿成本从创新能力较强的国家获得智力产品，从而在国际贸易中以更低的价格输出相应商品或服务，国家之间知识产权制度差异所导致的国际贸易差额逐渐显现，且这些贸易差额通常基于企业的贸易活动得以完成，如何通过知识产权问题限

---

* 本文基于研究项目"知识产权制度发展经验和国际趋势"之子课题"国际贸易纠纷中的知识产权问题研究"形成，课题负责人：徐明；课题组成员：徐晨倩；执笔人：徐明。

❶ 《中华人民共和国政府和美利坚合众国政府经济贸易协议》（简称《中美第一阶段经贸协议》）、《区域全面经济伙伴关系协定》（Regional Comprehensive Economic Partnership，RCEP）、《跨太平洋伙伴关系协定》（Trans-Pacific Partnership Agreement，TPP）、《全面与进步跨太平洋伙伴关系协定》（Comprehensive and Progressive Agreement for Trans-Pacific Partnership，CPTPP），均用独立章节对知识产权问题作出约定。

❷ 马一德. 全球治理大局下的知识产权强国建设 [J]. 知识产权，2021（10）：41-54.

制特定企业的贸易活动逐渐成为贸易保护主义常见的手段之一。国际贸易纠纷中的知识产权问题离不开国家与企业之间的博弈互动,从该意义上看,根据主体不同可以分为三种表现形式:国家与国家之间、国家与企业之间、企业与企业之间。

(一)国家与国家之间的知识产权问题

国家与国家之间的知识产权问题,表现为一国政府针对另一国政府的知识产权立法或法律适用提出直接对话,或者向贸易纠纷解决机制平台提起磋商请求。无论是 WTO 还是多边自由贸易组织,都将知识产权作为调节国际贸易关系的重要变量。创新能力较强的国家为了保护自身智慧成果,通常会要求其贸易伙伴加大对知识产权的保护力度,并在法律执行层面落实国民待遇原则;而国际贸易地位较弱的国家并不拥有谈判筹码,尽管知识产权立法、司法、执法本应属于其国内主权事务,但却会受制于与其他国家所提出的知识产权要求,被动接受高于其经济阶段和科技水平的知识产权制度方案。

知识产权问题从来就不是一个独立存在的问题,而总是体现为一国经济、贸易、文化等方面的公共政策工具。[1] 美国"301 调查"成为中美贸易纠纷中最为常见的知识产权冲突形式。[2] 历史上美国曾对我国发起过 6 次"301 调查",其中包括 3 次"一般 301 调查"和 3 次"特别 301 调查"。

2022 年 4 月,美国贸易代表办公室(US Trade Representative,USTR)发布了 2022 年关于知识产权保护和执法的《特别 301 报告》,对知识产权保护和执法状况进行年度审查,列举了美国贸易伙伴知识产权保护和执行不充分的情况,核心内容包括:将中国、印度、俄罗斯、印度尼西亚、阿根廷、智利及委内瑞拉等七国列入"优先观察名单"(Priority Watch List),特别关注上述国家的知识产权保护和执法等相关问题。虽然 2022 年的《特别 301 报告》最终会产生怎样的结果,目前尚未可知,但是可以预见的是,在国家之间的贸易纠纷中,知识产权问题依附于国际贸易、服务于国际贸易的情形不会改变。

---

[1] 马一德. 全球治理大局下的知识产权强国建设 [J]. 知识产权,2021 (10):41 - 54.
[2] "301 调查"系指美国政府为维护美国的贸易利益,根据《美国 1974 年贸易法》第 301 条在特定条件下对其贸易伙伴进行的调查。"一般 301 条款"所针对的是国际贸易中的一切障碍,而"特别 301 条款"则专门针对国际贸易中知识产权领域内的贸易障碍,旨在有效保护美国的知识产权以及美国知识产权相关产业在他国的市场准入。

(二) 国家与企业之间的知识产权问题

国家与企业之间的知识产权问题，表现为一国政府对另一国企业提出知识产权不公平贸易调查和出口管制，通过司法或行政力量向他国企业施加压力。美国政府向他国企业发起的"337 调查"是最为典型的知识产权不公平贸易调查，出口管制则以美国近年来实施的"实体清单"为代表。由于一方为国家，另一方为企业，双方主体的谈判实力严重不对等，被调查企业通常面临严峻的挑战，甚至被迫放弃相关市场。知识产权不公平贸易调查和出口管制构成了一国政府对他国企业进口和出口的双重压力，即对进口严格调查，对出口严格管制。

"337 调查"是美国国际贸易委员会依据《美国 1930 年关税法》第 337 节的有关规定，针对进口贸易中的知识产权侵权行为以及其他不公平竞争行为开展调查，裁决是否侵权及有必要采取救济措施的一项准司法程序，其目的是限制他国的货物或服务进入美国市场，从而保护美国自身的市场利益。"337 条款"可接受的投诉类型大部分涉及"专利或注册商标侵权指控"或"不正当竞争，如侵犯商业秘密、商业外观侵权、假冒、虚假广告、违反反垄断法"等情形。由于审理周期短、适用标准低以及惩罚措施严，选择以"337 调查"来压制我国企业的情形越来越多。根据美国国际贸易委员会网站公布的数据，从涉华"337 调查"占总发起量的比例来看，我国企业是被发起"337 调查"的常客；自 2018 年起中美经贸关系进入较为复杂的阶段，仅 2019 年上半年涉华"337 调查"便达到 15 起，被诉量占全球总数的 83%。由此可以看出，美国不仅对我国出口商品加征关税，同时也利用"337 调查"作为知识产权武器建立非关税壁垒。

"337 调查"对美国贸易伙伴的出口产生显著的抑制效应❶，已经成为美国对他国企业建立贸易壁垒的重要手段，一旦企业被签发制止令和排除令则有可能丢失美国市场。但是此种不公平贸易调查的结果却与其起因的命运大相径庭：有研究表明，在所有已经结案的知识产权调查案件中，有约 75% 的处理结果是和解、没有发现侵权、原告撤诉和同意令，仅有 25% 的案件发现侵权成立。❷ 这充分证明"知识产权大棒"的目的并非知识产权的权利救济，而是借知识产权保护之名，行贸易保

---

❶ 代中强，蔡华津. 美国知识产权调查的贸易抑制效应研究 [J]. 国际贸易问题，2019 (8)：124 - 137.

❷ 余乐芬. 美国"337 调查"历史及中国遭遇知识产权壁垒原因分析 [J]. 宏观经济研究，2011 (7)：35 - 40，76.

护之实。

"实体清单"属于出口管制措施,是美国为维护其国家安全利益而设立的出口管制条例。在未得到许可证前,美国各出口商不得帮助这些名单上的企业获取受该条例管辖的任何物项,其目的是限制美国的高科技成果通过技术转移或其他贸易形式输出至其他国家,从而保护美国在相应领域的领先地位。例如2019年5月15日,美国将我国华为公司列入出口管制"实体清单",要求其本国公司必须获得特别许可才能向华为出售产品和服务,从而遏制华为公司的技术发展。目前我国已有多家科技公司被美国列入"实体清单"。

由于国际贸易具有依赖性,尽管采用出口管制措施阻断了本国知识成果的外流,但势必会影响本国企业的出口利润。美国将华为公司列入"实体清单"之后,在美国的大部分华为供应商在出口管制政策执行过程中都遭受了损失。与华为业务联系更紧密或盈利能力较弱的供应商受出口管制政策的冲击更大。出口管制政策还产生了显著的行业扩散效应,对华为美国供应商所在行业的其他公司也产生了负面冲击。[1] 与此同时,国际贸易中的出口管制措施也可能刺激受管制企业的创新,例如华为启用的"B计划"。实证研究也表明,所属行业被列入实体清单对相关企业创新活动有显著的促进作用。[2]

近年来,为了应对国际贸易中的出口管制,我国政府开始关注相应的反制措施。2019年5月31日,商务部宣布,根据《中华人民共和国对外贸易法》《中华人民共和国反垄断法》《中华人民共和国国家安全法》等有关法律,我国政府决定建立"不可靠实体清单"制度,对不遵守市场规则,背离契约精神,出于非商业目的对我国企业实施封锁或断供,严重损害中国企业正当权益的外国企业、组织或个人,将列入不可靠实体清单。2020年9月19日,商务部正式公布《不可靠实体清单规定》。"不可靠实体清单"制度与《欧盟阻断法》有近似之处。欧盟已经开展了相关司法实践:2021年5月12日在"伊朗梅利银行诉德国电信案"中欧洲法院首次就《欧盟阻断法》的具体适用澄清了立场。我国目前仍停留在制度规范层,尚未产生有关的司法实践。

---

[1] 陈思翀,王子瑜,梁倚天. 美国对华科技制裁的反向市场冲击:以华为事件为例 [J]. 国际经济评论,2022(2):140-159,8.

[2] 杨策,郑建明. 列入实体清单对我国上市公司创新的影响 [J]. 国际商务(对外经济贸易大学学报),2022(2):137-156.

(三) 企业与企业之间的知识产权问题

在国际贸易纠纷中最常见的知识产权问题源自企业与企业之间，表现为一国企业针对另一国企业发起的知识产权诉讼。诉讼是最为激烈的竞争形式，与国际贸易相关的知识产权诉讼早已从法律维权变成了市场竞争的重要手段。从国际贸易环境来看，国内知识产权立法、司法、执法构成了企业开展国际贸易活动的边界约束条件，不同国家的制度差异形成了合法的套利空间，这将极大地影响国际贸易活动中相关企业的贸易行为。

2001年我国加入WTO之初，便遭遇6C（日立、松下、三菱电机、时代华纳、东芝、JVC）和3C（索尼、先锋、飞利浦）的全球专利诉讼，诉讼的目的是对中国DVD企业的出口产品收取专利许可费。在诉讼期间，我国大量出口海外的DVD产品被他国海关扣押，造成的损失只能由我国企业自行承担。在此后多年的专利诉讼中，我国DVD产业经历了大规模破产潮，成为我国企业"走出去"历史上的惨痛教训。2003年，在美国发生的"思科诉华为案"历经一年多的审理，最后以双方当事人和解而告终，本质上，该案件的目的是借知识产权侵权之名遏制竞争对手，也属于市场竞争手段。

在我国加入WTO后的十余年间，企业之间的知识产权诉讼成为国际贸易纠纷的焦点问题，尤其是我国科技公司在走向海外市场的过程中，经常会遭遇知识产权诉讼。一方面，当时我国企业参与国际贸易活动时，对他国知识产权制度和法律风险并未有充分的认识，也未对他国知识产权情况开展尽职调查，为诉讼埋下隐患。另一方面，许多国家出于保护本国企业的考虑，经常穷尽各类程序拖延诉讼周期，使我国企业的商品长期处于扣押或禁令阶段，不但无法销售获利，还产生了巨额的仓储成本，应诉成本极高。

近年来，我国企业处理海外知识产权诉讼的能力不断提高，但知识产权诉讼也演化出新的形态，以"标准必要专利全球许可费争议"为代表的新型知识产权诉讼成为企业之间博弈的新问题。国际贸易纠纷中企业选择法律适用的范围并不局限于我国法律，而侵权案件或许可案件通常更多适用法院所在地法律。《中华人民共和国涉外民事关系法律适用法》第七章对涉外知识产权案件的处理进行了规定，包括知识产权的归属和内容、转让和许可、侵权责任等方面，赋予此类案件当事人较大的选择法律适用的自由空间。正是由于该自由空间的存在，许多国家逐渐意识到知识产权存在突破"地域性"特征的趋势，实践中所发生的"域外效力"和"长臂管辖"等问题成为立法制度和司法系统中的前沿议题。

与我国企业相关的此类新形态案件包括：2016 年至 2019 年期间的华为与三星案、2017 年至 2018 年期间的中兴与康文森案、2018 年至 2021 年期间的华为与康文森案、2020 年至 2022 年期间的小米与数字交互案以及 OPPO 与夏普案。这些案件表面上属于企业之间的专利诉讼，但由于案件涉及标准必要专利的全球许可费率，本质上也存在司法管辖冲突、生效判决的域外执行、域外救济等深层次问题。在此类案件中，面对各国法院签发的"禁诉令"与"反禁诉令"，以及实践中一方违反禁诉令的执行难问题，绝大多数企业最终选择和解，一揽子解决全球专利许可纠纷。尽管案件本身已经结案，然而由此产生的国家之间的知识产权管辖争议、裁判文书的域外效力等问题并未得以解决。该问题已经从企业之间的纠纷演变为国家之间的争议问题。欧盟于 2022 年 2 月就我国最高人民法院签发标准必要专利"禁诉令"问题向 WTO 提出磋商请求，美国、日本、加拿大已要求参与案件谈判。虽然 WTO 纠纷解决机制能否真正解决这一问题尚存疑问，但是这必然对我国法院裁判类似案件产生重要影响。

可以看出，国际贸易纠纷中知识产权问题的复杂程度不断增加，前述国家与国家之间、国家与企业之间、企业与企业之间三种表现形式并没有绝对清晰的界限。事实上，这三种表现形式不断相互激发演化：解决国家之间知识产权问题的方案通常落实到一国法律的修订，法律的修订影响企业的贸易行为，再次产生新的问题从而引发下一轮国家之间的知识产权方案博弈。传统的知识产权制度是在国际条约框架下制定本国立法，并基于本国已生效的法律条款开展相应的司法活动。但是，国际贸易纠纷中的知识产权问题无法仅从国内立法与法律适用方面加以解决。在国际贸易纠纷中，知识产权问题具有很强的外部性效应，各国政府也对他国知识产权立法与法律适用持续保持较高的关注程度，因此有必要深入分析国际贸易纠纷中知识产权问题产生的深层次原因。

二、知识产权问题产生的深层原因

国际贸易纠纷中知识产权问题的成因较为复杂，从上层至下层涉及制度差异、政治立场、贸易保护主义、科技壁垒等多方面原因。国家作为主体的参与程度越深，上层原因的影响越大；企业作为主体的参与程度越深，则下层原因的影响越大。举例而言，《中美第一阶段经贸协议》、TPP、RCEP 等国际经贸协议，均由国家政府作为知识产权问题谈判的主体，国家是国际经贸协议的当事人；WT/DS542号案、WT/DS549号案等WTO纠纷解决案件，也均由国家政府作为谈判当事人，制度差异、政治立场是国际经贸协议和相关案件的重要影响因素，各方达成的国际经贸协议和案件结果直接影响了国家的知识产权制度本身。在"337调查"系列案件以及美国政府针对他国企业实施的"实体清单"出口管制措施中，美国以国家主体参与知识产权纠纷事务，他国则以企业主体参与其中，相关案件更多地反映出贸易保护主义和科技壁垒等因素。

（一）制度差异

知识产权制度应当与本国的经济发展阶段相适应，才能够更好地发挥其积极作用，这已经成为国际共识。然而，知识产权制度的建立过程与其国际贸易的发展水平并不一定同步匹配，在发达国家与发展中国家存在制度差异在所难免，具体体现于立法和法律适用两个方面。从逻辑上看，立法和法律适用存在先后顺序，前者是后者的前提条件，因此，早年的国际知识产权纠纷大多聚焦于国家之间知识产权立法的平衡，而近年来的国际知识产权纠纷则更侧重于法律适用问题。

历史上为解决国家之间知识产权立法存在的不平衡现象，通过国际条约对一国的知识产权立法加以约束是十分高效的路径。国际条约是一个国家参与国际贸易必须遵守的国际法准则。《巴黎公约》（生效于1884年）❶、《伯尔尼公约》（生效于1887年）❷、《马德里协定》（生效于1892年）❸、《专利合作条约》（生效于1978年）❹、TRIPS（生效于1994年）❺等构成了现代国际社会知识产权立法的框架。许多国家为了参与国际贸易，在较短时间内接受了这些国际条约的规定，国际条约转化为国内知识产权立法。但是，知识产权国际条约往往由贸易强国主导，将其国内制度方案通过国际条约的方式输出至其他国家，从而在一定程度上解决了知识产权立法不平衡的现象，至少使得参与国际贸易的主要国家建立了知识产权制度。

然而，由于各国经济发展水平和国际贸易地位并不平衡，因此国际条约通常只规定了成员国建立知识产权制度的最低标准，且对于发展中国家给予时间宽限期以

---

❶ 全称《保护工业产权巴黎公约》，我国于1985年3月19日成为该公约成员国。
❷ 全称《保护文学和艺术作品伯尔尼公约》，我国于1992年10月15日成为该公约成员国。
❸ 全称《商标国际注册马德里协定》，我国于1989年10月4日成为该公约成员国。
❹ 我国于1994年1月1日加入《专利合作条约》（PCT），并以国家知识产权局作为受理局、国际检索单位、国际初步审查单位，接受中国公民、居民、单位提出的PCT国际申请。
❺ 我国于2001年12月11日正式加入WTO，TRIPS对我国产生法律效力。

完成制度建立的过程。从时间上看，国际条约是多个国家利益均衡的结果，往往经过多年的博弈才能通过和实施，且由于生效年份较早，部分国际条约至今已有几十年甚至上百年的历史，与当前各国所面对的国际贸易活动间存在落差，知识产权制度的建立并不能完全解决国际贸易纠纷中的知识产权问题。随着国际贸易环境的不断变化，国民待遇原则、本国法律适用标准、保护强度差异等均可能引起新的国际知识产权问题。尤其是进入21世纪以来，引发国际知识产权问题的制度差异更多地体现为法律适用方面的问题。例如WT/DS542号案、WT/DS549号案均涉及我国当时相关法律中的国民待遇原则的解释问题，《中美第一阶段经贸协议》的知识产权章节中也着重约定了对国内外主体不得出现差异化对待的情形。

（二）政治立场

国际贸易纠纷中产生知识产权问题的国内原因在于解决问题的方案需要符合本国政府的政治立场，即提起或应对国际知识产权问题的策略必须符合其本国利益。从美国政府近年来发起知识产权纠纷的案件来看，执政党的政治立场及其背后相应利益集团的策略动机是产生国际知识产权问题的原因之一。

以中美贸易纠纷中的知识产权问题为例。2008年至2016年奥巴马担任美国总统期间，其背后的支持者主要是华尔街的金融集团，当时我国也正处于高速发展阶段，是全球最有潜力的新兴经济市场，美国仍是中美贸易的受益方。与我国保持良好的贸易伙伴关系无疑对奥巴马政府及其支持者最为有利，中美并未发生大规模的贸易摩擦和国际知识产权纠纷。而在上一届美国总统特朗普执政期间，其背后的支持者主要是中东石油集团和军工集团，利益重心放在石油和军工的中东地区上，叙利亚问题成为其主要关注的对象；同时，为解决美国国内的就业问题，制造业如何退出东亚市场并回流美国成为其政治任务之一。在WT/DS542号案中，美国贸易代表团认为我国法律不符合TRIPS和《关税及贸易总协定》中的"国民待遇原则"，采用"以知识产权为工具制造中美知识产权冲突"的方式[1]，借知识产权的理由牵制我国，是其背后利益集团希望美国将政治重心退出东亚并转向中东的借口。美国已经很难直接高举知识产权保护的大棒，转向相应的WT/DS542号案，其核心也聚焦到了技术转移和对外贸易中的知识产权问题，对我国在技术转移和国际贸易中的知识产权问题而借题发挥，能够为美国的战略重心转移提供表面的"正当性"，大

---

[1] 曹新明，咸晨旭. 中美贸易战的知识产权冲突与应对［J］. 知识产权，2020（9）：21-30.

多数美国国民对中国知识产权制度的印象仍然停留在20世纪，倾向于支持当时特朗普政府的决策，符合其国内政治立场的实际需要。

（三）贸易保护主义

国际金融危机以来，逆全球化的趋势有所抬头，少数国家开始推行贸易保护主义。最为典型的是上一届美国政府多次强调的"美国优先"（America First）理念。新贸易保护主义开始以维护贸易公平和国家产业安全作为新"借口"，贸易保护形式也趋于隐蔽化和"合理化"，贸易保护领域由高新技术领域转变为全面保护，并将数字智能等新领域作为重点。

在关税壁垒不符合国际通行贸易规则的背景下，非关税壁垒成了一国建立贸易壁垒的必然选择，而在非关税壁垒中，知识产权问题恰恰最具有"正当性"也最为有效。已有研究表明，知识产权问题是建立对外贸易壁垒的手段之一，例如美国在进口环节设置的"337调查"作为一种准司法制度，有效弥补了专利司法保护国际贸易领域的缺点，其实质是保护美国国内产业，具有"防火墙"的功能。[1] 从"337调查"和"实体清单"中的企业名单均可以看出，以知识产权问题为由，对他国企业实施进口调查或出口管制，能够在短期内保护本国相关市场，并限制他国企业的贸易收益。

以知识产权作为建立非关税壁垒的措施，源自对知识产权与经济增长之间关系的深刻认知。美国是最早开展"知识产权密集型产业对经济的影响"课题研究的国家，自2012年起便发布知识产权和美国经济的研究报告，其中数据显示知识产权对宏观经济的影响呈现上长趋势。2022年3月17日美国专利商标局发布《知识产权和美国经济（第三版）》（*Intellectual property and the U.S. economy: Third edition*），对知识产权密集型行业和其对美国经济作出的贡献进行了新一轮的量化。该报告数据显示，2019年127个知识产权密集型行业（如制造业、批发零售商业等）创造的GDP约为7.8万亿美元，约占美国GDP总额的41%。[2] 知识产权密集型产业也是国际贸易纠纷中涉及最多的产业类型。

---

[1] 武晨箫，李正风. 中美国际贸易中专利维权的制度差异：基于案例的比较研究［J］. 中国软科学，2017（6）：21-30.

[2] 参见：https://www.uspto.gov/about-us/news-updates/latest-uspto-report-finds-industries-intensively-use-intellectual-property-0。

（四）科技壁垒

由于知识产权具有经济和科技的双重属性，国际贸易纠纷中的知识产权问题能够在一定程度上限制他国科技进步，即通称的"卡脖子"。当前，各国政府已经意识到新一轮工业革命的到来。新一代信息技术与制造业深度融合，传统制造业正在向智能制造业转型。与德国的"工业4.0"、日本"再兴战略"、瑞典的"智慧工业"类似，美国提出"工业互联网""Web3.0"战略，而我国则提出"中国制造2025"。作为世界第一和第二大经济体，中美两国在制造业领域的竞争必将成为影响世界经济地位的关键所在，智能制造中的科技水平成为两国参与国际贸易竞争的核心。

不可否认的是，美国仍然是当前全球科技创新能力最强的国家，我国过去几十年的科技进步离不开美国的科技创新成果。然而，我国凭借制造业实力实现了科技创新成果的产业化，正逐渐取代美国成为高端技术的重点输出国；美国则必然借技术转移中存在知识产权问题，遏制中国科技进出口。中国已经成为知识产权的第一大国，世界知识产权组织（WIPO）的《世界知识产权指标（2021）》显示，中国知识产权申请量全球第一，其中专利受理量超过了美国、日本、韩国和欧洲专利局的总和。随着近年来知识产权产业化发展的加快，知识产权已经不局限于智慧成果的保护，而是科技进步的核心推动器。C919、和谐号、复兴号等一大批高端技术成果不仅取得了国内成功，还输出到国际市场，同时带动了"一带一路"沿线国家的科技发展水平，这必然对美国科技成果的输出产生负面影响。

相关国际知识产权纠纷也表明与技术转移相关的知识产权问题是焦点问题。例如在WT/DS542号案中，中美两国关于改进技术成果权利归属的条款是否符合"国民待遇原则"存在分歧。将我国当时实施的《技术进出口管理条例（2011年修订）》第27条规定❶与《合同法》第354条❷相比较，对于合同有效期内作出的改进技术成果，《合同法》允许当事人意思自治，然而《技术进出口管理条例（2011年修订）》第27条不允许当事人意思自治，即涉外主体并未享有与国内主体相等的

---

❶ 《技术进出口管理条例（2011年修订）》第27条："在技术进口合同有效期内，改进技术的成果属于改进方。"

❷ 《合同法》第354条："当事人可以按照互利的原则，在技术转让合同中约定实施专利、使用技术秘密后续改进的技术成果的分享办法。没有约定或者约定不明确，依照本法第六十一条的规定仍不能确定的，一方后续改进的技术成果，其他各方无权分享。"

待遇。该案件直接导致我国在《技术进出口管理条例（2019年修订）》中删除了该条款。

三、国际贸易纠纷中知识产权问题的演化路径

随着国际贸易环境的不断变化，其中的知识产权问题不断演化。从历史规律来看，知识产权问题的演化路径可以大致分为四个阶段：贸易强国知识产权制度的输出、国际贸易知识产权规则的建立、国内知识产权相关制度的完善、国家之间知识产权方案的博弈。

（一）贸易强国知识产权制度的输出

从历史上看，知识产权制度与垄断利益密切相关，最先授予特权主体，此后演化为授予创新主体，是一个从"特权垄断"逐步走向"创新垄断"的过程。以欧洲国家、美国为代表的西方国家在17~19世纪之间陆续建立了知识产权制度，极大地推动了其国内的科技进步、文化繁荣、经济增长。国内的智慧成果逐步突破国界，随着国际贸易传播至其他国家。知识产权制度对国际贸易具有促进作用：有研究表明，知识产权保护有利于促进贸易双方交易的自由度，提升进出口产品的质量。[1] 在1900年以前，只有较为发达的国家才会建立知识产权制度，其目的是促进和保护本国人民的智慧成果。由于立法和司法均具有地域性特征，这些智慧成果无法在其他未建立知识产权制度的国家得到有效保护。因此，为了在国际贸易活动中保障本国利益，如何将本国的知识产权制度输出至其贸易伙伴国家，成为贸易强国需要解决的重要问题之一。

以美国为例，回顾其知识产权制度的扩张路径，发现其始终与国际贸易紧密相关。自20世纪80年代初起，美国将知识产权保护与国际贸易相联系，积极推进国际贸易中的知识产权保护，并于20世纪90年代促成了WTO的建立和TRIPS的签署。在2008~2012年间，美国成功推动《反假冒贸易协议》（Anti-Counterfeiting Trade Agreement，ACTA）谈判和签署。[2] 以国际条约、双边或多边协议为依据，将

---

[1] 卿陶. 知识产权保护、贸易成本与企业出口产品质量 [J]. 国际经贸探索，2020，36（3）：30-45.

[2] 刘银良. 美国域外知识产权扩张中的论坛选择政策研究：历史、策略与哲学 [J]. 环球法律评论，2012，34（2）：123-139.

"建立完善的知识产权制度"作为参与国际贸易的必要条件和国际共识,成为贸易强国输出知识产权制度最为有效的路径,直接促成了国际贸易中知识产权规则的建立。

(二)国际贸易知识产权规则的建立

在贸易强国的推动下,国际贸易知识产权规则开始建立,并体现为知识产权国际条约的形式。最早的知识产权国际条约可以追溯到1883年的《巴黎公约》,以法国为首的十多个国家为了解决工业产权的国际保护问题,经过长期协商终于达成了《巴黎公约》的签订。1970年,在美国的倡议下,《专利合作条约》在华盛顿缔结,其内容主要涉及程序方面,包括专利申请的提交、检索、形式审查以及技术信息的传播等问题。1993年,在美国等发达国家的极力推动下,《关税及贸易总协定》第八轮谈判(又称"乌拉圭回合谈判")通过了TRIPS,作为促进技术创新和促进发展中国家技术转让和引进外资的必要条件,并认为无论是发达国家还是发展中国家的个人和企业都能够受益于知识产权的保护。

贸易强国是知识产权制度最早的推行者,也是最大的受益者。尽管国际知识产权条约的签订需要经过多轮谈判,但由于各国的国际贸易地位并不平等,贸易强国的知识产权制度理念和规则更容易成为国际知识产权的蓝本,甚至成为共识性规则。而其他成员国则需要在较短的时间内完善其国内知识产权相关制度,以达到国际知识产权条约所规定的标准。从《巴黎公约》、TRIPS等早期国际知识产权规则,到TPP、RCEP等区域自由贸易协定中的知识产权条款,再到近年来诸如《中美第一阶段经贸协议》等双边或多边经贸协议中的知识产权专章,尽管知识产权国际规则经历了全球化向区域化的演变,但是由贸易强国主导知识产权国际规则的趋势从未改变。目前,所有发达国家和大部分发展中国家都建立了知识产权制度。

(三)国内知识产权相关制度的完善

从法律性质来看,国际知识产权条约属于国家之间的共识协议,协议方有义务根据国际条约的内容对国内知识产权相关制度加以完善。在TRIPS、《巴黎公约》、《工业品外观设计国际注册海牙协定》、《伯尔尼公约》、《马德里协定》等国际条约框架下,各成员方在专利权、商标权、著作权、反不正当竞争等方面的实体与程序规则逐渐趋同。虽然救济规则存有差异,但通常依据其国内诉讼法加以制定,能够基本满足纠纷解决的实际诉求。

我国知识产权相关制度的建立与完善，既源自内生诉求，又受国际环境影响。国内对智慧成果的保护诉求使我国建立了知识产权制度，而之后国际贸易中的知识产权问题则推动了我国知识产权制度的完善。在过去的 20 年间，我国不断对知识产权相关法律法规加以修订。对在药品专利保护、专利侵权惩罚性赔偿、商业秘密刑事保护、技术转让和市场准入等方面均进行了修改。例如我国降低了商业秘密的入刑标准，加入"电子入侵"的侵权方式，取消"给商业秘密的权利人造成重大损失"的前提条件。

除知识产权相关法律本身的完善之外，为适应新的发展状况，我国对涉及知识产权条款的法律法规也进行了修订。例如我国对电子商务知识产权保护的法律规范也作出了相应调整，《电子商务法》开展启动修订程序，所修订的条款均与电子商务平台的知识产权保护义务相关。

（四）国家之间知识产权方案的博弈

随着 TRIPS 等国际条约转化为各成员方内部的法律制度，大多数与国际贸易有关的知识产权问题得以妥善解决，成员国通过完善自身知识产权制度，能够达到国际条约或双边贸易协定的要求。但是，新一轮科技革命带来新的技术红利，使得国际贸易环境发生了重大变化，在货物贸易与服务贸易中知识产权所占比例大幅提升。虽然 TRIPS 试图通过修订以符合新的国际贸易环境，但由于国际条约的修订通常需要经过多方博弈，周期较长，无法与日新月异的技术进步与贸易环境相同步，因此，为了更加直接高效地解决国际贸易纠纷中的知识产权问题，国家之间的知识产权方案制订开始进入直接博弈阶段。

近年来，WTO 全球贸易体制存在被弱化甚至边缘化的趋势，"后 WTO"时代以 TRIPS 为基础的知识产权多边体系开始瓦解与重构。[1] 以 RCEP、TPP、CPTPP、《中美第一阶段经贸协议》为代表的多边或双边协议针对知识产权问题出现了"超TRIPS"条款。国家之间通过更加直接的贸易联盟或双边条约，对另一国贸易政策中的知识产权议题提出新的要求，以正面交锋代替国际条约的漫长路线，更加直接、高效地解决涉及知识产权的贸易纠纷，国际贸易纠纷中的知识产权问题开始呈现出新的表现形式。国家之间知识产权方案博弈具有明显的外部性特征，包括我国在内的多个贸易大国均面临如何开展知识产权全球治理的问题。深度参与全球知识

---

[1] 谢迪扬，马忠法. 百年变局下的中美知识产权规则竞争［J］. 西部法学评论，2021（6）：1-15.

产权治理，既需要不断优化国内的知识产权制度，又需要选择合适的路径将本国知识产权理念和制度方案输出至国际社会并被大多数贸易伙伴国所接受，难度极高。

需要特别引起重视的是，随着美国对我国创新源头的遏制，国家之间的知识产权博弈呈现出"去商业化"的趋势，即：知识产权侵权或"窃取"不再以"生产经营为目的"作为前提，而是前置至技术学习或科学研究阶段。传统意义上，知识产权制度仅能对进入流通环节的"产品"侵权现象加以规制，很少能对"人员"本身的流动现象加以规制。但是，美国近年来对我国留学人员、科研人员进行的调查足以表明，美国政府所定义的知识产权侵权或"窃取"已经不局限于产品的商业流通环节，而是前置至"知识获取"环节，我们对于该问题也需要充分重视。

结　语

在国际贸易纠纷中，由制度差异、政治立场、贸易保护主义和科技壁垒等原因引起的知识产权问题不断演化，目前呈现出三个趋势。一是知识产权确权规则日渐趋同。《专利合作条约》《工业品外观设计国际注册海牙协定》《伯尔尼公约》《马德里协定》等国际条约促使成员国不断完善其本国的知识产权确权体系。二是知识产权保护标准不断提高。正是由于确权规则趋同，成员国之间保护标准不一致的问题逐渐显现，出现了"保护高地""选择法院""管辖争议"等现象。以美国为代表的国家通过多边或双边协议，要求其他国家不断提高知识产权的保护标准。三是重点产业的知识产权竞争壁垒逐渐显现，技术出口管制成为一国制约另一国相关产业发展的重要手段。例如美国将我国华为、商汤科技等公司列入"实体清单"，我国部分产业出现"卡脖子"现象。

习近平总书记明确指出，中国参与全球知识产权合作与竞争，必须坚持开放包容、平衡普惠两项原则。❶ 在国际贸易大国之间关系复杂化、冲突化的背景下，如何选择合适的路径参与知识产权方案博弈至关重要。我国是国际贸易大国，也已经成为知识产权大国，尽管知识产权大国并不意味着知识产权强国，但肯定不是知识产权弱国。面对日益变化的国际贸易环境，我国应从国际规则的遵循者、跟随者转变为参与者、建设者，致力于国际贸易知识产权治理体系的治理与改革。

---

❶ 习近平. 全面加强知识产权保护工作 激发创新活力推动构建新发展格局［J］. 求是，2021（3）：1.